U0638337

选题与平台

功能区建设的逻辑前提

建设杨浦科技金融功能区研究　　易幸麟 著

上海三联书店

前言

　　任何产业的发展,离不开资本、金融的支撑;高新技术的发展,比之一般的产业发展,要求更及时、更大的投入;没有资本金融从研发、转化、产业化全过程的扶持,发展高技术产业也即纸上谈兵。科技产业是实体经济、是大树,科技金融是服务业、是攀附大树之藤蔓;所谓皮之不存,毛将焉附。科技金融功能区,首先是建立在科技产业集群、蓬勃发展基础上。

　　杨浦是上海唯一的工业与科教并重的资源大区,也是上海、乃至全国屈指可数的科技创新、创意设计重镇。区域内复旦大学、同济大学等985、211全国重点研究型大学鹤立其中,星罗棋布的大学科技园、文化创意园区、街镇科企孵化器,以及6千余家中小微科技企业环绕周边,彰显出杨浦知识创新区与众不同的高新技术产业集聚集群态势。

　　杨浦区2003年4月获得上海市委、市政府关于"知识创新区"的决策与批复,迎来第一次城区产业转型;2010年3月获得国家科技部《关于同意上海市杨浦区国家创新型试点城区的函》批复,成为上海市唯一的试点城区,迎来第二次转型。

　　2011年初,杨浦区提出要在建设国家级创新型试点城区的同时打造科技金融功能区;2015年5月杨浦被市委、市政府确定为上海科创中心重要承载区;2016年5月8日,国务院发布《关于建设大众创业万众创新示范基地的实施意见》,确定杨浦为全国首批

17 个区域性大众创业万众创新示范基地之一，杨浦迎来第三次重大转型。

打造杨浦科技金融功能区，即通过政府引导基金，引进国内外致力于科技金融服务的银行和非银行金融机构、投资公司、技术转移和中介服务机构集聚杨浦，以搭建一批贴近科技企业"科技＋资本"的融资平台、技术转移平台，创新不同金融产品，形成多类别、多层次的融资功能平台，为杨浦 6 千余家科技企业服务，为区域内外广大中小微企业服务，壮大高新技术产业发展。

本书是杨浦区委党校根据科研要围绕区中心工作服务目标，2009 年向上海市委党校申报的"战略聚焦"课题：《科技金融：上海国际金融中心的助推器——建设杨浦科技金融功能区研究》的主要成果，几乎与杨浦科技金融同步成长。当初设计课题主线为：杨浦科技金融在上海国际金融中心建设中的地位与作用，核心词是"金融"。但当作者深入研究后，发现以金融角度分析杨浦科技金融对上海国际金融中心贡献，作为产业拉动性无论规模还是质量，均比不上兄弟城区特色金融，似乎没多大发言权。深思熟虑后，作者毅然转向课题真正主线：杨浦的科技企业、科技园区发展推动科技金融发展，科技与金融的密切互动关系共同形成功能区，其核心词是"科技"。因为杨浦有丰富的实践、充分的话语权可以证明：只有科技项目起来了，科技金融才有用武之地，科技产业与科技金融是主辅关系并共生共荣。因此，作者将花了大量时间与精力收集的素材、已成稿的第一条主线关于金融的产生、国际金融中心等理论与实务撰述大量删除，突出科技革命条件，科技园区与企业、科技金融实务及杨浦案例的主线。

书稿是作者 4 年余沉在科技园、科技金融基层一线，通过掌握的、大量涉及本质事实的第一手资料，加上作者旷日持久深刻思考感悟、逐渐清晰而形成的逻辑观点，撰稿成书，它是基层科技与金融实证研究成果。首先，作者对杨浦科技产业与科技金融的关系、发展状况进行深入的调查研究并参与实践：包括对全部国家大学科技园、中国(上海)创业实训基地、创智天地科技园等数十家科技园区的跟踪调研、老总访谈；对区相关职能部门的多次的调研和访谈；对科技企业问卷调查和数据收集；与上海市经济学会市场中介专委会合作建立"市场中介研究与实践基地"，通过基地深入园区科技企业开展数场免费现场咨询活动，对园区管理架构、科技企业进行面对面考察等。其次，作者每天学习搜集与课题相关的书籍、报刊、互联网信息，从中撷取大量有关科技创新与科技革命、科技金融等相关理论、实务知识及信息资料。最后，作者在归纳大量资料素材的基础上融合自己的实践体悟，长久冥思苦想，努力从中寻求逻辑性主线，最终提炼出自己独立观点：认为"选题、集聚、平台、整合、功能，是科技与金融的发展逻辑"，并辅以相应的理论，及杨浦科技金融功能区建设案例来论证这些观点，形成整篇书稿的逻辑框架。其中，突出"选题"与"平台"的充要性。

本书是从"杨浦建设科技金融功能区"课题，概括出三个核心关键词：科技、科技金融、功能区，来构成三个叙述板块，从中序贯着"选题"、"平台"等这一逻辑链。科技：包括科技创新、科技革命、科技园区等。科技金融：包括高科技企业融资特征、科企四阶段投资实务等等。功能区：通过解剖杨浦这一地级城区产业发展历程的"麻雀"，运用"选题、集聚、平台、整合、功能"这一逻辑链，逐一论述地方政府如何正确"选题"，将科技要素"集聚"融合；通过建立一批孵化、培育中小微科技企业的载体如孵化器、科技园等综合服务"平台"，"整合"包括科技中介服务、科技金融、技术转移在内的各专业"平台"；各类"平台"合成集群为网络结构，形成大于单一专业性"市场"、小于综合性"中心"生态型的科技金融"功能"区域；各平台功能辐射为区域内外各类中小微科技企业服务。在这逻辑链条中，"选题"与"平台"是逻辑链的前提与关键环节，决定着功能项目的成与败。可以预判，该逻辑链亦适用于其它领域的功能项目建设。

根据系统学"结构决定功能"的原理,区域经济结构决定区域经济功能。区域的经济技术结构,决定着区域经济发展的水平;区域的企业组织结构、市场分布与占有结构,决定并反映出区域经济功能的强弱和区域竞争力的大小。工业经济时代,杨浦城区经济结构以工厂及制造业为主体,大规模的国资企业成为区域竞争力的轴心,制造功能是区域的突出功能,杨浦至今都在享受其给区域经济带来的福荫。后工业时代,杨浦城区的 IT 信息、生物医药、节能环保等高新科技产业;设计、文化创意产业;金融、法律、会计、咨询评估等中介服务业异军突起,与传统工业比翼双飞,已成为区级主导产业,城区产业功能正逐渐向科技产业与设计、金融等现代服务业功能过渡。

根据产业分工分化升级的规律,即工具与技术的改进提高生产力;生产力提高剩余产品增加产生交换贸易;贸易规模扩大产生货币与信用,金融产生;金融发展壮大反哺商贸业更大规模发展,金融同时扶持科技产业发展以期开辟新的商贸增长点;科技促进生产力提高又上一台阶螺旋发展。

从产业分化规律得到的认知是:商业贸易孕育了金融,商贸繁荣促进金融发展,金融分离出来成为独立的生产性服务业。商业金融为各类商贸产业提供清算、结算、转账、汇兑,及存贷、融资等中间、间接或直接金融业务;为了追逐更大利益,商业资本不断扩大贸易规模,资金周转快,盈利立竿见影。因此,商贸流通业发达的城市金融机构比肩接踵,扎堆集聚,它们愿意"锦上添花",因为高附加值的商贸业永远是金融发展壮大的沃土。

科技金融则是先投入巨资、沉淀数年后才部分有回报。对科技类实体经济投资,由于风险较大、周期较长,因此投入产出不一定是正向因果关系:占极小比例的投资项目可能是暴利,大部分项目可能是中小微利,为数不少的项目无利甚至血本无归。基于科技金融平均盈利率远低于商贸金融,被业内人士戏喻为"烧钱行业",导致银行等传统金融机构不愿涉足其中"雪中送炭",众多轻资产小微企业因融资渠道缺乏而嗷嗷待哺。结论显而易见:科技金融首要职责是"输血"功能。

鉴于中国私人资本市场不成熟,科技产业研发、转化过程中需要大量资金投入,仅靠占金融业总量中极小部分的天使基金、风险资本(VC)、私募股权基金(PE)的投资不够,因此,杨浦科技金融功能区建设主旨:首先,政府通过制定系列科技创新与科技金融优惠政策,营造优渥的创新环境,扶持更多的孵化器、做大做强各类科技园区,吸引大众创新、万众创业,培育更多的科技"明日之星",奠定科技产业的实体经济基础;其次,通过政府引导基金的杠杆作用,吸引国内外大量金融资源集聚杨浦,引导包括银行在内的社会资本积极参与科技产业的投融资。一是为初创小微科企提供"输血"功能,孵化小微科企成长;二是为成长性好的科技企业提供"造血"功能,加速向小巨人方向发展;三是为小巨人企业上市提供各种培育、辅导,以多层次资本市场满足企业快速扩张的融资需求;四是以服务总部型企业为轴心,鼓励总部企业以自身资源帮助吸附上下游中小企业集聚形成科技产业链;最终科技金融因扶持科技产业链做大做强、而自己金融服务链也随之壮大具备自我"造血"功能,杨浦科技金融功能区方能真正成熟。

本书内容分为五大部分:

第一部分:第1章导读——介绍本书关键观点"选题、集聚、平台、整合、功能"之间的逻辑关系,以及"选题"、"平台"对"功能"输出的充分必要性,以利于对全书整个逻辑框架的理解。

在逻辑链中,"选题"是项目从无到有最核心要素,"平台"是项目成功与否的最关键要素。"选题",要比"集聚"更重要,资源是稀缺的,只能是有所为,有所不为。"选题"是确定科技与金融任何一个重大发展项目主题、即发展战略、战术目标的决策,是"集聚、平台、整合、功能"逻辑链的前提；"平台"，是执行"选题"的跨体制机制、跨行业专业、集各方资源为一体的工具性、综合性载体，是"集聚、整合"资源变身"功能"的执行运作管理平台；"功能"，是平台实际产生输出的效用，功能的大小，则反映项目"选题"的正确性与"平台"运作的有效性。

第二部分：第 2 章至第 3 章，创新体系与科技革命——从一国有否从制造业中"选题"、及搭建"平台"能力来甄别判断世界各国的科技创新能力。

第一层面介绍中国与发达国家创新能力体系分析比较，了解制造业已经成为"选题"创新的源泉和基础，产业生产与研发亦已升级到"平台"时代，由此可以判断哪个国家最具有"创新"能力；第二层面是知己知彼，了解中美两个最大的竞争对手在第三次工业革命中的不同优劣势，中国科技赶超具有"选题"能力、及集中力量办大事产学研"平台"的路径优势，其中国企与高校院所是两个重要的创新主体。

第三部分：第 4 章介绍"综合性管理平台"——高科技园发展的中美对比。剖析科技园区发展规律，对美国硅谷科技园进行细致入微的分析，说明为什么全世界只有硅谷一个地方真正获得成功，其成功密码印证本书的目标"选题"的重要观点。最后分析中国科技园不足的原因。

第四部分：第 5 章"工程操作性平台：——科技企业与科技金融知识。主要介绍科技研发、科技企业与不同金融工具搭配的实务知识。

第五部分：第 6 章至第 10 章——杨浦科技创新、科技金融功能区案例分析。

第一层面是对杨浦"选题"及科技要素"集聚"关系的分析。说明本区域工业制造业与科教要素集聚百年，各自按照自己生长逻辑发展并没有交集；尤其高校，过去未对城区经济发展发挥应有作用。一直到了改革开放，计划经济传统产业被淘汰，倒逼地方政府为了获得新发展模式，几经摸索"选题"不成功，最终找到产学研资源整合的正确"选题"：区校合作建设"杨浦大学城——知识创新区"战略目标，通过"校区、园区、社区""三区联动"产学研合作的"决策平台"，搭建产学研一体化的"项目执行平台"——大学科技园，孵化培育科技企业集群发展，迎来了科技创新、产业转型的春天。

第二层面介绍杨浦各类科技园"综合性平台"的发展。京津沪高新区是国家、直辖市"选题"并给予直接的扶持政策，吸引国内外人才、资金、先进技术的集聚；杨浦科技园是区政府与高校院所平等合作的产物，双方扬长补短以自己优势资源集聚各类创新要素、金融要素，以提升杨浦科技园、及科技企业的实力，发展区域经济。

第三层面介绍区金融办、区发改委等职能部门"政策服务平台"基本情况。主要对杨浦科技金融政策、金融机构、金融产品进行介绍，对杨浦科技金融典型案例进行分析，以充分展示杨浦科技金融发展从小到大、从间接融资到直接融资、从银行、担保到各类新金融业态的发展历程，揭示杨浦科技金融作为"输血"机制，服务众多中小微科技企业亦取得很大成效。

第四层面介绍杨浦科技园区的金融服务"专业类平台"。科技园区金融服务平台，是最接地气的金融服务载体，政府金融服务机构、各类银行与非银行金融机构、各类 VC、PE 基金组织，均通过各园区金融服务平台的贴身运作，才能将金融政策、金融产品、金融中介服务，一一落实到广大的中小微科技企业身上。它是最有效的科技金融功能平台。

第五层面介绍各类"技术转移、技术交易平台"。高校系统、科技系统、国资委系统、民营企业等各技术交易机构集聚杨浦。各部门将技术转移、交易机构与平台落户杨浦，说明杨浦具有技术转移、交易所需要的科技研发、转移转化、开发产业化的深厚底蕴，能够有效促进我国技术交易业健康发展。

第六层面是总结。认为杨浦建设科技与金融功能区，并成为建设有国际影响力的上海科技创新中心重要承载区，必须要对区域产业发展战略正确"选题"定位，将决策"平台"纵向高科技产业顶层设计，与管理"平台"纵横向结合定向扶持，到操作"平台"市场化的灵活操作进行整合协调，做到重要资源统筹、重大项目与人才的集聚，重点产业发展出类拔萃，杨浦最终才能真正成为上海科创中心的重点承载区。

目录

导读：科技与金融的发展逻辑链

　　诸多学界、政界相关人士普遍有认知误区：某区域只要是科技、金融要素空间集聚，就会自然而然结合，进而产生强大的市场运作力量，形成诸多科技产业并具备辐射功能。然事实答案却是否定的。改革开放以来，中国取得举世无双的发展成就，人们往往归功于显学的市场力量，却并未看到其背后的各级政府经济引领力与市场力量结合共同作用的本质。同样，在中国数十年的科技企业、科技园区、科技金融的实践中，尽管政府援以政策、资金的引导与扶持，某些领域也取得一些亮眼的成就，但在业内相关人士观察，似乎并未达到人们所预期的结果。

　　有人依然归咎于市场力量不够强。殊不知科技产业不仅需要市场无形之手引向高盈利项目，更需要国家有形之手引导，引向以社会效益为主的技术与物质利用最大化的正确方向。小项目、小技术可通过市场无数原子般个体科技力量解决；但是大科技、大项目工程（需要上千家单位进行协同、集成研发与制造），以及私人资本不能、不愿涉及的国家战略性、高新技术领域，需要在顶层、或源头就开始正确"选题"。以国家引导资金撬动社会资本进行价值投资，引入市场力量进行运作，政府有形之手将资本、要素引向选择的重点领域"集聚"，搭建重点科技专项研发、或重大工程项目管理"平台"，通过管理进行资源优化配置与有机"整合"；最后达到科技产业辐射"功能"最大化，国家市场双赢的效果。

图示："选题、集聚、平台、整合、功能"科技与金融发展逻辑图

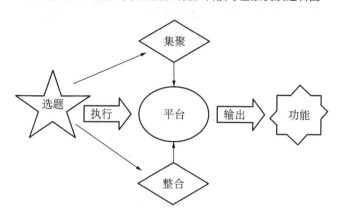

图示说明：选题即决策，或谓顶层设计，是任何科技与金融创新项目的初始开端；集聚即人财物科技信息等资源要素，在决策者的调度下转移，在某一组织平台上集中；平台是执行选题决策的跨行政条块机构、连接各市场组织、承载各类资源要素，通过精干的管理团队，进行有效整合的综合性载体；整合就是平台的资源配置、及项目的经营管理行为；功能即平台输出的满足选题标的的一系列有效产出。

第一节 "集聚"需要"选题"，要素需要"平台""整合"

所谓市场力量，实质是无数逐利的资本和公司个体，为了各自利润最大化，在有限的目标市场上进行竞争博弈。显而易见，由于各市场主体价值追求动机不一、市场判断能力不一、导致多数创新品供给难以真正对接消费者需求。分析少数成功者，其不仅仅胜

在资本实力上，而是胜在市场前瞻性项目的"选题"上。由于"选题"聚焦在别人尚未发现的细分市场空白，有限资本配置在有爆发性成长空间的高科技领域而独树一帜，并因掌握标准而长期领先不断获取垄断利润，如硅谷那些成功的高科技公司。[①]

一、集聚要素需要政权、资本的"选题"来"整合"

"选题"是各科技产业项目发展的逻辑起点，"选题"就是项目决策。正确"选题"是确保项目成功的前提，亦是核心或灵魂。上海市社科院院长王战认为：为政府提供经济社会发展的决策方案，"选好题很重要，在我们决策咨询中，50％精力是找好选题。"[②]正符合俗称"选了一个好题目，就等于论文成功了一半"。经济领域"选题"的决策权利，来自于政权与资本，归根到底，还是落实于资本，因为资本不仅是市场的产物，更是撬动市场的主要驱动力。在社会主义中国，政权是唯一能驾驭资本的力量，国家资本是代表政权、及全体人民的利益，因此就能正确"选题"那些代表国家与人民长远利益、社会效益、技术与物质利用最大化的项目。政权、资本是启动项目"选题"的真正权杖和杠杆。

（一）正确"选题"是任何产业发展成功的前提

集聚只是代表区域的某资源禀赋较其它区域丰富和集中，可喻意为肥沃土地；"选题"则代表具体的发展项目，可喻意为一颗良种，种子发芽、开花、结果，方能显示土地功能。"集聚"不是现实生

---

① 参见本书第四章第二节二段："硅谷企业目标'选题'的创新文化"

② 引自王战在 2013 年 11 月 26 日上海市委党校、市社科院、中国浦东干部学院联合举办"首届高层次决策咨询研讨会"上的发言。"健全决策咨询建设新型智库"，作者：梅丽红、胡静波，学习时报 2014 年 1 月 20 日

产力，相反，"选题"正确，"平台"得力运作，即使没有资源也会有外来资源"集聚"；没有条件创造条件发展。因此，在某项资源禀赋优越地区，不能仅靠分散的市场个体去零星开发，它需要掌握资本的权威力量——政府或企业家慧眼识宝，在宏观"顶层选题"上能根据国家、区域发展需要，国内外市场需要，为这些要素资源量身定制进行整体性、系统性的发展规划，根据"选题"要求搭建执行性项目管理、运作"平台"，吸引优秀人才，将优势资源整合、转化为现实生产力，最终达到产业辐射最大化功能。

（二）"选题"根据"三个导向"落实在实体项目上

任何经济主体的"选题"决策，都须对接具有前瞻性的国家发展战略需要、国计民生需要、市场用户的需要，并进行全面深入的调查研究，根据"需求导向"、"问题导向"、"项目导向"三原则正确"选题"，最后落实在可操作的实体项目上。

就"选题"逻辑范畴来说，"需求"是经济主体选择的"目标"导向；"问题"是经济主体为达目标而选择的"路径"导向；"项目"是经济主体为达目标彼岸必须建立的运行"载体"。就市场供求关系范畴来理解，"需求导向"与"问题导向"共同反映用户或消费者诉求。前者代表存、增量供给（增量如创新产品）的需要；后者既代表存量供给产、质量缺陷，也代表在开发增量供给中显现的技术、市场等问题。"项目导向"，则是满足"需求"解决"问题"，必须搭建的操作性平台，项目平台整合资源能够形成"新、奇、特"产品并优化供给功能，满足用户不断变化的需要，达到"选题"项目利益最大化目的。

（三）不同资本主体的不同选题范围

资本依附于不同的市场所有者：政府、企业、个人，不同的资本所有者有着不同利益诉求导致不同的价值投资目的。在中国，政府控制国有企业资本，引导非国有企业与个人资本，资本引导市场服务经济，因此，政府在资本所有者中占据支配地位。

1. 国家资本"选题"国家基础性、战略性、前沿性高科技产业

资本是目标"选题"的主角。涉及国家战略、国家安全、国计民生的需求领域，自然是国家资本的管理主体——中央政府来选题。中央政府针对国家安全和民生经济的发展"短板"，通过"三个导向"来选择最需要最紧迫的发展主题。

资本方面，国家投资更多具有公共属性。如中国完整体系的铁路、公路、机场、水、电、气等基础设施建设，高投入、低回报，不是任何私人资本所能承受。国家的高铁建设，短短数年形成整套装备制造业产业链，不仅为中国经济起飞奠定基础，社会效益带动市场经济效益提升；同时，也成为中国向世界推荐的优选工程项目名片。其优势在国际上无人望其项背。

技术方面，中国在战略性、高科技方面必须有自己的核心技术。中国学习技术能力世界一流，如引进西方家电技术，短短数年，中国家电以白菜价出口攻城略地、一统天下。但也须清醒，发达国仅愿转让技术一般的民用技术，其掌握的高科技、前沿性核心技术，尤其军工类技术，完全禁止出口中国。因此，中国发展基础性、战略性、前沿性高科技产业，不是通过"市场起决定作用"或"市场换技术"引进就能发展得了的。历史已充分证明，中国许多高科技产业，因有了国家资本的"选题"而获得空前成功。许多"命题作文"的重大工程，如两弹一星、航空航天等跨学科、集大成、协同创新的"高精尖"重大军工科技项目的成功，包括近年高铁、核能产业的成功，遵循的就是政府有形之手进行目标"选题"、并因循"集聚、平台、整合、功能"这样一条发展逻辑，从而发展成为中国自主的核心技术、完整的高技术产业链，并带动民用产业的提升。

2. 地方政府"选题"以资源禀赋发展优势产业

涉及地方经济、民生发展领域，自然是地方资本管理主体——

地方政府来选题。

在地方发展案例中，取得任何有规模的、成功的产业发展路径，同样都遵循"选题、集聚、平台、整合、功能"这样一条逻辑链。地方政府利用区域优势资源，根据"三个导向"对资源产业化方案进行经济、技术可行性分析，以正确"选题"发展区域经济的优势产业。政府作为地方产业代表与高校科研院所合作，通过产学研主管部门的联动共同搭建科技产业化项目平台，围绕资源禀赋引进配套的人财物要素集聚，以政府引导资金吸引企业与社会资本的有序参与；"平台"落实"选题"项目，根据项目统一目标进行不同资源的"整合"发展企业，引导中小企业集群发展，形成区域经济的发展引擎和规模化产业链；最终，项目"平台"将存量资源禀赋转化为增量生产力功能，满足地方民生需求。

在中国，区域经济的快速发展，大都是地方政府指导性与企业市场力量主体性共同作用的结果，尚未发现某私企脱离政府的帮扶能单独发展起来。复旦大学史正富教授认为：在中央政府有战略领导力、地方政府有发展推动力、企业有创新活力的"三维市场体制"中，竞争中的企业着力微观创新、谋求发展，是资源配置的微观主体；竞争中的地方政府通过招商引资等多种方法构造了可持续的"投资激励体系"，降低企业投资创业的投资成本，从而提高企业均衡投资水平，并通过提供类似"总部服务"的职能帮助企业突破部门官僚主义的障碍，造就了中国经济的"超强投资驱动力"。①

3. 高校院所"选题"以学科优势发展高科技项目

高校院所优势应用学科的衡量标准，在于其科研成果是否能够成功转化为产业，并取得优异市场表现。高校院所"选题"类型：一是国家部委办的"命题作文"——关系国家战略性、安全性、前沿

① "从'三维市场体制'前瞻未来36年的中国"，记者：潘启雯，上海证券报2013年6月29日

性高科技项目（纵向项目）；二是企业（国企、民企等）的"委托作文"——企业委托联合高校院所研发新产品，帮助企业升级转型的高科技项目（横向项目）；三是高校院所的"自选作文"——高校院所以学科优势结合市场需求而研发新产品，并以技术转让或自设企业方式直接将科研成果转化产业化（自选项目）。三种"选题"类型，都是促进优势学科与市场结合，不断向国际前沿靠近发展、保持全国领先。

4. 私企资本"选题"青睐于"短平快"项目

满足市场消费者需求的商品领域，自然是广大企业来选题。企业以敏锐的市场嗅觉引导、发现消费者潜在需求，正确"选题"经营产品。科技企业建立自身的产学研项目平台（或单纯是技术项目转化、商品化平台），吸引社会研发力量与金融资本的参与，以最快的速度创造出新产品，迅速占领市场。

中国占企业总数98％是中小私企。私企资本一般"选题""短平快"研发项目，即青睐那些"周期短、投入低、盈利快"项目，核心技术不强。请看外媒数据：汤森路透评选出2013年全球创新力企业（机构）百强，中国仅有1家来自台湾。2014年度百强中国大陆只有华为一家上榜。虽然中国在专利数量上世界领先，但大多数中国专利限于在中国申请，全球影响力有限。①

北京大学生物学院教授饶毅认为：以生物医药领域为例，绝大多数企业不做研发，顶多在工艺环节的小技术改进。企业虚报研发支出，只是利用政策退税……。有的民营企业屡屡被有关部门作为形象代表，多渠道申请国家科研经费，连企业自己都不好意思……。真正的科研力量，在于正规的科研机构，但他们的高科技企业研究经费低。而江南造船集团副总邹元晶认为，作为产业龙

---

① "汤森路透发布2013年'全球百强创新机构'榜单"2013年10月12日新浪科技报道

头的军工企业，国家研发投入远比不上发达国跨国公司，企业自己研发投入则更低。商飞设计院副院长李东升认为中国企业全部科研经费占收入比为5％，企业没有自己的核心技术。[1]

5. 国家引导社会资本发展社会效益最大化的物质与技术使用项目

所谓市场自动优化配置资源的瓦尔拉斯均衡理论，是把影响市场最关键因子：人类自私与惰性、避险趋利心理、资本逐利贪欲全部抽象简单化而做的研究，难以完整解释真实经济。资本的目标函数是利润，而不是社会价值、社会效益最大化的物质与技术使用，因此以技术最大使用效应为主的竞争难以成立，主导市场经济的价值规律也不会在国民经济全局上优化配置资源，因为价值规律导致的均衡是以平均利润率为重心的社会支配秩序均衡，而不是真正的资源优化配置。比如投入一个国家的基础设施的建设，如果不是政府担纲、干预、组织、投资，并保证私人投资有利可图，私人资本是不会介入的，欧美早期成体系的铁路建设亦无不如此。资本需要短期内快速积累扩张，才能保持资本在市场上的竞争地位；资本家没有耐心在长周期的基础设施建设；以及技术研发、产业化过程中让资本沉淀。

英国剑桥学派庇古早在上世纪20年代就发现私人资本与产品的局限性，创新了"社会净边际产品"和"私人净边际产品"这两个重要概念。庇古指出，"一般来说，实业家只对其经营活动的私人净边际产品感兴趣，对社会净边际产品不感兴趣。……除非私人净边际产品与社会净边际产品相等，否则，自利心往往不会使社会净边际产品的价值相等。所以，在这两种净边际产品相背离时，自利心往往不会使国民所得达到最大值；因而可以预计，对正常经

---

① 《头脑风暴：中国科技离诺奖有多远》引自嘉宾发言，第一财经频道2013年11月17日

济过程的某些特殊干预行为,不会减少而是会增加国民所得"。庇古的伟大之处在于他挑战了亚当·斯密的权威,对"看不见的手"提出了批评。[1]

　　一国的基础研究,同样需要国家担纲重任。改革开放 30 余年,中国在数个"五年计划"引导下,利用民间储蓄、引进外资直接投资实体经济,中国特色社会主义市场经济取得空前成功。但中国的科技创新,无论基础研究、还是应用技术前沿研究,很多领域尚不能与发达国竞争。"虽然政府进一步加大了科技研究投入,但是从国家整体上看,对基础研究的投入还远远不够,政府支持的持续时间也不够长,中国还没有一个创新项目能持续到十年以上。而基础研究、前沿探索都讲究"十年磨一剑",能够走到世界最前沿的基础研究,十年都是不够的,二三十年是常态。"[2]

　　国家资本重大研发项目投资的有效性给予社会资本良好的样本,国家引导资本以四两拨千斤的杠杆作用,亦可以撬动社会资本参与基础研究、前沿技术、国家重点项目工程的投资,以达到社会效益最大化的物质与技术利用。

二、集聚优势理论

　　所谓集聚优势,是指利用本区域的优质资源禀赋,吸引国内外优势资源进入,通过平台的系统载体结构,将本地资源、外部资源与政策、制度、文化等创新机制整合融化一体,将人才、技术、信息、贸易、金融等要素优化高效配置,在经济运作过程中,使得要素资源生产力最大化,聚合成特定产业的功能源;功能源的辐射作用力

---

[1]　【英】《福利经济学》上卷 146 页—185 页,作者:庇古,北京商务印书馆 2006 年第 1 版

[2]　"万钢:心浮气躁出不了诺贝尔奖",记者:陶春,学习时报 2013 年 10 月 14 日

达到一定程度,就会使该区域成为某个产业的"功能场";"功能场"的集聚与辐射效应,往往被称为某产业的"中心"或"功能区"。①

（一）美国通过集聚世界优势资源成为发达国家

美国的成功崛起,是集聚优势的范例。作为移民国家,尤其二战后,美国可以直接从当时西欧国家集聚优越的资本、技术、人才等资源;美国亦在西部疆域开发上,获得了丰富的自然资源,保证经济持续增长的需求。美国还通过两次工业革命的推力,使得国家和企业生产能力翻几番。在不间断的技术创新过程中,美国核心竞争力很快超过欧洲保持领先地位。两次世界大战,美国获得巨额军工收益及战争赔偿,实现了资本从欧洲向美国本土转移,奠定了美元作为世界货币的基础地位。资本科技人才要素的聚集,为美国经济腾飞奠定坚实的物质与人才基础。

美国的创新,较大程度上得益于外籍科学家,其中以爱因斯坦最为突出。二战后,美国更为主动招揽全世界优秀人才。1949 至 1969 年,美国从发展中国家集聚了 14.3 万名高级人才,在 20 年内至少为美国创造了 1000 亿美元的收入。90 年代,在美国各大学深造的外国留学生 60% 攻读理工科,约 25% 的外国留学生在取得科学家或工程师职位后定居美国,留在了美国的"人才库"。

加州大学公共政策研究院的沙克斯尼安教授,在 2002 年对旧金山湾区 17 家顶尖公司的 2273 名成员进行了调查,发现其中 90% 的是在美国以外的地区出生。在外来科技人员中,43% 来自中国内地和台湾地区。沙克斯尼安认为非美国出生的专业人员是全球经济转型的原动力。

---

① 本段部分参考《集聚优势》一书,余永达著. 清华大学出版社,2006 年 10 月第 1 版

（二）中国集聚优势可以在国内外范围内集聚资源

中国的集聚优势，在可能的情况下，做到高起点、跨越式发展，促进创新力、竞争力的快速提升。在当前条件下，以创新带动的优势资源能够在世界范围内快速优化配置，为集聚优势提供了条件。资源、资金、人才等，都可以从其它国家、其它区域获得。

1. "引进来"、"走出去"是两种集聚外国优势资源的方式

从中国经济发展特点看，集聚优势主要有两种方式，"引进来"、"走出去"。"引进来"特点是，在外资企业进入中国后，国内企业积极吸收其技术、管理、资金、国际市场等优势资源；"走出去"特点是，引导各类企业走出去，在世界范围内有针对性地集聚技术、品牌、销售渠道等优势资源。中国企业走出去战略已有成功案例。联想公司收购 IBM 个人电脑部分，一跃成为世界第三大个人电脑公司；吉利汽车收购沃尔沃，迅速崛起为中国汽车行业的一匹黑马。华为通过开拓海外市场，已经成为世界第一大通讯设备商，手机则后来居上觊觎三星世界老大的宝座。在走出去过程中，提升谈判技巧，运作国际资本，适应多元文化等，都是中国企业走向世界的重要环节，说明了中国企业的战略眼光、决策魄力、运作能量等。在不远的将来，"走出去"集聚世界优势资源运作模式将会被中国越来越多的企业践行。

人才是资源中决定性要素，"知本"甚至超越"资本"具有战略意义，是社会经济发展的基础和动力。国家不仅要积极引进域外关键技术人才，弥补我国某些领域的核心技术短板，还应引导优秀毕业生进入国家重点行业，并参与一线研发长期磨练，为提升国际竞争力提供源源不断的技术与工程人才。

2. 集聚优势主要体现在集聚国内外优势技术资源

要主动集聚国外技术资源。从目前的情况看，中国拥有市场广阔和人力资源丰富等优势基础，具有吸纳较多优势资源的容量，对高端工程装备技术、信息经济技术、节能环保技术等项目的需求

量大质高。利用政策机制引入优势技术后，通过合作互动、消化吸收、开发优化、重建优势等创新运作，形成具有自主性、自控性、创新性、引领性技术与产品，以及相关的管理经营体系，获得价值倍增的效应。要将"以市场换技术"，改变为"以市场集聚技术"。

国内各个区域间优势资源集聚互补，可以促进区域间的互动发展。国情专家胡鞍钢教授曾经将中国特点概括为"一个国家，四个世界"中国的东、中、西部的确呈现出生产力阶梯差距。国家推出鼓励东部先进的技术、人才、资金扶持中西部地区的倾斜政策，就是尽量弥补东、中西部经济发展的阶梯差距。东部具有技术、人才、资金优势，中西部具有矿产资源、土地、廉价劳动力优势，东中西部优势资源互补性强，东中西部各区域之间可以根据自身优势资源互相合作，腾笼换鸟、梯度转移，集聚自己需要的资源，共同发展区域经济。

（三）集聚优势不必然产生功能

集聚是通过自身优势来吸引外部优势。在集聚其它优势的过程中同时离散劣势，实现各方的集聚优势。集聚优势理论认为：经济运行规律决定任何经济要素不能独立运行，一种经济资源天然要与其他资源组合运行，如土地资源同时承载物资、资金、人才、技术等资源；而资金资源也必然伴随人财物、知识信息等资源的流动。这就是要素资源集聚的不可分割性。但是，单纯的资源集聚不必然产生功能优势。

1. 集聚是"功能场"的前提

对于某个区域来说，促进经济发展的有效措施就需形成某种经济资源的"功能场"。即利用本区域某种经济资源的极大优势，吸引集聚国内外相配套的资源优势，将原来单一的资源要素优势扩展集聚成为某一产业发展所需的全面的资源优势，即会推动本区域经济的高速增长，进而成为某产业的开发中心。比如常见的地方政府普遍有土地资源优势，如果"选题"发展某个产业并予以优惠政策配套，足能吸引四面八方人财物资源及产业项目持续流入该区域，通过有形与无形之手进而"联动起来"，逐渐发展成一个自我生长的"生态系统"，并能做到逆向流动可控性，即"资源流入速度大于流出速度"，就达到了蓄势储能、辐射作力、效益倍增的产业"功能场"效果。

2. 集聚表现形式是掌握要素的部门、人才在空间上相对集中

经济学概念中，集聚主要是指产业集聚、企业集群。一般是指属于某种特定产业企业，在一定地域范围中的地理集中。无论什么产业集聚，首先表现为构成产业要素的集聚，即泛指人力、资本、物资设备、科技、信息、管理的集聚。在中国，拥有这些经济要素的所有者，即相同产业不同企业、不同所有制部门、以及掌握不同知识要素的专业专门人才，在一个特定的地理空间的集聚。然而，那只是意味着在单位面积上有较高的密集度，要素依然分散在各部门、各行业、众多企业单位个人手中，在条块体制分割、信息阻滞下呈点状离散状态。

3. 集聚优势通过产业"选题"、"平台""整合"才会形成"功能场"

单纯的要素集聚不代表功能的必然形成。如果没有资本"选题"的要素催化剂、没有上级"顶层决策"要求的经济社会项目合作、将经济要素有机撮合，将不会发生化学融合效应；如果没有资本力量组建项目"平台"对要素进行"整合"与优化配置，那么，要素"集聚"不会获得 $1+1>2$ 的"功能"，也就没有其后的发展链。

一国核心竞争力的强弱，早不再由其存量资源禀赋所决定，而是由该国优势项目决策和资源整合能力所决定，决策能力取决于正确"选题"，整合能力取决于项目"平台"，"选题"与搭建"平台"能力，代表一国生气勃勃的创新竞争力。一个区域可以缺少某些优势资源，但可以通过政府正确"选题"项目推动扶持，以本身存量资

源,可以建立产业"平台"来"集聚、整合"外部更多的优势资源,从而形成"功能场",发展本埠经济。不同产业平台的集聚会形成多途径"链式反应"——"功能场"。"功能场"的辐射能量会被其他"功能场"集聚引起新的集聚优势;本域"功能场"与外域"功能场"互补互促共生作用,就会形成更大更多"功能场"——"产业中心、科创中心、金融中心或经济中心",实现经济的良性循环。

4. 集聚要素需要政府"点题"

常识周知,越是珍贵物种,自然繁殖就越难。如国宝大熊猫,让它们自然交配成功几率低到几乎影响种群繁衍,所以国家将其作为一类保护动物,以人工授精、圈养与放养结合方法,保证大熊猫种群规模有所增长。同样在高科技领域,个体研发者的创新成果,大部分是小型、低端、边缘性技术,较少具备高精尖、规模化、长产业链的功能优势。各级政府因抓不住科技创新的发展重点,扶持资金也因"政出多门"、天女散花、广种薄收般起不到拉升科技产业的作用。

国家需要在科技重大项目上集聚资源统筹使用。因此,国家基础性、战略性、前沿性高科技产业作为国家"保护"产业,需要进行"人工受精"——"选题"或"点题","圈养与放养";即统一规划、集聚资源,国家目标指导与市场运作结合方式,才能提高重大项目成功几率。

著名经济学家林毅夫认为:在美国,实际上所有重要的新产业、新产品的出现,背后都有国家的支撑,是国家在"R"方面的支持。比如 Google,他的计算方法是 NSF 的一个项目。再比如互联网、生物技术等等都有国家很多的支持。美国最主要有两个机构对"R"支持,一个是美国国家科学基金 NSF,一个是美国国立卫生研究院 NIH。可是支持基础研究的钱是有限的,因此他们支持基础研究的时候,已经想了对新技术、新产品,会有什么影响,然后决定哪些基础研究需要国家做。所以如果美国对前沿的、与技术有关的是有选择的,那就代表他有产业政策。最重要就是企业家要发展新产品,此前的那些公共知识,要是没有国家的投入,实际上也不会出现。[①]

林毅夫的话得到美国 IT 巨头的有力印证。2015 年年底,亿万富翁比尔·盖茨在接受《大西洋月刊》采访时说:"政府研发的作用和效率,远比私营部门更高。如互联网是政府研究项目的产物,集成电路工厂也是政府搞的。直至今天,政府还是会出资资助一些尖端领域科研,并拨款确保高校有良好的知识基础和人才储备,保持科技领先地位。因此我认为,美国政府在支持研发上做得非常好。"并说:"自二战以来,美国政府主导的研发几乎定义了所有领域的最先进水平,而私营部门则普遍显得无能。"[②]

(四)"多元产业链"集聚助推区域科技产业链发展

产业集聚可分为内生性和外源性集聚,产业链集聚可分为单一型产业链集聚和多元产业链集聚。

1. 内生性与外源性要素集聚

要素集聚可分内生性与外源性要素集聚。内生性集聚概念是指某一区域由于自然地理形成、或历史积淀的资源禀赋富集,导致某些产业、机构的集聚。如历史悠久的产业、高校等富含"人财物"要素的组织机构根植性集聚。[③] 外源性集聚概念指的是某一经济社会活动项目,包括研发、生产项目、工程建设项目、高科技创新创业企业等外来"人财物"要素机构跨区域集聚。外源性"人财物"要素集聚一般为行政力量、尤其是资本力量的驱动。

---

① "林毅夫称市场没有政府协调更失败",作者:赵晓童,凤凰财经 2014 年 7 月 7 日
② "比尔·盖茨:社会主义才能救地球,靠私企没戏"观察者网 2016 年 9 月 18 日
③ 内生性要素还包括非物理性要素,包括政府政策、创新文化与环境、科技信息与管理、金融中介服务等要素。但这些非物理性要素是围绕物理性要素起作用。这里专门论述物理性要素的集聚。作者

产业集聚同样有内生性与外源性两种形式。内生性是本土经济社会发展自然成长、日积月累而形成的历史遗存。如西方发达国家产业集聚，是经历 18 世纪、19 世纪两次工业革命后逐渐衍变、几百年工业化市场运作自然形成的。典型如德国鲁尔钢铁工业区、美国底特律汽车城、意大利托斯卡纳、曼萨诺家具工业区等。

外源性产业集聚，则是通过政府、资本有形无形之手，通过项目"选题"、"平台"运作达到经济社会发展目的。有形之手，主要通过政府扶持、招商引资，调动资源向某些有比较优势、尤其是向土地资源、产业资源、人力资源、科教资源丰富的区域集中，以达到产业集约化、规模化发展目的。如中国没有西方那种漫长的工业化、市场化发展经历，但在数十年的工业化发展中自我摸索，通过政府的引导推动，发挥市场力量的主体作用，目前已形成完整的工业门类体系，大都集聚在工业园区、高新区、科技园区，在这些集聚区内，已培育出一大批高科技企业并发展为长产业链。中国成为世界第一制造大国，并缩小与发达国的技术差距，政府引导的外延性产业集聚功不可没。

2. 单一产业链和多元产业链集聚

单一产业链难长久，多元产业链是区域经济可持续发展的基本保证。

（1）单一产业链集聚不可持续

单一产业链集聚是指资源禀赋优越区域，经过市场力量作用，某一产业及其相关支撑产业链要素集聚，表现出某种行业生产、供应、销售上下游产业链集中在某个区域整体的内循环运作，这种集聚优势在于配套设施要素齐备，如税务、海关、金融、中介等机构也集群，降低交易与运输成本；缺陷是产供销不同环节的企业对该区域商务成本敏感度不一、运营成本承受力不同，难以将所有上下游企业全部集聚一个区域。

经济增长的重要特征表现为产业活动的空间集聚。英国剑桥学派代表马歇尔(Marshall)上世纪 20 年代发现了同一产业的企业基于外部性在同一区位上集中的现象，并指出了产生这一现象的三个基本来源，包括中间品共享、劳动力市场共享、投入产出关联和知识外溢，称作"马歇尔外部性"。自马歇尔外部性学说提出以后，经济学者们十分关注马歇尔外部性和产业集聚的关系。一方面，他们认为马歇尔外部性是经济活动空间集聚的基本原因，另一方面，一些研究发现马歇尔外部性是产业集聚的重要后果，即产业在地理上集中通过"供、产、销"垂直化分工实现规模生产优势。[①]

同一产业集聚有利于获得即时信息，降低"垂直一体化"距离成本；有利于熟人经济形成，降低交易成本；有利于找到合适的交易伙伴，降低搜寻成本。但是，根据国内有关专家对中国制造业产业集聚情况的调研，采用 2000—2007 年中国工业企业数据库和中国城市统计年鉴数据，对 278 个城市、30 个行业的企业层面数据（采掘业及水、电煤的生产供应业排除在外）及变动趋势进行统计与研究，得出结论：集聚初始阶段，该行业所有企业——不论新成立企业还是现有企业，生存时间都显著较长。随着产业内集聚程度的增加并达到一定高度，企业的生存时间反而都减少，表明该行业企业的同质化竞争激烈，企业的失败率就越高。[②]

（2）多元产业链助推区域经济发展

与马歇尔外部性理论阐述动态的行业内集聚经济原因不同的是，雅各布斯外部性理论是动态的"跨行业"集聚经济。他强调城市经济的发展来自于城市内产业的逐渐多样化。城市产业的多样

---

① "经济聚集中马歇尔外部性的识别——基于中国制造业数据的研究"，作者：吴建峰、符育明，《经济学（季刊）》2012 年第 2 期

② 引自 2013 年 9 月 21 日上海市社会科学界联合会、上海对外经贸大学国际经贸研究所等联合举办的研讨会"2013 年上海社科联主题专场会议——我国城市比较优势与结构转换"中南财经政法大学工商管理学院青年讲师、国际贸易专业硕士生导师陈勇兵的主题发言"集聚会降低企业失败风险吗？"

化,其主要原因是:一是中间投入品的分享(为不同行业的企业提供的金融、法律等服务以及当地的文化娱乐设施);二是降低交易成本,例如,多样化的产业集聚能使劳动力市场匹配效率提高并降低失业率(Malizia and Ke,1993);三是统计意义上生产的规模经济:大量不同产业企业聚集导致了对中间产品和劳动力需求的多样化,可以使产品销售和劳动力市场更加稳定;四是相应地、统计意义上消费的规模经济;五是产业之间的关联,比如,上下游产业之间前向与后向关联。雅各布斯(1969)则强调产业多样化能够刺激新的想法的产生,促进新产品和新技术的诞生,从而促进城市发展。①

随着世界经济一体化,资本要素在全球向成本洼地流动,单一产业集聚区如果不及时转型高科技、多元化产业并举,走出产业复兴道路,大都会面临萧条乃至破产。如德国鲁尔工业区,在高校科研机构支持下,与区域多个城市合作,从单一的煤炭、钢铁产业,向健康工程与生物制药、物流、化学工业、文化产业发展而成功转型。美国底特律市,由于错失产业转型机会,导致最终在 2013 年破产。

研究行业内和跨行业集聚经济对城市和产业发展具有重要的政策启示。如果企业主要得益于行业内集聚经济,那么市场因素将会促使企业向那些产业专业化的城市集中。这显然有利于以一种或者密切相关的几种产业为主导的城市发展。例如,以钢铁业为主导产业的中等城市就属这一类。另一方面,如果企业主要得益于跨行业集聚经济,那么企业将会选址于那些产业多样化程度高的城市。这无疑会促进产业多元化为特点的超大或特大城市的发展。②

---

① 【美】《城市经济》雅各布斯著项婷婷译中信出版社 2007 年 7 月第 1 版
② "企业规模—城市规模与集聚经济—对中国制造业企业普查数据的实证分析"
作者:傅十和、洪俊杰《经济研究》2008 年第 11 期

（3）"产学研"项目平台集聚助推多元产业链集聚

一个行业为求发展做大做强，就须将"产、供、销"产业链往上延伸到微笑曲线两高端——研发、品牌及服务阶段，就须寻找技术优化的源头——高校、科研院所进行合作。在高校院所（包括科技园区）集聚的区域，是基础性技术、共性技术、专有技术的研发源头；是各种科研人才的聚集地；是专业公共技术服务设施的聚集地。地方政府要发展区域经济，往往以地区产业代表身份，与高校、科研院所建立"产学研"合作联盟，以促进本地区产业转型、提升。

所谓"产学研"项目平台，即产业与高校、科研机构相互配合，以各领域企业为技术需求方，与以高校院所为技术供给方之间的合作，发挥各自优势，形成强大的研发、转化、产业化的组织机构，并在运行过程中体现出系统综合优势。多元产业"产学研"项目平台产生，得益于高校院所的集聚和多学科知识、技术、人才的溢出效应；多元产业"产学研"项目平台的集聚，小则表现为研发某个技术产品的单一市场型科技企业；中则表现为某个国家战略性、高科技、集成型大工程项目研发、管理平台，也包括总部型大公司研发、生产、营销综合管理平台；大则属于科技中介服务类如管辖面积几百平方公里的省市级自主开发区综合管理平台，因容纳产学研各路大军，是承载多行业科技产业链发展的高地。

在高校院所、科技园集聚的区域，多样化产业不仅得到金融、法律、会计、咨询、评估等中介服务以及当地的商业、交通、文化娱乐设施可以共享，有利于中间投入品高度利用；劳动力市场匹配效率更加提高，有利于复合型人才成长；国际上不同专业先进技术信息高度分享，有利于大众创新、协同创新、集成创新；不同产业的互相融通互补，物质与技术资源的最大利用，规模经济的社会效益更加可观，各行业产业链可以变得更壮更长。由于高校院所、科技园的集聚区域，往往是多类型科技人才及"产学研"项目平台的集聚，雅各布斯所强调"产业多样化能够刺激新的想法的产生，促进新产品和新技术的诞生"观点更符合实际。多元产业"产学研"项目平台的集聚，是我国发展高技术产业功能区，建设创新型城市的基础。

三、"集聚"要素"整合"，须先建立"平台"

若"集聚"要素代表多元主体的话，那么，"整合"则需要有形之手去操作，其代表一个权威主体——"平台"管理主体的意志。所谓整合，是指在一个"正确选题"的共同目标愿景下，或接受共同的指令下，不同参与方（部门、企业等组织机构）通过协调、协商、协议达成合作联盟，建立一个项目执行平台。平台通过得力的管理团队，以统一的战略目标、规范的制度架构与运作机制统筹整合各方资源。每个参与方以自身资源参与整合运作，并与其它成员方合作协同共同完成目标任务，共享成果。

平台这种整合的优势是：第一，目标前瞻性。尽可能保证制定的战略具有前瞻性，可以适应未来世界发展的变化。第二，运行协调性。尽可能为平台组织结构健康发展创造条件，所制定的战略能够及时、完整地贯彻到每个平台部门和团队成员，上下一心、协调行动。第三，利益平衡性。制定的战略尽可能保证平台各所有者的利益。

经济与科技发展是 21 世纪人类社会的两项重要特质，因此，著名投资人蔡洪平称谓 21 世纪是"整合经济"。国家、地区、企业互相之间的依存关系，随着经济与科技的加速发展而日趋紧密。[1]"整合经济"，在操作上须通过项目平台运作，亦可称作"平台经济"。

---

[1] "蔡洪平：世界经济形势改变创造国内外资源整合好机会"，东方网作者：唐漪薇，2012 年 06 月 30 日

第二节　平台"要素集聚、协调运作" 的"整合"特质

整合是根据"选题"目标进行运作的一种经营管理行为,它需要一个项目载体;要素从"集聚"到发挥"功能",中间的"整合"必然有一个矩阵型组织机构——"平台",简言之,"整合"是对"平台"要素的优化配置。无论哪种性质的平台,其整合的运作规律是相同的：即平台主体将同一行业不同所有制如国企、民企;不同机构如政、产、学、研、金融机构进行组织,进而将这些分散在不同所有制、不同部门人财物、科技、信息、管理诸资源,根据平台目标要求,及产学研、产供销诸环节的需要,进行统一性、标准化整合配置,市场化运作,使其成为一个有机的生态系统,最终形成 $1+1>2$ 的平台功能。

一、平台以人才的集聚带动要素的集聚

万事人为先,人才是任何组织存在的基础,资源随着人才的集聚而集聚。平台所组建的团队都以组织任务为目标的人才队伍,没有人才团队就没有平台资源整合的功能。彼得·圣吉认为,人力资源管理在要素管理中占第一位。学习型组织中的人都是能够学习和授权的。基于此,现代的管理加快组织结构扁平化、组织交流信息化、组织系统开放化的进程,组织中团队成员都是管理者与被管理者。[①] 产学研一体化项目团队,最能体现"学习型组织"精髓,一般由高素质研发、试验、市场开发营销等技术、管理方面专业人才所组成,有的人才甚至一专多能;他们在平台的统一目标指引

---

① 彼得·圣吉的管理理论与管理哲学《百度文库》

下，一边不断学习前沿理论、掌握世界新技术，一边努力开发属于
自己的核心技术。

（一）平台人才团队的特性

根据斯蒂芬·罗宾斯的经典阐述，一个高效团队应具有 8 个
基本特征：一、目标明确；二、具备相关技能（包括学习、研发、操作
技能）；三、相互信任；四、有共同承诺；五、有良好沟通；六、有谈判
技能；七、领导支持；八、内、外部的支持。

平台人才团队的特性是平台的功能特性所决定的。一是团队
任务的目标性：团队的组建和运作，都要完成平台特定的、目标明
确的任务。没有目标任务，团队集结就没有意义。二是团队调配
的平台性：为完成该项目标任务，由各类人力资源组成的团队集
结在一个任务平台上，根据研发、试验、转化、商品化不同阶段、不
同行业，进行合理的分工合作。三是团队人才的适配性：适配性
是指团队人员数量、能力与目标任务能够合理匹配，取得最大绩
效。四是团队运作的综效性。彼得·圣吉在《第五项修炼》中提出
"综效"概念，即团队有共同的承诺和协同做事的行为准则，因此，
团队的运作能够产生 $1+1>2$ 的系统效应，即大于团队个人能力
之和的绩效。而群体作用，只是个人能力在正负因素抵消后的简
单相加，结果只能小于 2。

（二）平台决策、执行团队的层次性

基于团队平台的特性，相比于条块分割、等级森严的传统科层
体制与机构，团队平台具有适应性、实用性、灵活性、集约型强等诸
多优点。团队集结的平台结构，可分为战略决策、战术执行、具体
操作三个层次。

1. 战略决策层

主要是由战略团队负责，一般有国家、区域、部门最高领导层，

相关战略专家、人力资源管理部门组成。战略决策层是平台组织的最高管理层。它主要负责制定平台组织的战略目标、阶段任务、实施方法等方面的决策。

　　2. 战术执行层

　　战术执行层是有业务部门与人事部门人员所组成的管理团队，主要任务就是进行战术性的执行工作。对集聚平台的要素根据平台目标要求进行统一整合、调配。

　　业务管理团队应该实施专家负责制，其职责是：为保证高质、高效完成任务，根据战略目标和平台资源，制定任务阶段性工作计划；组织、整合人财物资源；指挥不同部门协同作战；监督控制任务执行过程中可能出现的风险等等。

　　人力资源部门职责是：根据专业对口、能力匹配原则，将不同的技术人员，分配在到不同的专业技能部门，以人尽其才。人力资源部门根据平台对合格人才的需要，具有负责制定各团队工作绩效考核指标，招聘与培训人才的功能等等。

　　3. 实际操作层

　　即是直接操作、完成具体任务的工作团队。操作层的素质直接关系任务完成的质量，因此，管理层需要在业务上进行能力培训，努力提高员工的操作技能；生活上，要人本关怀，解决员工的后顾之忧；平台合作上，要培育员工的团队精神。

二、平台的矩阵型组织结构与"整合"机制保障项目成功

　　根据系统学结构决定功能的原理，产业结构决定一个区域经济功能，而组织机构优劣决定一个企业或一个项目的产出功能大小。组织结构优化是产学研一体化项目致胜的关键。矩阵型组织机构纵向贯穿产学研长产业链，横向连接政府与市场、科技与资本、公有制与私有制部门、国际市场与国内市场等等，是当今提倡

的扁平化、高效率的最优组织结构。矩阵型组织结构特点：一是责权利落地优势；二是资源保证与面向用户的纵横双向优势；三是有效提高顶层组织整体上的技术资源利用能力，它是一个优于职能型的扁平化组织结构。

（一）矩阵型组织结构的"平台"类型

矩阵型组织结构是以项目目标任务为导向，集聚不同所有制机构、不同专业的人才、整合人财物等资源，形成特定的组织体制和运作机制，进而产生特定的项目功能。因此，矩阵型组织结构表现为项目"平台"系统。矩阵型平台根据学科划分，大致可分为理工类、经济学类、管理学类三种学科类型。

1. 理工类的技术服务平台

理工类学科从技术的角度来界定和研究平台，其中心词定位于"技术服务"。如：高校科研院所向社会开放的各类实验、测试、设计、检验检测、标准化等提供共性技术服务的平台，称之为公共服务平台。另一种高科技平台，是一种多个相互依赖的部件组成的不断发展的系统，人们通常将支撑组件生存的容器、组件间的协作规则以及一系列由可复用组件技术实现的服务合称为"平台"。

2. 经济学类的生产平台与商务交易平台

经济学从生产角度对"平台"的定义，中心词定位于"模块制造"。实质上是经济全球化下"温特制"平台型生产组织方式。

"温特制"的模块化、外包与平台型跨国生产体系，将产业链按一定的"模块"加以分割、生产和组合。模块化包含产品设计、生产、企业组织形式三个方面的模块化，是一种基于某个产品体系的流程再造。在这种"平台"生产体系中，一种产品的功能通过相对独立的、不同的零部件来加以实现，这些部件之间的嵌合是根据一套接口标准进行设计的，从而确保零部件的可替代性。随着模块化的进展，出现了外包现象。在温特制生产方式中，产业价值链的不断分解,使市场上出现了许多相对独立的、且具有一定比较优势的增值环节。企业之间竞争的重点不是投资,亦非降低成本,而是标准的提升和客户群体的锁定。"温特制"的模块制造标准化,成为当前经济全球化、网络化企业主要组织形态。①

经济学从市场交换的角度对"平台"的定义,中心词定位于"交易市场"。平台实质上是一种交易空间或场所,可以是现实中的实体商场,也可以是虚拟的"电子商务";交易标的可以是一般有形的实体商品,亦可以是无形的知识产权或技术许可。交易市场引导、促成供求双方或多方客户之间的交易,并且收取恰当的费用,最终追求收益最大化。电子商务平台大体上有 C2C、B2C、B2B 三大类,同时兼有产品市场与要素市场的特征。C2C、B2C 模式基本可以归入产品市场范畴。随着阿里巴巴、淘宝、京东等一批平台型企业的快速发展,对传统实体店模式颠覆式创新特点愈发显现,宣告着网购平台经济时代的来临。而技术市场平台正在政府聚焦扶持、市场运作下重新崛起,逐渐成为技术转移、交易的一个主平台。

3. 管理学类的综合性服务平台

在管理学领域,对"平台"的研究主要从一个综合性项目管理角度,中心词定位是"管理服务"。项目化平台实质上是指系统的管理能力,"上"对接国家规划目标、政策措施;"下"对接平台各部门、各单位的人财物、信息的资源进行配置;"中"横向对接市场资源与用户的各种需求。通过"上、中、下"的衔接,来对项目各种关系进行匹配,从而扩展平台的系统管理能力。项目化平台包含三个独特要素:管理规则与管理角色、各种对接的标准、整合能力。②项目化平台解决"信息孤岛"、"资源孤岛"和"应用孤岛"三大问题,

---

① 参见第二章第一节
② 参考"信息平台的概念、结构及三大基本要素",作者:谷虹,中国地质大学学报社科版第 12 卷第 3 期 2012 年 5 月

实现信息的协同、业务及资源的协同，充分发挥平台功能的"战斗力"。①

（二）矩阵型平台资源"整合"的运行机制：项目管理

所谓项目管理，是指在"正确选题"形成的目标前提下，平台人才团队在项目运作过程中运用专门的知识、技能、工具和方法，使项目能够在有限资源限定条件下，实现或超过设定的目标计划。项目管理即是为了实现平台统一目标所涉及的一切相关活动，进行人财物资源整合配置、任务策划、进度计划、监测管控等全过程的管理。

从 1982 年鲁布格水电站引入现代项目管理制度之后，我国各行业的项目管理水平有了很大提高。② 进入 21 世纪的中国，面临的改革是社会组织机制的变革，即因应第三次工业革命的需要，对某些组合机构进行组织结构与"整合"管理机制的改革与创新。无论是农村经济、工业经济还是科技经济，在产权制度既定不变的情况下，努力探索管理组织与机制的创新，以带动技术的创新与产业的升级发展。矩阵型平台的"整合"运作机制，就是项目管理。

项目管理型平台不仅承载各类资源要素，其最大的功能，就是将平台上分散性的要素效用整合、聚合，转化成为一个个可操作性的细分项目，并通过目标管理，将项目投入产出效益最大化。就大型管理项目来说，项目决策型平台是项目建立、运行管理的支持系统，其主体是政府、或政府支持下的企业；项目决策性平台衍生的执行管理平台，主体是企业。

---

① 一般指产学研一体化的商业组织。如跨国公司的总部、或地区事业部。也特指产学研一体化的项目组织，如国内重大工程的集中攻关，采用的就是项目平台组织。

② "项目管理在中国的成功应用-鲁布革与二滩" http://www. xici. net/d75145472. htm2008 年 8 月 3 日

1. 项目管理的意义与特点

项目管理，或者称之为系统管理，由欧美国家于上世纪 30 年代最先创新运用、50—60 年代逐渐完善、随后广泛应用于国防航天科技领域，并且成功运用于世界银行等国际组织和美国白宫办公室。随着 90 年代以来的网络信息技术发展，项目管理的应用已经成为一种世界发展潮流。

项目管理，即把经济社会生活系统的各个环节分解开来，根据项目需要集约"整合"的一种最优化配置资源的管理模式，尤其对大型复杂系统的管理提供了一整套的科学管理方法和手段。大至一个国家中长期规划的制定、实施、评估，中到政府任期内的工作目标管理，小到国家部委推动的改革举措，尤其是我国的投资体制改革，都可以采取项目管理的方式进行推进。可以说，项目管理的逻辑适用于推进体制改革，或者说适用于对改革进行创新管理。

我国在 50—60 年代计划经济时期开展"两弹一星"国家工程建设时就曾经引入过项目管理，取得巨大成功，并且形成了"双优法""系统论""系统工程论"等项目管理的理念。改革开放后，在基础设施建设和对外贸易中出现的"代建制"与"服务外包模式"等外部资源管理，也是一种项目管理。

从中外项目管理的实践来看，它具有三个显著的特点：一是系统管理。是对有效资源进行计划、组织实施、完成目标的系统管理方法。二是细节管理。项目管理既强调整体方面的统筹兼顾、首尾呼应，同时也重视"细节决定成败"。三是风险管理。跟踪、评估、监测风险发生的可能性，避免项目建设半途而废或者中途夭折。①

2. 中国重大工程项目管理仍然存在瓶颈

中国改革开放 30 余年，中国许多重大工程项目取得不俗的成

---

① 　此段引自"以项目管理有效深化改革"，作者：邵志光，学习时报　2013 年 7 月 1 日

绩，但由于旧体制的退出、新体制尚未成型而形成的真空，中国在某些重大工程项目的管理主体建设方面仍然存在着一些问题和缺陷。

（1）计划经济"政府领衔"的项目管理

新中国成立以来重大项目建设的发展，计划经济时代的特色是"集中力量打歼灭战"，在经济薄弱的情况下通过行政调拨的方式以举国之力完成与国计民生有关的重大项目，重大项目和重工业基础建设就是由此带来的突出成绩。当时，在苏联式计划体制的思想下，各行业呈现条块分割格局，各自均按计划管理思路建立设计院、设备制造、工程企业各管一段的体系，根据国家总体规划完成自上而下分配而来的任务。在计划经济时代，产业主导者的角色是由政府来担任的，两弹一星就是最明显的例子。

（2）改革开放后的项目管理各自为战

改革开放以后，计划体制惯性暴露出重重问题，诸如"重立项轻管理""跑部钱进"等现象直到现在仍有遗风。目前，条块分割的行业格局未彻底打破。如重大工程往往仍是以专业职能进行划分，设计院、建筑施工企业、设备制造企业等各自为政，各单位仅负责自身业务范围内的职责，缺少以市场和项目目标为导向强有力的平台主体来负责重大项目的总体设计和建造。

这带来一系列问题，例如项目质量缺乏有效的总体责任人，缺乏原创性总体设计能力等。在市场格局上，建设主体各自为战，各单位因项目建设才走到一起合作，各专业化主体之间缺乏协同，缺少长期协同发展机制，导致行业整体技术积累和管理能力难有突破。

（3）中国工程企业缺少跨行业规划的政府主管部门

中国在目前发展阶段，政府政策对于行业发展依然非常关键，尤其是国有企业。然而国有工程企业往往依附于各行业的集团企业，不容易产生国际上那种跨多个行业、实力雄厚的工程集团，同时也没有对工程行业发展进行统筹规划的跨行业独立的政府主管部门，尤其对建设周期长、人员素质要求高的高科技工程来说，其发展受到行业规划与周期性的极大影响。当初运十项目的下马导致中国大飞机设计能力的断代就是一个显著的例子。缺少强有力的工程项目建设主体，就很难应对各行业的强周期波动。

（4）市场体制下需要权威的跨行业项目管理总体责任人

中国逐步引入了EPC总承包等工程管理模式，在市场竞争中一些设计院、设备制造商或施工企业逐步具备了EPC总承包商的资质、经验和能力。然而实际工作中，仍是不同专业化主体采取分工协作的方式完成工程建设，EPC总承包商扮演的主要是协调者角色。这种专业化分工协作的模式会导致松散的产业格局，在竞争比较充分、技术比较成熟的工程行业，这可以通过市场关系灵活配置资源，激发同类业务企业之间的竞争，形成活跃的发展态势。然而，对于复杂系统工程领域，这种专业化分工协作的模式会导致产业发展缺乏一个主导者。任何一个专业化企业都无法胜任复杂系统工程中的总体设计、建设、管理、升级换代的全部工作，而各自为政结果是：无人负责总体工作，无人负责产业的长期发展！

重大工程型项目不是闭门造车就可以做出，技术研发需要和设备制造、施工等企业的实际技术能力紧密相关，只有立足于产业现状才能形成可实现的系统设计，同时还要根据技术发展趋势不断完善。对于一个复杂系统的重大工程产业来说，政府退位会导致主导者缺位、群龙无首的现象，需要有一个强有力的管理主体能够承担起产业长期发展的任务。从西方发达国家来看，复杂系统工程的产业主导者往往是由特定的公司来承担的，典型的例子有如波音和空客，它们负责大飞机的设计建造全流程工作，具体元器件生产则是由社会庞大供应链来完成。

因此，对于重大项目的组织和管理而言，在市场经济环境下迫切需要培育强有力的管理主体，（如总部型企业或行业龙头企业）

使其能够承担项目建设的总体责任、主导产业的长期发展和技术进步、参与激烈的国际竞争。这意味着要打破条块分割的行业格局、鼓励跨行业的竞争、推动工程企业的兼并重组、促成产业链纵向和横向一体化整合，催生适应国际国内跨行业激烈竞争的企业。如何建立适应市场经济环境的重大项目组织格局，如何建设符合现代企业制度的市场主体，这是一个直到现在仍然需要探索的问题。[①]

第三节 产学研项目平台是典型的矩阵型平台

产学研一体化平台是一种新型生产关系和生产结构，是社会主义集中力量办大事决策、组织实施重大项目的载体。产学研项目平台跨界纵横向结合，包括体制内外结合、条块结合、国家指导与市场结合等等，承载了产学研各方的人财物、科技、信息、管理资源要素并融合，更承载了项目研发、产业化的任务目标，利用纵向组织资源，进行项目化决策和运作。它是一个系统化、大矩阵网状组织结构。项目平台有了这样共通的矩阵型任务结构，技术研发、产业化功能实现就较为顺利。

一、产学研平台矩阵型组织结构三个管理层次功能类型

产学研项目平台是人工系统，首先表现为产学研各部门人才集合，根据平台的总目标形成一个分工合作有序的组织结构。根据组织结构中不同职责，产学研一体化平台可以自上而下分为三类管理层次：决策性平台、管理性平台、工程操作性平台。

---

① "提升项目管理水平的关键"（缩写）。作者：黄涛，学习时报 2013 年 11 月 4 日

(一)"跨体制"产学研"主管部门"合作平台——决策型平台

如国家或地方政府、高校院所、领军企业互相之间的合作平台。这类合作平台数量少、权威大,一般为国家、地方的重大型、长远性战略目标服务。这些跨条块体制的主管部门为了共同的目标,结合在一起,形成有一个领导机构统领的决策型、协调协同性平台,产学研各方资源根据平台指令进行统筹整合,共同完成平台任务。如国家 863 计划等重大科研项目的决策平台。

(二)"跨行业"产学研"多元化企业"集聚平台——综合管理平台

管理项目决策后,诸如大学科技园、高技术自主创新区等管理平台开始执行管理。这类组织管理平台不是为某一个技术项目进行产学研各阶段的管理,没有具体的技术项目实现指标。管理平台作用只是帮助培育科技企业成长,是为各类产业、多元化企业在产学研各阶段进行综合性服务。如苗圃创新项目孵化、共性技术设备提供、创新基金发放、专利申请授权代理、小巨人培育与上市辅导、总部经济产业链服务等等管理的指标。通过全方位、全过程、公益性的科技服务,通过中介与金融等综合性服务,帮助各类科企纾困并做大做强。因此,科技园是一个"跨行业"多领域科技研发项目集聚、多元化科技企业集群,研发技术商品化的高地,亦是多元化科技产业链形成、集聚的高地。

"跨行业"产学研综合管理平台还包括国家重大科技工程类项目,这类大科学设施、大工程项目需要集聚各类高校院所顶尖科技力量,集聚行业龙头企业如央企挂帅,及成千上万家中小企业协同作战才能完成。因此,重大科技工程类项目亦是综合性管理平台,需要集聚各行业各部门资源,集成各方技术、设备及各类人才;需要建立统一的科研管理系统,推行各级各分项目协调例会制度,加强总体负责人的牵头领导作用与技术管理职能,做到技术设计的可生产性与产品制造的符合性；最终通过理顺产学研各部门责权利关系，共同完成重大工程项目任务。通过重大工程项目平台可快速培养一批青年技术骨干。

(三)"跨阶段"产学研"技术项目"一体化平台——研发技术工程化操作平台

如从研发、转化、产业化一肩挑的高科技企业。这是最为直接、真实的产学研一体化平台，企业内部本身有研发人才、研发资金、研发成果产业化销售业绩。符合国务院批准的《高新技术企业认定管理办法》第十条所有条件。[①]

英国科学政策研究所弗里曼在 1973 年发表的《工业创新中的成功与失败的研究》一书中指出：在经济学的意义上，只有首先被引进商业贸易活动的那些新产品、新工艺、新制度或新设计才称得上"创新"。高科技企业是中国经济转型、创新发展的主力军，中国需要一大批这类真正有自己的核心技术，并通过工程化操作能有效转化、产业化的高科技企业。但是需要决策型平台的产业导向与资金扶持、科技园区管理平台的孵化管理，才更快速有效促进这类科技企业的发展。

二、产学研决策平台所有制属性决定决策的三种管理体制类型

产学研项目决策平台是产学研项目管理平台的前提，决策性平台融合各部门资源配置的权利，根据国家需要、军工需要、市场需要进行项目决策。没有产学研各部门的授权，决策平台就不能

---

① 科技部、财政部、国家税务总局《高新技术企业认定管理办法》国科发火〔2008〕172 号

顺畅运作；没有"选题"项目的诞生，决策平台的存在就没有意义。决策型平台按照出资部门的属性不同，出资人目的不同，股权结构不同，导致平台管理体制亦不同。

（一）产学研一体化指令性项目决策平台特点——垂直行政性管理

旅美数十年的经济学家陈平认为：从新中国建国起，西方就对中国进行技术封锁，也包括市场封锁，所以"自由市场"的神话对中国从来就不成立。即使中国加入 WTO 已经十来年的今天，中国真正需要的高科技，西方仍然对中国禁止出口。[①]

指令性项目决策是中国打破西方封锁，科技赶超世界水平的最主要举措。产学研一体化指令性项目决策平台，能快速集聚产学研各方人才和资源，专家负责、行政监督，通过集中力量打歼灭战的方式，将重大科技项目研制成功并迅速实用化、产业化，弥补国家科技空白的重要载体。因是国家定向投资，项目技术指标、用户需求清晰，从决策、管理、到具体操作是通过行政隶属关系层层解构、垂直一体化，能够快速有效实现平台目标。如"863"计划，即是国家决策并出资搭建的指令性平台，短期内获得中国重大科技飞跃发展，关键领域几乎与发达国家并驾齐驱，如航空航天、医学、量子计算等领域。

指令性项目平台适用于军工装备等国家战略性行业，因此具有权威性、行政垂直性、间接市场性特点，它只适用于对国家战略特别重要的少数项目，效率高但应用范围有限。

（二）产学研一体化指导性项目决策平台特点——纵横向矩阵型管理

产学研一体化指导性项目决策平台，是国家部分出资并引入

---

① "陈平：谁愚弄了世界"新浪博客 2014 年 6 月 21 日

市场主体出资共同搭建的决策平台。该项目的顶层领导决策机构（通常为政府领衔），经过专家综合性调研、分析、论证，政府对区域发展重要领域某个项目进行决策，并以运用经济杠杆，引导各部门、各地方、各类企业等产学研单位积极参与该项目的研发和产业化。

指导性项目决策平台是国家需要与市场需要的结合，因此其特点是，一方面运用价值规律等经济手段，调整各方利益，以达到国家重点项目的完成；另一方面，也满足了产学研项目各参与单位追求盈利、提升学科质量的目标，项目主体是真正具有自主经营、自负盈亏、自我发展的市场主体。如各地政府与国家、军队、企业合作的一些高新区、工业开发区、高科技产业园等。指导性项目决策平台，适用于基础性、协同性军民复合产业领域。因较好的兼顾国家利益与市场利益，可以广泛应用于经济、政治、社会、文化、生态等各个领域，它将是中国科技创新、经济转型；政治、社会、文化管理体制机制改革的主要载体。

（三）产学研一体化的市场性项目决策平台特点——横向平等性管理

产学研一体化的市场性项目决策，有二种存在形式：技术项目决策平台、管理项目决策平台。技术项目决策平台又分单独型与合作型两种，与管理项目决策平台特点不同，但有联系。所谓横向管理，体现"谁投资、谁负责、谁受益"市场准则的平等性。对应上述指令性、指导性平台，合作型管理项目市场性决策平台，最能体现横向平等性管理。

该平台特点：为了有利于科技企业集聚、集群；为了让更多的科技企业轻装上阵、心无旁骛专注技术项目研发、产业化，产学研"主管部门"各方以平等身份建立合作型决策平台，通过优势资源整合，共同出资建立专业化、集成化产学研综合性管理平台——科技园,以购买服务方式为园区各类科企,尤其中小微科企提供全方位服务,帮助企业快速成长。合作型管理项目平台有效吸引各领域、各产业、大中小高科技企业集群,可以帮助形成多元化产业链,是一个地方、一个部门产业转型、创新发展的地标象征。所谓栽得梧桐树,引得凤凰来,园区平台能够容纳多领域产业发展,就成为吸引科技企业凤凰的梧桐。因此,这也是各地政府圈地建设各类开发区、高新区、科技园区的动力,通过政策聚焦、项目聚焦、资源聚焦,可以吸引大量科技企业近悦远来,帮助地方打造支柱性科技产业。

市场性项目决策平台有优势,平台市场盈利指向明确,各方动力较足;也有劣势,也正因为是市场盈利导向而平等自愿组织的决策平台,股权均等、组织结构较松散,一旦市场行情有风吹草动、达不到项目决策预期目标,平台合作就因各方意见分歧难以维系,平台运作效率往往有限。

三种决策平台适用于不同决策领域,但是三种决策平台及下属管理平台的绩效高低,一是取决于平台目标"选题"决策正确与否;二是平台组织的总体责任人素质差异:因责任使命等个人价值理念不同,前沿技术感知、市场意识等创新应变能力不同,部门协调、人财物及技术整合配置等管理能力不同,项目平台的总体成效也大不同。

三、矩阵型产学研平台是国际化平台经济的细胞

目前,跨地区、跨行业、跨国公司形式的法人组织蓬勃发展。这些现代企业由研发、现代设计、生产、培训、检测、营销、管理等若干子系统,通过投资者(包括资产、智力)组成智能指挥管理系统,形成一体化的经济运行实体。学者把这种经济运行实体,称为现代经济复合结构经济平台。

　　这种经济复合结构经济平台具有四个特点：即资源的优化组合，规模膨胀，快速创造与应变，社会化扩张。一是产品的纵向链接，形成产业链式的发展：包括产品研发、设计、生产、包装、仓储、运输、维修、营销、反馈、管理等与之配套的产品、配套服务；二是产品的横向扩展，即在主导产品、主导技术的基础上，向相关产品、相关业务扩张，以至于出现了跨行业、跨地区、跨国的产业群组合；三是纵横交错的空间网络格局形成，以至于趋向横跨产学研跨领域的生态链接。①

图示：矩阵型产学研项目组织结构示意图：

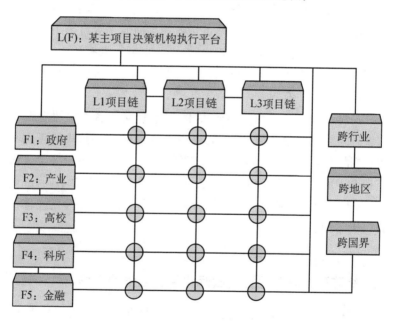

说明：L(F)代表顶层主管组织决策机构确定的某个主题项目

---

　　① "私有化阻滞中国高科技发展"，个别名称略有改变。作者：范正美，新华网发展论坛 2014 年 7 月 8 日

（科研项目、工程项目、企业项目），纵向 L1、L2、L3 代表 L(F) 主题项目下的各个分支项目，包括项目产品产业链；横向 F 系列代表人财物科技各方组织系统，如政府、高校院所、企业、金融中介等特定职能机构，其以自己固定的纵向职能科层体制，整合各职能组织的人财物、科技、信息资源，通过矩阵网络，共同执行 L(F) 的主题项目。并向跨行业、跨地区、跨国界进行拓展。L(F) 就是一个产学研项目决策执行整合平台，F 则代表支撑项目成功的人财物等重要要素集聚。

（一）互联网"平台"经济使产业结构优化

只要集聚多方资源及整合运作的都称为平台。平台既受政府政策引导，又追求市场利益，为了实现一个共同的项目目标，可以集聚跨条块、跨行业、跨所有制的各类资源。而最典型的"平台"经济是互联网企业，一是使得企业边界模糊，概念发生新变化；二是实现生产要素跨地理空间聚集聚、整合；三是融合多产业链发展；四是促进商业模式创新。

（二）总部经济是国际化平台经济

凡是平台都有根植性原素，没有根植性原素，平台不能生根、成长、可持续发展。这个根植性原素就是集聚的资源禀赋，如一个中心城市，它集聚了许多经济、金融国际化原素，因此，该城市就具备各类国际化总部平台的生长。

总部即是一个矩阵型市场平台，跨国公司的总部，亦是大企业内部具有完整的产学研结合、供产销产业链，几乎是一个大市场的代称。上海市经济学会会长、原市政府发展研究中心主任周振华认为："全球城市是世界城市网络体系的基本节点。跨国公司总部经济更多地表现为平台经济，表现为网络集聚经济。因此，上海建设现代化国际大都市的重点在于提升、强化其全球经济网络节点和平台的功能，着力把上海打造成全球城市。"①

上海社科院院长、原市决策咨询委员会主任王战认为，上海"四个中心"的建设离不开总部经济，而总部经济是平台经济的重要组成部分。上海"四个中心"建设需要平台经济的配合。上海发展总部经济不再仅仅要吸引那些海外跨国公司，还要集聚国内企业总部。信息技术革命发展到今天，总部经济已成为平台经济的重要组成部分。上海"四个中心"建设不仅需要总部经济为支撑，还要千万个创新型平台企业作为微观基础。②

(三) 产学研平台代表"强政府"带动"强市场"的中国转型模式

中国取得巨大成功的一个重要因素就是拥有一个强有力的政府。2010 年中国社科院发布的《发展和改革蓝皮书》将其概括为"中国模式"，核心就是国家对经济的干预。这种干预，不是简单地政府替代市场，而是政府与市场相结合。当前世界，没有纯粹的完全竞争式的市场经济。以美国为首的资本主义发达国家，政府执行资本集团意志，都以看得见之手干预经济，在金融、军工装备、高科技等重点领域，尤其在金融危机保卫美元阶段，干预程度更烈。从某种意义上说，美国政府在世界的霸权（金融资本控制政府、指挥军事、扶持高科技），确保美国资本以强大的市场力量掠夺世界资源与财富。

产学研项目平台，是政府带动市场的中国转型模式，即以建立多类型的产学研项目决策平台为抓手，与民营资本、市场力量联

---

① 复旦大学经济学院与上海市经济学会联合举办"建设世界城市，提升城市功能"高层次学术论坛上周振华发言。市经济学会《学术动态》153 期 2013 年 5 月 20 日

② "中欧中国金融家论坛：平台经济与第三方电子支付"中欧商学院官网 2011 年 12 月 14 日 http://www.sina.com.cn

手,共同扶持关乎国计民生、市场需要的产业。民间投资是经济发展的重要推动力,特别是我国现在民间资本还有很大潜力。但囿于投资"玻璃门"、"弹簧门"问题,及投资人知识结构限制问题,民间投资仍存在想进进不去、有钱无处投的现象,这就要求转变政府职能,把该放的权力放到位,通过政府"命题作文""委托作文"选题决策,组建指令性、指导性等产学研项目平台,引导社会各类资本投向国家重点领域与行业;产学研项目平台责权利的落实,又激发各类市场主体的经营活力和创造力,通过政府带动市场做强,政府与市场合力,犹如大鹏之两翼,带动中国经济一冲飞天。

发达制造业是一国科创体系可"选题"、建"平台"的基础

　　著名经济学者雷思海认为：制造业是所有产业的最核心平台，农业、服务业、信息行业、金融、创新等等都需要围绕制造业来运作，没有制造业，其他产业就没有生长的根基。因此，重大科技创新的"选题"来源、基础，必是制造业。中国科技事业虽仍落后但在快速发展，科技水平能与发达国家迅速拉近距离甚至比肩同进，是依托世界独一无二、门类齐全的现代制造业。制造业的发达一方面使得任何前瞻性科技创新的"选题"，都有扎实的实验与产业化制造"平台"的物质硬件基础；一方面则在制造过程中源源不断发现新问题，可以不断"选题"进行改进创新；尤其到了互联网时代，传统制造业＋互联网，如虎添翼促推科技人员进入更为高层次的创新境界。因此，制造业是一国创新体系极为重要的物质基础。经历国际金融危机之后，世界各个国家和地区都在加快推进经济社会发展的转型，力争在"第三次工业革命"的国际竞争中赢得主动，建立国家创新体系是各国经济发展的基本国策。但以美国为首的发达国家制造业式微，成为各国难以持续进行科技创新"选题"；或难以建立资源整合的"平台"以实现科技创新目标的心头之痛。以发达国家作为作参照，分析基于中国国情的国家创新体系、创新要素特征，是扬长避短、有的放矢推动中国科技创新、产业转

型的关键。

第一节　制造业成为比较中国与发达
国家创新能力的分水岭[①]

中国虽然在熊彼特意义上的创新方面能力依然不强,但西方国家也都在衰落。未来能跟中国在工业方面进行竞争的主要对手是美国,竞争形式将主要体现为率先制定标准的争夺。

一、中国专利排在首位归功于制造业内"选题"多,意味着中国科创具备赶超能力

中国创新能力在世界上处于什么位置? 可能认为"与发达国家差距较大"的人占比多。然而日前世界著名的毕马威(KPMG)咨询公司给出的调查结果却出人意料。据英国《金融时报》2012年6月27日报道,由毕马威组织的一项面向计算机和电子等行业逾650名高管的调查显示,有30%的被调查者认为中国将在未来4年内成为最大的"全球创新热点",赫然排在第一位,美国得票率为29%,排名第二,其后是印度、日本和韩国,得票率分别为13%、8%和5%。

这虽是一项主观评价调查,但客观数据也有力佐证。按照国际专利申请渠道《专利合作条约》(PCT)为口径的统计,据世界知识产权组织(WIPO)的数据,中国的PCT申请量从2009年起已连续3年增速位居世界首位。其中2011年增长率高达33.4%,比当

---

① 这节内容主要参考"中国创新能力的分析",作者:炁民,《经略网刊》第30期2013年8月29日

年增速居第 2 位的日本高出 12 个百分点。

事实上大部分领域的国际技术创新统计都可以印证这个事实。但这些数据并非是说中国的创新能力已然领先，更不能说中国长期存在的创新不足弊病已经大幅改善，而仅仅说明此类事实不应被忽略。它提供一个讨论起点：这种统计结果产生的原因是什么？为什么美国这样创新能力很强的国家会排在中国后面？中国的创新发生于哪些过程、形成机制如何？西方国家现在的创新状况如何？

（一）知识产权不符合熊彼得"创新"（技术实施过程）概念

首先要明确一个概念：什么是"创新"？因为"中国创新能力领先全球"这种统计结果之所以显得不可思议实际上与"创新"一词的用法有关。这里可以引用"创新"的两个经典定义来说明这个词如何被在不同意义上使用。

按照经济学中"创新"概念的提出者熊彼特的定义，创新所指的是一种过程，是"引入了新的生产要素从而对已有的生产要素进行了重组"，可以通过在原有的经济系统中引入新技术、新方法、新市场、新材料、新产品等途径得以实现。最为人们所熟悉的历史上的重大创新如汽车、飞机、计算机、互联网等都可以用来例证这种定义，不过这种定义的重点并非这些新技术本身，而是它们所引起的"工业生产过程重组"，并且这些重组改变了整个社会的运行方式。

创新领域的权威工具书《牛津创新手册》则给出"创新"的另一种经典定义："发明是指首次提出一种新产品或新工艺的想法；而创新则是首次尝试将该想法付诸实施。"一般在统计中使用这种定义，因为知识产权数量易于统计。

（二）中国创新能力弱是指重大生产过程重组的技术成就极少

以东亚四小龙崛起历史回顾，东亚国家都以制造业立国，精于模仿、微创新、制造管理,但是在软件、标准、颠覆性创新方面又都相对较弱。这些特征目前尤以中国为甚。实际上,"中国创新能力较弱"的印象通常来自在熊彼特的意义上使用"创新"一词:近现代历史上引起了重大生产过程重组的技术成就极少源自中国;而"中国创新能力领先全球"的印象则来自于中国新申请知识产权的数量。

真正给社会带来影响的,通常是熊彼特意义上的创新,但这个意义上的创新是一种过程,需要过一段时间才能回过头来总结。新增专利中无疑只有极少部分将来能够引起熊彼特意义上的创新,但对于新出现的技术又只能以专利数为依据进行统计,至于新出现技术哪些在将来会引起熊彼特意义上的创新,预测难度极大。

(三) 产业转移导致中国制造业发达专利增多,中国具备科创赶超能力

不过可以说,新增专利数量更多的国家,将来出现熊彼特意义上的创新可能性理应较高,这也正是毕马威咨询的全球 650 位 IT 高管调查结果的含义。因此中国在新增专利数量上领先全球这一现象的成因及其能够在多大程度上体现中国的熊彼特意义上的创新能力,是一个值得深入探究的问题。

中国在新增专利数量上全球领先是与全球产业格局重大变化过程密不可分的,这一重大变化过程就是国际产业转移带来的全球产业格局重组。自 20 世纪 70 年代到 80 年代时起,发达国家的制造业不断向外转移,以中国为代表的发展中国家逐步承接了从西方国家移出的制造业,中国成了"世界工厂"。发达国家曾经被称为"工业发达国家",但现在这个词已经很少使用了,因为世界上最多、最密集的工厂已不在发达国家。

二、中国专利多得益于"大科学时代"与"温特制""平台"模式

与国际产业转移的过程同时，科技研发的"大科学时代"也广泛铺开。"大科学时代"是爱因斯坦提出的概念，指现代科学技术研究越来越需要众多研究者的合作，一个项目所需的人员、资金、设备越来越多，相应地就更需要高度的组织协调能力和大规模资金支持，二战前曾经是科研主流的靠一个人或者几个人的小组就能得到重要成果的可能性越来越低。体现在工业领域，大科学时代的影响就是产品的集成度越来越高，一个最终产品往往是几百项甚至成千上万项专利、技术的集成。英语中经常把这种高度复杂的合作项目称为"大象"（elephant）。[①]

（一）现代生产组织模式从垂直型"福特制"转变为平台型"温特制"

国际产业转移加上"大科学时代"，彻底改变了全球产业链的结构，这种改变可以用生产管理学所称的从"福特制"到"温特制"的转变来概括。

1. 福特制：最终产品控制的垂直管理模式

福特制即福特主义（Fordism）。它是指以市场为导向，以分工和专业化为基础，以泰勒制劳动组织和大规模生产消费性商品、垂直型组织方式为特征、以较低产品价格作为竞争手段的刚性生产模式。[②]

福特制是对源于美国福特汽车公司的生产组织模式的概括。在福特制下，企业围绕大规模制造的要求，以最终产品为中心，安

---

① 这就是现代大科研方式：重大项目产学研研发协同化、技术集成化、制造工程化综合管理平台

② "福特制"百度百科

排生产系统的资源配置,形成了大而全的生产链条。随着最终产品所需的零部件数量规模扩大和生产环节增多,福特制的企业不断外包零部件制造和一些生产环节,但一定会形成"中心—卫星"模式,中心企业与卫星企业间是垂直管理关系。从理论上讲,传统的福特制生产方式以分工和效率为基础,强调生产的内部化过程,形成了大而全、强有力的单一生产体系。这与日本的丰田模式不同,丰田模式重视了生产的社会化,在社会中形成自己零部件生产体系,以高效廉价创建了丰田王国。福特制(包括丰田模式)是以最终产品生产者在市场中垂直控制为主要特征的。

2. 温特制:标准模块控制的项目合同模式

温特制也即称为"温特制平台"(wintelism)。作为美国新经济与全球产业重组的微观基础,它最初是在计算机领域出现的。微软和英特尔共同构筑的温特制平台,即以微软公司的视窗系统和英特尔公司的微处理器互相咬合搭配,凭借实力和快速的创新不断抛开对手,在自己成长的同时也赚取了大量利润,并引导整个产业不断升级,而掌握标准和引导升级的企业则成为行业的金字塔顶端企业。在个人电脑、硬盘与监视器等有明确标准的硬件方面,通过日益消费品化的竞争,大大降低成本和价格,形成大规模的产业化生产。温特制涌现出微软、英特尔、康柏、戴尔等全新的专业化企业,专攻产业链上某个节点,业务范围极为单一。

温特制生产组织方式就是以模块化为基础,以产品标准(组装标准)和商业游戏规则为核心的生产模式,[①]模块化改变了传统垂直型生产组织方式,是一种水平(平台)型的产业结构与管理模式。上世纪 90 年代温特制逐渐取代了福特制,使美国公司扭转了对日

---

① "温特制:美国新经济与全球产业重组的微观基础",作者:黄卫平、朱文辉,《美国研究》2004 年第 2 期"市场规则与市场类型重构—基于温特制时代的审视",作者:张明之,《南京政治学院学报》2008 年第 3 期

本的竞争劣势。

在温特制下，最终产品不再是生产组织的中心环节，取而代之的是标准，掌握标准的企业把生产过程分解为许多个模块和环节，再把这些模块和环节外包到全球每个合适的地方进行生产。研发过程也可以分解为模块进行外包，企业只要掌握标准就行，掌握标准就掌握了全部利润。掌握标准的企业与承包制造环节的企业间也不再是"中心—卫星"关系，而是项目合同关系。

从生产的角度比较，福特制是自己开发形成产品的模块，丰田模式是使模块围绕着产品诞生，而温特制则是用标准控制模块的区位生产与组合。因此，可以说福特制是内部化的产物，丰田模式是产业化（社会化）的产物，温特制则是经济全球化的必然结果。

3. 温特制使得掌握标准国家控制全球资源及生产利润

温特制企业以高新科技为基础，利用自己掌握的强大信息网络，以产品标准和全新的商业游戏规则为核心，控制、整合了全球的资源，使得产品在其最能被有效生产出来的地方，以模块方式进行组合，最终创造出 1990 年代美国经济近 130 个月繁荣的奇迹。这一生产架构中，主导企业以核心技术形成的中间产品及创立的国际品牌，主宰着整个产业链，成为市场垄断者。

标准可以看作是把最终产品所包含的成百上千个环节"组装起来"的知识和权利。在温特制下，中国这个"世界工厂"实际上是产品加工制造的最大承包商，承包的是发达国跨国公司外包出来的模块、环节。虽然最终产品这个"大象"当中可能绝大部分单独环节都是在中国制造的，甚至总装配也可能是在中国完成（如苹果手机），但只要"组装大象"的标准所有权不属中国，那最终产品和利润也就不属中国。于是产生了"中国制造，美国利润"现象。

4. 温特制的副产品：促使中国专利增多

温特制的一个副产品就是导致制造业大国中国的专利数必然会增多。模块化与外包使企业可以集中资源专注于产品价值链的某个环节,主导企业专注于核心技术研发和标准的快速升级,低层级制造企业为了适应主导企业的技术标准,在产品不同模块和不同层级节点上实施快速的技术创新和标准升级,从而提高最终产品的性能和引导、响应消费需求的速度。由此导致整个产业各个节点的研发能力快速提升,以多样化、高性能、低成本的产品模块、零部件、产品组装形式和产品组合满足客户的个性化需求,提升产业竞争优势。

今天的中国承担了全世界 90％ 的商品制造,参与了全世界 99％ 的商品制造产业环节。当中国承包世界上最多的模块加工制造环节,中国的新增专利数必然会是世界第一。这是因为专利大多就是新工艺的体现,而最多的新工艺,当然出现在工业制造活动最密集的地方。这就是中国新增专利数 2009 年以来排名世界第一的原因,这个时间点与中国超越美国成为世界第一制造业大国的时间点基本一致。

(二) 掌握最终产品标准制定权的才是"创新"能力

中国新增专利最多,并不表明中国的创新能力最强,实际上,能够产生熊彼特意义上的创新的中心环节,已经从过去的产品转变为现在的标准——核心科技,这才是讨论"创新能力"这个话题的真正要点。现在的国与国之间竞争已经不是比拼产品的时代,而是比拼"标准掌握在谁手里"的时代。中国发展目前面临的最大课题——产业升级,其主要含义并非从落后的工艺升级成先进工艺——因为世界上大部分先进工艺的工厂已经在中国,而是要去争取"组装大象"的方法,也即掌握标准的制定权。

虽然标准是"把零件组装成大象的方法",但制定新的标准却绝非把既有的环节重新排列组合这么简单。制定新的标准需要强大的国家创新体系,这方面中国依然任重道远。①

---

① 引自"中国创新能力的分析",作者:炀民,《经略网刊》第 30 期 2013 年 8 月 29 日

三、可持续的创新"选题"能力，源于以制造业为基础的国家创新体系

为何制定新标准需要强大的国家创新体系？因为新标准如果想要真得到推广实施而非停留在纸面上，必须"源自社会需求，融入社会生活"，体现"需求导向、问题导向、项目导向"原则，即体现一个如何从社会需求中提出问题，如何根据社会供给条件解决问题，最终如何形成实体项目成功融入到工业生产和社会生活系统工程中，并有效提升产业结构与社会生活质量。而以制造业为基础的国家创新体系，正是一个国家在现有经济社会条件下建立一个帮助"创新生长出来"的综合保障体系。

（一）建立国家创新体系的序贯过程："提问、资源、解决方法、推广"

国家创新体系是关于创新的各要素（创新主体、创新基础设施、创新资源、创新环境等）如何相互支持的框架。从建立国家创新体现过程角度来看，任何创新都是一个"谁来提出问题→谁来解决问题，靠什么资源，以什么方法→解决方案如何推广"的序贯过程。

从国家创新体系中不同的环节，可分为不同的主体。

"谁来提出问题"（选题）：这首要环节应该是国家创新体系的管理主体——政府。政府的核心任务是：如何把国家、社会重大需求问题具化为可供研发体系去研究的技术课题项目。当然，属于市场需求的问题，要让市场主体即高校院所、企业与个人来提出问题。

"谁来解决问题？""靠什么资源，以什么方法"（集聚与平台）：是具体技术研发环节，主体涉及到复杂的研究部门体系、制造业体系、公共支持体系等，具体来说研发主体包括大学、研究所、实验室

及具备研发项目平台的企业组织运作;支持主体中包括各级政府,给予配套的科研政策体系等。

"解决方案如何推广"(整合与功能):则是技术产品商业化环节,转化主体是企业,但亦与一国工业体系、商业体系的运作结构有关,最终体现为技术产品有效融入工商结构与社会生活系统过程问题。

(二) 国家创新体系根植于社会需求与社会生产结构

标准体现的是社会需求,标准的制定其实是一个社会需求如何通过国家创新体系这个"黑箱"的运作得到满足的过程,其中必然包括将现有技术和生产要素重新组合,并且每个环节都要根据国家创新体系的结构乃至整个社会生产结构做出评估和改进,这需要门类齐全的制造业作后盾。

新的标准是国家创新体系的产物,一国的新标准需要首先在国内立足后才有推广到国际市场的可能。在 WTO 规则所开放的全球市场环境下,新标准在国内立足经常需要首先在国内市场竞争中胜过体现在"洋品牌"中的国外标准;若走出国门推广到国际市场,则需要适应落地国的社会要求,要与当地国标准体系相兼容。犹如中国加入 WTO,正是中国企业普遍接受、融入国际贸易规则,融入全球经济一体化过程,才能取得十余年发展壮大自己。

(三) 小国国家创新体系在于公共机构营造创新环境

达沃斯世界经济论坛的报告——《2013—2014 年全球竞争力报告》发布。这份报告涵盖了全球 148 个国家和地区,通过对 12 项指标的权衡,就其竞争力作出了一个排名。在竞争力排名的前十名中,状元是蝉联五届的瑞士,新加坡和芬兰分别为榜眼和探花。美国相较去年上升两位,居第五名,中国香港和日本位列第七名和第九名。探究瑞士、新加坡、芬兰等小国居于全球竞争力前列的原因,世界经济论坛竞争力负责人玛格丽塔·哈努兹给出了这样的回答,"看看排名前十位特别是前三位的国家,就会发现创新和公共机构是竞争力的关键。这些国家和地区拥有出色的创新能力和强有力的公共机构。"

中国的竞争力在过去五年内均处于 30 名之前本身就是一项成就。毕竟中国如此庞大,使得每一项提高竞争力的努力都变得更加困难。竞争力指数只有在最重要的几个指标上均有所作为才能够名列前茅,大国和小国,实现难度的差异非常大。[1] 但是,中国各省市可以仿小国模式,建立符合国家创新需要、基于本区域实际情况的创新体系。

(四) 发达国国家创新体系是垄断企业主导标准控制利润

发展中国家的国内标准之所以大多是在参照发达国家的标准,是因为发达国家制定这些标准在前,并以产品等多种形式载体把国内标准推广到了发展中国家。体现在当前的国际市场竞争中,就是谁能在尚未形成主导标准的领域率先制定并推广自己的标准,谁就能"设置议程",占据先机,从而控制产业链的资源配置和大部分利润。

发达国家是世界上大部分标准的拥有者——尽管它们在产品制造过程中已经不再占据多数份额。发达国家拥有大多数的标准这种优势地位来自它们的垄断企业创新体系,经过长期的历史积累,发达国家很多时候只需要通过垄断企业升级现有标准的方式就能维持在产业链顶端的位置,而这种升级通常是相对容易的,比如在机械中增加更多的信息化元素。

---

① "小国竞争力最高",作者:王贝,新民晚报 2013 年 11 月 6 日摘自《世界知识》2013 年 20 期

四、发达国家创新能力体系因制造业衰败而渐弱

虽然发达国家作为一个类别来看,相较于发展中国家具有整体优势,但具体到每个国家审视,都各有长处和短处。一个国家有什么样的社会结构,就有什么样的创新体系。由于创新体系主要根植于以制造业为基础的社会生产结构之中,因此,制造业衰败,要提升国家创新能力其实也很难。这里可以具体比较英、美、德、日、法五个有代表性发达国家各自创新体系的特点和发展趋势,可以明确中国在"第三次工业革命"处于何种地位。

(一)英国:从工业革命到虚拟经济支柱

英国是工业革命的发源地,是第一个被称为"世界工厂"的国家,英国因工业革命成就日不落帝国。曾经为世界贡献过从瓦特蒸汽机、莫兹利车床、惠特尔喷气式发动机等不计其数的技术创新,至于科学成就和制度创新就更是不胜枚举。然而另一方面,当代英国却不能称之为一个工业国家,2011 年工业在英国 GDP 的总量中只占 16%,更重要是英国所拥有的标准在全球比重很小,英国的统计体系中处在工业门类下的产业只有"石油、化工及制药"(主要因为有大的石油公司和制药公司)、航空航天中的飞机发动机和"食品、饮料及烟草"三个方面尚在国际上有优势。这种转变是如何发生的呢?

1. 英国缺少大工程制造业产学研联动,导致能"选题"不能"解决问题"

英国社会一个根深蒂固的特点是贵族、平民阶层二元化并相对固化,这种阶层固化衍生出很多英国社会特质,其中包括教育体系的精英与平民教育二元化。在英国,只有牛津、剑桥这样"私立"大学和形形色色的"职业教育"。牛津、剑桥是供贵族阶层子弟上学,"职业教育"才是平民子弟受教育场所,而其最重要传统就是工

匠的师徒授受。与中国不同之处英国的工匠协会较强大，英国工业革命的主体力量就是工匠协会的成员们，而来自牛津剑桥的人物比例很低，这是因为牛津剑桥在当时没有工业技术教育。直到19世纪末，英国才开始着手建立统一的"教育系统"，晚于大多数欧美强国，甚至晚于日本。

由于忽视大工程制造业的集群，19世纪的英国工业体系形成了崇尚企业内部追求工艺卓越，但由于缺少更高层次的协调而无法形成优势企业群的特点。就其微观原因而言，尽管英国工业界能够"提出问题"，但精英化的教育和研究系统却没有做到很好的协同，搭不起产学研合作的"大科学"项目实施"平台"。直到19世纪中叶英国的工业革命已经完成，皇家学会也还是一个优秀工匠为主的组织，大多是类似法拉第这种相当于小学学历的平民子弟，他们研究工艺和技术，但不研究规模制造中的工程组织与整合管理。这就造成当19世纪末化学与电气工程时代到来之时，英国难以追上前沿的脚步——因为化学与电气工程需要更大规模和组织程度更高的教育及研发体系。尽管英国也曾极尽努力想赶上工业发展前沿趋势，但留下的大多是劳民伤财的失败历史，如协和式飞机、改进型气冷反应堆（AGR）等。忽视大工业工程管理教育与实施的后果，就是英国在20世纪20年代无法赶上汽车工业大发展的前沿，乃至至今都没有赶上过大规模制造时代的前沿。

在工业领域，当代英国尚有优势地位的是罗尔斯-罗伊斯公司的飞机发动机、葛兰素制药和BP石油公司等个别门类。而这些门类具有英国的特殊性。飞机发动机尽管工业产品中技术含量最高的，但它不是大批量制造产品，每一个型号都不可能一年生产数千台。飞机发动机和制药业方面，英国延续的其实是单个企业的英雄主义传统。而石油公司则实际上不属于依靠大规模技术创新的制造行业。

2. 英国依靠金融"虚拟经济"生存无压力,工业优势不再

1850 年前,英国工业生产占了全球一半,但赚钱不多。赚钱最多的是海运和金融,金融的高利润挤出了其他实体产业。因此英国 1850 年后就开始搞去工业化,结果一战前英国就开始走向衰落了。而从英国贵族教育中生长出来的贸易、高端服务业和金融业传统使英国人有更容易挣钱、也是更为体面的生存方式。2011年,服务业在英国 GDP 中占 77%分额,其中最主要的是金融业。伦敦是当前世界第一大金融中心,在当代金融的一些核心领域,如国际债券发行、货币衍生品市场等方面,伦敦的份额是排在第二位纽约的两倍以上。决定国际石油、金属原材料、黄金等重要商品价格最主要交易所在伦敦。当代英国实际是主要依靠金融业尤其是衍生金融业生存的"虚拟经济"国家,因此工业被挤到较次要地位。

当前在任何一个以大规模制造为基础的创新领域,都难觅英国地位。而随着英国财政紧缩政策的长期化和研发投入的持续萎缩,其创新地位还将继续衰退。英国已不再是世界工业创新版图上重要一员,在飞机发动机、制药等优势领域,其优势也只体现在一两家企业。英国已不会改变其金融大国的定位。

(二) 美国:从大规模制造成为科技强国,到产业空心化创新能力减弱

美国是为工业时代贡献了最多创新的国家,是第二次工业革命的发源地。在资本市场的支持下,第二次工业革命的核心是"大规模制造",即通过工艺和零件的标准化创新,实现"全部可替换的制造",能够做到大批量生产一模一样的产品。

1. 美国是大规模制造业的发源地

美国经济的第一次重要转型,是在十九世纪的最后 30 年,美国处在重工业化的阶段,当时最重要的产业是石油、冶炼、钢铁、化工等,在第一次转型中,美国涌现出了一批伟大的制造型公司,美

孚石油、通用电器、杜邦化工，他们都是通过资本市场这个平台上迅速崛起的。[①] 在资本所"选题"的项目上，资本能够大规模动员各类资源集聚，在所搭建的项目"平台"上实现重化工业大规模产业化。

大规模制造需要一个大范围分销系统的支持来实现原材料和产品的流动。1850—1880 间发生的交通与通信革命——铁路、轮船和电报，才促进了第二次工业革命的产生。三个原因使铁路成为第二次工业革命的火种：第一，这是美国第一个大型系统，第一次需要大规模的工程管理层级和现代会计实务。第二，铁路的建造（以及同时期电报系统的建设）需要大量的大规模制造产品。第三，铁路连接了全国各地，为产品提供了可靠的全天候运输网络。

20 世纪 30 年代之前，美国为世界贡献的主要创新就是如何把既有的技术集成为新的技术，再通过大规模制造的方式使之扩散到全社会。大规模制造反过来亦催生了个人发明创造的热情，爱迪生的电灯、福特的汽车流水线生产工艺、莱特兄弟的飞机、德弗雷斯特的真空三极管……体现的是个人英雄主义的技术创新热情。而这些个人完成的发明，也离不开当时的历史处在这样一个最佳时段：比较容易被想到的问题，同时也能够以个人能力解决，这在美国实现了大部分完成。

2. 二战后，美国政府是产学研合作的"大科学研究""平台"组织核心

二战后的大科学时代，发明创造的个人英雄主义伟业明显减少。剩下的技术问题越来越体现为需要经过长期专业学习才能提出，同时需要大规模的研究合作才能解决。典例如 2012 年 7 月宣布发现的"希格斯-玻色子"，前后花费 40 多年，上万研究人员参

---

① "祁斌：未来十年中国经济的转型与突破"，作者：祁斌，凤凰财经 2012 年 11 月 14 日

与,投入经费超过百亿美元,才最终得到成果。

二战后,把美国创新的历史推向另一个阶段,即不再依靠个人英雄主义,而是进入以政府为研究活动的组织核心进行"大科学研究"的时代。

大科学时代的起源与二战中美国政府把各领域的技术人员"召集在一起协同解决"战争所"提出的问题"。制造原子弹的"曼哈顿工程"被认为是大科学的发轫。不过具有更大影响也更能说明问题的是控制论诞生:二战前,工程学只是分散于单一领域中各自研究:为了解决伺服机构问题,机械工程师主要是在时间域中发展了理论,把受控工厂当作动态机构来处理;为了解决放大器问题,通信工程师主要是在频率域中发展了理论,解决了信号增益与稳定性问题。大战的爆发使他们不期而遇,特别是在开发防空火炮瞄准控制器时,他们必须携手攻关。当不同的想法发生碰撞,他们发现时间域与频率域两种表达方式不但不冲突,反而是互补。这样控制论诞生,为日后的计算机、无线通信、航天、自动化、互联网等几乎所有战后高增长领域的发展奠定了基础。

3. 美国政府和国防部成为科研项目"命题者"、资助者、"平台"组织者

为了解决战后美国科研问题的提出和研发活动组织的问题,1945 年,著名科学家范内瓦尔·布什向白宫提出了《科学:无止境的前沿》报告,根据这一报告,美国政府建立了科研组织体系。美国国家科学基金会和美国国防部成了最主要的"命题者"(决策平台)同时也是资助者。1969 年,美国"私营和联邦总研发支出"当中,联邦支出占了三分之二。主要方式是国防部提出课题,企业和大学承包研发合同,一些成熟项目再通过政府推广计划转入民用。阿波罗登月项目和互联网项目都是"军转民"典型案例。并且在这些项目实施过程中,企业、大学、私立研究等各种研发力量都得到了动员。美国军费开支所占国家财政比重远比世界其他主要国家

高,就是因为其中包含了研发费用。

美国国防部把项目设计过程分成了四个阶段,第一是概念设计,提出要达成的具体目标是什么,比如"超音速隐身轰炸机";第二是方案设计,提出研发的几种备选方案;第三是系统设计,要考察全国的生产体系,看其技术转化能力如何,并设计如何把它们组织起来的方法;第四是工程设计,即如何把样机或最终产品的生产过程安排出来。

美国这套科研项目组织方式优点：即能够及时提出最前沿的重大问题(选题);能够最大程度组织和动员全国的研发、转化力量(产学研集聚平台);能够有效配置资源和管理调度(整合);能够迅速推广研究成果(功能)等。其也有弊端：受到政府财政支出的影响较大,且从项目设计到工程实施依赖于国内制造业基础,否则项目没有可行性。在美国力鼎盛时期,这些弊端并不是问题。

4. 温特制使得产业空心化美国军工项目"提不出问题"

然而20世纪80年代之后,美国制造业向外转移,出现了前文所述"温特制"生产过程,美国内制造业链条越来越不完整。这就使得军工项目为中心的问题提出机制面临"提不出问题"窘境。同时由于复杂的宏观经济原因,导致美国财政高支出不可持续,不得不推动严厉的"减赤"进程,军费开支也被迫削减,削减的很多是军工科技研究经费。

5. 美国制造业空心化制约科创"选题",创新能力尚存

美国工业在"温特制"下,将大量制造环节外包给中国,其自身产业结构出现空心化。1973年之后,美国制造业产能与就业岗位转移到海外,最严重后果是许多城市开始出现衰败,人们更趋向于通过金融投机来致富。全球知名企业家、美中贸易委员会主席、陶氏化学CEO利伟诚在《美国制造：从离岸到回岸,如何改变世界》书中,以陶氏化学公司为例指出,制造岗位外流,将导致一个国家或城市无法长期保留设计、研发与企业总部,长期脱离制造的研发

能力会萎缩,"将没有知识产权的产生"。[1]

当前美国的创新发展趋势是:产业空心化导致在项目设计方面"大项目的提出"受到极大制约,从而无法在宏观层次上对整个国家创新进行像原先一样高效的组织协调。不过美国在社会创新氛围、集全球资源与精英、技术发明方面仍然领先全球,在制造业标准设计、企业研发体系与能力、政府与企业关系体系仍然在有效运作,甚至在国与国之间制定标准的竞争中,能力还可能领先。

6. 政府财政资金捉襟见肘影响美国科技创新

美国科研预算的缩减由来已久。美国多个科学组织 2013 年 6、7 月间对全国 3700 余名科学家所做的调查显示,近一半的科学家(46%)解雇了手下的研究人员,或计划在近期内这样做。自 2013 年 3 月以来因联邦预算暂扣而在不知不觉中造成的损害已迫使近五分之一的美国科学家考虑移居海外。乔治梅森大学的一位教授直言:如果我不把实验室搬到中国去,实验室就有可能关闭。[2]

(三) 德国: 注重工业技术中"选题"、产学研合作研发及产业化

当前世界上在制造业实力上升明显引人注目的国家有两个:中国、德国。19 世纪末,德国抓住了第二次工业革命的机会,钢铁装备工业蓬勃而起,雄厚的工业基础也成为德国敢于挑战英国霸权的底气所在。自那时起,德国就成为欧洲工业研发能力最强的国家。

1. 德国创新大学体系提升技术研发能力

德国这片区域在 1871 年统一为一个国家之前并不是工业发

---

① 《美国制造:从离岸到回岸如何改变世界》,【美】利维诚著东方出版社 2012 年 10 月第 1 版

② "再不给钱,我们只能去中国了"美国《福布斯》网站 2013 年 10 月 15 日

达的地方，但却是大学云集的地方，是欧洲的知识中心，拥有一批像哥廷根大学这样的欧洲顶级学府。19世纪末，德国政府一方面资助大学和企业的技术研发，另一方面创立了一套"工艺学院"体系，即模仿高等教育方法进行工业技术教育。统一后德国政府为了使工业尽快赶超英法等国，想方设法提高研发能力。将大学研发与企业生产密切结合的组织方式是德国首先开创、也最成熟。在这种国家创新体系结构下，德国在化工、机械、感光等领域迅速崛起占据世界前沿，这些优势产业具有大学研发浓烈的"高科学水平"。

2. 建立产学研联盟的"学会"体系，体系卖产品不能卖标准

为了解决大学研发模式过于追求理论化的弊端，20世纪初，德国政府利用国内社团发达的特点，资助成立了40多个既非大学又非企业独立的专业研究机构——"学会"，其中最著名的是凯泽·威廉学会。于是，产学研之间的纽带逐步从大学变为了学会。这种格局在二战后也被保留了下来。

时至今日，以"学会"为代表的德国创新体系依然具有强大生命力。不过这一体系也有其不足之处：创新的原产者往往是"学会"而非企业，学会的智力成果要拿给企业去生产，那就只能物化为产品或生产线形式，否则经济关系无法理顺。这就导致德国的创新成果向外推广主要形式，就是卖产品或生产线，企业按照"温特制"方式自己掌控标准而把设计制造环节外包的能力不强。

3. 德国提出"工业4.0"战略，传统制造业面临更多的技术创新"选题"机会

为提高德国工业竞争力，在新一轮工业革命中占领先机，德国政府提出了"工业4.0"战略。这是由德国联邦经济部和教研部联手资助，德国工程院、弗朗霍夫研究院等学术界和产业界的领先机构建议和推动形成，是德国政府2011年11月公布的《高技术战略2020》中的一项战略。德国有制造业优势，基础雄厚、质量过硬、工

艺严谨,传统制造业有更多的技术创新"选题"机会,转型具备更大优势。

(四) 日本: 擅长制造工艺中"选题"创新,政府战略"选题"能力弱

二战前,日本虽然在军国体制主导下实现了工业化,但却不是一个创新大国,其当时主要依靠技术引进。日本没有研究导向型大学,有关设计与开发的知识发展放在了公司部门,但无论是在理念还是体制上,日本公司部门科研中,普遍对基础研究重视不够。在日本整个科研中基础研究的比重只有 14.5%(按研究经费计算),而美国占 50%以上。二战后,日本依然是一个擅长引进消化吸收改良型创新的国家,虽然来自工艺的创新为世界贡献很多技术,并能把产品制造得精美极致,但始终不能超越模仿阶段。由于自我创新不足,改良型的创新接近先进者时会突然陷入到"无航标"的后发劣势。

1. 工艺创新来自于生产销售一线人员

日本由政府战略"选题"并组织攻关的能力较弱,在国家总研发支出中政府支出只占 1.2%,基本可以忽略。日本企业工艺创新能力很强,与美国企业中高层管理人员大多出自财务人员有区别,日企中高层管理人员大多出自销售或制造一线人员,这使得日企非常善于对生产一线人员、或客户提出的问题进行工艺创新,体现在日本企业工艺专利数量较多。随着日本海外投资所造成的产业空洞化、技术空洞化,以及不重视 IT 软件的创新,许多日本电子巨头在竞争中纷纷败北,日本创新能力日益下降。

2. 日本老龄化创新能力日薄影响制造业

日本工艺创新的强项恰恰也是中国的强项。这些年中国在国际工业产品市场上份额提高,对应的就是日本份额降低。中国有技术上不如日本的方面,也多是日本的历史积累所致。受制于日

本严重老龄化、人员成本上升和对于工艺创新"干劲"衰减,注定了日本创新能力及制造业地位将不断衰落。

(五) 法国: 制造业中企业、政府、高校研发体制分离

须严格区分法国在科学和技术两个领域的创新能力。法国的科学研究能力一贯很强,但是技术研发却大为逊色。这与法国"二元分裂"的国家创新体系有关。

1. 法国纯学术研究能力强

法国的大学传统历史悠久并且大师辈出,但是巴黎大学等著名高校的学风传统上一直是注重"纯学术",比较忽视应用技术的研究。法国政府并不轻视工业创新,拿破仑时期法国建立了巴黎综合理工学院,是世界上最早的应用学科学院。不过即便如此,也对学生入学时的理论科目如数学水平有很高要求。于是带来结果是,法国在需要很高理论水平的领域,如大型建筑工程方面差不多处在世界领先水平,而制造业方面,法国的产学研关系始终是个"需要解决的问题"。

2. 法国企业家技术研发孤军作战

尽管法国企业家在各种主要制造业尤其轻工领域都很活跃,但由于与政府、大学的关系形式始终没有理顺,因此这些企业家技术研发努力所得到结果是,法国在各主要工业领域都有在世界上"数得上"企业,但都不领先,技术上也没有引人注目的独创。在政府没有承担"提出重大问题"的责任并给予相应支持,大学也没有为企业提出重大问题的情况下,靠企业家自身努力,能够做到在世界前沿后面紧随保持自己位置,已是很不错成绩。因此,法国产业界在世界上常被评价为"第二梯队"鸡首。

3. 法国军工等重大工程项目政府领衔

与民营为主的轻工业较弱不同,法国工业领域还有一个重要板块,即政府主导的国有企业体系,国有企业致力于重大项目如航

空航天、核能、高速铁路等。这些项目对法国国力增强有重大意义，但没有为世界贡献很特别的技术创新。在欧债危机中，法国遭遇了严重的"去工业化"：大量工厂关门。奥朗德政府应对方案是"增长协议"，即在"欧洲 2020 战略"大框架下发展新能源、宽带网等新型战略性产业，目标是挤进第一梯队哪怕牛尾。其成效如何还有待观察。

法国的国家创新体系与中国具有相似性，法国长于大型工程项目，中国也擅长。而中国具有的人口基数和低成本又决定了中国还能参与很多法国无力参与的领域。

五、中国在制造业基础上建立大科学特色国家创新体系

由于历史积累少的原因，中国工业技术本身上与发达国相比还有一定差距，尤其在技术集成能力、生产制造能力、工艺能力等方面有差距，这些差距造成了即使采用与国外完全相同的技术，也不能达到同样效果。说明技术原理即使一样，也需要材料性能、制造工艺、系统集成的优化，来保证产品的综合品质，这是中国工业技术结构必须努力改善提升的关键所在。2015 年 5 月，中国国务院正式印发了《中国制造 2025》，被誉为中国版的"工业 4.0"规划，提出了中国制造强国建设 3 个 10 年的"两步走"战略，是第一个 10 年的行动纲领。[①] 中国要赶超世界先进技术，建立自己国家创新体系，除了中国内需市场巨大、人力资源丰富等条件之外，必须发挥自己独有的优势，即在比较完整的工业体系基础上，更多地进行"＋互联网"技术创新"选题"；并充分运用国家的政治优势与组织优势，建立多领域、多产业、产学研合作的"大科学"研发平台。

---

① "德国专家将在京全面解读工业 4.0 战略"中国信息报 2015 年 8 月 19 日

（一）中国大科学特色国家创新体系——"选题"决策与产学研一体化执行"平台"

标准、规则来自于核心技术，核心技术是企业最根本的竞争力。一个技术可以买来，可以在拷贝基础上再创新，这是发展中国家赶超欧美的后发优势。但是，核心技术永远买不到！中国也不可能永远跟随发达国家后面亦步亦趋，唯有形成自主创新的能力，才能确保高科技产业核心技术不断实现突破。

中国科技赶超美国条件成熟。美媒认为"中国如今注定要超越美国成为科学与工程技术的主宰，正如它在全球贸易上的成就。"[①]来自密歇根大学和北京大学的研究团队在《美国国家科学院院刊》上发布研究报告，报告聚焦科学、技术、工程和数学（STEM）领域，研究中国在这些领域把美国拉下马的潜力。美研究人员写道，"美国国家科学院等机构最近的报告提出这样的担忧：美国可能很快失去科技领导者的角色。"并以三个方面来说明：中国正培养出数量惊人的理工科毕业生；中国的科技劳动力大军正呈爆炸式增长；在中国从事科研的人比其美国同行具有更好的挣钱潜力。由此形成有利于中国在科学领域持续增强的四个因素：庞大的人口和人力资本基础，有利于学术精英的劳动力市场，大量散居海外的华人科学家以及愿为科研投资的中央政府。[②]

中国要与美国等国际竞争中占据领先地位，仅以这些优势还不够，更重要的还须科研体制、组织结构的创新，即产学研资源集聚、产业链协同研发、全产业技术集成，建立有中国大科学特色的国家创新体系，以培育出更多的战略性、高科技核心技术。这需要动用国家政权力量，组建跨体制"产学研主管部门决策平台"，进行

---

① "中国对美国的科技优势已成定局"美"商业内幕网"2014 年 6 月 20 日
② "美媒：三方面优势令中国超越美国成科技主宰"，作者：劳伦·弗里德曼，陈一译，环球时报 2014 年 06 月 21 日

顶层"选题"——重大项目战略决策;通过搭建"产学研项目管理平台","集聚""整合"全社会产学研优势学科、优秀人才与科技设备;通过众多"专业性平台"及金融系统支持,孵化、培育众多高技术企业的"工程操作平台";不断研发新技术、不断集成融入工业产品形成高端产业链"功能"。这种创新过程中的积累提升,核心技术持续升级换代,将会不断产生新标准并取代世界标准。在中国大科学特色国家创新体系下,企业,尤其国资企业,不能过于关注眼前的市场与产品,而忽略创新体系建设中企业社会责任的担当和研发能力的培养。如果没有自主研发能力的培育、核心技术的积累,中国企业在国际竞争中将永远处于劣势。

(二)中国要"选题""重装工业创新"参与标准的竞争

所谓"第三次工业革命",其实相当于"温特制加强版＋智能制造＋绿色能源",也就是西方希望加强在温特制方面的优势地位,鼓励一些国内的设计产业,再加上一些节省人力的智能制造系统,以图减少把制造环节外包给中国。[①] 在西方已经掌握的标准方面,中国想要超过西方,难度很大。然而,制造的核心环节在于工作母机,即机床。古往今来,国与国之争,实质是装备制造业之争。当前阶段,中国要"选题"重装高端工业,因为重装高端装备之争已上升为大国之间博弈的核心和不可或缺的利器。

西方的衰弱在于去工业化,毕竟金融业赚钱容易。然而,西方要想实现"第三次工业革命"图景,如何先把相应的机床造出来,或者这些可能是世界上还不存在的机床他们找谁来制造? 除了中国还能外包给谁? 既然只能外包给中国,那中国当然就会掌握了这些机床的制造技术。而基于这些新型智能机床的标准,即时还未出现。对于尚未出现的标准,中国当然有能力参与制订标准的

---

① "中国创新能力的分析",作者:炁民,《经略网刊》第30期2013年8月29日

竞争。

装备强则国强，装备核心技术是王道。在智能制造引领全球制造业转型升级背景下，装备制造业"智"造转型势在必行，向"高端"升级，向"智造"转型，中国企业深谙其道。[①]

（三）中国要选题"信息技术提升传统制造业"全面赶超美国

一国经济强大并稳健有两大支柱：一是有强大的高科技产业占领世界前沿；二是有强大的工业可以让大部分人就业积累财富，"中低端制造业"有它存在的客观必要性。中国应该吸取美欧教训，在"选题"高端技术产业创新之余，同时也不放弃中低端制造业。中国接过中低端制造业迅速发展，并开始向高端制造业进军。现在西方寄希望于高端制造业的升级，但已经不具备完整的工业体系与装备优势。

关乎人们衣食住行娱的制造业永远是人类生存发展的需要，也是大国崛起的物质基础。中国能否跟上世界工业科技发展步伐，选题"信息技术提升传统制造业"、促使实体产业转型是一个巨大契机。通过大量现有信息技术组合融入传统制造业，提升中低端制造业性能、质量与效率，并掌握其核心技术，具备技术与经济的可行性，是中国未来几十年保持高速发展、赶超美国等发达国家的重中之重。

第二节　知己知彼：美国第三次工业革命的优势

了解最大竞争对手美国的科技优势，是中国科技超越对手必做的功课，知己知彼，才能百战不殆。

[①]　纪录片《大国重器》解说词 2013 年 11 月

第三次工业革命概念是美国著名未来学家杰里米·里夫金(Jeremy Rifkin)在其畅销书《第三次工业革命》中提出。他在书中指出,以石油和其他化石能源为基础和动力的第二次工业革命正走向尾声,第三次革命,将可再生能源生产和互联网技术结合起来,全球数以亿计的普通人将可以在自己的家庭和办公室里生产出绿色能源,并在"能源互联网"上共享,就像现在在互联网上发布和分享消息一样。第三次工业革命在美国发轫,有其必然规律。

一、第三次工业革命的特点

第三次工业革命提法发轫美国,是因为美国有其各国望其项背的、领先于世界的科技、资本与文化实力,美国综合科技实力更接近于第三次科技革命。

第三次科技革命所形成的新型产业技术,以原子能技术、航天技术、电子计算机的应用为代表,另包括人工合成材料、分子生物学和遗传工程等高新技术,对人类社会产生了空前巨大而深刻的影响。与第二次科技革命相比,第三次科技革命具有技术智能化;技术集群化、研发协同化;"军带民"化这三大突出特点。尤其军事技术的发展,历来都是人类科学技术发展的"领头羊",通过军事技术率先突破,而后带动民用技术,这是美国等发达国家技术强盛的经验,也是第三次科技革命的重要特征。

二、美国第三次工业革命的优势条件

第三次科技革命之所以首先在美国发轫,既有美国传统的社会人文积淀,又有二战后技术、物质经济的雄厚积累;既与美国政府长期重视军工科技创新的历史分不开,更与近年美国经济金融危机形势的倒逼形势有关。[①]

（一）美国基础优势条件

美国第三次工业革命兴起的主要经济社会的优势条件：

1. 熊彼特的创新理论条件

奥地利经济学家熊彼特的创新理论，是第三次工业革命的理论基础。他以"创新理论"解释发达国家资本的本质特征，解释经济周期与科技创新之间的关系，从而闻名于西方经济学界。他认为，经济周期每个长周期包括六个中周期，每个中周期包括三个短周期。短周期约为 40 个月，中周期约为 9—10 年，长周期为 48—60 年。他以重大的创新为标志划分。根据创新浪潮的起伏，熊彼特把资本主义经济的发展分为三个长波：1)1787—1842 年是产业革命发生和发展时期；2)1842—1897 年为蒸汽和钢铁时代；3)1898 年以后为电气、化学和汽车工业时代。

熊彼特创新理论主要观点：创新是创新要素在生产过程中内化而生；创新是一种"革命性"的发展；创新同时意味着毁灭；创新运用发明，创造出新的价值；创新是打破原有均衡，促进经济发展的本质规定；将生产与创新成果进行组合的是"企业家"。[②]

2. 社会文化条件

世界上最大的专业支持创业教育的基金会美国考夫曼基金会主席施拉姆在其著作《创业力》中提到："目前单论教育技术手段，很多国家已超越美国，但是美国的优势还将保存，这种优势就是美国人文化中的'创业力'，这是美国保持长盛不衰的重要原因。"据

---

① 第三次科技革命"百度文库

② "熊彼特创新理论"百度百科。这里指"企业家"不是职业，应该特指"创新组合"的组织者。

统计,美国大学生创业率达 20％,而中国大学生仅为 1％。[①] 在空气中充盈着冒险精神的美国,也自然形成鼓励创新、宽容失败的包容性文化。

美国为移民国家,移民的冒险创新精神成为美国精神;同时也造就了美国社会融合各国民族文化的文化多元性,为美国的科技创新奠定文化基础。移民已成为美国科技创新的重要力量,其获得的创新专利量占据总量的 1/3。美 7 大顶级癌症研究中心中,42％的研究人员出生于外国。2011 年,美国大学电子工程专业全日制在校研究生中,国际学生占 71％;而美计算机科学专业的国际学生占 65％。在美国科学与工程领域拥有博士学位的就业者中,外国人比例从 1993 年的 23％增至 2010 年的 42％。其中华人占据相当高比例。[②]

3. 军工与科技条件

19 世纪末 20 世纪初的物理学革命,使人类的物质观、时空观、运动观和方法论都发生了变革,二战后初期科学理论重大突破所形成的控制论、信息论和系统论成为第三次科技革命的理论依据。

美国军工技术创新是科技革命的催化器。二战中,各国为适应战争需要,都集中人财物力,研发威力巨大的新式武器,促使科技水平迅速提高。战后,发达国家为了增强在国际市场上的竞争力,各垄断组织都在科研方面加大投入,大力开发新产品,促使科技水平不断提高。二战中,美国利用战争交往形式,争夺到最多的科技人才,并吸引一批世界顶级科学家,如爱因斯坦、冯·诺伊曼等,因而受益最丰。

---

① "提升中国青年'创业力'",作者:周祖翼,文汇报 2014 年 5 月 5 日
② 数据来自"易宪容:中国已掀起中产者和精英者移居海外潮"凤凰国际智库 2016 年 08 月 04 日

历经多次国内外战争，美国政府高度重视军事科技，积极采取措施推动科技事业的发展。如：实验技术以军民结合、理工结合为特色；生产方面以电力技术和航空技术领先。因此，第三次工业革命美国具备关键性的优越条件：二战后利用各种优惠政策吸引各国人才赴美国学习、工作；迅速发展的科技经济，使得美国拥有领先的科学技术、众多优秀的科技人才；发达的产业体系、雄厚的金融资本基础、巨大的市场容量等优越条件，加上本国优越的地理环境，蓬勃向上的民族创新精神等经济自然人文优势，为美国第三次科技革命创造了前提条件。

（二）振国之宝：美国以军工高科技为核心的元宝曲线

美国曾拥有较完整的工业体系，随着全球经济一体化，原有的工业体系出现了"碎片化"，但往往留下高科技内核。美国把低端制造业转移到发展中国家，伴随着产业转移过程，金融信息服务业得到长足发展，使整个国家产业经济形成了由金融信息服务业的"微笑曲线"、与高科技产业"倒微笑曲线"共同构成"元宝曲线"。

1. 美构成 GDP 的军工装备产业是成为世界大国的支柱

现代工业社会，所有的财富实际上就是重工业创造的，发达国家的这种认识根深蒂固。一国只要重工业优秀了，那么经济很快就会飞起来。如果重工业衰退了，即使硅谷也救不了美国。[1] 今天美国 GDP 的构成是什么？太空产业、航空产业、船舶制造，美国的航空母舰、民航飞机，军机都是本国造。加上计算机产业、生物科技、现代农业等产业均占世界第一，美国的军事优势就是这些产业在支撑。同样，日本的 GDP 由汽车工业、电子工业等高技术产业支撑。正因为这些工业奠定了日本曾在世界上第二强国的位

---

[1] "硅谷救不了美国"，作者：美国《市场观察》杂志专栏作家法瑞尔 http://opinion. m4. cn/2013 - 08/1211810_4. shtml

置。俄罗斯的 GDP 现在也是机械制造、航空工业、核工业等产业所构成,尽管俄罗斯的 GDP 只有中国的一半,但世界上仍然把俄罗斯当成大国,这也是俄罗斯下一步复兴的基础。①

2. 美国军工高科技与装备业构成极具竞争性的"元宝曲线"

美国军事装备保持世界一流,原因是美国时刻准备战争,但不是为意识形态而战,而是为美国国家利益或资本利益而战;具体而言,是为捍卫美元世界霸权地位这一核心利益而战。因此,美国以军工为代表的核心高科技、前沿技术产业始终得到重视,也从未外流过。美国是一个军工综合体的国家,有 1/3 的企业在从事军品生产。今天人们用的很多东西,实际上都是源于美国的军工产品。手机的原型,源于美国在朝鲜战场上用的一个战场通信系统。电脑是美国当时在核军备竞赛中为了超越苏联发明的。这些都是把军用技术转为民用。

美国布鲁金斯学会 2015 年 2 月发布的《美国高端产业:定义、布局及其重要性》报告中,所提到的美国 50 个行业中,高端制造业有 35 个,占 70%。可见,高端制造业是美国高端产业的主体组成部分,主要包括航空航天产品及零部件、音频和视频设备、基础化学品、通信设备、计算机及周边设备,以及汽车、半导体和其它电子元件、船舶和造船、医疗设备和用品等行业。事实是,美国产业转移军工及高端产业非但没有"空洞化",反而更加"内核化"。美国整个产业布局基本由金融、信息服务业为两端,由军工高科技、前沿科技产业为中间凸起部分构成的"元宝曲线",金融服务业和信息服务业形成了"微笑曲线"翘起来的两个"嘴角";而以军工为核心的高科技产业,尤其是成套装备制造业在本土制造,使美国产业形成一个垄断性的"倒微笑曲线",两者构成了一个极具竞争

---

① "著名军事评论员、解放军空军上校戴旭在深圳大学的演讲"西祠胡同网 2010年 2 月 2 日

力的"元宝曲线"。

"元宝曲线"在日欧亦同此，在重工业优先的国策下，整个日本的资源都被集中，服务于体内循环的重工业。日本、西欧同美国一样，在进行产业转移时，牢牢控制着研发、营销等产业链高端，不仅从未将高科技核心部分转移出去，而且精心打造一个能够绑定全球相关企业的产业链，依托自己的先发优势，在全球范围始终有效主导和控制着整个产业链，这就是所谓产业软化。而产业软化现象，更具有粘性和控制力。[①]

图示：美国核心竞争力的"元宝曲线"

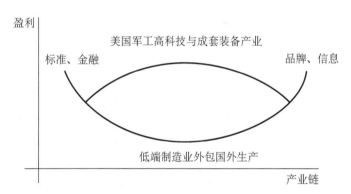

（三）次贷危机倒逼美国政府推动制造业科技创新

第三次工业革命首先在美国兴起，与周期性爆发的经济金融危机有密切联系。2007 年的美国次贷危机，引发全球金融经济危机，促使美国政府下决心推动科技创新。美国次贷危机原因，表面因二房（房地美、房利美）次贷的债务债权链断裂，实际是华尔街金融衍生产品 CDS——信用违约互换市场的滥觞。华尔街的次贷危

---

① "应对'产业空洞化'要有竞争内核"，作者：林左鸣，《学习时报》2013 年 04 月 15 日

机已经扩散至整个国际金融市场,影响了消费信贷和企业融资。更为严重的是,深层的偏重金融服务业的产业结构危机,已经损害了美国经济,使国内经济进入新一轮衰退期。

2008 年国际金融危机以来,美国转变了经济发展战略,开始实施"再工业化"。在奥巴马于 2009 年提出重振制造业战略构想之后,美国先后出台了《重振美国制造业框架》《清洁能源与安全法案》《先进制造业伙伴计划》《先进制造业国家战略计划》等政策措施。这些措施主要以科技创新为中心、以高端产业为发展重点,旨在打造美国的高端产业,吸引高端产业回流,重塑竞争优势。①

第三节　知己知彼:中国第三次工业革命的挑战与优势

中国在以往两次改变人类社会发展进程的工业革命中,表现得实为尴尬与落后。第一次工业革命在"师夷长技以制夷"的无奈举措下匆忙学步;第二次工业革命,中国以能源过度消耗、资源粗放开发等赢得了"世界工厂"的地位。中国如何由被动、趋从,转向主动、引领? 这是中国面对"第三次工业革命"考验。中国须从门类齐全的制造业中"选题",依托集中力量办大事产学研"平台"的竞争优势,瞄准美国等发达国家的科技前沿水平,力争成为第三次工业革命的第一梯队,不负杰里米·里夫金所预测那样:"如果说美国是 20 世纪世界经济发展的楷模,中国则最有可能在 21 世纪担当这一角色。"

---

① "对美国高端产业:定义、布局及其重要性的思考"工信部赛迪网 2015 年 8 月 11 日,作者:郧彦辉

一、落后产能是中国参与第三次工业革命的挑战

目前我国传统产业普遍生产过剩，其落后产能与大众有质量的需求不匹配，人们宁愿不远万里去国外购置自己所需的高端商品，传统制造业已到了不转型就难以生存的阶段。

第三次工业革命是涉及信息、新能源、新材料、生物、空间和海洋等许多领域的一场技术产业革命。中科院院士褚君浩认为，新工业革命是基于现存科技规律的综合运用，以及在实践过程中的进一步提升。主要表现三个方面，一是物质运动形态的转化规律，光、电磁、生命，各种运动形态的转化规律，现在研究非常深入。二是材料制备技术和特性调控，包括三D打印、纳米技术、生物材料。三是云计算和物联网技术的发展。如果前二次工业革命是以"铁、公、机"，"路、桥、隧"，"水、电、气"等硬基础设施为标识，那么，在数字时代，还要加上"大、云、平、移"软基础设施。目前大数据、云计算、互联网商务管理软件平台、智能与移动技术尚在萌动，与传统制造业充分嫁接。这三个方面应是新工业革命科技的重要支柱。[①]

中国产业转型将面临的挑战是：智能技术 VC 劳动密集型传统制造业、新技术蓬勃发展 VC 传统技术力量不足、企业扁平化组织结构 VC 传统垂直型职能机构。在这场以制造业数字化、网络化、智能化为核心，同时叠加新能源、新材料等方面突破而引发的新产业革命，是对中国是极大的挑战，同时也是极大的机遇。中国只有发挥自己优势，精准"选题"，构建产学研联盟执行"平台"迎头赶上，才能在未来的世界格局中拥有自己的一席之地。

---

① 此段主要参考"第三次工业革命的挑战"，作者：冯飞、王忠宏，21 世纪经济报道 2012 年 12 月 22 日（作者单位为国务院发展研究中心）

二、门类齐全的制造业是中国参与第三次工业革命的优势

中国著名战略学家金灿荣认为：2010 年中国制造业总量超过了美国，比当年中国 GDP 超过日本成为世界第二意义更重大。美国二十世纪的三个对手德国、日本、苏联都没有实现制造业总量超过美国，当他们国力达到巅峰时，制造业只有美国的 70%，然后就被美国全面打压下去。2015 年，中国制造业总量大概是美日之和。他认为：有了强大的制造业，军事上强大就是迟早的事，这才有资格去追求世界大国地位。美国战略家看重的并不是中国的 GDP，而是中国制造业总量。[①]

新中国建立后，经过前 30 年的工业全门类建设，及后 30 年在已经构筑完整的工业框架上迅猛追赶，中国已进入工业化中后期，基本国情总体上已从农业大国发展成为工业大国。

现代工业体系中，所有工业总体可分为 39 个工业大类，191 个中类，525 个小类。完整的工业体系更注重的是大而全，而非高精尖。按照工业体系完整度来算，中国已经成为全世界唯一 100% 拥有联合国产业分类中全部工业门类的国家，所有工业门类都能在中国找到，而美国只有 100 多个门类且集中在军工方面。完整的工业体系建设，使得中国在建筑工程、高速铁路、油田、炼油、化工、造船、电力等领域，获得许多世界第一。虽然从整体上看还不算是工业强国，但是 60 余年的工业发展与科技积累，为中国在第三次工业革命弯道超车奠定硬件基础。

（一）从制造环节"选题"：是中国科技实现弯道超车的关键

在过去追赶型的 30 年，中国企业家才能大多属于经济学家柯

---

① "专访金灿荣：未来美国会对中国说，土豪我们做朋友吧"观察者网 2016 年 3 月 10 日

兹纳归纳的类型：发现市场机会，进行套利，使市场趋向均衡。但相对缺乏经济学家熊彼特所推崇的企业家气质：将生产与科技成果进行组合的创新、创造市场机会，打破市场既有的均衡。中欧国际工商学院研究员黄少卿认为：第三次工业革命主要内容，应是企业从简单商业模式向复合商业模式转变、从"市场发现型战略"向"创新型战略"转变，即从"柯兹纳型企业"向"熊彼特型企业"转型。

发达国家跨国公司占据研发、品牌销售渠道"微笑曲线"两头的高端环节，是"赚大钱"的观点似乎不能说明为什么发达国家产业空心化、财政危机化现象。而加工、组装、制造等相对劳动密集度高的产业环节移到像中国这样的低成本国家，是卖苦力"不赚钱"观点也不能说明为什么中国经济快速崛起。相反，制造环节并不"低端"，且常常与研发密不可分，尤其是重资产装备业，制造过程往往是不断"发现问题"、不断技术创新的过程，中国的研发能力因制造环节正在快速增强。而一大批优秀的创新型企业的集结，才有可能摆脱中国在全球价值链的附属地位，并超越趋从者的身份，以引领者的姿态走向可持续发展之路。①

美、德、日三国历史上弯道超车的经验对于今天中国的发展非常具有借鉴意义。今日之中国更有必要利用目前欧、美、日等发达国家出现经济危机"弯道停车"的难得机会，在新能源、新一代互联网、物联网、生物工程，以及航天、海洋等新兴技术和产业化各方面超越过去。中国既需要在几大战略性新兴产业领域取得全面突破，更应培育一批能够引领产业革命的企业。同时，中国要在政策和资本上支持颠覆性技术研究与产业化发展。目前，美国有专门的公司对未来产业进行深入研究，以发现、注册高新技术的专利先

---

① "第三次工业革命：创新引领未来"，作者：曹海军，《国际金融报》2013 年 03 月 21 日第 07 版

期占领其未来的产业发展。对于前瞻性的、颠覆性的新兴技术如虚拟技术、人工智能等,中国要进行抢占性、保护性占领和投资,并由国家资本承担起这一重要任务,建立专门研发团队着眼于人类技术的未来。

(二) 发展大科学基础设施(高技术平台),是参与世界前沿科技竞争的基础

20 世纪中叶以后,科学发展的一个重要特征是重大科技基础设施(俗称大科学装置)的出现。近代物理学上有很多诺贝尔奖项的研究成果,都依靠这些重大科技基础设施取得。

重大科技基础设施是技术与资金密集型项目,即须通过重资金投入和大工程建设来完成,这需要门类齐全的制造业能够承担大工程建设、大资金不断投入来保证工程能够竣工、并通过长期的稳定的资金支持来保证科技设施的运行和持续的科技活动,以实现重要科学技术目标。目前,我国在建和运行设施总量达到 32项。其中,中国科学院负责建设和运行设施 13 个,在建设施 9 个,将建设施 1 个。其中极具有代表性的有"兰州重离子研究装置"、"合肥同步辐射装置"、"全超导托卡马克核聚变实验装置"、"稳态强磁场实验装置"。它们在重离子治疗癌症、磁约束核聚变的人造小太阳、火灾防控等涉及人类生活领域提供高科技装置的支持。

这些听起来十分陌生的装置,推动了我国粒子物理、核物理、生命科学等领域的科研水平进入国际先进行列。依托这批重大科技基础设施,解决了一批关乎国计民生和国家安全的重大科技问题,在载人航天、资源勘探、防灾减灾和生物多样性保护等方面发挥着不可替代的作用。[1]

国家发展改革委、科技部于 2016 年 2 月,批复同意上海以张

---

① "探秘大科学装置",郭铁流、熊得,新京报 2013 年 11 月 10 日

江地区为核心承载区建设综合性国家科学中心，到 2020 年，要基本形成综合性国家科学中心基础框架。国家科学中心作为上海加快建设具有全球影响力的科技创新中心的关键举措和核心任务，将构建代表世界先进水平的重大科技基础设施群，提升我国在交叉前沿领域的源头创新能力和科技综合实力，以代表国家在更高层次上参与全球科技竞争与合作。该中心已经汇聚了上海光源、国家蛋白质中心、超级计算中心和商飞研究院等，还将会落户超强超短激光装置、活细胞成像平台、海底长期观察网、高效低碳燃气轮机试验装置等，形成重大科技基础设施聚集地。[1] 这将为上海建设国际影响力的科创中心蓝图上添加浓墨重彩的一笔。

三、政府整合创新双主体是中国第三次工业革命的成功保障

中国参与第三次工业革命需要政府的保驾护航。在目前全球经济普遍衰退的局势下，各国政府时刻都在思考，下一个拉动经济回升的引擎将是什么。以看得见之手鼓励经济转型、科技创新拉动经济增长，几乎成为各国政府的共识。第三次工业革命的科技研发特点为集成式、集群式、协同式；科技企业一般也表现为集群式、协同式（园区化、产业链）集聚。政府对科技研发、科技企业的扶持，亦是体现在对具有产学研集群式、协同式特征的创新主体扶持。以下为中外学者对政府作用的理论阐述。

（一）中外学者关于政府支持科技创新的理论

中外学者强调增强企业创新能力、提高国际竞争力方面，国家

---

[1] "张江综合性国家科学中心展未来美好蓝图"，作者：沈湫莎，《上海科技》公众号 2016 年 2 月 25 日

的作用不是削弱,而是加强。国家在推进创新要素的培育,创新环境的营造,尤其对高科技、战略性产业的扶持等,可以发挥更重要作用。

1. 英国学者马丁·雅克的观点——国企是经济转型的重要角色

英国伦敦政经学院亚洲研究中心客座研究员马丁·雅克2009 年前推出了《当中国统治世界》一书轰动世界,并在当年 11 月美国版推出后迅速登上《纽约时报》畅销书榜。四年后的中国经济发展印证了马丁·雅克的判断。如今,马丁·雅克在回答文汇报记者采访时又一次得出重要判断:"中国的转型将改变整个世界"。他认为:中国的发展路径受到历史和文化传统的深刻影响。中国的经济转型,国家不仅是经济转型的总设计师,同时,国有企业的力量也非常强,这在我能够想到的现代国家里都是非常少见的。我想在一些领域内国家会继续发挥作用,在有些领域可能还会发挥非常重要的作用。而且,改革过程的持续本身非常重要。[①]

2. 美国学者勒纳的观点——政府投资是硅谷科技创新的"催化剂"

哈佛商学院投资银行专业教授乔希·勒纳认为:不少历史事实证明,政府能够对一个地区、部门或企业的创新发展起到"催化剂"的作用。以硅谷为例,尽管威廉·休利特、威廉·肖克利、乔布斯、盖茨们的创业传奇早已深入人心,但无法否认的是,政府津贴——尤其在两次世界大战期间——对硅谷的发展起到莫大的作用。他认为:政府扶持创业有两种形式:一种是保证经济环境适宜于创业和风险投资活动,另一种则是对企业和资金的直接投资。前者是刺激对风险投资的需求,包含社会各个层面的作为,是间接影响;后者是对企业的直接干预。"政府应为企业家和投资者的创

[①] "中国的转型将改变整个世界",作者:田晓玲,文汇报 2013 年 7 月 8 日

新发展提供便利条件和公平正义的良好环境，担当的应该是"布景师"的重任。[①]

3. 中国学者史正富的观点——竞争而有效的地方政府体系

复旦大学新政治经济学研究中心主任、教授史正富，在 2013 年 5 月出版并轰动学界的著作《超常增长：1979—2049 年的中国经济》，称正在生成中的中国特色的经济体制可称为"三维市场经济"。

史正富认为：与西方国家经典的政府、企业"二维市场经济"相对应。中国式超长增长缘于中国特色社会主义市场经济体制的"三维市场经济"。这是一个包含了战略性中央政府、竞争性地方政府和竞争性企业系统的三维市场主体，把中央政府的战略领导力、地方政府的发展推动力与企业的创新活力有机结合的新型经济制度。在中国，世界独有的竞争性地方政府和企业并肩作战，两个轮子，两个发动机，同时推动经济增长。这是中国改革成功的关键。

（二）创新两层次：技术"选题"的发明创新与工程"平台"的组织结构创新

解决任何问题，都需要技术发明创新与组织结构创新两个层次，这正是熊彼特所阐述的"创新"内涵。虽然有两者的重叠，但基本上技术"选题"及发明创新的主体是专家与科研人员；技术产业化的工程操作"平台"主体是企业家。如何将研发、产业化两个层次融合起来，这对人们的复合型知识、创造力、灵活变通性都是重大挑战。所以创新就是一个技术发明创新与组织结构创新一体化的系统工程。

美国《梦断硅谷》作者乔希·勒纳认为：技术发明创新与组织

---

① "究竟是哪里出了错"，记者：曹静，解放日报 2013 年 5 月 31 日。

结构创新结合在一起，才能产生伟大的产品和产业。例如，达芬奇是伟大的画家同时也是一个天才的发明家，他有很多著名的设计，如直升机、坦克、机关枪、降落伞、滑翔机等很多有价值的创意。但是很多创意在他有生之年并没有成为事实。

　　一般来说，发明是未经市场验证的某一个突破性的创造，距离产品成果还要经历很多的环节。创新是一个将技术发明与其它分散的生产要素进行组合的过程。往往会涉及到人和组织与其它要素配套的一些创新，整个社会都会受到它的影响。创新往往是对于某一个或者一系列技术发明的成功运作，通过整合资源进行组织结构、组织运作的系统创新，技术发明转化为商品才能被社会、市场所接受，并且对世界产生影响。如达芬奇产生了一个飞行器的想法，怀特兄弟首先实现了人类的飞行，但是现代航空业成为了一个国家重要产业，是组织、运作这样一个系统工程创新改变了当今世界的整个交通模式。所以，创新如果能够成功地满足人类的欲望和需求，其不仅仅是技术发明的问题，而是涉及到社会和经济的问题。在现代社会，甚至技术的组合创新、商业组织或运作模式的创新，也能改变人们的生活消费方式。[①] 如苹果公司只是把他人相关技术发明整合到 iPhone 里应用，于是惊艳世界。而电子商务虚拟平台，则颠覆了传统店铺式的商业模式，极大方便了消费者，因而获得超越实体店的效益。

　　现实世界中人类所面临的挑战与问题，解决方案不仅仅关乎这一问题的某一领域，而是涉及到多领域、跨学科的很多方面。所以在科技创新方面，就意味需要用一个全面整合产学研资源要素的方法来处理人们的需求问题，将技术创新与企业组织结构创新融合成一套组织、运作体系，才能够真正解决产业转型这个世界最

---

　　① 引用"校企合作与创新教育"欧特克公司总裁兼首席执行官卡尔·巴斯演讲人民网 2010 年 5 月 5 日。

大的问题。

(三) 政府需合轨"创新"双重主体的运行向度

创新不同于研发,它是一个新技术成为新产品、新产业的实现过程,其中每个环节都会成为制约创新效率的瓶颈。上述创新的复合内涵是"科技发明创新＋组织结构创新",从总体视角,一个成功的科技项目,它分属两个不同的主体:技术"选题"后的科技研发主体、"平台"整合的市场转化主体。

1. 高校院所与企业的运行向度不一致

除了少数科企本身具备技术研发、企业经营双重主体之外,从国家宏观上说,科技研发主体为高校科研院所、市场转化主体则是各类所有制、不同规模的企业,两者存在两个不同的运行向度。高校科研院所的研发主体,追求目标是以一定级别的论文与专利,完成单位考核指标;企业或企业家主要是市场经营主体,追求目标是利润指标,即资本投入产出回报最大化,什么项目来钱快就经营什么。两者追求都是本人、本部门利益最大化,但运行向度迥然不同。

2. 政府科技管理的重心:促成科技成果转化阶段的"四链"统一

所谓"四链"即"产业链、创新链、资金链、价值链"。一国要构建自己的高端全产业链,需要自己的核心技术。跨国公司研发中心有三分之一在中国,但未有溢出效应,中国少有自己核心技术的全产业链。因此打造高端产业链,尤其前瞻性、战略性产业,中国必须早日布局,围绕高端产业链设置科技创新链,并辅之于须臾不可少的金融资金链,以助高端产业链成为经济、社会效益双丰收的价值链。"四链统一",营造全社会科技创新生态环境,政府是主体,因为政府追求的是国家整体创新能力与社会效益最大化目标。政府支持创新要掌握创新链两阶段两主体的双重运行向度,通过政策引导两个主体行为向度变轨,将两主体工作重心统一聚焦到某高端"产业链"科技创新目标上,通过项目平台管理,将研发、产业化两个阶段构成完整的"创新链",同时,配套政府引导基金＋社会资本的"资金链",形成"科技发明创新＋组织结构创新＋政府产学研一体化扶持政策"模式。新时期科技创新即是由研究开发、技术成果产业化过程组成的创新链;它适用于经济社会更加广泛的领域。政府科技管理内涵和模式相应亦随之发生变化,科技管理重心从单一研发管理转向技术研发、转化产业化与产学研组织结构创新的双重管理,延伸到"四链统一"的技术成果产业化阶段。

3. 政府科技管理的措施:以考核指标衔接高校院所与国企的运行向度

政府支持自主创新,重要的是围绕创新链来营造良好的生态环境,政府必须打破横亘在创新两个环节、两个主体之间的体制障碍。一是加大高校院所科技体制改革力度,改革考核指标体系,要增加国家战略、市场需要的研发成果应用权重,促使研发成果外溢;要调动科技人才积极性,鼓励他们沉入企业、调研市场,紧跟世界科技前沿进行技术研发,并及时与企业合作转化、产业化。二是改革国企考核指标体系,须增加研发经费、专利数量、新技术储备、新产品市场绩效等指标权重,将国企从利润导向转向与科技创新成果研发转化、产业化导向并重;鼓励国企积极与对口高校院所合作,在最短时间将高校院所的研发技术转化、商品化。政府将两个环节创新主体考核指标衔接起来,把高校院所的研发功能与企业的技术成果产业化功能统合起来,即将两个主体运行向度合轨起来,构成一个完整的国家创新体系。

精准"选题"、构建产学研联盟"平台"，是中国科技创新的赶超路径

中国第三次工业革命赶超优势，除了有一个傲视全球强大的制造业基础，还在于一个根本优势：集中力量办大事的社会主义制度优势。具体表现在三个方面：第一，是中国有一个科技发展的系列长期计划；第二，是中国在军工项目的研发一直没有中断，一些项目已经名列世界前茅；以军工、央企为代表的国企，是中国科技研发的主力军。第三，高校科研院所的高科技企业将是后来居上的生力军。

中国赶超世界先进技术水平的路径为：具有超前、精准的"选题"能力——关系国计民生的系列重点科技专项、重大工程项目；具有集中力量办大事的特色组织结构——产学研重大工程平台项目；有高度组织化的研发主体与产业化主体——高校、科研院所与央企，它们共同形成科技创新的国家队。

第一节 精准"选题"：中国的科技发展规划与计划项目

建国以来，国家制定了 10 次中长期科技规划，分别是：

"1956—1967 年科学技术发展远景规划";"1963—1972 年科学技术发展规划";"1978—1985 年全国科学技术发展规划";"l986—2000 年国家中长期科学技术发展规划";"1991—1995—2000 年科学技术发展十年规划和'八五'计划";"全国科技发展'九五'计划和到 2010 年长期规划";"国民经济和社会发展第十个五年计划科技教育发展专项规划";"2006—2020 年国家中长期科学和技术发展规划";"国家'十一五'科学技术发展规划;①"国家'十二五'科学技术发展规划"等。但是,在以时间为单位的中长期科技发展规划之内,国家还平行制定了更重要、更具体的专项计划,其特点在于实际应用。下面仅以科技部为例。

一、精准"选题":国家系列科技计划体系

中国原有科技计划主要包括:基础研究计划、国家科技支撑计划、高技术研究发展计划、科技基础条件平台建设、政策引导类计划等大类。② 这些计划为国家科技发展明确了方向,取得重大成果。2016 年 2 月 16 日,科技部颁发了国家重点研发计划首批重点研发重点指南发布,标志着新的国家重点研发计划正式启动。

(一) 改革开放后主要的科技计划

1. 基础研究计划(973 计划)

包括国家自然科学基金和国家重点基础研究发展计划(973计划)。国家自然科学基金主要支持自由探索性基础研究,973 计划是以国家重大需求为导向,对我国未来发展和科学技术进步具

---

① "建国以来中长期科技规划的理念探究",作者:陈正洪,《自然辩证法研究》2007 年 8 月第 8 期
② 国家科技部网站规划、计划专栏

有战略性、前瞻性、全局性和带动性的基础研究发展计划，主要支持面向国家重大战略需求的基础研究领域和重大科学研究计划。

2. 国家科技支撑计划

国家科技支撑计划以重大公益技术及产业共性技术研究开发与应用示范为重点，结合重大工程建设和重大装备开发，加强集成创新和引进消化吸收再创新，重点解决涉及全局性、跨行业、跨地区的重大技术问题，着力攻克一批关键技术，突破瓶颈制约，提升产业竞争力，为我国经济社会协调发展提供支撑。

3. 高技术研究发展计划（863计划）

863计划致力于解决事关国家长远发展和国家安全的战略性、前沿性和前瞻性高技术问题，发展具有自主知识产权的高技术，统筹高技术的集成和应用，引领未来新兴产业发展。

4. 政策引导类计划

政策引导类计划通过积极营造政策环境，增强自主创新能力，推动企业成为技术创新主体，促进产学研结合，推进科技成果的应用示范、辐射推广和产业化发展，加速高新技术产业化，营造促进地方和区域可持续发展的政策环境，包括星火计划、火炬计划等。

（二）2016年国家科技计划管理改革内容

按照2014年12月国务院印发《关于深化中央财政科技计划（专项、基金等）管理改革方案的通知》（国发64号文）的要求，此前实施多年的863、973计划等多个国家科技计划将"停运"，一并归入新设立的"国家重点研发计划"，并按照全新的规则运行。

1. 百多个科技计划整合成五大项

国务院于2014年部署国家科技计划管理改革，计划在2016年底前完成改革主体任务，将原有的100多个科技计划整合成国家自然科学基金、国家科技重大专项、国家重点研发计划、技术创新引导专项（基金）、基地和人才专项五大类。其中，国家重点研发计划是改革的重中之重,也是五类计划中启动最早的一项改革。国家重点研发计划首批重点研发专项指南已于 2016 年 2 月 16 日发布,这标志着整合了多项科技计划的国家重点研发计划从即日起正式启动实施。为解决原有科技计划体系的重复、分散、封闭、低效等问题,进一步提高财政资金使用效益。

2. 国家重点研发专项涵盖了国家战略性、基础性、前瞻性重大科学问题

国家重点研发计划整合了原有的 973 计划、863 计划、国家科技支撑计划、国际科技合作与交流专项,发改委、工信部管理的产业技术研究与开发资金,以及有关部门管理的公益性行业科研专项等内容。计划主要针对事关国计民生的农业、能源资源、生态环境、健康等领域中需要长期演进的重大社会公益性研究,以及事关产业核心竞争力、整体自主创新能力和国家安全的战略性、基础性、前瞻性重大科学问题、重大共性关键技术和产品、重大国际科技合作等。①

二、精准"选题"效果:"863 计划"成功案例

1986 年 3 月,王大珩、王淦昌、杨嘉墀、陈芳允四位科学家撰写了"关于跟踪研究国外战略高技术发展"的建议,该建议得到邓小平同志的高度重视。根据小平同志的批示,中共中央、国务院组织 200 多位专家,历经半年三轮极为严格的论证之后,编制出我国"高技术研究发展计划纲要"。科技部于 1986 年 11 月启动实施了"高技术研究发展计划(863 计划)",旨在提高我国自主创新能力,坚持战略性、前沿性和前瞻性,以前沿技术研究发展为重点,统筹

---

① "'973''863'计划取消,国家重点研发计划启动"新华社 2 月 16 日电,记者:白阳、余晓洁

部署高技术的集成应用和产业化示范,充分发挥高技术引领未来发展的先导作用。

863 计划是中华人民共和国的一项高技术发展计划,是以政府为主导,以一些重点领域为研究目标的一个基础研究的国家性计划。① 它深刻影响了中国科技发展的格局、速度、及在国际科技界中的地位。

863 计划始终坚持战略性、前沿性、前瞻性,按照"军民结合、以民为主"的方针,大力发展我国的战略高科技,经历了近 30 年发展,实现了由跟踪研究到跨越发展的转变,取得了一大批达到或接近世界先进水平的创新性成果,很多重大创新打破了国外技术的封锁。863 计划在其后不断充实细化完善中,形成了十几个大项目、数百个小项目、几千个子项目;科技计划不仅涉及经济、军工领域,还涉及到政治、社会、文化领域,成为中国覆盖面最广、研究程度最深、科技成果最多、科技影响力最大的科技发展计划。863 计划还培养了数 10 万名青年科研骨干和数以万计的高技术产业发展人才,为我国高技术发展积蓄了持续发展能力,高技术研发团队后继有人。

863 计划的成功经验是:党和国家经过专家的调研、决策咨询、正确"选题"战略性、前沿性、前瞻性的高技术方向作为突破口;中央财政全过程持续支持;军民两用技术重点研发;产学研三大主体共同研发的结果,其成功地探索了我国高技术及高新产业发展路径——集中力量办大事,为我国高新产业发展奠定了坚实基础、积累了宝贵经验。

三、精准"选题"促进国家科技实力增强

通过国家系列科技计划的培育、实践,我国的科技人力资源总

---

① "863 计划"搜索百度文库

量从 2001 年的 2600 万人提升到 2011 年的 6200 万人,科技人力资源和研发人员数量已双双跃升至世界第一。全国研发机构中,具有博士学位的人员已达到 9.2 万人,具有硕士学位的人员已达到 23.5 万人,分别是 2000 年的 2.8 倍和 3.7 倍。

我国研发经费支出额已从 2001 年的 1042 亿元提高到 10 年后的 8610 亿元,世界排名从第 7 位跃居至第 3 位;SCI 数据库收录的中国论文数量在世界各国的排名从第 8 位迅速跃居至世界第 2 位。

世界知识产权组织(WIPO)最新公布的《2012 年全球知识产权指标报告》指出,中国知识产权局所接受的专利申请数连续超过日本及美国,在 2011 年成为世界第一,无论在新形专利(utility models,UM)、商标,或是工业设计的申请数量,2011 年都是最多的国家。2011 年以前的一百年以来,全世界只有三个专利机构曾站上第一名的位置:德国,日本,与美国。这也反应了全球创新区域的转移。[①]

第二节　中国集中力量办大事的组织结构:
产学研联盟的项目平台

中国应对第三次工业革命,面临自主研发力量及资金不足的困境。面对美国为首西方国家技术限制,中国技术上自主研发要面对长期的大规模的资金投入,依靠民营资本不可能完成,只有社会主义国家意志才可能完成。组建高校院所、国企为主的产学研联盟项目平台,促进国家科技创新、产业升级,是中国集中力量办大事社会主义国家体制的优势。

---

① "中国专利申请数量超越美国居全球第一"新民网 2012 年 12 月 14 日

一、科技创新需要产学研集成式平台实施

中国的科技创新，需要举国之力去动员、实施，而产学研集成式平台是实施科技创新的基本形式，这需要政府有形之手，利用国家资本的力量去努力构建的。

科技部"973"项目"量子通信与量子信息技术"首席科学家、中科院院士郭光灿认为：任何科学领域的研究，只有"一个国家在这个领域整体水平提高了，个人才能更高，没有这个背景，孤军奋战不会有大发展，这是相辅相成的。"郭光灿把国内"想要做的、有可能做的"主要队伍都聚拢起来。1个"973"项目，8个课题，十几个单位，50多位研究人员。五年后项目结题时，成绩斐然：不仅取得一批杰出的研究成果，更在国内建立了若干量子科研阵地，尤其是培养了一支具有开拓创新能力的科研队伍。该"973"项目中的4名课题组长也被评为院士。[①] 目前，我国量子信息技术与产业化开启了一个新时代，是产学研集成式项目研究平台的成功典型。

（一）习近平："提升国家创新体系"总体确定技术方向

技术创新其实是政治问题，国家实力的核心在于技术领先，尤其是航空航天、船舶制造、核能工业、装备工业、信息技术设备等领衔的军用和军民技术的领先。中国传统产业升级难是因为西方国家技术限制所致，巴黎统筹委员会、瓦森纳协议，就是西方国家针对中国军用及军民两用技术的封锁，这是针对中国有核军事力量所做的封锁。国家之间竞争与国家利益有关，国家利益的竞争才会促进技术进步。

2013年7月17日习近平总书记到中科院考察工作并发表了

---

① "中科院院士郭光灿：中国量子光学先行者"，记者：赵广立，中国科学报2013年10月15日

重要讲话,习总书记强调,当今世界的综合国力竞争,说到底是科技实力的竞争;科技兴则民族兴,科技强则国家强;历史的教训告诉我们落后就要挨打,富且落后一样要挨打。实现"两个一百年"的奋斗目标,实现中华民族伟大复兴的中国梦,必须推动我国科技事业加快发展。

习近平指出,实施创新驱动发展战略是一项系统工程,涉及方方面面的工作,需要做的事情很多。最为紧迫的是要进一步解放思想,加快科技体制改革步伐,破除一切束缚创新驱动发展的观念和体制机制障碍。要坚决扫除影响科技创新能力提高的体制障碍,有力打通科技和经济转移转化的通道,优化科技政策供给,完善科技评价体系。他就此提出科技创新的总体方向,即"要优先支持促进经济发展方式转变、开辟新的经济增长点的科技领域,重点突破制约我国经济社会可持续发展的瓶颈问题,加强新兴前沿交叉领域部署"。要最大限度调动科技人才创新积极性,尊重科技人才创新自主权,大力营造勇于创新、鼓励成功、宽容失败的社会氛围。[①]

(二) 中科院:以建设一批研究平台实施科技创新

习总书记考察中科院北京同步辐射装置时说:"要加强科研平台建设,充分发挥科研平台作用,是提高科技投入效率的一个重要问题,要在深化科技体制改革中认真研究。"[②]他对中科院未来发展提出"四个率先"要求。即:率先研发出有影响的重大科研成果、率先培养出能担当重大创新任务的杰出人才、科技智库要在重

---

① "习近平:深化科技体制改革增强科技创新活力"新华社 2013 年 7 月 17 日电,记者:李斌,中央政府网

② "习近平:深化科技体制改革增强科技创新活力"新华社 2013 年 7 月 17 日电,记者:李斌,中央政府网

大决策中率先发挥重要支撑作用、率先打造一批卓越的科技创新平台。

"建设国内领先、国际一流的研究平台"，即中科院开放合作，大力加强与地方、行业、部门、企业、大学和其他研究机构的协同创新；同时深化国际科技合作，增强科技自信，代表中国科技率先"走出去"，大幅提升国际竞争力和影响力。中科院发挥集科研院所、学部、教育机构于一体的优势，积极推进科教融合，加强"三位一体"的中国科学院建设，建设一批在国际上有重要影响的研究平台——"卓越中心"。

（三）"卓越中心"：集成式、多功能创新平台

中科院下阶段改革的一个重点，是依托战略性先导科技专项和其他国家重大任务，进一步整合凝练优秀团队、领域前沿和创新模式，在未来 5—10 年内择优建设一批"卓越中心"，使其成为承接完成重大任务和产出重大成果的平台、汇聚和培养高水平科技创新人才的平台、集成先进科研装备和条件的平台、国内外高层次学术交流和协同创新的平台、科研体制机制改革和创新文化建设的平台，成为国内领先、国际上有重要影响的学术高地。[①]

2014 年 12 月 9 日至 22 日，中国科学院分子科学、生物大分子、数学科学、凝聚态物理、智能计算、半导体材料与光电子器件、生态环境科学等 7 个科教融合卓越中心咨询论证会陆续召开，均通过了有关院内外专家对其实施方案的咨询论证。[②]

2015 年 6 月 18 日，《自然》杂志发布 2015 年全球自然指数（2015 Nature Index），涵盖了 2014 全年发表在 68 种世界一流科

---

① "将'四个率先'落到实处—中国科学院院长白春礼答本报记者问"，作者：李玉梅，学习时报 2013 年 9 月 23 日

② 中科院网科学传播局

研期刊上的 57501 篇论文。其中,中国科学院仍然是自然指数中位列全球第一的科研机构。相比第二位哈佛大学,中科院论文数高出 20%,而 2013 年中科院只比哈佛高出 5%。中科院科研实力举世闻名。

二、重资产、高科技产业科技研发国资担纲

所谓重资产行业,即有机构成占比高、资金密集型产业。除了海陆空装备工业、核能等军工产业是重资产行业外,其它如钢铁业、电子与通信设备制造业、运输设备制造业、石油化工、重型机械工业、电力工业等均是重资产行业。

(一) 重化工业与信息基础产业都是重资产产业

重化工业、军工产业都是重资产产业。重资产产业具有以下特点:技术类别多、装备多,容纳劳动力较少;投资量大、周转慢、周期长;对国计民生影响大,往往是国家重点骨干工程。发展重资产产业,需大量技术设备和资金。即是人们认为轻资产的信息产业,其基础装备制造也是重资产,它是"互联网+"技术、虚拟技术、智能制造等所有前沿、高端技术的基础设施。为保证中国互联网的安全,其信息产业基础设施的重新建设也是一笔巨额的投入,只有国家才能担当起建设重任。

(二) 私人资本难以担纲重资产、高科技产业领域

张江高科技园原总裁丁磊认为:"所谓'企业是创新的主体',体现在市场最后是检验创新的唯一场所,资本是最终推动创新的力量。"[1]中国人口多,资金紧缺,技术落后,中国民营企业 30 余年

---

[1]　"竞争才能保持创新可持续性",作者:唐玮婕、沈湫莎,文汇报 2013 年 10 月 28 日

的发展历史,资本积累相比发达国数百年殖民地掠夺性积累、富可敌国的垄断跨国企业或资本巨头不可同日而语。重资产行业往往是关系到国计民生、国家安全的重大项目,中国第三次工业革命需要大规模地发展资本密集型产业,它们是人类生存、发展须臾不可缺少的物质基础,亦是实现现代化所必须依靠的物理手段。同时,研发重化工业、军工产业,装备制造业需要多门类技术集成、多学科部门与成百上千家企业的协同才能进行,这不是一般私人资本所能担纲和承受。

1. 重资产领域重点包括战略性、高科技产业

中国第一次产业升级是指从服装鞋帽制造到机电制造的升级,从目前看已经成功,国产机电与外国同类产品质量相同或更好,性价比则更高,现在中国电器产业作为成熟中端制造业已经独步天下。中国在 20 世纪 90 年代完成了家电的赶超过程。

中国第二次产业升级,是 21 世纪初开始装备制造业如汽车、飞机行业开始崛起,这个崛起,意味着完成了工业化时代的追赶过程;随着生物工程、医疗器械、信息技术的崛起,中国开始向高科技信息化转型,即从中端制造业向战略性、高科技产业升级。与第一次机电制造业升级不同,中国第二次产业转型要求更高,更困难。世界上半导体设备制造和先进制程仍掌握在欧美和日本手里。而西方国家对这些先进技术拒绝出口转让中国,相关技术对中国管控的严厉程度,与军火一个级别。而中国产业的升级,需要国家集中全国科研力量协同攻关、需要大量财政资本扶持才能确保战略性、高科技研发项目的成功。

2. 重资产更高端产业代表：芯片制造

高科技产业的皇冠是芯片制造,它是一切战略性、高科技产业研发、产业化的基础设施,是一国科技实力的象征,可谓得"芯"者得天下。狭义半导体即芯片制造,广义半导体还包括液晶面板、LED、软件及光伏发电等,这些行业生产工艺相似,技术互通,尤其

超大规模集成电路(芯片),是 IT 信息和智能技术的核心部件。很长时期,中国半导体行业一直处于"缺屏少芯"状态。如今,太阳能核心技术在国外,规模和产能中国都是第一;在国家扶持下,LED显示面板,生产巨头京东方 2013 年已经盈利;芯片产业,则是大飞机、发动机等之后中国要亟需突破的行业。软件,中国其实并不弱,发展瓶颈主要是:起步晚,美国在编程语言、指令集等最初级的专利技术具有先发优势,加上以最便宜价格、广为覆盖几大洲的市场优势,技术与市场相辅相成,形成一般国家较难跨越的障碍。半导体产业发展需要三条件,一是投资巨大;二是需要长期技术积累;三是技术含量高。小国即无资金、无人才、无技术积累,只可能去发展其中一个分支。世界上有资格发展半导体产业的国家寥若晨星。

中国进口的最大宗物品,不是铁矿石、或石油,更不是汽车飞机,而是电子器件。尽管中国芯片业取得了可喜进步,但我国每年进口芯片仍高达两千多亿美元。根据海关总署在 2014 年 1 月公布的数据,2013 年我国集成电路进口额为 2322 亿美元,比上年同期 1724.99 亿美元增长 34.6%;逆差达到 1441 亿美元,较上年同期扩大了 50 亿美元,连续第四年扩大。①

不同产业结构人力资源与资金需求曲线反相。从低到高产业等级排列,需要的人员学历是金字塔状,需要的资金是倒金字塔状。低端制造业,如服装厂,招一批低文化农民工稍微培训一下,投入几年时间几百万设备就可以建起来;中端制造业,如电器厂,需要投入几个亿设备、十年时间(中学学历及技术培训时间),亦可

---

① "中国每年进口的最大宗商品不是石油、不是铁矿石,而是芯片"中国电子顶级开发网论坛(EETOP)2012 年 6 月 15 日 http://bbs.eetop.cn/thread-336599-1-1.html"邓中翰:2013 年中国芯片进口额超 2000 亿美元超石油进口",人民日报记者:德永健,观察者网 2014 年 3 月 5 日

以建起来；高端制造业，如半导体 Fab，就需要相关专业的大学研究生，前后需十几年教育培训，投资 100 多亿设备才可以建起来。技术的风险、巨额的投资，不是私人资本所能承受的。

半导体业"大者恒大"的局面越来越明显。从全球半导体业发展趋势看，产业的集中度越来越高。美、欧、日、韩半导体巨头纷纷从设计、生产、销售一体的 IDM 模式，在上个世纪 90 年代初开始兴起 fabless、设计业，紧接着 foundry 代工业跟随而行。进入新世纪后开始 Fab Lite（轻晶圆厂）模式。其原则即撤销不赚钱的部门，保留赢利的部门。①

鉴于私人资本的局限性，在投资重资产密集型产业非常慎重。著名投资人陈凡曾说："重资产密集型是非常可怕的事，尽管是高科技企业，建议大家有可能的话不要进入重资产密集型行业"②，代表了私人资本普遍不愿参与重资产项目研发的意愿。重资产行业，即是一个小国也难于承受。

从国家战略角度审视，鼓励产业升级，发展高端制造业，政府利用行政力量投入资金扶持发展高科技产业，促进相关产业的人才培养是首要选项。当然，国家从实际出发，充分发挥私人资本的积极性，利用市场价值规律吸引民间资本参与某些重大型、资本密集型产业的某些阶段、某些环节是可能并受鼓励，但是，以集成、协同方式进行重资产科技项目研发、转化，完全依托私人资本是不现实，真正的主力军仍然是央企（军企）与高校院所为代表的国有资本。

---

① "半导体供应商的选择：Fab Lite VS IDM"中国电力电子产业网 2013 年 11 月 22 日

② 陈凡："投资要规避重资产行业"2011 年第十届创业中国高峰论坛，量宇金融董事长总裁陈凡演讲

(三) 国资或国企担当重资产技术产学研的转化平台

同私人资本不同,国有资本并不以追求利润为唯一目标,其性质决定了国有资本所有行为都要以维护国家整体利益为第一出发点,来实现物质与技术利用最大化。在发达国家跨国公司掌握核心技术与标准、占有产业竞争优势情况下,发展中国家只能借助政府力量,利用举国体制集中财力与智力,优化产学研要素配置,通过国有企业产学研平台进行技术集成研发、转化,提升整个行业科技水平,摆脱中国企业长期屈居低端代工生产的困境,提高国际竞争力。

可喜的是,2014 年 4 月,中国把与信息安全相关的芯片(半导体)产业已提升至国家战略高度,国家将投入巨资支持集成电路产业的发展,规模达 1200 亿元的国家级芯片产业扶持基金有望于近期成立,这一数据超过了我国集成电路产业十年以来科技投入的总和。分析人士表示,有了国家队资金的护航,集成电路芯片的设备、设计、制造、封装企业均有望迎来高速发展。[①] 中国科研国家队有望冲破西方技术壁垒,抢占世界信息前沿技术高地,为国家工业体系锻造"中国芯"。

国产芯片尽管可能良率低、功耗高、速度慢等问题,但在支撑国家工业体系方面作用重大。因为完整工业体系在经济发展、国家安全方面意义非常显著:一是一国产业体系齐全,可吸引外国投资,因很容易本地找到生产厂家,大大降低产品成本;二是一国科技产品尽管比欧美落后,也会有效打破国际巨头的价格垄断;三是一国无论受到哪个国家威胁,对方都没有能力通过贸易禁运来威胁该国的经济体系。

[①] "国家将投入 1200 亿元支持集成电路发展",作者:张朝晖,中国证券报 2014 年 4 月 23 日

三、中国军民技术进步的关键，即"集中力量办大事"平台机制

中国工业发展科技进步的成功经验，就是在项目研发、产业初创时期实施的"集中力量办大事"的发展模式。实现国家的跨越式发展，除了有清晰的发展战略和计划目标（选题）之外，还要有社会资源的（平台）整合能力。有效整合要素资源在于组织动员社会力量（集聚），在较短时间内完成重大项目，迅速形成社会生产力（功能）。

（一）领袖们关于"集中力量办大事，建设国家重点骨干工程"的论述

新中国成立伊始，经济基础十分薄弱，农业落后，工业不发达，交通不畅，城市基础设施陈旧，社会事业的发展水平也严重滞后，百废待举，百业待兴。同时，由于我们国家又底子薄，实力弱，各项建设事业所需的资金、物资和技术力量等资源十分紧张。

为了解决好经济发展与资源约束的矛盾，执政党的领袖们始终把集中力量加强重点建设，作为我国经济建设的一条重要方针，在每一个历史时期都确定一批重点建设的行业和骨干项目，集中有限的人财物力，加快发展，以充分发挥社会主义制度集中力量办大事的优越性。

上世纪 50 年代，毛泽东曾指出："我们必须逐步地建设一批规模大的现代化的企业以为骨干，没有这个骨干就不能使我国在几十年内变为现代化的工业强国。"①

1982 年 10 月 14 日邓小平在同国家计委负责同志谈话时明确指示，"真想搞建设，就要搞点骨干项目，没有骨干项目不行。不管

---

① 《毛泽东文集》（第 7 卷），人民出版社 1999 年版，第 240 页

怎样困难,也要下决心搞。"①1989 年,邓小平又强调指出,"我赞成加强基础工业和农业。基础工业,无非是原材料工业、交通、能源等,要加强这方面的投资,要坚持十到二十年,宁肯欠债,也要加强。"②

江泽民在中共十四大报告中也明确提出,"集中必要的力量,高质量、高效率地建成一批重点骨干工程"③,这是当前加快经济发展的迫切需要,也是增强经济发展后劲的重要条件。

胡锦涛在 2008 年 6 月 23 日在两院院士大会讲话中提出:"必须坚持发挥社会主义制度能够集中力量办大事的政治优势。坚持全国一盘棋,集中力量办大事,统一规划、统一调度、统一安排,是我国科技发展必须坚持的重要组织方式。"④

习近平 2013 年 7 月考察中科院时说:"长期以来,我国科技事业快速发展,取得举世瞩目的成就。为什么能够成功? 我看,最重要的经验有三条。一是发挥社会主义制度优越性,集中力量办大事,抓重大、抓尖端、抓基本。二是坚持以提升创新能力为主线,把其作为科技事业发展的根本和关键。三是坚持人才为本,充分调动人才的积极性、主动性、创造性,出成果和出人才并举、科学研究和人才培养相结合。这些重要经验今天仍具有重要指导意义,我们要结合实际坚持好、运用好。"⑤

(二)建国 60 余年"集中力量办大事"的重大成果

按照中央的统一部署,20 世纪 50 年代,我们在经济基础十分薄弱、国家财力有限的情况下,以"命题项目"为引导,集中人才、资

---

① 《邓小平文选》(第 3 卷),人民出版社 1993 年版,第 16 页
② 《邓小平文选》(第 3 卷),人民出版社 1993 年版,第 307 页
③ 《人民日报》1992 年 10 月 13 日,第 1 版
④ "胡锦涛在两院院士大会上的讲话"新华网北京 6 月 23 日电
⑤ 习近平 2013 年 7 月 17 日在中科院考察工作时的讲话

金、物资，在冶金、机械、汽车、煤炭、电力、国防军工等方面进行了以"156 项"为骨干的重点建设，为我国工业化奠定了初步基础。

60 年代和 70 年代，中国克服重重困难，重点建成了大庆油田、攀枝花钢铁基地、刘家峡水电站、四套大化纤、十三套大化肥、湖北二汽、成昆铁路等一大批骨干项目。在此期间，国家还对兵器、航空、航天、核工业、电力、船舶等军工部门进行了重点建设，使我国的国防工业和国防科技达到了新的水平。

80 年代以来，改革开放政策为重点建设注入了新的活力，国家集中了大量的财力、物力对基础产业、基础设施、支柱产业以及其他行业的骨干项目进行了大规模的重点建设。每年都确定一批关系国计民生的国家重点建设项目，在资金、物资、运输、征地、拆迁方面给予优先安排。

1982—1999 年，国家共确定 520 多个重点建设项目，京九铁路、南昆铁路、秦皇岛港煤码头、宁沪杭甬高速公路、南沿海光缆工程、大亚湾秦山核电站、上海宝钢一二期工程、无锡微电子工程、北京正负电子对撞机工程、长江三峡水利枢纽、黄河小浪底水利枢纽、二滩水电站、广东岭澳核电站、秦山核电站二三期、上海浦东机场、首都国际机场、宝钢三期等一大批国家重点项目工程相继建成投产，对增强国家经济实力、促进对外开放、调整产业结构、缓解经济发展的"瓶颈"制约，保证国民经济持续、快速、健康发展，发挥了极为重要的作用。

进入 21 世纪后，青藏铁路、南水北调工程、西气东输工程、西电东送工程、洋山深水港工程、奥运场馆建设工程、京津高速铁路工程、首都机场 T3 航站楼建设工程、国家特高压电网建设工程等许多国家重要工程的实施，也为我国地区经济的协调发展、保障国家能源安全以及小康社会的构建等发挥了积极作用。同时，我们在应对自然灾害、重大国际活动时，也充分发挥社会主义制度能够集中力量办大事的政治优势，举全国之力，合理配置力量，成功应对一个又一个挑战。[①]

(三) 集中力量办大事成功经验：创新的体制机制

集中力量办大事是社会主义政治优势、组织优势的体现。集中力量办大事的原则不仅仅是计划经济体制的产物,在市场经济的条件下,集中力量办大事更具赶超实力。一些涉及国家战略需要、国计民生的重大项目,单靠某个部门、地区、或企业是无法解决的。为了提高中国国际竞争力,更好地发挥集中力量办大事的制度优势,选准一些对推动经济社会发展、维护国家安全、提高科技生产力和综合国力有重大带动作用的领域,集中力量,大力协同,重点攻关,力求突破。在组织机构、体制机制创新上既要国家引导,也与市场经济相结合;基础建设与民生建设并重,互补互助推动项目的科学发展。

集中力量办大事平台的优势：一是可以有效集聚各方人财物技术资源;二是平台以目标的统一性进行有效的资源整合、及各方人员的民主协商;三是有效贯彻责权利结合的激励机制。它是一个典型的矩阵型产学研项目平台。

第三节　央企(国企)是承载国家重大科技创新战略的主要执行平台

建国 60 余年来,国家意志引导、资本要素集聚、推动国家科技创新大幅度进步、经济与军事实力飞速增长,证明了国家资本集约

---

① "坚持发挥社会主义集中力量办大事的优越性——初始创业时期攀枝花发展模式的历史选择和现实启示"(第十二届国史学术年会入选论文),作者：段娟,当代中国研究网 2012 年 11 月 7 日

性扶持的力量。而承担国家重大科技创新战略的重要载体，就是央企。央企大多分布在关系国民经济命脉的重要行业和关键领域，不仅是国民经济建设的担纲者，亦是推进创新型国家战略的擎天柱。2014年5月15日，由经济日报社主办的第四届中国自主创新年会公布了2013年度中国十大创新型企业，央企与地方国企占了8家，与前几届评选结果一样，当选者国企是主角。

中国评判技术创新的最权威标准，即由中国政府评选的每年一度国家科技奖励大会，设有五项国家科学技术奖，其中的国家科学技术进步奖奖项，被视为工业以及其它领域科技进步的检验标尺。2000年以来，获得科技进步一等奖的企业当中，大都是国企，私企只有华为等少数几家。至于最高奖科技进步特等奖（并非每年都有获奖者）的获得者当中，不光军用项目奖项、即便民用及军民通用项目，也没有私企。这些"大考"表明，以央企为代表的国企，过去如此、如今依然是国家科技进步的领跑者。

2003年总装备部的中国载人航天工程，2008年铁道部与中铁的青藏铁路工程和高铁，2010年中石油的大庆油田高含水后期4000万吨以上持续稳产高效勘探开发技术，2011年国土资源部的青藏高原地质理论创新与找矿重大突破，2012年国家电网的特高压交流输电关键技术、成套设备及工程应用以及中石化的特大型超深高含硫气田安全高效开发技术及工业化应用，2013年的两法系杂交水稻。上述民用及通用科技突破，全是由国企、国家部委、国家科研院完成的。①

一、央企是中国科技创新企业的代表

资本实力与研发实力均强的企业是行业龙头，即指市场占有

---

① "第三届中国工业大奖揭晓"，记者：常理，经济日报2014年05月19日

率较高、技术创新能力强、拥有自主知识产权和国际竞争力、规模经济优势明显并处于行业领先地位的大中型企业，这些大中型企业往往敏感市场的变动，有为保持企业市场占有率而创新的内生动力。在我国，行业龙头企业首先是以央企为代表的国企。2014年7月《财富》杂志于公布了2013年世界500强企业名单，入围的中国企业达到了95家，其中内地企业为85家，央企有45家入围世界500强。央企成为绝对的主力，这与央企的资金实力与不断技术创新领先业界有关。央企理所当然成为中国科技创新企业的代表。

以"中国装备"代替"中国制造"走出去，通过"大国重器"来提升中国综合国力。而从更广义的角度讲，这种"大国重器"同时也代表着以央企为代表的国企做大做强，在关键实体行业形成能够与世界领先企业竞争。①

高铁已经成为中国"大国重器"的代表。而高铁也是市场换技术，起步比汽车晚的多，但十年磨一剑，不仅中国高铁建设大发展，每个人都从中获益，而且中国高铁已经走出国门进入各国市场，一跃成为世界第一集团。高铁的成功，来自国家层面强力推动。中国高铁的市场换技术过程被称为"二桃杀三士"。当时的铁道部是中国剩余不多的能够垄断市场的部门，高铁当年市场换技术的核心就是垄断市场，只留一个出口谈判。汽车工业和高铁都是技术含量高、难度大的现代工业，涉及的门类极多，有各种看得见的和看不见的壁垒，后发国家想靠自由竞争赶超基本不可能。②

---

① "解读│不可忽视的转折：经济决策体系已发生根本变化"，作者：youme财经参考-靠垫网2014年7月12日

② "汽车与高铁，都是市场换技术，差距咋恁大呢"，作者：天骄新华网发展论坛

二、央企是推进创新型国家战略的主要承载者

推进创新型国家战略需要高校、科研院所、民营中小企业、央企等力量的共同努力。而央企户均拥有国有资本达 161.07 亿元，在关系国家安全和国民经济命脉的领域中，其主业集中度近80％，央企的经营管理行为在很大程度上体现了国家的战略意图。

央企以其在人才、技术和资金上的绝对优势地位，承担着绝大多数国家科技重大专项攻关任务。在《国家中长期科学和技术发展规划纲要（2006—2020 年）》确定的 11 个国民经济和社会发展的重点领域都涉及央企；在重点安排的 68 项优先主题中，与央企相关的就有 54 项；在 16 个重大专项中，有一半以上的项目有央企参与攻关。

作为"政产学研用"平台的主体，央企不仅连接着政府、高校和科研院所，而且直接连接市场，是创新项目研发、产业化的组织管理者、创新成果主要使用者和推广者，央企在自主创新体系中将居于更加重要的产学研项目枢纽载体地位，发挥的作用与承担的责任将更加重大；在建立"政产学研用"联盟，创建"产学研一体化项目平台"组织结构创新方面，央企历史上已经取得了骄人成绩，今后将在执行国家战略性、前沿性创新项目方面中将再建辉煌。

三、积极发挥央企在推进创新型国家战略中的枢纽平台作用

国家要重视央企枢纽平台作用，一是充分发挥央企在国家战略资源配置的枢纽作用，目前，46.2％的国家重点实验室建立在央企，所有的央企都建立了国家级的研发机构。央企应主动承担重大公益性科技项目，主动搭建公共科技资源共享交流平台，央企应成为国家科技资源的枢纽站。二是战略投资拉动的主体作用，紧

紧围绕主业发展方向,瞄准战略性新兴产业,带动地方政府、高校科研院所、不同所有制企业等投资主体对重大关键项目进行战略投资。三是战略产业转型中的示范作用,引领传统产业向高科技、战略性新兴产业发展。四是战略科技成果转化作用,央企应带头探索并建立科技成果自主化、市场化的激励机制、评价机制,促使科技人员瞄准有市场需求的技术领域进行有效创新。五是战略人才建设中的集聚作用,以制度机制激励、支持人才干出事业为各类人才搭建事业发展的平台。[①]

四、发挥军企军民两用科技创新领头羊作用

世界发达国家经济发展的历程表明,利用国防军工所拥有的高技术优势、优厚的技术储备、良好的实验装备和极具潜力的创造能力为国民经济建设服务,可用较少的投入、较少的约束获取最大回报,从而带动国民经济增长,这已成为许多国家的政策取向和共同认识。[②] 作为央企的重要代表,中国十大军企涵盖了航天航空、船舶重工、核工业、兵器装备、电子装备等重点和尖端领域,军工科技创新小步快跑、大步追赶、再到跨越式发展,已是实实在在的行动和成果。改革开放以来,中国在重要的自主创新方面成就最大的,是在军工和航天领域。军企在为中国军工装备武器高科技整体赶超世界水平、彰显中国海陆空三军高科技实战能力,取得巨大成果。

顶尖科技一定是在军事领域最先运用,然后向民用转移。因

---

① "中央企业:推进创新型国家战略的顶梁柱"《学习时报》2011 年 7 月 4 日,作者:胡爱民,内容缩编。

② "加强委省科技合作促进地区经济发展",作者:王鸿录、杨峰、王宏胜、邵磊,《军民两用技术与产品》2001 年第 11 期

此,中国军工承载着技术创新和科技引领的崇高使命。新军事变革为军工企业的创新之路提供了更高的平台和更大的挑战。军工企业的未来发展,必须要实现军民融合,把军工产业深深地根植于整个国民经济体系之中,形成强大的"保军"基础和实力。为了提高国防科技工业核心能力,往往需要通过国家创新体系推动技术创新,在大力推进军工高科技创新的同时,促进军工技术转化民用技术并产业化发展。[①]

第四节　高校院所是国家科技研发
创新的主体力量

中国是一个新型工业化国家,目前还主要依赖廉价劳动力进行竞争,很多技术发明创造来自西方国家,在这过程中中国在不断地改变产业结构,越来越多的中国企业和大学在快速发展,承担、并参与世界的创新、创造,这将使中国未来发展得更快、更精彩![②]

一、高校院所是科技第一生产力

从宏观上说:国企是科技创新的转化、产业化主体,高校院所就是研发主体。高校院所科技梦连着强国、强军梦。高校院所是科技第一生产力和人才第一资源的战略结合点,在国家实施创新驱动发展战略中大有可为,探索实施以国家、军队发展的重大战略

---

① "对企业自主创新要有信心、胆识和谋略——访中国航空工业集团公司总经理林左鸣",作者:李凝,科技日报 2010 年 7 月 18 日

② "校企合作与创新教育"欧特克公司总裁兼首席执行官卡尔·巴斯演讲人民网 2010—05—05

需求和现实急需为引领的战略,成为高校院所提高科技创新能力、深度融入国家科技创新体系的重要途径。[①] 高校院所是科技第一生产力的理由是:

(一) 创新的核心要素: 高校院所具有研发能力与创新精神的人才

国际竞争力就是归根结底是科技实力和创新人才的竞争力。随着经济全球化进程的加快,资本、信息、技术和人才等要素在全球范围内的流动与配置更加普遍,科技竞争日益成为国家间竞争的焦点,科技创新人才特别是自主创新能力成为国家竞争力的决定性因素。人才荟萃的高校科研院所对国家科技创新战略的重要性就显现出来。

创新型人才是抢占世界科技和产业制高点的关键要素。我国流失海外的顶尖人才数量占世界首位,其中,科学与工程领域的滞留率达87%,说明各国都在争夺科技型人才。[②] 一个国家或城市的核心竞争力在于创新型人才,人才是科技创新的主体。

从中国目前创新实践来看,创新创业者往往受过高等教育,作为对智力资源和智慧成果的培养、使用与社会贡献,高校、科研院所等仍然是创新人才群体的主要生产地和集聚地。一方面培养了千千万万掌握一门或数门专业知识的大学生,另一方面也吸引了国际上优秀的师资与专才,不断丰富和提升高校科研院所学科类型与质量。社会上所有科技创新创业者,占绝大比例的不是高校科研院所从事科技研发创新的师生,就是走上社会加入或创办企

---

① "双向引领: 实现高校'科技梦'的战略引擎",作者: 朱智强(信息工程大学科研部部长),学习时报 2013 年 05 月 02 日。

② "我国顶尖人才国外滞留率达 87%,具世界首位",记者: 盛若蔚,人民日报 2013 年 6 月 6 日

业从事发明创造、技术创新的原高校师生。这是一群不容忽视的科技创新主体。

目前，国家正在对高校与科研院现有科研体制进行改革，新制定的科研政策和考核指标正在陆续出台，引导各类高校院所科研人才集聚协同，与国家需求、市场需求、企业需求紧密结合起来，对战略性、前沿性、高科技项目进行集成研发与产业化。

（二）高校院所自身的产学研项目平台——校所企业

除了央企等大国企指令性、指导性重大型产学研项目平台、中小微企业市场性产学研项目平台之外，还应包括高校、科研院所企业化运作的产学研项目平台。高校、科研院所因聚集了大量重点学科、重点实验室及共性技术服务平台，聚集大量各类科研人才，其企业化运作的产学研项目平台亦是承担国家、社会科技创新、经济转型战略重任的重要载体。

上世纪 80 年代初，由于当时中国企业的技术吸收能力普遍较低、大学（技术知识的主要创造者）与企业（技术的主要需求者）之间的信息不对称等因素，大学面向社会企业进行技术转移的成功率较低，交易成本巨大。为了降低交易成本，同时也是为了将技术转移尽可能商业化、技术收益尽可能内部化，各大学院所纷纷自己创办企业，进行科技成果产业化并取得成功。高校院所自办企业这一知识产业化的特殊模式在中国诞生后。经历了初创、扩张、规范整合等阶段，数量多，规模大，成为社会经济的重要组成部分。今后，高校院所研发成果产业化所创办的科企，将是国家科技创新、产业转型的重要舞台。

（三）高校院所与企业联盟的产学研项目平台——企业化运作的"校企研究院"

在中国制造型企业普遍未具备精准"选题"的自觉与转型能力

情况下,高校院所以自身优势学科牵头相关行业龙头企业合作建立"校企研究院"(或实验室),是一个行之有效的产学研联盟举措,可推而广之。对高校院所的优势:一是高校院所无须承担研发经费,只需为研发人员提供编制即可。二是"研究院"通过企业问题的"筛选",可以"选题"面向市场、面向用户科技项目,研发的技术成果企业直接转化,这是最有效研发路径。三是高校院所师生保留编制,解决后顾之忧;仍留在大城市、原单位优良的研究环境做研发,不必远走他乡。四是高校院所师生为企业做研发,既反哺了高校院所优势学科,同时也提高了师生的收入。对企业的优势,一是无须高薪聘请,可以长期与高校院所一批顶级人才与研发团队合作,比高薪挖高校院所一个数个顶级人才单打独斗有优势,容易出成果。二是"研究院"为企业长期利用高校院所的优秀人才、源源不断提供具有转化潜力的科技成果,是企业产品持续升级换代的技术保障。校企合作建立"研究院"平台,是双方扬长补短协同创新的双赢模式。[①]

二、高校以科研"话语权"引领国家、军队的科技发展

科技创新以国家、军队发展的重大战略需求和现实急需为"双向引领",大力提高原始创新、集成创新和引进消化吸收再创新能力,形成若干具有战略制高点的优势领域;同时,积极掌握相关领域"话语权",以自身尖端科研优势引领带动国家、军队相关领域的科技发展,为富国强军提供有力的科技支撑。国家重大战略需求"引领"是基石,是科技发展的原动力,军工需求"引领"是跃升,是抢占先机、占领科技前沿的必然选择。"双向引领"是高端科研的

---

① 请参阅案例:"协同创新让校企变'一家人'",作者:沈湫莎,文汇报日期:2016年3月21日

最好体现,是检验科技创新成效的根本标准,是融入国家科技创新体系的显著标志,是高校科技创新工作的目标、途径和手段,是实现高校"科技梦"的战略引擎。"双向引领",是科技创新的极高境界,其战略杠杆就是一批领衔同行的"领军人才"。这个杠杆一头紧密连着国家、军队的战略需求,一头紧密连着科技强校、科研育人的内在需求,杠杆的支点就是"重大科技项目"。[①]

三、高校丰富的科研储备需要政府权威激活

"高校的原创型技术储备比比皆是,但大部分都束之高阁。"原上海交通大学党委书记马德秀在参与 2012 年两会审议政府工作报告时提出,激活这些"休眠成果"的最后一把火,需要政府"点燃",并通过市场机制推动高校和产业联盟协同创新,形成"政产学研用"的深度融合。

(一) 高校是科技生产力与人才资源的结合点

在国外,一般情况下,各国以应用研究为主开拓新技术的工作,在大学设立基地,以充分利用其多学科和人才的优势;以新工艺、新产品、新产业为目标的工作,则以大企业或大企业的联合为主要形式,以加速新技术的应用和推广,缩短转移周期,东西方国家皆然。[②]

上海交通大学前校长马德秀认为,大学作为科技第一生产力和人才第一资源的重要结合点,蕴藏着无穷的创新潜力。高校集

---

① "双向引领:实现高校'科技梦'的战略引擎",朱智强(信息工程大学科研部部长),学习时报 2013 年 05 月 02 日

② "科技体制改革与'863 计划'"《百年潮》2011 年 11 期,杨培青口述,谢文雄、李树泉整理

聚着大批多学科的优秀人才,沉淀着大批有价值的创新成果,一旦与需求紧密结合,将释放出巨大的能量。她举例说明,离子膜是氯碱工业和新能源汽车的核心材料,曾长期被杜邦公司垄断。上海交大教授经多年攻关,实现了这一技术的重大突破,现已初步实现产业化,仅相关产品销售收入就达 10 多亿元。正因为有了国产离子膜,发改委 2011 年明令淘汰隔膜法烧碱生产装置,产业由此实现升级换代,体现了核心技术突破的重大价值。

(二) 高校要以政府力量促进科技成果转化

我国现行科研和产业体制中,大学、科研院所和企业之间没有形成有效的创新资源共享和利益分享机制,在很大程度上造成创新资源的巨大浪费。[①] 马德秀认为,"很多时候,高校仅凭一己之力很难促进这些成果的转化。"她认为,带有长远意义并需要长期努力的科技突破,仅靠市场机制和企业自身的作用将是一个漫长的过程,必须充分发挥政府的规划、布局、组织和协调作用,有选择性地搭建一批共性、关键技术的研发平台,尽快抢占科技创新的制高点。"这既是后发国家实现技术追赶的成功经验,也是当前发达国家推动创新的重大举措。"[②]

(三) 搭建高校领衔的产学研项目平台,助推国家科技产业腾飞

产业集群的地方,著名大学和科研机构,高新科技园,企业间相互密切合作,具有强烈的创新氛围。其中,高校院所领衔的各类

---

① 科技体制改革与'863 计划'"《百年潮》2011 年 11 期,杨培青口述,谢文雄、李树泉整理

② "校内创新'开花'校外难'结果'——代表建议推动高校和产业联盟协同创新形成深度融合",作者:谈燕,解放日报 2012 年 3 月 8 日

产学研创新项目平台是最佳选择。

1. 政府为高校院所搭建有"命题"的产学研项目平台

中国高校、科研院所单位多，有一支相当中型国家人口的科研人才队伍，每个教授、博导都有自己的研究项目。加上民间自发科研的力量，是全球少有的科研大国。中国科研的特色是，在无命题（需求型研发项目）情况下，科研力量分散，科研项目小而散，可能创新的数量效果不及发达国家；但是中国在有命题、尤其关系国计民生、国家安全自上而下的命题科研项目（纵向指令性、指导性科研计划及产业化项目）情况下，国家资源聚焦、各路科研力量聚集协同攻关，研发项目最后都能较快实现预期效果。其中"863""973"计划是最成功的典型例子。

继"985"、"211"之后，2012 年 5 月 4 日，教育部和财政部联合启动"2011 计划"，"2011 计划"是一个跨界新组织——"协同创新中心"。从进入首批名单的 14 个协同创新中心看，每个中心都由高校牵头，联合科研院所、行业企业等组成。比如名单中的"量子物质科学协同创新中心"，由北大、清华、中科院物理所等单位"协同"。在国内量子研究领域，这三家单位实力都属顶尖水平，某种意义上是"竞争对手"；而按照"2011 计划"的要求，团队作战取代"单打独斗"，目标是实现"1＋1＞2"。[①]

2. 政府为高校院所"科技成果转化"提供扶持政策

中国已到了科技创新、产业转型的历史拐点。2015 年 6 月国务院下发《国务院关于大力推进大众创业万众创新若干政策措施的意见》，其中第 22 条专门支持高校院所科研人员创业："加快落实高校、科研院所等专业技术人员离岗创业政策，对经同意离岗的可在 3 年内保留人事关系，建立健全科研人员双向流动机制"，"通过股权、期权、分红等激励方式，调动科研人员创业积极性。支持

---

① "上海高校集体落榜"，作者：樊丽萍，文汇报 2013 年 4 月 12 日

鼓励学会、协会、研究会等科技社团为科技人员和创业企业提供咨询服务。"

上海市政府 2015 年 5 月颁布上海"科创 22 条",其中第 7 条"完善科技成果转移转化机制,下放高校和科研院所科技成果的使用权、处置权、收益权";第 11 条"拓展科研人员双向流动机制,鼓励科研人员在职离岗创业";第 12 条"加大创新创业人才激励力度,构建职务发明法定收益分配制度,允许高校和科研院所科技成果转化收益归属研发团队所得比例不低于 70%,并不计入绩效工资总额基数。"以上政府对高校院所科研人员创新的扶持政策,极大激起研发人员的创业热情。

仍以上海交大为例:根据 2015 年度国家自然科学基金项目评审结果,上海交大获得 886 项,连续 6 年位列全国第一,其中医学院及其附属医院所获的资助项目多年占据半壁江山。但以前项目即使摘得奖项,也难逃在实验室里沉睡的命运,被戏称为"休眠的半成品"。

上海"科创 22 条"发布,为科研人员离岗创业提供一定的身份保障,明确界定成果转化转移中的收益行为与各类违法违纪行为之间的界限,让科研人员真正实现"名利双收"。随着"国发 30 条"与上海"科创 22 条"的全面落实,可以预见,高校院所科技创新的春天来了,大量沉睡科技成果将被"激醒",研发技术的创新、转移、转化将成为应用型高校主要业务,高校院所创新创业的发展势头将不可估量。

产学研管理平台：高科技园发展的中美对比

高科技园是 20 世纪人类社会经济组织方式的重大创举，是本世纪在科技产业化方面最重要的创举。高科技园是一个巨大的产学研平台，平台上集聚了各方资源，形成一个强大的科技服务体系，使得园区中小微科技企业获得全方位的扶持，同时也为科技中介、科技金融发挥出最大服务功效。

第一节　高科技园的基本理论和规律

1951 年，美国斯坦福大学校长弗雷德里克·特曼首先提出将学术界与产业界相结合，并由此诞生了全球第一个大学科技园——斯坦福大学研究园（硅谷科技园）。此后半个多世纪，大学科技园在世界范围内迅速扩展，其相关理论研究也随之不断推进，产生了一些较为成熟的研究成果。①

---

① "国内外大学科技园理论研究综述"，作者：洪广欣，《比较教育研究》2008 年第 12 期

一、高科技园的基本理论

涉及高科技园的理论很多，这里简要介绍三螺旋理论、孵化器理论、新结构经济学理论。

（一）三螺旋、三元参与及五元驱动论

90 年代中期，纽约州立大学的社会学家亨利·埃茨科威兹和阿姆斯特丹科技学院的罗伊特·雷德斯多夫教授在三螺旋概念基础上提出了著名的官、产、学三螺旋理论，来分析在知识经济时代政府、产业和大学之间的新型互动关系，被学界认为开创了一个创新研究的新领域、新范式。1993 年 6 月的国际科学工业园协会第 9 届世界大会上提出了大学科技园发展的三元参与论，与三螺旋理论重叠。

五元驱动理论是由西安高新区管委会副主任、西安电子科技大学教授景俊海提出的，它是三元参与理论的细化和深化。该理论认为高新区的发展不仅要求大学科技界、工商企业界、政府的参与，而且要有完善的投资融资体系，健康发展的创业孵化器。只有官（政府）、产（企业）、学（大学）、金（金融）、孵（孵化器）五元共同驱动，高新区才能得以快速发展。

（二）孵化器理论（苗床理论）

孵化器是伴随着新技术产业革命发展起来的为创业者提供环境和条件，帮助其将发明创造成果尽快形成产品推向市场，使其风险降低的一种组织形式，通过有组织地、适时地供给其孵化期所需的各方面条件，促使小微科企大量繁衍和蓬勃发展。其中大学科技园以技术人才和研发活动集聚为特点，是促进高等院校科研成果转化的重要平台，具备为新生企业提供孵化空间的能力，是一种特殊形式的孵化器。

（三）新结构经济学理论

这是著名经济学家林毅夫继发展经济学之后所创建的新理论。林毅夫认为：发展中国家需要改善的各种体制、机制和基础设施太多，政府一下子全部解决并不可行，有为的政府要以有限的资源来最大发挥促进经济发展的功能。具体做法就是必须针对有比较优势的产业着手，选择的产业要符合要素禀赋决定的比较优势，以建立工业园区、高新区等载体集约式发展产业，围绕园区解决基础设施、运行机制、政策环境等基础问题，实现一站式服务，集中精力把有比较优势的产业先发展起来，迅速形成低成本的竞争优势和国际竞争力。[①]

二、高科技园发展的基本规律

从上述基本理论可以清晰显示高科技园特点：区域内大学、人才等创新要素集聚；政府的引导政策与金融支持如影随形；企业成长如鱼得水，构成科技创新体系的生态圈。科技创新成功区域各有地方特色，但有一个共性特点，即通过政府有形之手，通过园区载体将高度集聚的科技资源、人才、资本及等各类创新要素整合成为现实科技生产力。

（一）园区企业创新得到大学知识学科种群的支持

大学是高科技知识研究、开发基地，亦是培养创新思维和创新人才的基地。几百年来历史证明，大学是创新创造的源泉，通过科技知识的溢出、科技人才的溢出、科技服务硬件软件的溢出，为国家、区域的经济社会全面发展作出重大的社会贡献。大学是一国

科技创新的引擎。

1. 大学是科技知识种群的集聚地

众所皆知，生物繁衍，需要保持一定规模的种群数量，及完整的食物链，才能保障某种特定生物的生生不息。如同生物传代，各领域的科技创新，同样需要不同领域的、浩瀚的科技知识信息资源种群对其创新的支撑。现代高科技研发项目往往需要跨界依托多领域、多结构知识信息集成来协同攻关，没有大量知识信息资源种群的聚合，孕育不出高科技核心技术。高科技知识信息种群集聚之地，即是研究型、应用型高校。一个科技创新区域，成功的要素不仅在于它土地面积有多大，而在于是否有一个甚至多个研究型、应用型高校矗立其间，因为它们是科技创新生生不息的源头，是技术研发项目的持续溢出地、是创新人才培养及溢出地。

2. 成功的高科技园均毗邻高校科研院所

世界主要的科技园大都位于大学和科研机构比较集中的地区，硅谷等世界著名高科技园均如此，这是科技园产生与分布与技术就近扩展扩散高度相关的一项最为基本的规律。科技园的发展必须由具有相当科学知识和专业技能的人才不断地提供高水准的研发项目，客观上使得科技园靠近大学和科研单位，从而最大可能进行知识频密交流，并及时获得科研设施和技术的支持。硅谷高科技园发展的成功，就是与斯坦福大学紧密互动的科技创新分不开。

赢得印度"硅谷"声誉的班加罗尔高科技城，靠的是有百年历史且被称为印度高校王冠的印度理学院和班加罗尔大学等。英国的剑桥科技园区则是剑桥大学的杰作。被称为台湾"硅谷"的新竹科技园区，之所以成为世界电子产业核心，是因为得益于台湾清华、交大、工业技术研究院等智力支持。相反，不依靠大学而创办的科技园区基本上不成功，如苏格兰东部邓弗姆林郊外高速公路边的"硅峡"，因没有大学的支持与参与，建设了十余年仍不景气。

据美、英、法、日等 9 个国家 226 个科技园区的统计，依托理工科大学和科研机构创建的科技园区占其总数的 86.36%。[①]

3. 高校优势学科成为高科技园的优势产业

与研究型大学为邻，可以使科研与生产紧密结合，有助于科研成果迅速转化为生产力。高科技创新中经验固然重要，但是更需要基础理论方向，一个研发项目哪怕到了中试阶段，依然需要理论参数的指引。研究型大学特别注重新理论、新工艺、新结构的研究与开发，并注重世界上最前瞻、最先进科技知识的搜集与应用。同时，大学注重与企业建立起密切的合作关系，组成各种专业化的新型联合体，共同研究新技术、开发新产品，其结果是高校学科建设和企业发展共同受益形成"双赢"。如美国信息产业聚集在硅谷和128 号公路等地；生物医药聚集在硅谷、洛杉矶和波士顿等区域。[②]

（二）园区是大量创新型知识人才的集聚地

高校是创新要素最集中的来源。高科技园区承接高校科研院所的知识溢出、人才溢出、专利项目的溢出，其以汇聚的创新资源和要素为发展动力，离不开高校科技与人才支撑；同时，高科技人才在科技园区能够找到发挥自己专业所长专心创新创业的平台。因此，科技园区自然是创新型人才的集聚地。"科技是第一生产力"，在科技创新要素中，科技人才是第一性、也是决定性要素。

（三）园区是各类金融资本的集聚地

从发达国家发展的历史来看，每一次重大的工业革命，都是金融参与技术革命，将人类发明的创新成果，变成实实在在的物质财

---

① "国家大学科技园区建设与发展趋势"，作者：高德鸿，《江苏高教》2002 年第 4 期

② 引自《风险投资发展国际经验研究》，张陆洋著，复旦大学出版社 2011 年 12 月第 1 版

富,造福于人类生产与生活。金融与科技的对接,参与科技研发过程,是将创新思维的成果、研发的技术项目,转移、转化为商品化生产的助推器。没有金融的参与,科技创新只是纸上谈兵。成功的高科技园区,往往是科技金融的集聚地。以风险投资(VC)、私募股权基金(PE)为代表的非银行金融机构,天生对科技项目的敏感,其如影随形相伴在科技园区中,为园区科技企业及时提供融资服务。

(四) 园区是政府政策与管理创新实践地

无论发达国家或发展中国家,任何高科技园的发展,总有政府扶持的身影,因为政府政策是科技园区成长的充分必要条件。作为科技成果与现实生产力之间有效的工程转化平台,高新技术创业企业对于一国的科技创新以及经济发展有着非常重要的作用,世界各国都非常重视创业企业的发展,通过各种手段进行扶持,在我国,政府则是通过高科技园集约化、精准化的孵化、培育来支持科技企业的创业过程,同时也积累了很多的经验。由于我国传统文化、经济体制等方面的特殊性,政府创新基金在扶持创业企业的活动时更是不遗余力。

(五) 园区是政产学研金与市场紧密链接的功能平台

科技创新成功区域,一定有产学研及政府、金融内在融合的系统性工程。所谓"政产学研金"一体化,就是通过政府、金融资本的助力,将研发机构或创新人才现有的研究成果转化为适应市场需求的产品,将其产业化;研发产品产业化后的盈利再投入到科研中,根据用户需求再开发出附加值更高、市场适应性更强的产品。产业界、高校和科研院所组成的研发、产业化联合体,体现了强强联合的优势。这是通过政府、金融的驱动力,"以产养研,以研促产"创新链一体化运作方式。

在国家创新体系中，高科技园也扮演着区域龙头的关键作用。高科技园是不同创创新主体间高效互动，集合优势资源，催生创新思路、融合不同创新运行模式，培育、孵化高新技术成果的理想场所。高科技园还有利于创新主体与中介机构的合作及信息、技术等规模优势的发挥，以及稀缺资源的快速集聚，因而能够创造良好的外部环境，最终提升创新效率。具体而言，高科技园能发挥技术的集聚、孵化、转化、扩散、示范、辐射等功能。如 2014 年国家高新区 GDP 已占全国 GDP 总量的 10.4％，为国民经济增长作出巨大贡献。

第二节　美国：硅谷高科技园的成功经验

世界上最成功科技园的典型是美国硅谷。硅谷是指从旧金山向南到圣何塞，大概纵深 100 公里的一块面临太平洋的平坦谷地。硅谷在其成立以来近半个世纪内，一直被认为是新经济成功典范。其特点是以硅谷附近一些具有雄厚科研力量的斯坦福、伯克利和加州理工等世界知名大学为依托，以高技术中小公司群为基础，并拥有思科. 英特尔. 惠普. 朗讯. 苹果等大公司，融科学、技术、生产为一体的高科技园区。目前硅谷已有大大小小电子工业公司达 10000 家以上，所生产半导体集成电路和电子计算机约占全美国的 1/3 和 1/6。80 年代后，生物. 空间. 海洋. 通讯. 能源材料等新兴技术的科研机构纷纷出现，该地区客观上成为了美国高新技术的摇篮。对此，美国《洛杉矶时报》曾在一篇题为《硅谷梦》的文章评价道："文艺复兴之后所发生的全部事件中，对世界影响最大的莫过于硅谷的技术。"

硅谷之所以能成为被公认的世界上最成功的高科技园区，与其所处的地理位置和文化环境密切相关。一个成功的高科技园区需要一所好大学(自然就有新思想、新发明以及充足的人才)和高效的资本市场,但仅有这两个条件还远远不够。硅谷的成功是人才、创新文化、创业环境、市场、资金的来源和运用、政府的适度介入等因素综合作用的结果,尤其是促进人才价值实现和增值的人才汇集机制。①

一、硅谷的起源与经验特色

1. 硅谷是军工技术与政府扶持结合的产物

旧金山湾区在很早就是美国海军的研发基地。1909 年,美国第一个有固定节目时间的广播电台在圣何塞诞生。1933 年,森尼维尔(Sunnyvale)空军基地(后改名为墨菲飞机场)成为美国海军飞艇的基地。在基地周围开始出现一些为海军服务的技术公司。

二战期间,美国的一些军工厂,尤其是军用飞机制造厂搬到了西海岸加利福尼亚州。二战后,海军将西海岸的军工业务移往加州南部的圣迭戈,国家航天委员会(美国航天局 NASA 的前身)将墨菲飞机场的一部分用于航天方面的研究,为航天服务的公司开始出现,包括后来著名的洛克希德公司(Lockheed)。冷战又给当地军火商带来了大量的订货合同,生产导弹和其他武器系统。直至今天,这里的最大雇主还是洛克希德飞机公司。现代武器的电子化和微型化大大促进了相关工业的发展,半导体和集成电路应运而上。

互联网和 PC 界的泰斗人物罗伯特·泰勒,曾经说服美国国防部建立起 ARPANET——互联网的起源。然后他还运作了著名的"施乐帕克计算机科学与技术实验室"并打造出第一台个人电脑。泰勒的收山之作是最后他又组建了 DEC 研究中心,研究出了

---

① "美国硅谷:创业环境和园区文化"《江南论坛》2010 年 08 期,作者:佘凌

一个异常快速的搜索引擎——比谷歌建立还早 3 年。

硅谷在联邦投入的资金中启动起来。无论是因为国防部全盘收购了硅谷那些企业所有的微芯片，还是惠普和洛克希德当时将产品直销给军队，又或者是联邦研究资金涌向斯坦福大学，硅谷都因此从冷战中的恐惧感中进行获利，因为国防部和联邦政府在此期间非常愿意将几乎所有的资金投向这种尖端的电子和电子系统产品。所以，联邦政府，可以说是硅谷的第一个投资商![1]

其后，成功的工程师靠自己的经验和能力判断新建公司的可能性和新技术的可行性，以风险投资及他们所积累的财富通过再投资来获取高额利润，进而创建了许多新的民用技术公司。企业多数是与由高纯度硅制造的半导体及电脑相关，"硅谷"提法首创于 1971 年的 1 月当地《每周商业》唐·霍夫勒(Don Hoefler)系列专栏文章的题目："美国硅谷"。

脸谱创始人扎克伯格最近接受德国《星期日世界报》采访，认为"硅谷是独具一格的"，原因是它具有初创生态系统，即硅谷早期的初创企业都是芯片公司，芯片制造业是许多大技术公司例如苹果公司产生的基础设施，没有这个基础设施，就没有其后衍生的高科技公司及产业链集群。[2]

2. 斯坦福是硅谷科技园和创新人才的源头

美国是当代高科技园区的鼻祖，早在上世纪 30 年代，当时还是斯坦福大学工学院院长的弗雷得里克·特曼教授就提出了"将大学和工业结合起来"的设想，并出资 538 美元资助两名研究生休利特和帕卡德，创立了"硅谷祖父"——惠普公司，这成为目前世界

---

① "读懂硅谷的科技史、文化史和金融史"，作者：Leslie Berlin 但斌的博客 2015—05—15

② "扎克伯格谈未来科技趋势"，《中国企业家杂志》公众号 2016 年 3 月 1 日，引自 BI 中文站文章

上最成功的科技园区——硅谷的雏形。斯坦福大学对硅谷的形成与崛起有举足轻重的作用。硅谷内60％—70％的企业是斯坦福大学的教师与学生创办。硅谷高新技术产业销售收入有一半来自斯坦福的衍生企业。如果没有斯坦福，硅谷或许只是一个"大农村"，它在美国最荒凉的南部地区。截止2011年6月，硅谷聚集了近10000家高科技公司；全球前100大高科技公司的总部有30％在硅谷。这里有超过100万的科研人员，其中近千人是美国科学院院士、超过40位诺贝尔奖获得者。

3. 硅谷高科技园是创新创业企业的生态地

硅谷是创新创业生态地，与被硅谷人称为"栖息地"①一样，高科技园具有复杂、动态、相互依存关系的系统特征。

（1）宜人的气候和良好的创新环境

硅谷位于美国的阳光地带，这里有全美最宜人的气候、和完善的生活设施，不断吸引工程师、技术人员及新公司到来，并会使他们舍不得离开。更重要的是高生活质量，体现在海滩、滑雪、剧院以及其他文化社交活动条件的优越上。同样，园区内技术基础设施优良。由于科技园区内的超强竞争，抢时间成为一个非常主要的因素。例如，设计制作新产品时缺一个零部件，它可以在10分钟之内送到；创办一个公司或获得风险投资，园区内有熟悉各种业务的律师可以咨询服务并办理事务，硅谷有许多能人有本事在一个下午把公司组织起来。

在硅谷，人们到处都在交流自己的新点子，在咖啡馆里、在运动场上、在互联网上等等各种场合，不管资历高低、年龄长幼或肤

---

① "栖息地"一词是经济学家阿尔弗雷德·马歇尔在一个世纪前提出的（Marshall，1890），它是指由于某地技术外溢造成同一产业的企业聚集于某一地区的现象。而对专业人才与中间产品的共同需求又加强了这一地区聚集效应。引自《硅谷优势》人民出版社2002年1月第1版

色黑白，只要你有标新立异的新思想，你就会受到尊重。

园区法律环境完善。美国颁布有 20 多部有关就业、劳动保护和知识产权保护方面的法规，以减少和避免就业领域存在的种族、身份、宗教歧视等问题，为来自不同国家和地区的人才提供了充分的权利保障。这也是硅谷人才汇集机制得以形成的重要的法治基础。

（2）扁平、网络式组织结构

硅谷企业与同业公会、大学的边界模糊，鼓励与竞争者结成联盟或合作伙伴。与传统的企业相比，硅谷企业是用工作（项目）来确定组织结构，而不是相反。另外，硅谷的办事机构效率之所以高，在于它的管理部门是一个扁平的网络式结构，而不是一个自上而下、层层审批的阶梯结构。[①]

（3）股权是吸引人才创新创业的法宝

在硅谷早期，仙童半导体公司给予人才个人的、规范的期权结构也足以吸引一大批年轻工程师。当创新者被授予期权时，他对公司的股权就敏感起来。由于高科技公司里每一个人都有期权，因此他的职业和金融界的联系就近许多。每当硅谷的创新者拥有一些股份的时候就总是深深感到"我是公司的主人"，责任感油然而生。[②] 格林斯潘 1997 年 5 月拜访朱镕基时，他讲美国硅谷的崛起"基于两个基本力量：一是所有制产权，另一个是激烈竞争"。

4. 硅谷内生的创新创业价值观

这是大家比较熟悉的硅谷创新创业文化。一是鼓励创新，宽容失败。硅谷人对失败极为宽容，"创业失败孕育着成功"等理念

---

① "美国硅谷：创业环境和园区文化"，《江南论坛》2010 年 08 期，作者：余凌

② 引自《硅谷优势——创新与创业精神的栖息地》，【美】李鐘文等，人民出版社2002 年 1 月第 1 版

已深入人心。二是崇尚竞争,平等开放。硅谷人愿意承担竞争压力,着力于自身能力和水平的不断提高;硅谷的高开放度也促成了人才的高流动性,对吸引和凝聚高素质人才至关重要。三是知识共享,讲究合作。硅谷人不仅具有强烈的个体创新精神和竞争精神,而且十分注重团队精神。四是容忍跳槽,鼓励裂变。硅谷工程师和管理人员经常跳槽,或自创公司,或另谋高就,这有益于技术扩散和培养经验丰富的企业家。[①]

5. 硅谷重视对创新人才的培养开发

创新人才是硅谷发展永远不竭的动力,这里有美国自身的培育,更有挖掘别国人才的体系。

(1) 美国对创新人才的挖掘、培养体系

美国在加强对本国创新人才的培养方面,一方面大大增加对教育经费的投入,尤其是大学经费和职业培训费;另一方面改革国内教育制度,提高教育水平,加强对在岗在职人员进行职业培训,实施终身教育。同时,硅谷的高科技企业十分重视建立学习型组织和流程再造。

美国挖掘别国人才,是结果导向的精英体制使然。英特尔总裁克雷格·巴雷特曾说:"每一博士学位都该附一张绿卡。"美专门对需要的国外人才颁发 H－1B,即非移民短期工作签证。持有此签证的人主要在计算机及相关行业供职。目前在美国的此类签证持有者人数已超过 150 万。另外,美国已与 70 多个国家签署了 800 多个科技合作协议,采取国际科技合作的方式利用别国人才,攻破多项重大科研项目。对引进人才提供良好的工作条件和丰厚报酬,如配备先进的实验设备,充足的科研经费和后勤保障,使其无后顾之忧,专心致力于技术创新。

---

① "美国硅谷模式对我国高科技园区发展的启示"山西财经大学学报：2003—4—28

（2）华人工程师对硅谷高科技产业发展的贡献

硅谷的所在地圣荷西市，是排在旧金山市（十四位）之前的美国第十大城市，该市曾先后兴起过五个中国城，由此可见华人历史上早已在这块土地上聚集。圣荷西的华人比旧金山要多，只是旧金山的华人聚集在唐人街较显眼，而圣荷西的华人则遍布全市各个角落。旧金山一直是大家观念中美国西海岸的重要城市，对圣荷西则相对较少注意。可是不知不觉间，在新技术新经济驱动下，圣荷西迅速发展乃至超过了旧金山。在这个过程中，华人的数量迅速上升，成为推动包括圣荷西在内的整个硅谷地区崛起的重要力量。

华人企业家是硅谷成功的重要组成部分。"没有华人就没有硅谷"，这是硅谷许多有识之士的共识。没有华人工程师，硅谷企业的成就就不会那么显著。事实上，硅谷公司无论大小，其工程师约一半来自印度，一半来自华人。最早的华人工程师主要是 60 至 70 年代来自台湾的留美学生，80 年代开始陆续有了大陆留学生，到现在大陆留学生已经成为主流。华人敬业、刻苦、聪明，工作踏踏实实最受硅谷企业欢迎。以至于流传这种说法：公司若没有华人工程师，风险投资商会因担心公司的技术水平不高而不敢投资。

亚洲移民企业家网络构筑了硅谷产业链的延伸，他们是硅谷模式的重要组成部分。硅谷的腹地在亚洲，以华人居住区为主，硅谷设计出来的产品，由台湾、大陆生产出来，再经销到全世界各地。2008 年英特尔在硅谷的最后一条生产线关闭了，而在大陆却又投资了几条生产线。正是因为硅谷的产业链衍生到亚洲各地，特别是大中华区作为腹地，硅谷才有与美国东部不同的优势。①

---

① 王德禄，"搜狐博文精选——硅谷崛起与华人"，2009—05—19

二、硅谷企业目标"选题"的创新文化[①]

硅谷(湾区)以其在电脑、半导体、软件、生物、互联网以及其他基础产业上的创新而享有盛名，并长期处于行业的领导地位。但是，不单纯依靠人才基础和资金引入，是什么让硅谷成为独一无二领先者？什么才是人们经常赞扬的"西岸创新文化"？针对这一问题，美国排行前列的咨询机构博斯公司[②]与旧金山湾区委员会的战略研究机构暨旧金山湾区委员会经济研究所一起，联合旧金山湾区近 280 家企业，对带给这一地区持续成功的战略、文化以及组织属性进行调研与鉴定；并通过持续 7 年对 1000 家创新企业的跟踪调研，并对湾区高管们数次进行采访，以便对调查结果有更深入的理解，最后形成 2011 年全球创新 1000 强研究报告。这项研究工程包括将湾区企业的调查结果分类，以便更好地了解是怎样的创新文化和组织元素使这些企业与众不同。(以下摘自报告的其中一段。)

(一)资本不是硅谷创新企业成功的必然条件

近 10 年，博斯公司在其年度全球创新 1000 强研究报告中，基于各公司的研发支出以及对于研发支出如何影响各公司整体财务表现的分析，为前 1000 名的公司进行了排名。其结果显而易见：创新的成功并非仅由诸如研究员人数、研发资金额度、获得的专利数量等一些硬元素所决定。

1. 搜集数据：研究千强企业研发投入与营收关系

总体而言，企业在创新领域的支出在 2010 年增长了 9.3％，

[①]　此段摘自旧金山湾区委员会驻上海办事处提供的资料《什么样的创新文化，让湾区企业与众不同—博斯公司与旧金山湾区委员会经济研究所联合调研报告》。本书作者易幸麟被邀请为译文的编辑。

[②]　博斯公司 2014 年 3 月 31 日与普华永道(PwC)合并后组建的全新咨询公司，新公司中文名为思略特

达到 5500 亿美元的新高。在对全球创新 1000 强连续 7 年的追踪研究中 2009 年是唯一研发支出下降的年份，但随着 2010 年企业收入的反弹，该年的研发投入又出现了增长。

（1）排名前 20 的国际企业在研发方面拥有平均 10％的增长

排名前 20 的国际企业在研发方面拥有平均 10％的增长，在 1.6 兆美元的销售中占 1420 亿美元。罗氏控股连续第二年在研发支出上领跑全球企业，其外包全球科研伙伴的研发上花费了 96 亿美元，却获得了 457 亿美元的收益，研发强度（即研发花费在收益中的比重）超过 21％。丰田汽车在经济衰退前几年都位列世界研发支出的前端，但 2010 年的研发支出增长率低于 1 个百分点，排名由原先的第四滑落至第六。研发支出排名前五的公司依次是辉瑞制药、诺华制药、微软以及默克集团。福特汽车是此次唯一跌出前 20 的公司，而阿斯利康制药公司则是作为新晋者名列 18。

（2）博斯公司持续追踪的公司中有 68％的公司在 2010 年增加了研发支出

三大产业，即计算机电子、健康医疗和汽车产业，在 468 亿美元的总增长中占 77％，达 361 亿美元。研发支出增长最大的行业分别是软件及互联网产业（11％）、健康医疗产业（9.1％）以及工业（8.5％）。

——计算机和电子产业同时蝉联创新投入排行冠军。它们是研发支出绝对增长最高的行业，其研发投入占总数的 28％。伴随着该产业 14.2％的收益增长，创新支出增加了 6.1％，即 169 亿美元。但从全球创新 1000 强研究开始至今六年中，2010 年第一次没有高科技公司位列研发支出前三甲。

——健康医疗产业以 22％的研发支出位列第二。该行业的研发支出增长了 9.1％，即 104 亿美元。医疗行业是 2010 年前三大行业中增长最快的，与所有行业在研发支出 9.3％的增长相一致。健康医疗领域的研发支出主要来自于制药公司，在全球创新

1000 强支出排行榜前五大公司中就占有四席,而研发总支出排行前 20 家企业中就有 8 家是制药公司。

——汽车产业占总支出额 15％维持在第三位。在 2009 年删减 14％研发费用后,2010 年出现了重大改变,研发投入提升了 8％,达 88 亿美元。汽车产业的收益在过去的一年里增长了 16.5％。

（3）全球三大地区 2010 年创新支出增长

纵观全球,每个地区的创新支出在 2010 年都有所增加,相对上一年占重大份额的北美、欧洲、日本三大地区相继削减支出,2010 年情况有了明显转变。印度和中国的公司再一次增加了研发投入,并且增加比例远高于其它三大地区。总部设在欧洲和日本的公司转变得较谨慎,平均研发支出分别为 5.8％和 1.8％。北美公司在 2009 年削减近 4 个百分点后,于 2010 年增加了 10.5％的研发支出,超越了 9.3％的全球增长总体水平。虽然相较于北美、欧洲和日本,亚洲的中国和印度占有较小份额,却发展蓬勃。相比全球 2％的平均研发投入,中国和印度的公司增加了超过 38％的研发投入,几乎与前年的增长节奏持平。其他地区的公司增加约 14％的研发支出。

2. 数据验证：研发支出并不能与创新成功划上等号

针对 400 余家重要行业领军公司近 600 位创新主管的网络调查,博斯公司希望这些创新领导给出心目中全球最具创新性公司的名字。苹果公司连续第二年位列前十之首,谷歌和 3M 公司紧随其后。2011 年,脸谱公司第一次被认为是世界上最具创新性的公司之一,进入榜单第十位。从 5 年期主要财务指标,即收益增长率、毛利(EBITDA)占收益的百分比以及市场覆盖增长率三大财务指标分析,排名前十的最具创新性企业比研发支出最高的前十大企业做的更好。这一结果与上一年的调查结果一致,只是微软、三星和丰田汽车这三家,既排名研发支出前十,也排在十大创新企业之列。

3. 研究表明：研发支出金额与财务表现完全没有联系

目前的研究表明，极具创新精神的公司都似乎拥有"秘密武器"，使之在同行间脱颖而出——一个独特的创新文化确保了其创新策略的选择与公司整体战略的明确配合。这一秘密武器是种粘合剂，以保证公司所渴望实现的目标与如何实现的措施之间能够达到高度的一致性。

博斯公司通过全球上市公司研发经费的公开数据，以 2010 年花费最多研发经费对全球上市公司进行排序，以确立全球前 1000家上市公司。对千家公司博斯公司分析了各公司从 2001 年至2010 年的各项财务指标，包括销售额、毛利、营业利润、净利润、研发支出、市值等。2010 年所有外币计算的销售额及研发支出，都以 2010 年日平均汇率换算为美元。另外，股东回报率的总数据都相对各公司所对应的本地市场做了集中与调整。各公司被分类为九大产业领域（包括"其他"），并按照各公司总部所在地归至五大区域。为了有效地对同行业及跨行业进行比较，通过与产业群的中位数的比较可以显示各公司的研发支出水平和财务表现指标。

（二）研究美国创新企业"选题"策略的三种类型

创新文化与创新活动是硅谷成功的精髓，而技术突破则是其结果。由于企业文化与企业的创新力、财务表现息息相关，美国博斯公司针对企业文化所扮演的角色，对世界范围创新领域近 600位公司领导进行了网上调查。作为全球创新 1000 强研究报告的一部分，此项调查根据各公司的战略形象将企业分成三类：需求探求者、市场阅读者和技术驱动者。基于对受访者所给答案的客观分析，以明确其公司可归类为三者中的一类。根据对不同特性公司不同运营模式的研究，来揭示创新策略与企业文化间的关联。

1. 创新企业三种目标"选题"的发展路径

作为全球创新 1000 强研究的一部分，调查设计并运用了三个主要公司类型，而区分三者的要点在于他们所接触的市场和客户群。这些类型显示了一个公司增长与创新突破的发展路径，以及在未来产品需求的竞争中所扮演的角色：

（1）需求探寻者（Need Seekers）：增量供给的创新

需求探寻者，指那些将公司模式定位在尽可能地探寻客户那些可意会却难以言传的需求，并将卓越部分集中收集。需求探寻者采取了先发制人的策略。他们主动、直接地探寻、诱发顾客的潜在需求，根据对消费者潜在需求的卓越理解，帮助塑造新的产品和服务。这类公司往往表达了客户难以言表的需求而获得市场欢迎，并迅速成为第一个带领新产品和服务进入市场的人。[①]

（2）市场阅读者（Market Readers）：存量供给的锦上添花

市场阅读者，指那些以满足客户需求为主旨的公司，但他们大多顺应整体市场中已经建立的趋势。市场阅读者采取了后起勃发的策略。他们同时密切观察顾客和竞争者，并保持相对谨慎的态度。他们致力于"锦上添花"，通过增加其产品的创新性来创造价值，并成为市场的"快速追随者"。

（3）技术驱动者（Technology Drivers）：以技术优势决定产品供给

技术驱动者，则是最大程度地依靠其技术专长，为市场开发有吸引力的产品和服务。技术驱动者则是根据其技术能力的方向，凭借其在研发方面的持续投资来推动在创新上的突破、和技术或产品变革上量的增长。从与顾客直接接触的积极性来看，他们是

---

① 这近似于管理学的蓝海战略，即超越竞争、选题新的市场需求，开拓无人争抢的市场空间。作者

三大类型中积极性最低的。他们所追求的常常是通过新的尖端科技解决顾客无法言传的需求。

2. 需求探寻者的企业高管认同创新文化支持商业战略

认同创新策略支持其商业战略的受访者,来自需求探寻者型企业的人数,是其他类型的三倍多。

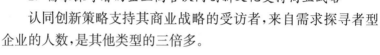
创新策略与商业战略相匹配

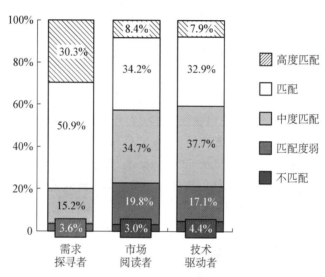

分析：在宣称其所在公司创新策略与整体企业战略高度匹配的受访者中,来自需求探寻者型公司的人数是来自普通公司的三倍多。作为一个需求探寻者典型,3M 公司研发部执行副总裁兼首席技术官弗瑞德·帕伦斯基(Fred Palensky)肯定地说："我们的目标是将获得的顾客心声反映到基层研究层面和产品发展层面,以确保我们的技术人员能够真切地看到他们的技术是如何在不同的市场环境下运作的。"

数据 2：认同企业文化支持其创新策略的受访者中,来自需求探寻者型企业的人数,是其他类型的两倍。

分析：称其公司文化支持创新文化的受访者中，超过 40％来

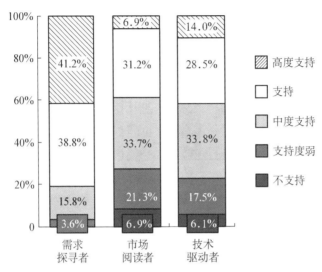

企业文化与创新策略相匹配

自需求探寻者型公司。相较之下，强调技术成就和增加突破性改变的技术驱动者型的占 14％，采取后起勃发并强调递增变化的市场阅读者型公司只有不到 7％。

数据 3：需求探寻者型公司在盈利状况与企业价值方面比同行做得更好。

分析：企业文化、商业战略两者与创新策略间匹配度上的决定性区别，帮助解释了为什么需求探寻者型公司，就一般而言，在长期盈利状况和企业价值方面一向比另两种类型的公司做得好。创新文化是关键，正如安捷伦科技有限公司（Agilent）首席技术官达莲娜·所罗门（Darlene Solomon）指出："贯彻整个公司的是一个强有力的企业文化，一个团队合作的文化，这也正是安捷伦所鼓励的。在这里创新不仅仅指研发。我们试图明确，与创新息息相关的是大家质疑现状并寻求做一些比以前做的更好的东西。"

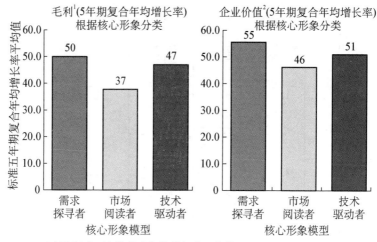

1. 毛利的标准五年期符合年均增长率平均值
2. 企业价值的标准五年期复合年平均增长率平均值

3. 企业目标"选题"与创新文化结合要寻找最佳模式

遵从需求探寻者模式的公司之所以成功,是因为在追求创新的道路上,依赖其特定的创新目标和文化属性。这些目标包括:帮助公司树立截然不同的市场优势、卓越品质和产品表现的企业形象、包含顾客强烈定义的普遍文化属性,以及公司对产品服务的真正热情和自豪。这一多元要素的结合,让这些公司能够通过对顾客的卓越理解,将客户未能言表的潜在需求,经过研发、转化为现实产品表达,获得争抢市场先机的能力。

然而,不是所有公司都应该因此遵循需求探寻者模式,理解这个很关键。"你能够通过三种目标类型中任一种方式获得成功,"博斯公司合伙人约翰·Loehr 这么说,"比如,谷歌是技术驱动者类公司,三星是市场阅读者公司,他们都赢得了市场。如果你适当地将创新策略和文化与你的商业模式调整匹配,进行正确的能力建设,并很好地执行,无论你遵循哪一种方式都能获胜。"

不过,成功才能让人信服。作为全球创新 1000 强研究的组成部分,受访者被要求给出他们心目中三个最具创新性的企业。从这些结果中,调研者编制了一份前十家最具创新性的名单。其中60%是需求探寻型企业,包括排名第一的苹果公司,典型需求探寻者型企业。相反,在前十大高支出企业中,仅有 2 家遵从了需求探寻者模式,再一次表明创新能力并不是公司花了多少钱的问题,而是如何花这些钱。

因此,需求探寻者往往是希望成为最先入市的市场先锋,市场阅读者倾向于成为敏捷的市场追随者,而技术驱动者则是等待时机成熟将他们具有前瞻性的科技创新产品引领市场,而不在乎产品是否最早得到回报。当公司遵循这三种企业模式中的任意一种,他们将超越其他竞争者。研究还发现,相比其他两种商业模式,需求探寻者能够更好的在文化和战略上取得平衡。[①]

三、硅谷依托美国政府成熟的科技创新体系

美国科技体制比几乎其他所有国家的科技体制更照顾新创企业。例如,根据经济合作与发展组织(OECD)的报告,在欧洲建立一家公司平均所耗时间是在美国所需时间的 12 倍,而且成本高出3 倍(Summers,2000)。绝大多数其他国家的政策都更注重保护已经建立的组织,例如公司、银行和工会。这是因为这些政府都试图保留现有的公司,它们常常无意中为建立新公司铺设了障碍。

(一) 美国州政府的基金强化了大学研发与商业之间的纽带

由美国州政府提供的基金强化了大学研发和商业之间的纽带。因为州政策是为了适应商业机遇,所以很早以前就已经形成

---

① 以上摘自美国博思公司与湾区委员会经济研究所调研报告《什么样的创新文化,让湾区企业与众不同》其中一段,根据内容修改小标题。

大学—工业紧密联系的传统。州立大学的教授们长期以来一直和农场主们紧密联系,他们研究采矿问题并与煤炭公司和钢铁公司合作,这种合作还表现在很多领域。而在欧洲和日本就明显缺少这样的联系。在那些国家里,国立大学的研究员和学者们都是社会公仆,他们与美国的同业人员不同,长期面临着无法跨界在私有企业中工作的障碍。

二战后,美国对大学在科学技术研究方面的的支持发展迅速,这些支持大多来自一些有独特使命的,受各个拥有独立权力的国会委员会管理着的机构。这笔资金更多地流向大学——那是因为大学常常与工业联系紧密。但欧洲和日本的政府基金,则更多地流向离工业有一定距离的专门研究机构和政府实验室。

(二) 美国税收、金融规则的修定鼓励创新

例如资本利得和期权的税收政策。1978 年,美国最高资本利得税率从 49％降低到 28％,而到 1981 年则降为 20％,这使得风险投资行为更加活跃。另一项有利于创业精神的制度是即时而非固定的税收制度,该制度并未在世界范围内广为采用。尤其 1978 年修订的制度规定,退休基金投资的合伙制风险投资企业必须遵守"审慎人管理"原则,这些基金即在该原则下运作。这一修订极大增加了可以投向合伙制风险投资企业的基金。其他制度还包括允许投资公司的一般合伙人出任所投资的公司的董事会成员;限制有限责任合伙人对其投资的责任;不对合伙关系进征税;建立旨在令公司财务数据透明化的会计制度;通过破产法案,使得失败企业不至于因为负担过重而无法重新创业;在公开交易市场中挂牌上市的公司可以没有历史收益纪录。

(三) 联邦政府是硅谷科技企业的采购者

正如硅谷早期的仙童半导体公司所表明的,政府在硅谷发展

历史中扮演了一个重要客户角色。20 世纪 50 年代末 60 年代初，硅晶体管的主要市场在空军航空电子以及导弹制导系统领域。空军系统承包商(北美航空公司分部)和仙童公司之间紧密而富有成效的互动使得后者在硅半导体方面进行了重要的革新。这笔生意使得仙童公司在愈加重要的硅晶体管行业中成为领头羊，商业需求也很快在该行业中超过政府需求。在计算机系统市场，国家安全局和核武器实验室是超级计算机的主要用户，在硅谷早期，推动了计算机技术的发展，

(四) 政府是科技开发早期"选题"者和融资者

美国很多人质疑政府"选择"正确方向的能力。他们表示，把这些决定留给市场是最明智的，仿佛市场从本质上具有所需的长线视角、资金和专长。他们说，毫无用处的官僚只会碍手碍脚。这种怀疑具有政治吸引力：纳税人经常被灌输这样一个理念，即政府是一个笨拙的庞然大物。这让政府更难找到干大事的勇气。这还促使它们隐瞒正在做的事情，即便是在支持一个宏伟的远见。

IT 革命并不是美国联邦政府袖手旁观的情况下发生的。美国政府曾大力支持微芯片和互联网，近年又支持纳米技术和生物科技。单单在 2011 年，美国国家卫生研究院就投入 320 亿美元发展生物科技/制药的知识库。对这些领域的注资都通过国家管理下的公共机构进行，例如美国国防部高级研究计划署、美国国家科学基金会和美国国家卫生研究院。①

1953 年美军直接在硅谷投资 1300 万美元，1958 年至 1974 年，美国政府就投资 10 亿美元开发半导体产品，相当于所有民间资本的总和。1967 年有 70％的集成电路都是政府收购。美国历

---

① "美国科技创新观察：政府投巨资栽树、私企乘凉摘果子、然后想法逃税"天涯国际观察 2013 年 8 月 28 日

届政府在这里的国防研究投资巨大,其中很大一部分成果又以军转民的形式流人硅谷的民营企业中。国防订单带来的政府投资,成为硅谷崛起时最重要的资本优势。

在直接扶持方面,联邦政府资助了电气工程方面的研究(其中包括半导体和远程通讯技术),自 20 世纪 70 年代起每年投资了近 10 亿美元。政府为计算机科学提供的财政支持从 1976 年的 1.8 亿美元增至 1995 年的 9.6 亿美元(以 1995 年的美元为基准),其中大部分资金投给了大学和企业中从事计算机和通讯方面工作的研究人员。这些基金的接受者并不是由官方挑选出来的,而是个人和团体通过竞争决定的(《资助一场革命》【美】1999 年)。

1. 美政府资助大学科技研发项目

大学在该领域的所有研究项目中,有 70％的项目接受了政府的这些支持,作为副产品,这种资助又帮助教育了许多学生;在麻省理工学院、斯坦福、伯克利加州大学和卡耐基—梅隆大学里,该领域中半数以上的研究生都得到了联邦基金的支持。1997 年,电气工程和计算机科学专业中 27％的研究生(以及 50％—60％的博士生)都获得过联邦基金支持。在全国范围内,申请计算机专利时涉及的文件有一半以上都承认曾接受过政府基金帮助。

在该领域中成为领头羊的几所大学很早就建立了计算机科学系((斯坦福和卡耐基—梅隆大学在 1965 年,麻省理工学院在 1968 年)。这些决策促使它们成了主要的研究中心。在旧金山地区,斯坦福大学和伯克利加州大学技术上的明显进步都得到了联邦政府的支持。[①]

2011 年,奥巴马总统推出了旨在确保经济增长与繁荣的新版的《美国创新战略》。新版的《美国创新战略》指出,美国未来的经

---

① 《硅谷优势——创新与创业精神明栖息地》,【美】李鐘文等,人民出版社出版发行 2002 年 1 月第 1 版

济增长和国际竞争力取决于其创新能力。奥巴马 2010 年 12 月 6 日表示：美国的大学、联邦实验室和产业研究所必须继续进行能够带动重大新产品和创造新公司的研究。这就是政府对研发投资金额达到前所未有增幅的原因。这些措施将确保美国继续出现最有价值的新想法，并确保美国拥有将这些想法在国内付诸实践的能力。①

2."美国小企业管理局"的扶持政策

小企业在美国经济中起着举足轻重的作用。据统计，美国现有小企业 2500 万家，平均每 10 个人就有一家小企业，其中 1770 万家是个人独资企业。小企业数占企业总数的 99％，创造了 75％ 的净增就业，雇佣了私营企业 52％ 的员工和 38％ 的高科技员工，创造了私营企业总产出的 51％。

由于小企业强大的经济活力，美国政府的理念是，扶持小企业的发展，以保持现有经济发展的活力和促进产生新的增长点。美国小企业能有今天的规模，是政府多年扶持的结果。

1953 年美国政府制定了《小企业法》，该法于 1958 年建立了美国小企业管理局（SBA）。该局为独立的联邦政府机构，直接向总统报告工作，预算由国会拨款，2002 年的财政年度预算约 7.65 亿美元，仅占联邦预算总额的 0.06％，但却是美国五大联邦信贷机构之一。该局的使命是：为小企业提供担保贷款融资服务，解决小企业发展过程中的资金短缺问题；为小企业投资基金（公司）提供资金和人才方面的支持，对符合国家产业、经济政策的方向进行风险投资，加速小企业的成长；为了使小企业能够规避市场风险，以政府项目承包（即政府采购政策）来拉动小企业的发展；为了维护市场公平的竞争环境，对小企业的利益进行宣传和维权。

---

① "经济增长的种子播在哪里"—《美国创新战略（2011）》主要内容及解读文汇报 2011 年 3 月 8 日

政府作用具体表现在：一是通过立法、司法及行政手段为市场提供一个平等的竞争环境；二是通过产业政策引导高校、科研院所与企业合作技术创新，尤其是在风险大的项目上推动合作；三是通过政府投入与采购来促进技术研发和产业化。

第三节　中国高新区发展不足：政府缺少 重大科技项目"点题"扶持

改革开放后，中国的高新区如雨后春笋般遍布全国，代表性的如北京中关村、天津滨海新区、上海张江，及武汉、成都、合肥、广州等高新区，引领中国高科技产业迅猛发展，成就大家有目共睹（这里因篇幅关系无庸赘述）。但作为新生事物的高新区，在实践中也暴露出诸多根源性不足，与发达国家成功高科技园相比，仍然处在初级发展阶段。

从 1980 年开始，北京大学城市与环境学院教授、博士生导师王缉慈便与高新技术产业及区域发展结下不解之缘。30 年的研究与近距离观察，使她对中国科技体制改革、高新区发展与高技术创新有着独到而深入的理解。她认为，虽然中国高新区发展带动一大批高科技产业崛起，诞生了一批可堪尊敬的高新技术企业。但缺陷在于高新区与地产业的纠缠不清，更对高新区异化为"区域符号资本"，不利于中国高新技术的发展。①

王缉慈认为，改革开放初期中国的高新技术的发展，可以说是"空转起步"——国家不给资金、什么都没有，就是放活科研人员。很多学者从高校、科研院所走出来创办民营科技企业，因而中国高

---

① 这节内容主要参考"高新区不能仅埋头赚钱"，作者：刘玉海、宋斌，21 世纪经济报道 2012 年 7 月 23 日

新技术产业发展和中国民营科技企业的发展是几乎同步、密不可分的。

（一）高新区的高技术创新后继乏力

中国的高新区建设就是发生在这样的背景下，人们本着一种很纯朴的要发展中国的高技术的干劲——以为只要有这股劲就能成功了。但是到了 1990 年前后就发现这样的发展模式不行了，可以转换的成熟技术也不多了。一直到现在，中国其实都在延续着这种"没东西"状态。相反，一些跨国公司通过高新区落户想要利用中国的技术、人力资源、甚至可能想要探听中国技术秘密。

1. 对高新区的认识只注重载体建设不注重创新网络系统建设

王缉慈认为，中国高新区从一开始建设，就是要发展中国的高技术——即自主创新，有着要在世界上站起一个中国科技巨人这种强烈的发展欲望。但对于什么是高新技术产业，到现在认知都是很混沌的。当时就一种观念，只要智力密集就能发展高科技，以为从科研成果到产业化的技术创新过程是线性的，这种思维与国际研究的"科技创新是一个网络的、不断反馈、非常复杂的系统性思维"完全相悖，是一个非常简单的线性思维。高技术本身，尤其是非常复杂的高技术系统，需要有多个研发机构与企业，在政府的支持下协同创新、集成创新，并与一国的科技创新体系、产业体系、社会体系兼容，创新不可能由一个企业自己独立完成。

在我国建立国家级高新技术产业开发区之初，世界上对高技术发展的内在创新动力及其所需要的环境还缺乏足够的认识。当时研究世界高技术园区的国外文献也主要强调各种独特的、外在的位置条件。世界上出现的"硅谷热"，是把创新过程误解成线性过程而只注重建设高科技园这一外在载体（其实是忽视了科技项目"选题"创新的战略价值），其后国际上大量关于高科技园的研究指出，一些园区在发展中，因为着重创新企业的培育和创新网络的构建，所以取得了成就；而在另一些园区，仅把发展重点放到建设园区的本身，就很难达到发展高技术的目标。

2. 地产业始终是某些高新区的主业

王辑慈认为，20多年来，我国高新区发展的政策环境发生很大变化，例如，从计划经济到市场经济，从进口替代到出口导向，从市场保护到引入国际竞争，从投入推动到需求拉动，从本地创新成果产业化到引进外资、"海归"和外国研发机构，以及从以政策为重心到以体制创新为主。而且，很多高新区扩容建成后，原来的"一站式"高效服务有所改变。经过土地开发，资金滚动积累的初始发展阶段，高新区已经进入到依靠服务价值创新和服务能力提高取得地方竞争优势（即"二次创业"）的阶段。但是，高新区之间的分化日趋显著，部分高新区已经形成了具有本地特色的优势产业。但中国的高新技术产业发展和房地产开发也是紧密联系、甚至是缠绕在一起的。

（二）要素集聚的高新区不意味必有科技创新突破

王缉慈认为，高新技术并不是划一块地建园区、确定一个管委会名字、召集一堆人就能发展起来的，有的高技术也不一定在高新区里。园区小企业有理想、有热情，几个人拿着一两项技术就能办一个公司，存活一段时间，赚一点小钱，然后就不知道该干什么了。一些很碎片化的技术，没有系统地考虑，就不会有做大做强的技术发展路径。高新区普遍小企业做不大就是例子。

王缉慈认为，全球的高技术区域有等级差异，在研发、生产、服务功能环节上有等级差异，有的是做高新技术产业研发的，有的只是做生产的。中国的高新区，有些发展很好，孵化和成长起一批在国际上有技术竞争力的企业，锻炼出来很有能力、非常优秀的管理人员。

但也有某些高新区很茫然，如：给国外做软件外包时，其实在很多方面是以自己的技术为国外打工。至于如何学习外国技术，怎么把关键技术转让我们等很多关键问题，高新区里没人去思考。我国建了大量的软件园、生命科学园、高科技园，园区只要吸引国外企业，只要中国企业给国外做外包，只要赚到钱、园区 GDP 指标上去就行了，而不管他让中国人只是做临床试验等，核心技术很难让中国学到。

（三）高新区尚未承担国家科技创新的战略使命

王缉慈认为，高新区内战略性行业、高技术企业集聚，承担建设创新型国家的战略使命。所谓战略性行业，关系到国家安全——因为即使在全球化情况下，国家间竞争依然还很激烈。如果没有国家观念、只要能赚到钱就行，那所谓战略性就根本没有意义。高新区作为企业来讲，有以盈利为目标的企业属性，但是从国家角度、从园区管理的目标属性，高新区是存在探索发展高新技术的战略使命。目前，相关主管单位或者高新区管理机构显然意识不强。[1]

---

[1]　"高新区不能仅埋头赚钱—访王缉慈"，作者：刘玉海、宋斌，21 世纪经济报道 2012 年 7 月 23 日

工程操作平台：科技研发企业不同阶段与不同金融工具的匹配

科技创新成果实现市场价值，必须以工程项目操作平台——科企来转化产业化。金融对于科技创新来说如影随形。吴晓求认为中国经济跨世纪腾飞需要两个重要因素，一是依靠科学技术推动产业升级，二是依靠现代金融推进科技与实体经济的对接；在创造源源不断金融资本的同时，又提供了一个让风险流动与分散的稳定机制。[1] 金融对接现代高科技产业，犹如大鹏展翅之两翼。

科技企业主要从事高技术项目产业化。所谓高技术，被联合国科教文组织（UNESCO）将界定为"主要是指人类在攀登宇宙空间、生存环境、物资结构、生命本质和人的智力等科学高峰中，在前沿产生的信息科学技术、生命科学技术、新能源和再生能源科学技术、新材料科学技术、海洋科学技术、有益于环境的高新技术和管理科学技术（软科学技术）的总称"。

中国科技金融虽然起步较晚，但中国科技金融的后发优势、及社会主义集中力量办大事的制度优势、将伴随科技产业的迅猛发展步上快车道。

---

① "大国经济需要大国金融战略"——吴晓求教授在中国人民大学的讲演，文汇报 2011—03—07

所谓科技金融，具体是指促进科技开发、成果转化和高新技术产业发展的一系列金融工具、金融制度、金融政策与金融服务的系统性、创新性安排，是由向科学与技术创新活动提供金融资源的政府、企业、市场、社会中介机构等各种主体及其在科技创新融资过程中的行为活动共同组成的一个体系，是国家科技创新体系和金融体系的重要组成部分。[①]

第一节　中国科企、技术的认定与融资特征

所谓科技企业，简言之是指从事高技术项目转化、产业化的经济组织。具体高技术参见国家颁布的《国家高新技术产业开发区高新技术企业认定条件和办法》[②]。

一、科技企业实质是产学研项目研发、转化平台的主体

首先，要明确一般"企业"与"科技企业"的概念，虽然两字之差，却谬以千里，不区分它们之间的差别，政府制定政策的聚焦点将会偏移。

（一）"企业"与"科技企业"差别：是否拥有产学研项目平台

一般"企业"的概念——"企业即从事生产、流通、服务等经济活动，以生产或服务满足社会需要，实行自主经营、独立核算、依法

① 《科技金融》著者：赵昌文、陈春发、唐英凯，国家科学技术学术著作出版基金资助出版，北京科学出版社 2009 年 10 月第 1 版

② 国发【1991】12 号文件

设立的一种盈利性的经济组织。"①

"科技企业"概念——科技型中小企业是指以科技人员为主体，由科技人员为主创办，主要从事高新技术产品的科学研究、研制、生产、销售，以科技成果商品化以及技术开发、技术服务、技术咨询和高新产品为主要内容，以市场为导向，实行"自筹资金、自愿组合、自主经营、自负盈亏、自我发展、自我约束"的知识密集型经济实体。简而言之，科技型中小企业是以创新为使命和生存手段的企业。②

科技部2016年1月中旬颁布的《高新技术企业认定管理办法（修订稿）》，此次修订完善有四方面的特点，一是坚持高新技术导向，突出支持企业创新发展的政策定位。二是与时俱进，将战略性新兴产业、现代服务业和新业态等纳入支持的范围，吸收新技术，淘汰落后技术。三是加大对科技型中小企业的倾斜支持，适当放宽对中小企业的认定条件，助力大众创业、万众创新。四是坚持放管结合，优化认定的管理流程，加强后续的监督检查，提高认定工作的效率和质量。③

企业与科技企业的区别：一般"企业"经营领域往往是稳定的传统产业，其组织结构围绕生产、流通、服务而设置，企业组织是基础性的产供销纵向结构，一般并不具有在陌生的、高科技领域花巨资研发的冲动。

"科技企业"的创建者，本身是研发人员，或是以资本实力与高校科研院所合作建立产学研项目联盟；其组织结构围绕科技研发、科技成果商品化、技术服务、和高新产品销售而设置。科企初创

---

① 百度百科"企业"概念

② 百度百科"科技型中小企业"概念

③ 引自科技部网站："加大扶持中小企业是此次高新技术企业认定管理办法重点方向"

时、或者一般企业转型科企时,企业组织首先展现出的是产学研一体化的横向结构,科技产品商品化后才出现产供销纵向结构。因此,科技企业就是一个横向型产学研结构与纵向型产供销结构交织的矩阵型组织结构,判断是否是科技企业,就看企业是否拥有产学研项目研发、工程操作转化平台,其中核心要素是研发技术与资本,这是作为科技企业必须具备的两个特点。

(二) 小科企创业者本身是科技研发人才

小科企(创业者或团队是专业技术人才)以自身技术力量进行某项技术的决策、开发、管理并产业化,是当前众多小科企的创新创业状态。这类小微企业以一己之力搭建产学研小平台,创新要素往往不全,"学、研"有余,市场化的"产"不足,需要外部性资源如政府优惠政策、金融机构融资、科技中介机构(包括高科技园区)的扶持。

(三) 科技企业需有较强的资本实力支持科技研发、转化

企业有自己的研发机构必然资本实力强,每年组织若干项具有重大带动作用的关键技术和共性技术攻关,实施技术赶超战略。凭借灵敏的市场嗅觉,紧盯世界前瞻性高科技,通过多年引进消化再创新的不断积累,就能够站在巨人肩膀上,研发出人无我有、人有我优的核心技术,如跨国公司或龙头企业。

"企业是科技创新的主体"确切含义,对应的是将研发成果对接市场需求、科技成果商品化阶段的企业"转化"作为。据权威部门的调查,2008 年中国 100 家顶级企业中,R&D 占比达到 5％的企业寥若晨星,而跨国企业一般能达到 7％—8％,[①]硅谷龙

---

① "企业自主研发经费仅占销售收入 3.8％",中国青年报 2009 年 7 月 13 日

头企业几乎全在 8%以上。[①] 中国企业普遍资本实力不足，加上追求市场盈利的短期目标，直接影响企业在高科技领域的创新能力。

二、科技中小企业的融资特征

科技产业既是高风险产业，又是高盈利产业，如何把握两者的平衡，是科技金融研究的问题

(一) 中小科企技术创新的高风险与高成长性

科技中小企业的发展实质上是一个不断创新的过程，因此，不可避免地面临新的风险，包括技术风险、市场风险、财务风险等。在不同的发展阶段，科技中小企业面临的风险不同。

一是技术风险。指高新技术的技术可行性、技术经济效果和技术寿命的不确定性等。因研发项目往往处于技术前沿，没有现成设备和生产工艺可供利用，失败的可能性较大，可能给投资者带来很大的风险。二是市场风险。是指企业技术创新产品能否被市场接受、及能否取得足够的市场份额等问题，往往要经历很长时间才能确定，如果产品不能适应市场需求，或市场有更新的替代品，前期投资也就难以实现价值了。三是财务风险。是指科技中小企业在融资过程中面临的成本和收益的不确定性。

在当今知识经济、网络经济时代背景下，中小科企经营的产品一般具有高技术、高附加值、功能差异化特点，满足消费者追求新奇特偏好、引导市场需求方面能力较强。中小科企一般资本规模较小，但企业往往凭借其产品特有功能迅速在市场占据优势地位，

---

① 参见本书第五章第二节第二段(二)部分：美国创新企业研发支出与财务表现关联

从而实现快速发展。

（二）高投入与高风险、高收益并存

高技术成果的研发、转化，与一般经济活动相比，企业要投入更多的人财物力与时间来进行。新技术的研发、样品试制、中间试验、生产流程的重新组织或改进，以及试销活动，都是科技企业区别于一般企业生产经营的特殊活动，各阶段资金需求按阶段比例不断增加，回收周期亦较长，这使得中小科企的资金投入具有周期长、投资量大、投资管理过程复杂等特点。

一项科技成果开发、中间试验、到实现产业化，其投入比例一般为 1：10：100。科技企业的高投入特征，必然要相应产生高效益。一旦企业获得了一定数量的资金支持并取得成功，将在一定时期内形成技术垄断，产生竞争优势，在扣除创新成本之后，获得高额垄断利润。资本具有逐利性，正是由于存在高额垄断利润，各类投资者甘愿冒高风险，将所持资本投入到企业创新活动中去。虽然投资科技中小企业成功率较小，发达国家科技投资成功率只占 20％—30％，但是只要成功一项，所得的回报可将全部投资收回还有巨额盈余。

（三）高成长科企成为风险资本追逐的对象

风险资本的诞生，即擅长为科技项目匹配提供融资服务，它有着高效的项目筛选、资金管理、及市场资源整合能力，与科技企业有天然的联系。中小科企的高成长、高回报特点，是风险投资的重要投资对象。风险资本是权益资本，投资高科技不是获得企业股权，而是通过科企的高成长、高盈利，在资本市场以获得数倍于投资额的回报。科企需要风险资本，也不仅仅需要融资，而是通过VC 的投资纽带，利用投资者丰富的企业管理经验和市场资源，以利于企业进一步做大做强。

从中小科企成长过程来看，种子期、初创期、成长期、成熟期四个阶段的融资，需要从不同渠道获取其发展所需资金。其中，企业从研制、设计、小试、中试、生产、销售产业化过程中，每道环节和工序都需要资金及时注入，才能保证中小科企的成长。

第二节　中国科技金融的实践与特点

世界经济周期的历史经验表明，知识和科技创新是克服经济困难、助推产业转型、走出金融危机的根本力量。2009 年 2 月 17 日，Oanda 联合创办人理查德·奥尔森、英国《金融时报》科学编辑克莱·库克森共同撰稿，提出"以科学对抗金融泡沫"，[①]表明科技产业的抗风险能力比金融企业、传统制造企业更强。金融对接科技产业，如虎添翼助推经济更上层楼。

一、中国科技金融政策与实践

科技金融，通俗的讲是指与科技相关的、由银行、保险等传统金融机构；风险投资、私募基金及产权交易等新型金融机构；以及担保、评估、会计、法律、咨询等专业中介服务机构所提供的金融服务。科技金融渗透于科技研发项目、科技企业生命周期的每一个过程。

（一）国家科技金融支持政策

改革开放后，为营造激励自主创新的环境，推动建设创新型国

---

① "以科学对抗金融泡沫"金融界股票论坛（http://bbs. jrj. com. cn/msg, 55198571. html）

家,促进科技金融的发展,从上世纪 80 年代开始,中共中央、国务院相关部门从多方面出台了金融促进科技创新发展的一系列法律、法规及其他文件(见图示)。① 自此,拉开了中国科技金融快速发展的帷幕。中国科技金融整体可以分为两个阶段:

1. 第一阶段科技金融政策体系(1985—2011 年)

由于科技中小企业存在轻资产、成长高风险等不确定性,普通金融机构对这些企业往往退避三舍。中小科企融资难是一个世界性难题。为破解这一难题,从 1985 年《中共中央关于科学技术体制改革的决定》提出设立创业投资、开办科技贷款以来,我国开始探索促进科技与金融结合的工作。2006 年发布实施的《国家中长期科学和技术发展规划纲要(2006—2020 年)》,把科技和金融结合工作推向了新的历史阶段。

为了深化科技和金融结合,2010 年科技部会同央行、银监会、证监会、保监会联合发布了《关于印发促进科技和金融结合试点实施方案的通知》,2011 年启动了促进科技和金融结合试点工作,确定中关村国家自主创新示范区、天津、上海等 16 个地区为首批促进科技和金融结合试点地区。

随着国家和地方诸多涉及科技金融政策的出台,截至 2010 年,仅在国家层面出台的科技规划纲要配套政策实施细则中,涉及科技金融工作的政策就达 20 多项;各省市出台的 600 多个政策文件中,近 1/3 可以纳入科技和金融结合的范畴。可以说,我国科技金融政策体系正在初步形成,其内涵已经从最初的科技贷款,发展到覆盖创业投资、银行信贷、资本市场、保险和投融资服务等多个领域。北京中关村、武汉东湖和上海张江 3 个国家自主创新示范区等地开展的科技和金融结合试点工作效果彰显。

---

① "科技金融发展的保障机制",作者:周昌发,北大法律信息网 2011 年 6 月 22 日。

1985 年至 2011 年国家科技金融政策一览表

序号	名称	发布部门	发布时间
1	中共中央关于科学技术体制改革的决定	中共中央	1985 年 5 月
2	关于积极开展科技信贷的通知	国务院科技领导小组、中国人民银行	1985 年 10 月
3	中华人民共和国科学技术进步法	国家主席	1993 年 7 月（2007 修订）
4	关于进一步改善对中小企业金融服务的意见	中国人民银行	1998 年 6 月
5	关于科技型中小企业技术创新基金的暂行规定	科技部、财政部	1999 年 5 月
6	关于建立中小企业信用担保体系试点的指导意见	原国家经贸委	1999 年 6 月
7	关于鼓励和促进中小企业发展的若干政策意见	原国家经贸委	2000 年 7 月
8	关于进一步加强对有市场、有效益、有信用中小企业信贷支持的指导意见	中国人民银行	2002 年 8 月
9	关于加强对科技型中小企业金融服务的指导意见	科技部、中国农业银行	2003 年 1 月
10	关于推动科技型中小企业融资工作有关问题的通知	国家开发银行、科技部	2005 年 4 月
11	国家中长期科学和技术发展规划纲要(2006—2020 年)	国务院	2006 年 2 月

序号	名称	发布部门	发布时间
12	中国进出口银行支持高新技术企业发展特别融资账户实施细则	进出口银行	2006 年 6 月
13	关于加强中小企业信用担保体系建设的意见	发改委、财政部、央行、税务总局、银监会	2006 年 11 月
14	国家开发银行高新技术领域软贷款实施细则	国家开发银行	2006 年 11 月
15	支持国家重大科技项目政策性金融政策实施细则	银监会	2006 年 12 月
16	关于商业银行改善和加强对高新技术企业金融服务的指导意见	银监会	2006 年 12 月
17	关于加强和改善对高新技术企业保险服务有关问题的通知	保监会、科技部	2006 年 12 月
18	关于进一步支持出口信用保险为高新技术企业提供服务的通知	财政部	2006 年 12 月
19	支持国家重大科技项目政策性金融政策实施细则	银监会	2006 年 12 月
20	关于商业银行改善和加强对高新技术企业金融服务的指导意见	银监会	2006 年 12 月
21	银行开展小企业授信工作指导意见	银监会	2007 年 6 月

续　表

序号	名称	发布部门	发布时间
22	科技型中小企业创业投资引导基金管理暂行办法	财政部、科技部	2007 年 7 月
23	建立和完善知识产权交易市场指导意见	发改委、科技部、财政部、工商总局、版权局、知识产权局	2007 年 12 月
24	建立和完善知识产权交易市场的指导意见	发改委、财政部、科技部、工商总局、版权局、知识产权局	2007 年 12 月
25	关于创业投资引导基金规范设立与运作的指导意见	发改委、财政部、商务部	2008 年 10 月
26	关于促进自主创新成果产业化的若干政策	发改委、科技部、财政部、教育部、税务总局、央行、中科院、工程院	2008 年 12 月
27	关于进一步加大对科技型中小企业信贷支持的指导意见	科技部、中国银监会	2009 年 5 月
28	促进科技和金融结合试点实施方案	科技部、央行、银监会、保监会、证监会	2010 年 12 月
29	关于确定首批开展促进科技和金融结合试点地区的通知（16 个试点区）	科技部、央行、银监会、保监会、证监会	2011 年 10 月

2. 第二阶段集中出台科技金融新政策　（2012 年— ）

2012 年之后，国家加大中小微科企扶持力度，接连出台关于促进科技和金融结合新政策、新措施：

（1）加大财政引导基金与金融支持

中共中央、国务院发布《关于深化科技体制改革加快国家创新体系建设的意见》明确提出：加大对中小企业、微型企业技术创新的财政和金融支持，落实好相关税收优惠政策。扩大科技型中小企业技术创新基金规模，通过贷款贴息、研发资助等方式支持中小企业技术创新活动。建立政府引导资金和社会资本共同支持初创型科技企业发展的风险投资机制，实施科技型中小企业创业投资引导基金及新兴产业创业投资计划，引导创业投资机构投资科技型中小企业。

（2）加大债券市场与场外市场建设

国务院出台《关于进一步支持小型微型企业健康发展的意见》，提出 29 条具体扶持措施。除加大财税支持力度外，《意见》还针对小微企业的融资难问题提出了推进多层次债券市场建设、加快场外市场建设等五方面的政策措施。

（3）支持中关村建设科技金融新中心

国家发改委、科技部、财政部等九部委与北京市政府联合发布《关于中关村国家自主创新示范区建设国家科技金融创新中心的意见》。这是我国首个科技金融领域的国家级指导性文件，《意见》围绕科技企业信用体系、知识产权投融资体系等 9 个重点领域阐述了中关村建设国家科技金融创新中心的主要任务，就中关村科技金融发展环境、资源聚集规模、科技金融对接机制、资本市场服务效能、辐射带动作用等方面提出了建设规划和阶段目标。

（4）支持银行开发科技金融业务

科技部与国家开发银行在北京签署了《支持国家科技创新开发性金融合作协议》，双方决定以更大的力度加快构建支持科技自主创新和企业科技创新的金融服务体系，引导金融资源向科技领域配置，促进科技和金融结合。

（5）"新三板"各高新区扩容并正式运营

"新三板"试点首次扩容，上海张江、武汉东湖、天津滨海三个高新区进入试点。作为全国场外交易市场运营管理机构的全国中小企业股份转让系统有限责任公司正式成立。

（6）中央财政巨额投入创新基金带动社会资本

创新基金中央财政投入 44 亿元，在研项目达 1.6 万项，直接带动社会各类资本投入 1083 亿元。国家创投引导基金累计投入 20.6 亿元，带动地方设立各类创投引导基金规模超过 260 亿元，间接带动社会资本规模超过 1400 亿元。财政部有关人士表示，2013 年财政投入将充分发挥创业投资引导基金的作用，扩大科技型中小企业创业投资引导基金规模，引导创业投资机构向初创期科技型中小企业投资，促进科技型中小企业创新发展。

（二）国家高新区是探索科技和金融结合的最佳平台

无论是促进科技和金融结合试点地区，还是创业板、"新三板"，都与国家高新区有着密不可分的关系。国家高新区从 20 多年前诞生之初就开始在缓解中小企业融资难方面进行了卓有成效的探索和实践。多年来，国家高新区始终把金融资本作为创新的重要要素，在政策探索和制度创新方面不断实践，促进了公共财政与商业资本、社会资本的结合，直接融资与间接融资的结合，逐步形成了政府财政资金、企业担保基金、天使投资、创业投资、风险投资、产业投资基金、企业股权交易与并购、多层次资本市场上市融资等构成的科技金融环境。

在国家高新区 6 万余家企业中，上市公司就达到近千家，吸引的创业投资额、在创业板上市的企业数量都无可争议地位列国内之首，中关村代办股份报价转让试点为探索建立统一监管下的全国性场外交易市场积累了经验。而在纳斯达克、纽交所等境外资本市场上市的企业中，来自国家高新区的企业形成重要板块，已经成为境外中国概念股的重要力量。仅中关村国家自主创新示范区在纳斯达克上市的企业数就占全国的 1/3，在纽交所上市的企业数占全国的 1/4。[①]

二、中国科技金融金融产品的种类

随着我国科技创新观念的深入，科技创新体系已初步建立，科技和金融的结合也在不断深化。金融资本、尤其早期资本如天使基金、风险资本等，是科技创新成功的关键。科技金融与传统金融一样可分为直接融资与间接融资，但区别是，科技金融是在常规金融种类之上派生出来许多新产品、新业态；科技金融与虚拟金融的区别是，科技金融服务的是科技实体经济。[②]

（一）科技金融的直接融资

科技金融的直接融资：是资金需求者与投资者直接对接的融资方式。除了传统的商业票据、债券、股票等信用之外，科技金融的直接融资更多表现为政府、机构及个人对科技企业提供的信用，如天使资金、风险投资、私募股权基金、中小企业集合债券、融资租赁、创业板与场外市场上市、企业并购等。

1. 天使资金

"天使基金"是指专门投资于企业种子期、初创期的一种风险投资。主要是对初创中的小微企业提供"种子资金"。因为在小微企业最需要资金的关键时期出资帮助，并且不图回报，因而人们对这最慈善的风险资金给予"天使"这样崇高的名称。但从业务而

---

① 《中国科技金融发展报告(2012)》主编：促进科技和金融结合试点工作部际协调指导小组秘书处，经济管理出版社 2013 年 1 月第 1 版

② 主要科技金融种类的定义引自百度百科

言,天使基金更青睐具有高成长性的科技型项目,其收益率普遍在50倍以上,超过万倍的回报也不少见。天使基金在美国最为发达。某些天使基金花的是自己的存款,而并非来自机构和他人,从这个意义而言,他们是资本市场里腰缠万贯的慈善家。

在我国,天使基金除了少量国外引进的天使基金、国内私募基金之外,主要是政府各职能部门的创新创业引导基金、奖励基金发挥引领作用。

2. 风险投资

风险投资(venture capital 简称 VC),在我国把它翻译成创业投资。广义的风险投资泛指一切具有高风险、高潜在收益的投资;狭义的风险投资是指以高新技术为基础,生产与经营技术密集型产品的投资。根据美国全美风险投资协会的定义,风险投资是由职业金融家投入到新兴的、迅速发展的、具有巨大竞争潜力的企业中一种权益资本。

(1)美国风投资本来源于华尔街资本市场

在美国科技产业发展所需要的巨额资金大部分来源于资本市场,包括养老基金、捐赠基金、保险公司、投资银行等金融机构,这就意味着在高科技产业发展过程中一切风险由整个市场承担,而不是某个人、某个公司、某政府单独承担。[①] 曾任职于华尔街高盛集团等投行,现任中国证监会研究中心主任,北京证券期货研究院执行院长祁斌认为:"美国有一个硅谷,是因为硅谷后面有一个华尔街。"[②]

风投公司种类有很多,但大部分公司通过风投基金来进行投资。即风投公司除通过设立风投基金筹集风险资本外同时也直接

①　电视片《华尔街第五集——硅谷方程》解说词
②　"未来十年中国经济的转型与突破",作者:祁斌,凤凰财经 2012 年 11 月 14 日

向投资人募集资本。公司本身采用有限合伙制形式，投资人包括养老金、共同基金、投资银行、银行持股公司以及其它非金融公司、富有家庭和个人、捐赠基金等成为公司的有限合伙人（LP），公司经理人员成为公司的一般合伙人（GP），这些基金一般以有限合伙制为组织形式。前者（LP）是风险投资公司基本的资金来源（一般占总额的 99％），是真正的风险投资人。一般合伙人（GP）则是风投公司经理人员。他们筹集资金，筛选投资项目并参与被投资企业的经营管理，是风险投资成败与否的关键。风投公司是目前最主要的投资主体。在美国，由风投公司提供的风险资本占了全部风险资本的 60％以上。美国的风险投资主要集中于早期的投资，并与其他的私募股权界限比较分明。

（2）美国科技创新依托风投的贡献

风险投资在发达国家兴起已有几十年历史，现已经成为一个具有鲜明特点的金融投资产业——风险投资业。据美国风险投资协会（NVCA）的研究，风投对经济的贡献，其投入产出比例是 1：11 的关系。即自 70 年代以来，风险投资的资本总量，只占整个社会投资总量 1％不到，凡是接受过风险投资而至今还存活的企业，他们的产出占国民生产总值的比例高达 11％。据哈佛大学勒纳（Joshu Lerner）教授的研究，风险投资对于技术创新的贡献，是常规经济政策（如技术创新促进政策）作用的 3 倍。而且风险投资与中小企业创业解决了当代就业增量的 70％之多。[①]

（3）中国民间风投基金急功近利

复旦大学经济学院副教授攀登认为：目前民间风投远未成熟，仍然属于什么概念热就投什么，如炒作光伏、风电、电商、团购等，很少有专业化的风险投资基金。国内民间风投资金寻求投资

---

① 《创业—组合投资理论与实务》张陆洋等著，复旦大学出版社出版 2010 年 11月第 1 版

项目时对获利看得很重，如 VC 要求企业按 50% 左右的股权来换取融资，一般为创业者所拒绝，对项目要承担的失败风险却往往心理准备不足。而国外绝大多数风投机构是靠募集组建的有限合伙制公司，存续期为 5 到 10 年，而这也普遍是高科技成果产业化并实现盈利的一个周期。当然不同行业的成果转化周期并不相同。如互联网应用方面的转化，也许半年到一年就可以盈利。但 IT 技术的成果转化往往需要 8—10 年；至于生物医药成果的转化周期，则往往需要 10 年、12 年甚至更长。而国内风投几乎所有的投资资金都只愿意投入两到三年。①

（4）风投基金需要科技内行掌舵

高科技风投不能是门外汉。相比之下，国外投资高科技的风投家们，大多数自己就是高科技行业出身，甚至自己本身就是行业中的技术引领者。

自 1972 年硅谷风险资本行业"教父"唐·瓦伦丁和汤姆·珀金斯创立了一个为创业公司融资的新模式之后，旧金山才有了第一家"风险资本"。瓦伦丁在从事投资之前，他创立美国国家半导体公司并曾任美国仙童公司销售代表，1972 年创立价值 800 亿美元红杉资本，该公司是苹果、雅达利、甲骨文公司、思科、美国艺电、谷歌和 YouTobe 的初始投资人。帕金斯是电子工程师，1966 年在惠普成功发明激光技术，业余创立生产镭射铳（Lasertron）的技术公司，后合并到光谱物理公司赚到了创新第一桶金。他 1973 年创立硅谷凯鹏风投基金（KPCB），已成为美国最大的风投公司之一，投资谷歌、亚马逊、美国在线、康柏、飞利浦电气公司、金泰克、网景等许多美国最知名的公司。珀金斯担任金泰克公司 14 年董事长。

瓦伦丁和珀金斯均赞同优秀风险资本家必须曾经是企业家，

---

① "懂行的风投才能种出'摇钱树'"，作者：姜澎，文汇报 2013 年 12 月 9 日

知道从零开始建立公司是怎么回事。因为"企业家需要有判断力，而判断力源于经历。他们必须历经磨难并解决问题。他们需要勇敢并拥有巨大的野心。如果首席执行官不像风险投资人那么有野心，公司将很难发展。"[1]

谷歌的投资人大卫·切瑞顿是搜索技术的创始人之一。他投资的4家科技企业无一不是高校实验室里的成果，尽管手握13亿美元的净资产，他仍然是斯坦福大学的全职教授。事实上，正是因为有了一大批像唐·瓦伦丁、汤姆·珀金斯和大卫·切瑞顿这样对行业有足够了解的人建立起了民间资本投资高科技的中间平台，才会有硅谷大量的高科技企业发展。

不少学者认为，在国内风投机制还不成熟的情况下，国家的科技创新投入应该更多地是支持那些由专家领衔的基础研究和引领未来科学发展的应用项目，而各种贴近市场的应用型的科技创新，则要更多地依靠民间投资，这样才可能使科研充满活力。[2]

3. 私募股权基金

私募股权基金（Private equity fund 简称 PE），一般是指从事私人股权（非上市公司股权）投资的基金。如果一家基金不通过公开发行，而是在私下里对特定对象募集，那就叫私募基金。PE 的募集对象范围相对公募基金要窄，但是其募集对象都是资金实力雄厚、资本构成质量较高的机构或个人，这使得其募集的资金在质量和数量上不一定亚于公募基金。与 VC 一样，PE 可以是个人投资者，也可以是机构投资者；区别则在于所投科企的不同阶段，VC 投初创期科企，PE 接力投中期发展阶段的科企。

（1）PE 投资的高风险高收益

---

[1] "硅谷第一风投讲述风投起源"作者：Rebecca Grant，译者：张成元，2013—09—21 清华大学创业者网

[2] "懂行的风投才能种出'摇钱树'"，作者：姜澎，文汇报 2013 年 12 月 9 日

PE 投资的风险,首先源于其相对较长的投资周期。因此,PE 基金想要获利,必须付出一定的努力,不仅要满足企业的融资需求,还要为企业带来利益,这注定是个长期的过程。其次,PE 投资成本较高、流通性较差的风险,这些也加大了 PE 的投资风险。股权投资不像证券投资可以直接在二级市场上买卖,其退出渠道有限,而申请 IPO 往往很难。但当 PE 成功退出一个被投公司后,其获利可能是 20—50 倍,在我国可能是 20—30 倍。高额的回报,诱使巨额资本源源不断地涌入 PE 市场。

（2）PE 以股权投资为主的多组合方式投资

PE 除单纯的股权投资外,出现了变相的股权投资方式（如以可转换债券或附认股权公司债等方式投资）,及以股权投资为主、债权投资为辅的投贷组合型投资方式。这些方式是近年来 PE 在投资工具、投资方式上的一大进步。股权投资虽然是 PE 基金的主要投资方式,其主导地位也并不会轻易动摇,但是多种投资方式的兴起,多种投资工具的组合运用,也已形成不可阻挡的潮流。

（3）PE 基金参与企业管理

PE 基金一般有一支专业的管理团队,从业人员往往是企业家、金融家和职业经理人出身,具有丰富的企业管理和市场运作经验,能够帮助企业制定适应市场需求的发展战略,对企业的组织架构和经营管理进行改进。但是,PE 投资者仅仅以改善企业管理,提升企业价值为目的,而不以控制企业为目标。在科技金融实践中,VC、PE 基金界线并不是泾渭分明,由于科企投资周期长,退出渠道少,VC,PE 有时会互串身份。

4. 融资租赁

融资租赁是上世纪 50 年代产生于美国的一种新型交易方式,我国 80 年代初引进,二十多年来迅速发展,但优势还远未发挥出来。融资租赁,是指出租人根据承租人对租赁物件的特定要求和对供货人的选择,出资向供货人购买租赁物件,并租给承租人使用,承租人则分期向出租人支付租金,在租赁期内租赁物件的所有权属于出租人所有,承租人拥有租赁物件的使用权。

融资租赁是集融资与融物、贸易与技术更新于一体的新型金融产业。由于其融资与融物相结合的特点,出现问题时租赁公司可以回收、处理租赁物,因而在办理融资时对企业资信和担保的要求不高,所以非常适合中小企业融资。融资租赁和传统租赁一个本质的区别就是：传统租赁以承租人租赁使用物件的时间计算租金,而融资租赁以承租人占用融资成本的时间计算租金。

融资租赁因为直接帮助中小科企以获得生产所需的物质设备而非他用,从而迅速形成生产力,推动实体经济的发展,是扶持中小科企快速成长较好的融资工具。

5. 企业并购

企业并购包括兼并和收购两层含义和方式,指的是"指两家或更多的独立的企业、公司合并组成一家企业,通常由一家占优势的公司吸收一家或更多的公司"。国际上习惯将兼并和收购合在一起使用,统称为 M&A,在我国称为并购。企业之间的兼并与收购行为,是企业法人在平等自愿、等价有偿基础上,以一定的经济方式取得其他法人产权的行为,是企业进行资本运作和经营的一种主要形式。企业并购主要包括公司合并、资产收购、股权收购三种形式。

小企业以原始创新技术被大企业并购,是许多小微科企发展壮大的途径,可以再创新或再创业。大企业并购原因：一是保持竞争优势：通过并购从外部获得技术优势,同时消除潜在竞争对手;二是被并购公司的价值被低估。在技术变化快,市场销售条件及经济不稳定情况下,企业并购活动就较频繁。

6. 企业债券市场

企业债券,是企业依照法定程序发行,约定在一定期限内还本付息的债券。狭义企业债券发行主体是非股份公司,如中小企业私募债券、中小企业集合债券。中小企业私募债券即指中小微型企业在中国境内以非公开方式发行和转让，2012年5月下旬全国开始实施。

中小企业集合债券一种创新的企业债券。即指通过牵头人组织，以多个中小企业集合为发债主体，发行企业各自确定发行额度分别负债，使用统一债券名称，统收统付，向投资人发行的约定到期还本付息的一种企业债券形式。它是以银行或证券机构作为承销商，由担保机构担保，评级机构、会计及律师事务所等中介机构参与，并对发债企业进行筛选和辅导以满足发债条件的新型企业债券形式。这种"捆绑发债"方式，打破了只有大企业才能发债惯例，开创了中小企业新的融资模式。

企业债券是成长性阶段科企的融资工具，它的发行意即科企已经处于快速发展态势，需要较大资金的支持。

7. 多层次资本市场

一是主板市场。即上海、深圳两家证券交易所、深圳中小企业板。主板市场也称为一板市场，是一个国家或地区证券发行、上市及交易的主要场所。主板市场对发行人的营业期限、股本大小、盈利水平、最低市值等方面的要求标准较高，上市企业多为大型成熟企业，具有较大的资本规模以及稳定的盈利能力。主板市场是资本市场中最重要的组成部分，有"国民经济晴雨表"之称。

二是二板市场。即创业板市场。创业板是为创新创业中小企业提供融资途径和成长空间的证券交易市场，是对主板市场的重要补充，在资本市场有着重要的位置。相对主板而言，创业板有两项特殊要求：自主创新能力、成长性。创业板的优势：一是为高科技企业提供融资渠道。二是促进知识与资本的结合。三是为风投基金提供"退出渠道"。四是增加创新企业股份的流动性。五是帮助企业建立现代企业制度。

三是三板市场。包括老三板和新三板两个部分。老三板市场

2002 年底建立,原是 STAQ、NET 系统挂牌公司和退市公司转让平台,加上自 2006 年起专门为中关村科企开设的中关村科技园区非上市股份有限公司股份报价转让系统,简称为"代办系统"。新三板("全国中小企业股份转让系统")2013 年 1 月 16 日在北京金融街正式开业。这意味着全国场外市场建设从中关村试点到面向全国高新区科企、从股权转让场外柜台试验到交易所规范运行,这将使得我国证券交易所最终形成"三足鼎立"格局——上海证交所、深圳证交所和北京证交所。[1]

　　另外,各省市股权托管交易中心,是主板、二板、三板市场的必要补充,是宝塔型资本市场的基础。

中国多层次资本市场示意图

(二) 科技金融的间接融资

　　科技金融的间接融资：是资金需求者通过金融中介机构所获得的融资方式。金融中介机构资金则通过存款、或销售信托、保险等产品所筹措的社会闲散资金。科技金融间接融资除了传统的银行对科技中小企业的贷款,也包括小额贷款、担保、科技

---

　　[1]　新民晚报 2012 年 1 月 17 日财经新闻版

保险等。

1. 小额贷款公司

小额贷款公司是由自然人、企业法人与其他社会组织投资设立,不吸收公众存款,经营小额贷款业务的有限责任公司或股份有限公司。与银行相比,小额贷款公司更为便捷、迅速,适合科技中小企业、个体工商户的资金需求;与民间借贷相比,小额贷款更加规范、贷款利息可双方协商。小额贷款公司是企业法人,有独立的财产,享有法人财产权,以全部财产对其债务承担民事责任。其合法的经营活动受法律保护。

2. 科技担保公司

所谓科技担保公司,是指从事专项融资优惠政策的执行机构,是中小科企银行贷款融资主要的政策性担保机构。作为融资性担保机构,其业务必须执行国家颁布的《融资性担保公司管理暂行办法》[①],与一般担保公司同样具备一切资质。

3. 科技银行

国内把专为高科技企业提供融资服务的银行机构定义为"科技银行"。在美国,它被称为风险银行。科技银行不同于传统的商业银行,一是贷款客户不同;二是贷款依据不同。商业银行主要依据流动性、安全性和效益性三原则发放贷款,科技银行则通常借助风险投资,构建风险管理架构。

4. 科技保险

科技保险,是指运用保险作为分散风险的手段,对科技企业或研发机构在研发、生产、销售、售后以及其他经营管理活动中,因各类现实面临的风险而导致科技企业或研发机构的财产损失、利润损失或科研经费损失等,以及其对股东、雇员或第三者的财产或人

---

① 国家银监会、发改委、工信部、财政部、商务部、央行、工商总局颁布的 2010 年第 3 号令

身造成现实伤害而应承担的各种民事赔偿责任，由保险公司给予保险赔偿或给付保险金的保险保障方式。[①]

与一般商业保险不同，科技保险是由科技部与保监会共同认定的一系列涉及科技活动的保险业务，其不以盈利为目的，资金有国家财政担保、保险标的是国家支持的战略性、高科技产业和企业，是一种准公共产品，它能使高投入、高风险的高新技术产业，以及相关活动出现损失后获得补偿。让更多的资金、更多的人才在发展我国科技事业中充分发挥作用。

三、中国科技金融的特点

在某种意义上，今天的中国经济相当于美国历史上两次产业转型的叠加，中国希望在未来 30 年同时完成美国花了百年时间才完成的两件事情：一是加速并完成中国的重工业化，二是帮助中国经济发展战略新兴产业，并在全球对于战略新兴产业的竞争中占据一席之地。前者是中国经济存量的整合，需要更多地依托于资本市场的并购活动；后者是中国经济增量的发展，需要依托于风投和资本市场等市场化筛选机制。两者都需要一个强大的资本市场的支持。中国需要借鉴华尔街历史上的经验教训，更好地推动中国资本市场建设，有力地支持中国经济的转型。[②]

中国的科技金融的使命，一是鼎力支持高科技、战略性产业发展，二是以新材料、新能源、新信息技术来整合、提升重化工业的整体性能。三是帮助轻资产科技领域大众创新、万众创业提供融资。

---

① 《关于加强和改善对高新技术企业保险服务有关问题的通知》(保监发[2006] 129 号)文件

② "未来十年中国经济的转型与突破"，作者：祁斌，凤凰财经 2012 年 11 月 14 日

科技金融的投向，按照资本投入比重，肯定主要面向于重资产大科技项目的投资；按照资本投入的广度与频次，则广大中小科企是重点，需要整合国家、地方政府、社会资本共同参与。两个投向双管齐下。

(一) 中国科技金融呈现雁阵型投融资结构

中国改革开放 30 余年的发展，解决了温饱问题但未达全面小康，社会资本整体积累尚浅，创新文化尚未深入人心成为社会氛围。私人资本大多数来源于资源产业与传统制造业，规模小而专业素养不足，远不能满足科技创新的需要。

中国国家制度是政治控制资本，中国科技金融特色，显现为国家产业政策引导国有资本、国有资本引导社会资本的投融资结构。在实践中，无论是国家、地方战略性重大项目的研发、产业化项目投融资；还是以个人科技创新创业的市场化项目投融资，均由政府担纲出资扶持。即由政府创投或风投性质的引导基金、担保基金等为前导，其背后一方阵由强大的国资银行与保险机构所组成(间接融资)，另一方阵则由各类 VC/PE 等投融资机构、以及宝塔型各层次资本市场所组成(直接融资)，政府资金作为领头雁，率领两个方阵作为科技创新的联盟与强大后盾，充分显示中国科技金融雁阵型投融资结构特色。

(二) 中国"政产学研金"一体化的科技金融服务平台

在科技金融实践中，高新区、科技园区是科技与金融结合的最佳平台。这说明，中国科技金融与发达国最大的区别是——有一个具有综合服务与管理的组织机构——政产学研金一体化服务平台：一头连接政府，为企业发展提供政府所有的扶持政策；一头连接高校院所等研发机构，为企业科技创新项目给予技术支持；一头连接中介与金融机构——为企业或科技项目孵化、成长提供法律、财务、评估、融资等中介服务；一头连接市场，为企业科技项目走向市场产业化发展提供全方位服务，"政产学研金"是上接政府引导、下接企业地气、横向对接金融资本、社会中介、市场信息高效的、纵横一体化、网络化服务平台，成为科技创新体系与金融体系联盟的最佳载体。

科技创新集聚区一定是各类金融机构趋之若鹜集聚的地方，争夺优质科企、培育优质客户是金融机构的相同使命，为企业量身定做各类金融产品，在助力企业技术转化、市场化过程中亦发展壮大金融机构本身。下面可以结合发达国家科技金融与科技研发不同阶段匹配的经验介绍科技金融实务知识。

第三节　实务知识一：科技金融与科技研发周期四阶段的匹配

科技研发项目创新从一个金点子到产业化要经历四个阶段：科学研究与试验阶段；科技研发项目的小试、中试阶段；科技研发项目商品化转移、转化阶段；科技研发项目产业化阶段。

一、科学研究与试验阶段的资金需求

或称科技研究与发展，是指在科学技术领域，为增加知识总量以及运用这些知识去创造新的应用而进行的系统的、创造性的活动，包括基础研究、应用研究、试验发展三类或三个阶段的活动。应用性研发项目即从科技项目立项到实验室试验成功阶段。

如果是纵向课题项目，科学研究与试验发展阶段中的金融问题主要是各国政府、高校如何筹集研究资金的问题，包括财政拨款、自筹资金、银行贷款、国外援助、捐助和其他经费。其中，财政

拨款是重要的组成部分，为科学研究与发展提供了基本的经费保障。如果是横向课题项目，则主要是接受企事业单位委托开展科研活动的收入。在中国现有的科技统计体系中，财政科技拨款指统计年度内由各级财政部门拨付的直接用于科技活动的款项，包括科学事业费、科技三项费、科研基建费及其他科研事业费。

二、科技研发项目小试、中试阶段的资金需求

科技项目试验阶段中，中试阶段是科技研发项目转化成商品化之前质的飞跃最关键、最重要阶段。

（一）小试阶段的财政支持

即经过研发阶段实验室试验后所形成的、可重复性、可规模化的知识产权成果，从实验室搬出进入小试基地，将知识产权从技术概念的"虚"转换为物理产品的"实"，做工业化之前的试验。它是根据实验室结果进行放大，放大倍数一般不一样，如 5—10 倍等。小试主要解决技术可行性问题。

小试阶段由于投入少，这一阶段通过政府财政口径拨付的各种科技经费比较容易做到。

（二）中试阶段的资金困境

中试指为了使科研成果顺应市场与产业化的需求，提高转化率而进行的产品放大、批量放大，试生产、试营销、试使用的过程。一是解决实验室成果在中试时遇到的工程化、工艺流程、自动化控制等技术问题，目的在于验证、改进、完善实验室成果或理论成果，消除各种不确定性因素，取得可靠的数据，使之与其他相关技术匹配，与生产实际相符合。二是中试是技术在投入市场前的产业化"预演"，使技术产品更加贴近市场需求。

中试是在大规模量产前的较小规模试验,更多要解决经济可行性问题,成果产业化的成败主要取决于中试的成败。科技成果经过中试,产业化成功率可达80％;而未经过中试,产业化成功率只有30％。中试阶段比较艰难,产品经不断磨合价值得到用户认可,需要对创新产品从外观到性能不断修改;需要建立旨在进行中间性试验的专业试验基地,通过必要的资金、装备条件与技术支持,对科技成果进行成熟化处理和工业化考验。科技成果的转化、产业化,中试基地起到不可或缺的作用。

1. 中试阶段资金需求大

长期以来,"中试阶段"的资金困扰一直是科技开发中的主要问题之一。中试阶段资金需求大,世界发达国家的经验表明,中试阶段的资金需求通常是科研(实验室研究)阶段的10倍左右,而且过程比较长,所以,政府的资金难以完全满足,企业也不敢贸然投入。现存问题是"中试阶段"谁应该是资金供给的第一责任人? 答案应该是政府领衔的"产学研金平台"合力分担,关键是怎样搭建有专家负责的、责权利明确的合作"平台"。

2. 中试投资具有很大的风险性

一般来说,中试投资具有很大的风险性,特别是中国许多大学和研究机构的科技成果大多数是实验室的小试成果,这些小试成果在到企业进行批量生产并形成规模经济的过程中,会遇到诸如产品的设计、加工工艺、专用设备和模具、材料检测以及生产规模扩大后产生的许多复杂技术难题,所有这些难题只有通过中试才能得到圆满解决。所以,政府通过公共财政和公共金融方式进行支持是一个重要的渠道。但是,完全靠国家扶持既远不够,也不合理。解决中试阶段资金需求的根本出路在于建立一个以政府公共投资和创业引导基金为核心,金融机构信贷投入和技术产权交易市场多层次金融供给体系构成的综合性融资平台,它往往表现为政产学研一体化的孵化器、或科技园区的融资平台。

3. 政产学研金协同创建"中试基地"填补空白

多年来，中试在我国并未得到足够的重视，"中试空白"现象比较严重。许多人对中试的意义认识不清，他们错误地认为，只要有了好的科技成果就可以成功地进行商品化、产业化。高校成果研究的投入远远高出成果转化的投入，高校对于"中试空白"因科研考核导向不合理而不会关心，这种局面使得高投入的研发成果最终停留在纸面上，"钱变成纸"。技术成果转化需要企业化运作，无论国企、私企、或者高校院所企业，技术"中试"开发意识和资金的短缺，导致所有企业对于科技成果的转化缺乏热情和动力，这正是造成"中试空白"、"纸变不了钱"的症结所在。

大多数高校及中小企业，由于人力、物力和财力的限制，要独立建立中试基地是不可能的。高校与企业可以携手合作，建立行业性的中试基地，政府从科技开发经费中拨出一定比例的款项引导社会金融资本作为中试资金。也可以建立政府购买、民间运作的中试机构，让他们去承担样品生产、技术鉴定、小批量试制、产品鉴定等一系列工作。

三、科技研发项目商品化转移、转化阶段与金融需求

即产品使用价值得到市场认可已经进入市场流通。商品化指原本不属于买卖流通和通过货币实行交换的事物，在市场经济条件下已经转化或变异为可以进行买卖和货币等价交换。例如，知识产权或自有核心技术，通过应用到产品中，可以转化为商品，也就具有了使用价值。其中，商品化率程度越高项目越成功。商品化率＝商品化产品/全部技术产品×100％。

（一）中国科技成果转化中的问题

科技研发项目商品化转移、转化阶段，是高新技术产业发展中

一个至关重要的环节。技术转移在国际经济和技术理论中首次使用是在 20 世纪 60 年代中期。今天,技术转移已演变为世界范围内不同行业、不同规模的企业、研究机构及政府都十分关注并广泛参与的战略性选择。许多国家都通过不断完善技术转移机制,促进企业之间、企业与大学科研院所之间知识流动和技术转移,促进企业的技术集成与应用。

1. 专利转化"死亡之谷"原因：研发项目不对接市场需求

根据联合国经合组织(OECD)的报告显示,中国研发 2007 年已超过日本,成为全球第二大研发投入国。但仍落后于美国。中国的研发投入主要是高校与企业。

美国国家标准技术研究所将专利技术从实验室走向市场的过程称为"死亡之谷"。每年有成千上万科研"成果"却不见真正有竞争力的市场产品,这一现状凸显技术转移在我国国家创新体系中的缺位。中国科学院计算技术研究所所长李国杰院士认为,"尽管我国企业、大学、科研机构的创新能力都很弱,但我国国家创新体系中最薄弱的环节是技术转移。我国在基础研究到企业产品开发的过程中,有 90％的科研成果死掉了"。[1]

2015 年 2 月以来,上海盛知华知识产权服务有限公司承接了张江国家自主创新示范区"知识产权价值提升与实现公共服务平台"的建设,接收来自高校、科研院所和企业的专利,先评估其商业价值,再对有价值的专利进行管理和转化。目前盛知华评估了本市高校、科研院所的约 300 件专利,却发现有商业价值的比例"不足 5％"。华东师大教授、上海市美国创新与发展研究中心主任杜德斌介绍,2012 年,我国高校的专利授权量为 68971 件,同年美国

---

① "李国杰：技术转移是科技创新体系中最薄弱环节",记者：吕贤如,光明日报 2006 年 8 月 1 日

高校的专利授权量为 4797 件，两者相差 14 倍以上。[①] 有数据显示，我国目前科技成果转化率大约 25％左右，真正实现产业化的则不足 5％，大量科技成果被束之高阁，在"呼呼睡大觉"，与西方发达国家科技成果转化率 80％左右相比，差距相当大。于是，就出现这样一种尴尬局面：一边是在激烈的市场竞争中缺乏技术的企业，犹如"大旱之望云霓"，丝毫不见"寸水"——找不到好的技术成果；一边是有技术成果的科研人员找不到转化的出路。大量的科技成果停留于"展品"、"样品"阶段，成不了商品，形不成现实生产力。而科技成果如果不能转化，水平再高，价值再大，也是"水中月"、"镜中花"，一文不值！[②]

对于国内科技成果转化率低的现实问题，张江高科园前总裁丁磊认为实验室成果到市场的中间环节是关键："尽管人类最伟大的创新成果都来源于实验室里的探索发明，但创造了发明并不等于实现了创新。柯达公司早在 1975 年就发明了世界上第一台数码相机，却最终死在了自己的发明里。爱迪生在实验室点亮钨丝，只是一项伟大的发明；当电灯进入千家万户才是实现了创新。可惜，从实验室到市场的中间环节，向来是国内创新链上的软肋，也是近年来政府努力夯实的环节。"

丁磊认为国内科技成果转移不畅原因是政府扶持不在关键点上，"在国内，当企业稍稍做大一点，就会有地方政府利用各种招商引资的手段吸引企业入驻，政府给予企业的资源远大于企业从创新中获得的利益回报。有时，政府"太给力"反而降低了企业的危机感，甚至企业通过不正当手段来获取政府资源，削弱了其持续创新的动力。"丁磊表示，所谓"'企业是创新的主体'，体现在市场最

---

① "专利商业价值'不足 5％'背后"解放日报 2015 年 11 月 30 日，记者：俞陶然

② "优秀科技成果缘何'待字闺中'"，作者：茅廉涛（文汇报原副总编辑），文汇报 2013 年 9 月 13 日

后是检验创新的唯一场所,资本是最终推动创新的力量,而不是政府的政策和贴补。政府要做的是进一步保护知识产权,打造适合企业发展的生态。"[1]

2. 技术转化不畅原因:科研主体不对接转化主体

我国科技成果转化之路步履维艰,受到各种因素制约。从宏观上来看,涉及科技成果转化体系与理念的落后,资金与政策支持不够,转化动力不足,成果评价标准及科研人员在转化中的地位、权益不明确等重大问题。概而言之,与现有体制、机制存在的障碍不无关系,与科技、经济"两张皮"的问题未得到彻底解决息息相关。从微观上来看,是科技成果转化的三大环节(即作为科研机构或科研人员的"供体"、作为生产企业的"受体"以及沟通两者关系的"介体")的链接上出现了问题。[2]

3. 解决之道:政府引导助推科技成果转化

科技成果转化是个复杂的系统工程,同时也是一项风险性事业。没有政府的引导、制定相应的政策及一套科技成果转化规则,并给予资金的支持,单个个人或企业很难做到。在科技成果转化的过程中,政府的作用无可替代。[3]

李国杰院士认为"我国自主创新的软肋是技术转移,大学和国家科研机构的技术难以被企业接收,而广大中小企业又缺乏自主创新能力,产学研合作的重点应该放在兴办非营利的中介机构。"科技中介服务机构,是技术和市场结合的切入点,也是科技成果进入市场的重要桥梁,其作用不可或缺。国家搭建政府主导,金融政

---

[1]　"竞争才能保持创新可持续性",作者:唐玮婕、沈湫莎,文汇报 2013 年 10 月 28 日

[2]　"优秀科技成果缘何'待字闺中'",作者:茅廉涛(文汇报原副总编辑),文汇报 2013 年 9 月 13 日

[3]　"优秀科技成果缘何'待字闺中'",作者:茅廉涛(文汇报原副总编辑),文汇报 2013 年 9 月 13 日

策支持,高校院所为科技研发主体、各类所有制企业为科技成果转化主体、社会技术转移中介机构共同参与、产学研一体化项目平台,是加速科技成果转移、产业化的唯一有效途径。

(二) 中国科技成果的三种类型及对应的资金支持模式

应用性科技成果,分为基础公益类、共性技术类、专有技术类三种类型。

1. 基础公益类

不是指围绕基础科学而形成的技术,而是指各种各样的技巧工具的集合。包括二个方面:一是硬件系统——针对物理和功能界面的技术基础或技术基础设施,如我国的"金卡工程"就是提供国家信息的基础结构(平台),用公益性(非排他性和非竞争性)尺度来考评。二是指软件系统——技术标准体系。包括技术产品质量、环保质量标准、技术测试标准和方法,以引导技术发展方向。不同的产业或企业的技术发展都基于这一技术平台。如标准参与材料、工艺模型等。两类基础技术都具有很强的公共福利效应,都可以划归公益性技术范畴。

2. 共性技术类

是指该技术与其它技术组合可导致在诸多产业领域的广泛应用,是能对技术进步产生深度影响的技术,包括三大类:

一是建立在科学基础与基础技术平台之上的能够对国家技术进步产生深度影响的技术,如信息技术、生物工程技术,是其他技术的基础,能促进整个国家的技术进步。

二是与其他技术组合可导致在诸多产业领域的广泛应用,是具有产业属性的类技术,如发动机技术可应用于航空航天、航海、汽车、摩托车、发电机等所有产业,该技术与其他技术组合可导致诸多产业大量不同应用。

三是技术产品商业化的前技术基础,是不同企业专有技术平台。

用公益性(非排他性和非竞争性)尺度来考评,三类共性技术都具有一定的公共福利效应,但依次递减,并非所有的共性技术都属于公益性技术范畴,例如在不同企业专有技术的共同技术平台当中,有些平台类技术可以通过企业技术联盟的方式提供,只有参加技术联盟的企业才能受益,因而并非属于公益性技术范围。

3. 专有技术类

是指被界定为私人产品领域的技术,完全为公司或企业专属,拥有自主知识产权,私人专利技术,企业技术秘密等。用公益性(排他性和非竞争性)尺度来考评,专有技术属于既具有排他性又具有竞争性的技术,不具有公共福利效应,因而完全不属于公益性技术范围。[①]

由于科技成果分为基础公益、共性技术和专有技术三类,相对应的标准也分为三类,即公共标准、联盟标准和私人标准。所以,其对应的也是不同的转化模式,即政府主导模式、混合模式和市场化模式。[②] 不同类型的科技成果,因转化模式不一样,转化中的金融问题也不同。

4. 重视共性技术类平台建设

我国产业创新体系、创新主体的缺失,集中反映为共性技术平台的缺失。共性技术是指在很多领域内已经或未来可能被普遍应用,其研发成果可共享并对整个产业或多个产业及其企业产生深度影响的一类技术,它为企业开展自主创新提供基础技术平台。由于共性技术在经济上表现为公共产品,因此完全依靠市场力量

---

① "新时期我国科技成果分类方法与国家重点科技成果推广计划的覆盖范围" http://www.sgst.cn2006—03—09

② 《科技成果转化为技术标准理论及方法》,著者：柳成洋、丁日佳,中国标准出版社 2009 年 12 月第 1 版

很难从根本上解决共性技术供给不足的问题。从国外经验看,政府、行业协会和同业联盟是从事共性技术开发的主要力量,而企业只是共性技术的使用者。共性技术平台的缺失,导致了我国企业技术学习难度加大,技术开发成本大幅度提高,延缓了企业真正成为技术创新主体的进程。

重视共性技术平台,应当加快三类共性技术平台建设。一是战略共性技术。战略共性技术处于竞争前阶段,具有广泛应用领域和前景,有可能在一个或多个行业中得以广泛应用的技术领域,如信息、生物、新材料等领域的基础研究及应用基础研究所形成的技术。二是关键共性技术。这是关系到某一行业技术发展和技术升级的关键技术。如机电一体化的精密机械技术、精密传感技术、自动控制技术等。三是基础共性技术,这能为某一领域技术发展或竞争技术开发作支撑,例如测量、测试和标准等技术。

在加强共性技术平台建设上,一方面要发挥政府提供"公共产品"的作用,以政策与资金扶持方式,积极介入共性技术的扩散及其转化。另一方面要大力发展技术中介,为共性技术的扩散与推广发挥作用。此外,还要促进共性技术在不同层次上的共享。

加强产学研合作,促进科技成果转化,一定要避免产、学、研在创新功能上的混淆。要改变大学和科研机构的科研立项制度,加强对基础技术、共性技术研究的资助力度,逐步转变大学和科研机构过多承担企业专有技术委托课题的状况。[①]

(三) 科技成果转移中的主要金融问题与发达国经验

技术转移过程中的公共政策和金融支持是非常重要的。根据发达国家的经验,政府在建立和完善国家技术转移体系中扮演着

[①] "黄群慧:中国应尽快制定工业强国的战略规划",记者:王尔德,《21 世纪经济报道》2012 年 9 月 13 日

极为重要的角色，它不仅是国家技术转移联盟的参与者，也是这个联盟的缔造者。政府的作用主要体现在宏观和微观两个层面：在宏观层面，政府应提供政策和资金扶持，设立相应的管理机构，建立自上而下的运行机制，完善相应的法律法规，加强知识产权方面的保护；在微观层面，政府应加快国家信息基础设施建设，加强技术转移支撑机构的建设，引导风险投资的发展。由此可见，无论是宏观层面还是微观层面，都有很多金融问题。

1. 中国科技成果转移的难题与资金困境

中国的科研水平已有大幅度提高，技术创新活动也很踊跃，顶尖高校院所的科研水平亦已接近国际先进水平。但知识产权管理和技术转移水平仍远远落后于国际先进水平，这是中国的科技成果、尤其专利技术质量不高，转化率低下的主要原因。

申请专利和拿到授权很容易，但是转化出去很难。当专利的权利要求越窄小，就越容易拿到授权。商业价值越低可以申请专利的东西越多，几乎任何有点创新的研究成果都以找到能申请的细节。专利不是荣誉，也不代表成就，任何人都可以申请专利，一年申请几千个专利并拿到授权很容易。由于专利质量低、专利授权以后每年缴纳的年费数额巨大，专利难以转化也就放弃。高校院所利用国家大量经费所研发的专利，如果转化不出去，就意味大量国有资产的流失。为了研究基金结题、研究生毕业等目的所匆忙草率产生的专利，必然是浪费国家资源的垃圾专利，

一直从事技术转移研究和实践的北大教授陈东敏最有发言权，其观点：一是外国风投不投中国高科技成果。中国 65％ 的风险资本来自海外，这些风投商在自己国家投资初创型科企取得巨大成功，但到中国后却主要投资传统产业，如宾馆和房地产，即使在高技术领域，也局限于因特网和无线通信。二是无论是政府还是学术界的研究机构，技术转移的首要驱动力更多是政治因素而非市场或利润。三是研究机构缺乏技术转移所需要的工程人才和

工程管理经验。四是高校院所研究人员都缺乏足够的激励去从事技术转移。五是高校学生和导师中间缺乏创业文化。[①]

上海高校系统专门做了技术转移调研课题，发现问题存在于：一是高校技术转移机构、技术转移人才、技术转移项目匮乏。二是科研考核指标局限于论文和专利，科研人员只负责"接项目拿钱"，不负责也不会"拿项目换钱"。三是政府技术转移保障政策不足，技术转移的宏观环境尚未形成。四是技术经纪公共服务功能配套体系薄弱。该课题提出完善高校技术转移体系对策，可分为三个子系统建设：即高校科研评价制度改革，注重技术应用与市场开发；建立高校技术转移平台和培育技术转移人才队伍；加大技术转移过程中政府投入，及对研发人员的股权激励。[②]

2. 政府应成为科技成果转移转化的主要推动力

科技成果成为有价值的资产，并非在成果出现之后就自动实现，需要转化进入市场之后，才能真正创造社会价值。科技成果的转化需要专业化的运作，需要国家资金的扶持。鉴于科技成果转化对促进国家经济发展和提高国家核心竞争力的重要作用，对于早期的发明，国家应出资帮助往前推进一步，促进其转化。国家在研发方面已花费巨额投入，只有通过转化，才有可能使国家巨额研发投入有产出，真正产生社会效益。中国应该学习发达国的经验，应将资助创新的重点放到技术转移的关键环节，通过杠杆作用可以达到事半功倍的效果。如借鉴美国技术转移机构的财政支出、美国及德国技术成果分配的激励机制等等。

中国高校科研横向项目一般为技术合同方式市场化转移、转让，但纵向科研项目反而市场化运用不足。国家部委办部门亦可

---

① "陈东敏：中国高技术创业的机会在哪里？"，中国科学院网 2008 年 3 月 31 日
② 引自《完善上海高校技术转移体系及技术经纪人才培养模式和途径》，上海市教育委员会 2013 年 5 月

采取技术合同方式，以技术成果商品化实际应用为终极目标，对高校院所技术成果转移进行政府资助。因为从研发到种子期孵化阶段，本应是财政资金投入。

四、科技研发项目产业化阶段资金需求特点

企业创新能力在于科技成果能否转化为现实生产力。一般而言，一项科技成果要经过四个层次的转化，才能最终实现价值最大化，即评价率——中试率——商品化率——产业化率，产业化是科技成果最终转化层次。一个科技项目做到产业化，那是科技创新的最高境界。

但是目前存在一种科技开发与科技需求错位的现象，许多科技成果未进入商品化与产业化。发达国家的商品化和产业化率在60%——80%，我国的商品化率在10%，产业化率在5%，科技成果的低转化率影响了高新技术产业的创新能力。

经过科技开发和成果转化阶段后，可能的结果有两个：一个是依托某一项先进的技术创办高科技企业；另一个可能是该项技术转移、转让被用于企业的新产品开发或技术改造。无论如何，由于高新技术本身的特点，高新技术产业发展中也会出现许多特殊的金融问题。与传统产业相比较，高新技术产业有其自身的特点，主要有：

（一）资金需求量大风险亦大

科学技术从研究与发展到成果转化，再到产业化，是一个完整的链条。这个链条的不断传动靠的是资金支持，即财政金融体系支持。但是，从科技开发、成果转化到产业化的链条中，各个不同的阶段对资金的需求是不一样的。据有关资料统计，上述三个阶段所需的资金比例一般是1：10：100。也就是说，越是链条的后

端对资金的需求量越大，也即产业化阶段对资金需求的规模自然最大。但是，高技术产业的"轻资产"，使得物资担保性差，不如传统产业的投入总伴随着有形资本增加，可通过实物资产处置以回收投资。因此，高技术项目产业化阶段资本需求大，一旦遇上发展瓶颈，资本风险也大。

（二）技术与市场的不确定风险

技术创新项目本身具有难度与复杂性，首先是技术不确定，在创新者自身经验与能力有限的情况下，任何一个细小技术因素都会导致产业化达不到预期目标甚至中途失败的可能性。另外存在行业技术不确定，集群化的高技术产业，产业之间有很强的关联性，一个产品往往依靠多个部门和领域的技术支撑，任何一项技术的瓶颈，都可能产生放大效应，给整个产业链带来严重的影响。

产业化阶段还面临内、外部环境的不确定性：内部有管理的不确定，即财务、生产、管理经验不足等；外部有如宏观政策、市场的变化，这些不确定大大增加企业风险

（三）资本退出机制的风险

高技术产业作为一个产业链条，参与者既有创业者、企业家，也有风险投资家和政府，其中，风投家既是资本的主要提供者，也是推动和影响产业兴衰的重要力量之一。如果没有风险资本有效的退出机制，则会出现资本供给严重不足风险，影响高技术产业发展。[①]

从以上科技研发、小中试、转移转化、产业化四阶段分析，高新技术项目产业化的金融政策、工具、服务与传统产业相比迥异。其

---

① 此节参考《科技金融》，著者：赵昌文、陈春发、唐英凯，国家科学技术学术著作出版基金资助出版，北京科学出版社 2009 年 10 月第 1 版

资本来源主要有：政府财政资金支持；政府引导基金带领社会VC、PE资本的投资；银行科技贷款、知识产权质押贷款、科技小贷公司等贷款；科技担保、科技保险提供保障。资本市场融资，包括在中小企业板、创业板、"新三板"等证券市场融资，以及中小企业各种募集债；技术与产权交易市场等；以及上述各种金融工具之间进行如投贷联动的创新组合。

第四节　实务知识二：科技金融与科技企业生命周期的匹配

科技企业从成立到成熟生命周期与科技研发周期的商品化、产业化两阶段重叠，也经历四个阶段：种子期、初创期、成长期、成熟期。相比科技研发四阶段资金需求较为概念化，科企发展四阶段资金需求则较为务实。科企每一阶段对资金的需求各不同，呈现数量逐级加大、结构趋向多元现象，因此，科技金融的匹配根据企业实际情况也不相同。由于不同阶段和各个环节的高新技术企业的投资价值、投资风险不同，对资本需求的方式和数量也不同，从而也就会使用不同的金融工具，采取不同的融资方式，需要不同的金融政策和服务的安排。

一、种子期企业的融资特色：天使基金＋政策性资金＋VC

种子期的科技型企业主要从事产品的研究开发，基本处于技术研究开发阶段中后期，只有实验室成果，还没有真正的产品，企业甚至尚未真正建立，但创业者能够确认其未来的产品在技术上是可行的、有市场的。此时，企业或项目的整个财务处于亏损期，没有收入来源，无正式的销售渠道，只有费用支出，无直接的投资回报。

此阶段主要面临高新技术不成熟的技术风险和能否开发出产品的风险,项目失败率很高,倘若技术开发遇到严重障碍,无法取得突破性进展,投资者就会失去耐心,企业或项目也就夭折了。因为没有投入正式的生产经营,种子期的资金需求量较小,鉴于种子期企业风险较高,私人资本大都不愿涉足,主要来源是创业者自有资金或自筹资金、天使基金及政府扶持的风投资金,筹集的资金主要用来购买实验开发所需要的原材料、支付各种研发费用,但投资风险很大。

种子期企业绝大多数创业者为技术出身,缺乏对政府支持高科技产业发展各项政策的了解,也缺乏必要的市场营销、企业管理、金融知识及经验。而种子期企业恰恰是处于将技术成果转化为商品化、产业化重要阶段,以实现技术的市场价值,因此,这个阶段企业非常需要高科技园创业指导和融资服务。

二、初创期企业的融资特点: 政策性资金＋VC/PE

初创期是科技创业人员将其经过种子期转化所形成的具有商业价值的项目成果,通过创业来实现科技成果向产业转变的阶段。这个时期的资金主要用于产品开发和市场开发,以形成生产能力。企业资金除了花在耗资的"中试"上外,投入到其他推销费用上的也较多,当期销售收入有限,再加上企业此时尚不具备大批量生产条件,产销量不大,单位制造成本较高,企业财务仍处于亏损阶段,但亏损额随产品销量的增加呈不断缩小的趋势。

这一阶段技术风险有所降低,但市场风险和财务风险则变得较为突出。初创期处于现金流出大于流入,企业抵押能力不强,信息透明度差,要想获得商业贷款相对困难,也未达到发行股票和债券的标准。这时,政府扶持的创业、创新基金及创业接力性资金的支持是必不可少。除了先期投资的天使、VC、PE,还可以通过小贷、租赁、典当等新型金融市场进行融资,以及时满足企业融资需求。初创期企业在风险资本介入后,由于企业的资金实力和承担风险的能力有所增强,尤其 VC 的投资等于为企业信用进行了背书,加上担保机构的担保贷款,科技银行、部分对高科技企业开放的商业银行会适度介入,并提供一定程度的贷款支持。

这个阶段的创业者也特别需要专家的指导,在高科技园,有一支辅导员、创业导师等专家队伍与配套的服务体系,对初创期企业进一步定位市场潜力领域、整合管理团队,以及对商业计划精细化等进行跟踪服务。更重要的是,初创期企业在科技园的扶持下,更容易获得来自园区自营投资机构的投融资。

三、成长期企业的融资特点：VC/PE＋商业银行＋资本市场

成长期企业总的特点是产品已经进入市场,技术风险大幅度下降,企业销售收入、现金流量逐渐趋稳,企业规模扩大,社会对企业有了深入了解,企业可以获得包括商业银行在内的各种资金供给方的信任,相比前两阶段企业融资渠道得到了很大拓展。但需要更多的资金以扩大生产规模和市场开发,不断完善产品和进一步开发出更具竞争力的产品。

企业面临的主要风险已转移到管理运营风险以及规模化生产而形成的资金缺口风险。扩张投资使企业的资金需求猛增,随着企业规模扩大,可用于抵押的资产增加,企业有了初步的业务记录,信息透明度有所提高。因此,成长性企业可以得到直接融资与间接融资投贷联动的组合型融资。即能得到风险资本的青睐,又可从各类 PE 基金获得资金,同时还可通过股权场外市场挂牌及创业板上市等方式获得融资。除了某些国家战略性高科技项目外,这个时期政府的投入减少,而商业 VC、PE 基金是主要投资者。

高科技企业一般不愿让 VC 从控股到控制企业管理，丧失创业者的经营自主权，企业愿意通过银行进行债务融资。商业银行愿意向其提供担保性贷款，以期在高速发展企业收益中分一杯羹。同时，企业亦可通过场外交易市场进行技术股权转让或知识产权交易等方式融资。

企业处于成长性阶段，特别需要与银行与非银行金融机构、市场中介机构对接，因此，通过高科技园的融资平台媒介，及园区合作联盟的银行等金融机构与专业人才，将为企业提供完备的法律、会计、金融服务，以及企业在各层次资本市场挂牌或上市的辅导服务。

四、成熟期企业的融资特点：商业银行＋资本市场

成熟期企业其发展潜力已经充分体现，经营业绩高速增长，经营风险降低。一方面，企业规模由小微型向中大型企业转变；另一方面，企业内涵有重大转变，其人才素质、组织结构、信息管理、技术水平、营销服务等各方面都发生了深刻的质变。这一阶段的风险主要是转型风险，因转型过程中，涉及大量资源的重组和转换，或许会带来企业成本的增长、经营收益下滑和转型失败的可能。

伴随着成熟期企业发展战略目标的转移，企业已经不再为筹资发愁，在综合考虑各种融资渠道成本的前提下，选择最优融资结构、最低融资成本是企业重点考虑的问题。借鉴融资优序理论，考虑市场信息不对称、交易成本的存在、权益融资会传递企业负面消息等因素，企业在成熟期融资一般应循内源融资（自筹）、债务融资（贷款）、权益融资（上市）这样的顺序。

成熟期阶段企业的资金需求量比较前三阶段增加很大。但企业有了稳定的现金流量，资金缺口逐渐减小，融资能力逐渐增强。由于银行等金融部门贷款具有成本低、手续较少、融资期限长等优

点,贷款成为企业最可行、最方便价廉的融资方式。可以通过增加银行贷款等长期债务方式增加财务杠杆作用,降低成本,增加企业利润与股东价值。此时,企业选择融资方式也可多样化,如发行债券、员工认股、资产证券化等。同时,也可通过二、三板市场及主板上市,以及场外交易市场进行技术股权转让或知识产权交易等方式融资。也为 VC、PE 的退出变现增加了新通道。

并购和回购是成熟阶段企业融资的又一种重要方式;它为风险投资提供另一个退出渠道,促进双方企业资产和技术的整合,大大减少技术或市场风险,增加企业竞争力。

通过高科技园的培育扶持,一个小微企业成长壮大成为大中型科技企业毕竟百里挑一,成熟期企业更多的是通过高科技园招商引资引进。成熟期阶段企业特别需要来自于投资银行和资本市场的服务,高科技园进行市场引导,在园区金融平台上引进高资质金融与中介机构合作伙伴,精心为成熟期企业上市做辅导。[1]

---

[1] 此节部分参考《科技金融》,著者:赵昌文、陈春发、唐英凯,科学出版社 2009年 10 月第 1 版

杨浦科技要素集聚大区：需要正确"选题"

　　杨浦区位于上海市中心区的东北部，地处黄浦江下游西北岸，东南与浦东新区隔江相望，西临虹口区，北与宝山区接壤，呈弯弓形状。区域面积60.61平方公里，人口约130万。黄浦江支流的杨树浦港纵贯区境南北，杨浦区称谓即以此演变而得。黄浦江岸线（包括复兴岛）15.5公里，区内有一桥（杨浦大桥）、两环（内环、中环快速干道）、三隧（大连路、翔殷路、军工路越江隧道等）和数条轨道交通（地铁4号、8号、10号、12号等）。杨浦已成为上海中心城区连通长三角地区的门户。

　　历史赋予杨浦优厚的遗产，"百年工业"、"百年市政"、"百年大学"三个"百年文明"，是杨浦改革开放、科技创新、产业转型的科技文化及物质基础。

　　上世纪90年代初，我国改革开放进入深水区，社会主义市场经济注定要淘汰低效落后的传统产业，发展先进制造业与现代服务业，上海开始对城市产业结构进行外科手术般大调整。杨浦曾经引以为豪的大中型国企此起彼伏的关停并转、大量工人纷纷下岗。这直接导致两个后果：一是围绕国企配套的区属中小企业纷纷倒闭或转产，税收锐减。二是作为工人居住聚集区（包括大量拆迁人口导入）的杨浦，所有下岗人员成为杨浦区救济救助的对象，财支骤增。一进一出的变化,导致区财政负担陡然加大。

90 年代后期,杨浦瞄准先进发展城区,盘点区域存量资源,几经"选题"发展目标,不惧失败再探索,最终找到最能盘活、发挥区域"三个百年"存量资源优势的途径:2003 年 4 月,上海市委、市政府正式批复建设杨浦知识创新区,杨浦区牵头组建大学校区、科技园区、公共社区"三区融合、联动发展"的产学研合作大平台,形成大学与城区、科技与产业融合发展的创新转型新模式。2010 年 3 月杨浦区被科技部授予国家创新型试点城区,2015 年 5 月,杨浦又成为上海科创中心的重要承载区,成为大众创新、万众创业的示范区,为杨浦腾飞提供更大的发展空间。

第一节　杨浦优秀的历史遗产：三个百年与红色记忆

杨浦最大的历史遗存是三个"百年文明"与红色记忆。历史留给杨浦人民最丰厚的遗产,就是"百年市政"集群、"百年工业"集群、"百年大学"集群,加上中国共产党早期在杨浦领导工人阶级开展抗日运动与反对资本家剥削的工运历史,它为杨浦在 21 世纪初的创新、转型提供了重要的科技与人才支撑、文化与精神支撑、及物理空间支撑。

一、杨浦优秀的历史遗产：三个百年

杨浦"三个百年"浓缩了中国工业的起步、科教事业的发展、市政规划的设计开端等历史过程,是杨浦深厚的物质文化积淀,是重要的人文资源。留存这样宝贵的历史记忆与历史遗存,是促进杨浦城区发展、打造杨浦知识创新区的宝贵财富。目前,百年市政成

为引领知识创新的新天地；百年工厂遗存为文化创意、科技孵化提供了发展空间；百年大学集群成为数家国家大学科技园及几十家小微科企孵化器的支撑，为科技创新源源不断的提供知识、技术、人才要素，是多元科技资源溢出的高地源泉。

（一）百年市政文明①

杨浦作为上海的老城区，从 20 世纪初（1911 年），公共租界当局编制的《公共租界东区道路计划图》，为区境城市建设规划之始，一直到 21 世纪杨浦成为国内外著名的城市设计聚集区，至今已有 100 余年。1929 年，上海市特别市政府编制的"大上海计划"，选择境内五角场地区，作为上海市的中心区域。抗战爆发后，"大上海计划"被迫终止。"大上海计划"是规模最宏大、历史建筑最优秀、功能最齐全的城市建设规划。

1. "大上海计划"内容

1922 年，孙中山在《建国方略》中提出："设世界港于上海"。1927 年 7 月 7 日，上海被国民政府确定为特别市。同年 11 月，特别市政府专门成立设计委员会，集中一批专家研究上海的城市建设问题。1929 年 7 月，市政府会议确定引翔、殷行、江湾三区的交界处（今五角场地区）为上海的市中心区域，8 月新成立的市中心区域建设委员会公布了《建设上海市中心区域计划书》，以后又提出了《黄浦江虬江码头计划》、《上海市分区计划》、《上海市道路计划》等一批配套计划，这些计划即构成人们常称的"大上海计划"。

1930 年 11 月，按计划筑成了以特别市府大楼为中心的蛛网型道路，并先后建造了市体育场、市博物馆、市图书馆等建筑。1937 年抗战爆发，实施七年的"大上海计划"被迫中止。目前，"大

---

① 根据《百年市政看杨浦》一书数据资料整理。编者：上海市杨浦区史志编纂办公室、上海市杨浦区档案局，上海高教电子音像出版社出版 2011 年 9 月第 1 版

上海计划"主要建筑基本保存，道路格局依旧。

2.百年市政一览表

序号	名称	建造时间	地址	现名	建筑面积㎡	备注
1	旧上海特别市政府大楼	1933年	清源环路650号	上海体育学院行政办公楼	9000	市文物保护单位
2	旧上海市博物馆	1935年	长海路174号	长海医院影像楼	3400	市优秀历史建筑
3	旧上海市图书馆	1935年	黑山路181号	杨浦图书馆（在建）	3470	市优秀历史建筑
4	旧上海市体育场	1935年	国和路346号	江湾体育场	占地28000	市文物保护单位
5	中国航空协会飞机楼	1936年	长海路174号	长海医院内	1522	市优秀历史建筑
6	旧上海市立医院	1936年	长海路174号	长海医院中国人民解放军中心血站	4500	区不可移动文物
7	旧上海市卫生试验所	1935年	中原路32弄内	长海医院职工用房	1860	区不可移动文物
8	国立音乐专科学校旧址	1927年	民京路918号	公安部上海822厂内	3900	市优秀历史建筑

续　表

序号	名称	建造时间	地址	现名	建筑面积㎡	备注
9	中国工程师学会工业材料试验所	1936年	民京路274号	民京路居民区	750	保护使用
10	三十六埭（宅）花园洋房	1935年	市光路132—176弄内	市光路居民区	现存30幢	保护使用
11	虬江码头	1936	虬江码头路1号	91602部队	后续建	保护使用
12	"大上海计划"道路布局	1936年	五角场放射型蛛网状道路	以民国政府等字命名的道路	该区域61条道路	保护使用
13	英商上海自来水公司	1883年	杨树浦路830号	杨树浦水厂（公用事业）	占地150000	市文物保护单位
14	英商上海电光公司	1913年	杨树浦路2800号	杨树浦发电厂（公用事业）	占地130000	市优秀近代建筑
15	杨树浦煤气厂	1932年	杨树浦路2524号	杨树浦煤气厂（公用事业）	占地91000	市优秀近代建筑
15	闸北水电公司水厂	1926年	闸殷路65号	上海闸北水厂	占地	保护使用

续　表

序号	名称	建造时间	地址	现名	建筑面积㎡	备注
				（公用事业）	280000	
16	闸北水电公司水电科	1911年	军工路4000号	上海闸北发电厂（公用事业）	占地210000	保护使用

　　"大上海计划"在路网设计方面采用了放射状、棋盘式和蛛网型的结构，是当时国际比较流行的建筑规划理念。黄兴路、其美路（今四平路）、淞沪路、翔殷路和翔殷西路（今邯郸路）五条大马路向四周辐射，以联络租界与华界各区域干道和筹建中的码头、商港和铁路。其整体布局以市政府新厦为中心，以三民路、五权路、世界路和大同路为分界，呈棋盘式和蛛网型分布。计划修筑干道二十条，形成全市干支相连的道路系统。按孙中山先生思想中的"三民五权"、"世界大同"进行分区。分区道路分别命名为三民路（解放后更名为三门路）、五权路（解放后更名五星路，因与吴兴路谐音又更名为民星路）、世界路、大同路（未辟筑）。

　　采用"民、国、市、政、府"等字为首字组词而成的独特路名，至"八一三事变"爆发，江湾市中心一共建成道路61条。其中，"市"字头较少如"市光路"，市府大厦周边道路以"府"当头已改名。

（二）百年工业[①]

　　19世纪中页，杨浦还是地地道道的江南鱼米之乡，本地土著

────────────────

　　①　根据《百年工业看杨浦》一书数据资料整理。编者：上海市杨浦区史志编纂办公室、上海市杨浦区档案局、上海高教电子音像出版社出版 2011 年 9 月第 1 版

居民在江边河畔耕地打渔，一派田园风光。19 世纪末至 20 世纪中期，外国资本财团看中这块地理交通位置极佳的风水宝地，杨浦滨江地区开始马达轰鸣、烟囱林立，五湖四海人群向滨江工厂涌来，短时期内，杨浦集聚了大量产业工人，先进的工业商品开始风行全国，"工业杨浦"由此启动了上海制造业品牌的华章，城市商贸的繁华，金融的发达，上海由此亦盛名国内外，曾经辉煌百年的杨浦工业为上海历史留下厚重的一笔。

1. 百年工业的内容

杨浦滨江一带是近代中国工业发源地。1869 年，公共租界工部局从提篮桥沿黄浦江修路至杨树浦港，名为杨树浦路。精明的外国商人把眼光投向杨树浦，建立了黄浦江工业码头区，使杨树浦成为上海近代工业发展最早、最大的工业区。建于 1913 年的杨树浦发电厂经过改建成为国内当时最大的火力发电厂，华铝钢精厂为全国最早的铝制品厂，中国肥皂公司和英美烟厂的产品在中国市场销量一度占据了 70—80％的市场份额。

至上世纪 20 年代，杨树浦已是工厂林立、厂房密布、产业工人集中的地区，形成一个以纺织、卷烟、机器、造船为主体，包括水、电等市政公用事业的综合工业区，工人总数达 20 万。陈独秀委托进步知识分子李次山调查上海工业情况，对李次山反映"近来杨树浦一带，可称为工业社会"十分感慨，他在《新青年》月刊上撰写的《上海劳工状况》一文中如是说"近年来上海的工厂，一天发达一天了。其中纱厂为最多数，那贫民的生计，便因此一振。杨树浦一带，竟可称他为一个工业社会。"

至 1937 年，区境内外商已有 57 家工厂，民族工业发展到 301 家，其中轻纺工业已具相当规模，占全国 45.4％左右。1949 年，杨浦区有企业近千家，职工近 10 万人，工业总产值 7.2 亿元，占全国的 5％、占全市的 20％，在上海乃至全国闻名。杨浦区当之无愧成为中国近代工业的发源地，杨浦的老企业代表了中国近代工业早期的最高水平。当时很多外国投资者都知道中国上海有个"杨树浦"。因为这个地方是他们的投资热土。

在新中国成立后的社会主义建设热潮中,杨浦获得国家基本建设投资 13.46 亿元,1958 年工业产值 27.57 亿元,是 1949 年的 9.73 倍;到 1965 年,新建工厂 84 家,包括机床制造、柴油机、矿山与建筑机械、电站锅炉、拖拉机等产业;上海手表厂、上海矽钢片厂等一大批工厂拔地而起,东风机器厂等又一大批工厂迁入杨浦,不少的老企业改建扩建,杨浦地区的工业总产值迅速攀升,占上海的 26%,央企、和市企大国企 334 家,产业工人多达 60 万,更是成为上海制造业集聚地。

杨浦民用消费品著名品牌闻名全国,上海牌手表、凤凰牌与永久牌自行车、中华牌香烟、民光床单等系列纺织品牌远销海内外。上世纪 50 年代末到 80 年代中期,许多中国人家庭以有上海牌手表、凤凰牌自行车为荣,并且作为小青年结婚必备家当"三转一响"(手表、自行车、缝纫机、收音机)中的"二转",当时在计划供应条件下,成为人们梦寐以求的最紧俏商品。尤其"上海牌"手表被誉为"国表",成为当时人们身份与品位的象征。及至今日,沪港澳台收藏家和时尚人士,都以戴一只古董级"上海牌"手表为荣。

2. 百年期间建立的工厂一览表

杨浦近代工业的辉煌已经成为历史。史者,事也,不可放失。下面图表为杨浦百年期间所建立的 128 家有一定代表性的工业企业的基本情况,其中:面积与职工人数是上世纪 90 年代初期的统计数据。在企业的选择上,以解放前建厂的大中型企业为主;解放后建厂的主要选择部分规模影响比较大的企业(个别企业因为行政区划等原因现已不属本区,但也收入本书)。表格中的厂名,是企业改成股份制之前的名称;多家企业合并的,原名一般选择影响比较大的企业。

图表：杨浦区百年期间建立的工厂名录① 单位（万平方米）

序号	厂名	建厂时间	建厂地址	占地面积	建筑面积	职工人数
1	上海船厂	1862年	杨树浦路468号	58.9		8500
2	上海正广和汽水厂	1864年	通北路400号	5.1314	4.4712	2363
3	上海第四制药厂	1866年	长阳一路1568号	6.8	5.82	1472
4	上海天章记录纸厂	1882年	杨树浦路408号	0.8307	1.6078	
5	杨树浦水厂	1883年	杨树浦路830号	12.9		704
6	上海第三丝织厂	1888年	许昌路5号	2.0561	4.9997	2936
7	上海第九棉纺织厂	1895年	杨树浦路2086号	1.2108		9019
8	上海钢琴厂	1895年	江浦路627号			
9	上海第五毛纺织厂	1896年	杨树浦路670号	5.425	7.438	3479
10	上海第一丝织厂	1898年	杨树浦路468号	1.9444	4.6922	2722

① 作者根据《百年工业看杨浦》一书数据资料整理。编者：上海市杨浦区史志编纂办公室、上海市杨浦区档案局、上海高教电子音像出版社出版 2011 年 9 月第 1 版

续　表

序号	厂名	建厂时间	建厂地址	占地面积	建筑面积	职工人数
11	上海闸北发电厂	1911 年	军工路 4000 号	21.76		2277
12	上海三友实业社毛巾厂	1912 年	双阳路 62 号	1.1164	1.2606	737
13	上海冶炼厂	1912 年	河问路 826 号	22.0	12.0	6192
14	上海杨树浦发电厂	1913 年	杨树浦路 2800 号	13.48		2269
15	中华第一棉纺织厂	1914 年	龙江路 377 号			
16	上海第一毛条厂	1915 年	杨树路 1056 号	5.038	6.5194	2492
17	上海第三十一棉纺织厂	1915 年	长阳路 1382 号	11.8146	15.0261	6725
18	上海字模一厂	1915 年	许昌路 1100 号		0.6614	205
19	上海有线电厂	1917 年	齐齐哈路 76 号	4.7	6.7	3288
20	上海第三十棉纺织厂	1917 年	长阳路 1750 号	2.5961	5.5826	3060
21	上海第四漂染厂	1917 年	平凉路 1404 号	2.358	4.0017	1328

续　表

序号	厂名	建厂时间	建厂地址	占地面积	建筑面积	职工人数
22	上海新华印刷厂	1917 年	大连路 130 号	1.1087	2.4010	1191
23	上海第一绸缎炼染厂	1919 年	长阳路 566 号	3.8629	4.8530	1025
24	上海市印刷一厂	1920 年	齐齐哈尔路 920 号	3.4933	1.4938	918
25	上海针织厂	1920 年	长阳路 1080 号	1.673	3.5612	1705
26	上海第二十九棉纺织印染厂	1921 年	西湖路 140 号	6.7221	8.5954	4818
27	中国版纸厂	1921 年	波阳路 16 号	3.6994	3.2903	1337
28	上海第十二棉纺织厂	1921 年	腾越路 195 号	8.77	11.01	7218
29	上海变压器厂	1921 年	平凉路 332 号	4.1876	4.013	1609
30	上海第十九棉纺织厂	1921 年	平凉路 2767 号	12.8159	12.591	6145
31	上海电站辅机厂	1921 年	杨树浦路 2200 号	21.0	14.5	1424
32	上海钢窗厂	1921 年	淞沪路 322 号	1.4667		771

序号	厂名	建厂时间	建厂地址	占地面积	建筑面积	职工人数
33	上海第十七棉纺织厂	1921 年	杨树浦路2866 号	19.17	17.66	9628
34	上海绝缘材料厂	1922 年	民生路 40号	1.7946	2.0504	655
35	上海市印刷二厂	1922 年	福禄街 210号			546
36	上海亚明灯泡厂	1923 年	辽阳路 66号	2.425	4.4231	2332
37	上海东区水质净化厂	1923 年	河间路1283号	2.5827		
38	上海制皂厂	1923 年	杨树浦路2310 号	7.0619	7.1341	2355
39	上海五和针织一厂	1924 年	许昌路1013号	0.6094	1.7796	2055
40	上海化工厂	1924 年	杨树浦路1578 号	6.7	7.1227	
41	大华仪表厂	1925 年	河间路 788号	1.4662	2.4251	1260
42	上海电车厂	1925 年	许昌路 676号	2.1743	2.8985	22097
43	上海市第十五棉纺织厂	1925 年	齐齐哈尔路502 号	3.2667		3086

续　表

序号	厂名	建厂时间	建厂地址	占地面积	建筑面积	职工人数
44	中国电工厂	1925 年	凉州路 613 号	1.8877	2.6596	1258
45	上海卷烟厂	1925 年	长阳路 733 号	3.0655	7.9056	5474
46	上海电工机械厂	1926 年	军工路 580 号	13.5	6.7	1628
47	中华造船厂	1926 年	共青路 130 号	36.0278		6000
48	上海正泰橡胶厂	1927 年	长阳路 447 号	3.8532	8.1078	4131
49	上海市印刷三厂	1927 年	控江路 666 号	1.9219	4.0	1478
50	上海灯泡三厂	1927 年	国定路 315 号	1.7422	2.1233	944
51	上海冶金设备总厂	1929 年	河间路 379 号	27.6	15.4	5200
52	上海灯芯绒总厂	1929 年	唐山路 1219 号	6.1635	6.8149	3198
53	上海手帕一厂	1929 年	昆明路 1192 号	1.5089	2.7459	1000
54	上海烟草工业印刷厂	1929 年	许昌路 1018 号	2.0635	2.7496	1095

续　表

序号	厂名	建厂时间	建厂地址	占地面积	建筑面积	职工人数
55	上海第十六棉纺织厂	1930 年	齐齐哈尔路604 号	3.051	4.6744	3490
56	上海渔轮厂	1930 年	共青路 430号	13.6	6.62	2090
57	大中华橡胶三厂	1930 年	宁国路 241号	2.4046	2.8947	1468
58	大中华橡胶五厂	1930 年	怀德路 969号	1.1291	1.65	1164
59	上海胶鞋六厂	1930 年	平凉路1180号	1.298	2.8406	1981
60	上海梅林食品有限公司	1930 年	军工路 224号	3.331	3.46	800
61	上海玻璃机械厂	1930 年	内江路 200号	8.4042	7.3534	1761
62	上海第二丝织厂	1931 年	惠民路 689号	0.5206	1.2388	1000
63	上海第一铜管厂	1931 年	临青路 280号	3.0991	2.4031	1141
64	上海第三毛纺织厂	1931 年	许昌路 1150号	3.1964	3.7093	2245
65	上海远东钢丝针布厂	1931 年	平凉路 2241号	2.5	3.3	500

序号	厂名	建厂时间	建厂地址	占地面积	建筑面积	职工人数
66	上海第十七毛纺织厂	1932 年	波阳路 400 号	3.5901	5.6737	2376
67	上海铝材厂	1932 年	渭南路 615 号	9.8468		2085
68	上海第二毛纺织厂	1933 年	锦州湾路 185 号	2.0389	4.0171	2605
69	上海玻璃器皿三厂	1932 年	昆明路 1051 号	1.1326	1.8832	894
70	上海新丰印染厂	1933 年	昆明路 853 号	2.1571	3.0354	1555
71	上海新华树脂厂	1933 年	平凉路 2200 号	1.0415	1.2261	467
72	杨树浦煤气厂	1933 年	杨树浦路 2524 号	9.1	4.7	1871
73	上海医用仪表厂	1933 年	政旦东路 20 号	2.6	2.77	1568
74	上海第五印染厂	1934 年	河间路 595 号	2.8492	3.7943	1522
75	上海第一冷冻机厂	1934 年	江浦路 1200 号	4.16	2.87	1283
76	上海第六毛纺织厂	1935 年	平凉路 1090 号	1.4653	2.7	1358

续　表

序号	厂名	建厂时间	建厂地址	占地面积	建筑面积	职工人数
77	民光被单厂	1935 年	通北路 827 号	1.5013	1.9348	1345
78	上海第十九毛纺厂	1935 年	临清路 188 号	0.8254	2.1736	1199
79	世界橡胶厂	1935 年	霍山路 1165 号	0.471	0.7673	323
80	上海淀粉一厂	1935 年	河间路 152 号	0.1695	0.1808	157
81	华光啤酒厂	1936 年	定海路 350 号	3.0227	3.6567	892
82	上海第一毛麻纺织机械厂	1937 年	民治路 7 号	1.6532	1.6156	432
83	上海铂材二厂	1937 年	河间路 845 号	0.373	1.1	617
84	上海铜材厂	1938 年	抚顺路 202 号	3.3041	2.8681	1094
85	上海高强度螺栓厂	1939 年	隆昌路 621 号	1.8203	1.5554	396
86	上海新沪钢铁厂	1939 年	昆明路 572 号	33.3333		4307
87	上海纸箱一厂	1939 年	隆昌路 203 号	0.6869	0.681	259

续　表

序号	厂名	建厂时间	建厂地址	占地面积	建筑面积	职工人数
88	上海绳网厂	1939 年	赤峰路 53 号	2.4	3.1	893
89	上海自行车厂	1940 年	唐山路 1217 号	13.68	15.24	6903
90	上海第二印染厂	1942 年	军工路 100 号	5.59391	4.4864	2117
91	上海第二钢铁厂	1942 年	于黄兴路 221 号	27.3	18.7	5896
92	上海工具厂	1942 年	大连路 920 号	10.59	8.53	3912
93	上海第一混凝土制品总厂	1942 年	佳木斯路 350 号	30.9	5.7	2650
94	上海拖拉机内燃机公司	1943 年	黄兴路 2012 弄 40 号	33.29	24.0	6424
95	上海大中被单厂	1943 年	通北路 537 号	0.933	1.4	1344
96	上海电缆厂	1945 年	军工路 1076 号	41.0	20.0	4923
97	上海第十二丝织厂	1945 年	海州路 33 号	2.056	5.00	
98	上海航测仪器厂	1946 年	双阳路 330 号	0.7494	2.646	344

续　表

序号	厂名	建厂时间	建厂地址	占地面积	建筑面积	职工人数
99	上海华丰毛纺厂	1946 年	黄兴路 1616 号	3.2758	5.05828	2446
100	中国纺织机械厂	1946 年	长阳路 1687 号	45.0	25.0	6128
101	上海机床厂	1946 年	军工路 1146 号	36.9	218.0	835
102	上海良工阀门厂	1946 年	荆州路 101 号	2.62	3.56	1661
103	上海橡胶制品四厂	1946 年	杨树浦路 647 号	3.8763	3.5452	1092
104	上海医疗器械厂	1946 年	临青路 430 号	2.7787	5.9523	580
105	上海天和电容器厂	1946 年	赤峰路 65 号	1.18	2.1	2126
106	上海华东建筑机械厂	1946 年	长阳路 1650 号	9.1743	4.0378	836
107	上海第五化学纤维厂	1947 年	军工路 1436 号	9.2501	7.9659	2290
108	上海柴油机厂	1947 年	军工路 2636 号	71.3	37.8	10726
109	上海市海洋渔业公司	1949 年	共青路 486 号	12.00	0.46	7213

续　表

序号	厂名	建厂时间	建厂地址	占地面积	建筑面积	职工人数
110	上海建筑机械制造厂	1948 年	武川路 50 号	18.6	7.5	2043
111	上海建筑木材厂	1950 年	政民路 107 号			1000
112	上海电焊机厂	1951 年	控江路 1515 号	10.0	7.0	1800
113	上海光学仪器厂	1952 年	黄兴路 1545 号		6.3407	2760
114	上海新华无线电厂	1952 年	黎平路 207 号	8.8161	6.9312	2816
115	上海第七印绸厂	1953 年	周家嘴路 1639 号	0.9828	1.8154	794
116	上海淬火厂	1953 年	隆昌路 609 号	0.3422	0.4667	175
117	上海电表厂	1953 年	控江路 1677 号	6.8182	6.5405	2813
118	上海电炉厂	1954 年	平凉路 1749 号	3.9602	3.0683	1065
119	上海飞达羽绒服装厂	1956 年	延吉中路 105 号	0.37	1.44	1332
120	上海矽钢片厂	1957 年	隆昌路 619 号	10.43	9.6	4100

续　表

序号	厂名	建厂时间	建厂地址	占地面积	建筑面积	职工人数
121	上海第一羊毛衫厂	1957 年	平凉路 2060 号	0.7664	3.121	1559
122	上海弹簧垫圈厂	1957 年	隆昌路 611 号	101.32	10.07	573
123	上海五一电机厂	1958 年	双阳路 62 号	2.7789	3.0813	1356
124	上海自行车三厂	1958 年	平凉路 2375 号	20.5172	16.0155	8184
125	上海手表厂	1958 年	榆林路 200 号	2.5484	4.8495	5700
126	上海标准件三厂	1958 年	隆昌路 621 号	2.2167	3.2232	1170
127	上海乳胶厂	1959 年	黄兴路 700 号	2.5933	3.2	1170
128	上海远洋渔业公司	1985 年	共青路 486 号			

(三) 百年大学文明①

杨浦科教资源丰富,20 世纪初,境内就出现了教会创办的大学。至 20 世纪 30—40 年代,教育事业得到了迅速发展,现区域内

---

① 　根据《百年大学看杨浦》整理。编者：杨浦区史志办、杨浦区档案局,上海高教电子音像出版社 2009 年 12 月第 1 版

坐落着 12 余所各类高等院校,其数量超过了上海市高校总数的三分之一,被誉为"上海学府中央区"。

1. 杨浦主要百年大学介绍

在杨浦这些高校中,有历史悠久、学科门类齐全的综合性大学复旦大学、同济大学,也有专业特色显著、为行业培养高级人才的上海财经大学、上海理工大学、上海海洋大学、上海电力学院、上海体育学院、上海城市管理职业技术学院;也有军队所属的第二军医大学、解放军南京政治学院上海分院;有向社会开放的成人高等学校上海电视大学、杨浦区业余大学,也有列入国家计划招生范围的优秀民办学校上海济光职业技术学院、上海东方文化职业学院。百年大学,科教资源,是杨浦构建知识创新区的动力源泉。2005年,复旦大学迎来了百年校庆。2006年,上海理工大学迎来了百年校庆。2007年,同济大学迎来了百年校庆。

2. 杨浦高校一览表

杨浦高校一览表

序号	校名	建校日期	原名	占地面积(万㎡)	建筑面积(万㎡)	总校地址
1	复旦大学	1905 年	复旦公学	244.32	149.23	邯郸路 220 号
2	同济大学	1907 年	德文医学堂	257.13	156.00	四平路 1239 号
3	上海理工大学	1906 年	沪江大学	61.53	26.00	军工路 516 号
4	上海水产大学	1912 年	江苏省省立水产学校	52.90	32.19	军工路 334 号

续　表

序号	校名	建校日期	原名	占地面积(万㎡)	建筑面积(万㎡)	总校地址
5	上海财经大学	1917 年	南京高等师范学校商科	41.00	29.279	国定路777 号
6	第二军医大学	1949 年	第二军医大学	191.00	118.50	翔殷路800 号
7	上海电力大学	1951 年	上海电业学校	9.066	5.30	平凉路2103 号
8	解放军南京政治学院上海分院	1951 年	空军军政干部学校	37.34		四平路2575 号
9	上海金融学院	1952 年	上海市银行学校	45.00	25.00	民星路465 号
10	上海体育学院	1952 年	华东体育学院	44.67	13.60	清源环路650 号
11	上海出版印刷高等专科学校	1953 年	上海印刷学校	20.20		水丰路100 号
12	上海电机学院	1953 年	上海电器工业学校	6.38	4.373	军工路1100 号
13	上海城市管理职业技术学院	1956 年	上海市业余土木建筑学院	21.92	7.116	军工路2360 号
14	上海市杨浦区业余大学	1958 年	上海市杨浦区业余大学	8.00	5.05	许昌路1461 号

序号	校名	建校日期	原名	占地面积（万㎡）	建筑面积（万㎡）	总校地址
15	上海医疗器械高等专科学校	1960 年	上海医疗器械高等专科学校	16.73	17.50	营口路101 号
16	上海开放大学总校	1960 年	上海电视大学	6.00	9.00	阜新路25 号
17	上海东方文化职业学院	1993 年	上海东方文化职业学院	13.33	7.26	政立路483 号
18	上海济光职业技术学院	1993 年	上海济光职业技术学院	14.67	6.00	武东路51 号

二、杨浦近百年的红色工运

上海是中国工人阶级的大本营，中国共产党就是在这里酝酿，杨浦是一个有着光荣革命传统的城区；在杨浦工作生活规模巨大的工人阶级群体，是中国共产党在上海成立的阶级基础。

杨浦是党的领袖革命活动所在地。在这块土地上，众多仁人志士为了民族复兴、国家富强，不屈不挠、英勇奋斗。党的开拓者们深入杨浦工人居住区办夜校、宣传革命道理，工人们保护自身利益意识普遍觉醒，区域内工人运动此起彼伏，工人们踊跃参加共产党，杨浦成为中国工人运动的发祥地。周恩来、刘少奇、恽代英、何孟雄、林育南等老一辈革命家曾在这里领导工人运动。

革命先烈为了追求真理，前赴后继留下了一个个永不磨灭的红色印痕。1919 年 3 月 17 日，毛泽东在杨树浦港为 43 名赴法勤工俭学的学生送行。1923 年 7 月党组织在杨浦建立第一个党小组,1924年7月建立最早的工会组织——沪东工人进德会,1925年1月建立中共杨树浦支部,同年10月建立中共杨树浦部委,1927年7月改为中共沪东区委。1927年2月,周恩来亲临杨浦,以杨浦工人为主体,举行4万人参加的动员大会,组织领导了上海工人第三次武装起义。1929年1月,中央调刘少奇任沪东区委书记;1930年3月,恽代英调任沪东区委书记,领导杨浦工人阶级为争取自身权益组织罢工、举行起义等革命运动,在中共党史上谱写了早期革命斗争的辉煌篇章。

抗日战争时期,杨浦工人在中共地下党的领导下,在技术、设备和人力上,积极支持新四军的军工生产;同时采取多种形式,破坏日军的军需任务。左翼文艺工作者也在杨浦积极活动,闻名中外的国歌《义勇军进行曲》诞生在杨浦,铿锵的旋律鼓舞全国人民奋起抗日;瞿秋白在杨浦翻译《国际歌》,杨浦的工人运动伴随着国际歌的旋律壮大;抗战中的一朵文艺奇葩《孩子剧团》从杨浦奔赴祖国的四面八方……。

解放战争时期,为了反对国民党的独裁政权,维护工人的切身利益,以中纺十二厂为代表的广大工人,组织了民主工会,开展了争取以生活指数发放工资,和反对内战、反对迫害的斗争。上海解放前夕,杨浦各厂建立了工人协会和人民保安队,进行护厂和迎接解放的斗争,在地下党的领导下,通过政策宣传、在护厂保安队的策应下,迫使驻厂国民党部队8600余人,宣布投降。工厂保住了,杨浦工人胜利迎来了上海的解放。

杨浦的革命斗争史,就是中国共产党领导下中国工人运动史的缩影。它是杨浦工人阶级在战争时期不怕牺牲、不畏艰难、勇于抗争、善于斗争的红色记忆;是杨浦在新中国成长时期勇担建设重任,不计回报的精神动力;也是杨浦在改革开放及创新转型期间"敢于创新、敢于争先、敢于攻坚、敢于担当""四敢精神"的历史渊源。

第二节　杨浦几经探索后的正确"选题"：
"知识创新区"

杨浦承继了优秀的三个百年历史遗产,同样也承继了沉重的历史包袱。怎样"扬长",将区域集聚的科教要素发挥其功能,怎样"续短",将历史的"短板"补长转化为创新资源,这是一道难度颇高的"命题作文",需要不断寻找正确的切入口。

上世纪90年代初,随着周边江浙地区工业化进程的加快和国家实施浦东开发开放战略,上海进入了由工业城市向经济、商贸、金融、航运"四个中心"国际化城市发展转变的产业结构调整期,杨浦传统大工业优势逐步弱化,国有企业已经从当初的1200多家锐减到100多家,产业职工从60万人锐减到4万人,工业产值占全市比重由26％下降到3％,社会矛盾加剧升级。短短数年,杨浦变成了一个产业结构老化、社会负担沉重的旧城区。产业结构调整引发的城区多层次、多结构矛盾率先在杨浦暴露出来。历史优越的资源禀赋与现实经济落后并存的区情,考验着杨浦领导班子的产业转型智慧和勇气。

一、历史欠账与体制阻隔横亘转型

城区功能从"传统工业"向"知识创新"转型,变科教资源集聚优势为发展优势、竞争优势,杨浦的历史欠账与传统体制是最大的阻碍,具体如下：

(一)人口多、底子薄、动迁难

杨浦常住人口中心城区最多,工厂下岗的50多万产业工人,按照人大选举统计口径,80％是杨浦人。2002 年底,杨浦无就业、无稳定收入人员 17 万,占全区劳动人口的 1/4;各类社会救助对象 5.7 万人,居中心城区第一。二级以下旧里占全市总量的 1/4;杨浦长期处于上海的"弄堂底";区级财力只有 16 亿,全市倒数第二。老城区、老工业基地人口密度大、地面棚户简屋犬牙交错,城市基础设施建设相对滞后。杨浦承担全市最重的旧区改造任务,而旧区改造、旧厂房置换成本越来越高,仅靠杨浦财政收入难以承受,改变城市面貌主要靠大项目带动的动拆迁。

(二) 条块沟通不畅产学研资源难整合

杨浦区域内的企业、高校、院所虽然在空间上相对集聚,在传统条块分割体制下,分属不同条块管理,各自有着不同的隶属关系、利益和目标指向。地方政府因行政级别低于驻区单位,平时就很难有交集或平等对话,长期互不往来,产学研之间存在有形、无形的"围墙"。

杨浦土地资源大多集聚在市属企事业、部队区域内;科教资源集聚在高校、科研院所区域内,这些区域单位级别高、能量大。由于条块分割严重,地方政府若就城区整体经济发展调控他们的资源,协调很难达成一致。因此,杨浦干部对与区域单位协商资源整合的谈判流传一句自嘲,叫做"屡败屡战、屡战屡败",显示协商工作时的困难与无奈。

老工业区建设知识创新区,目标宏伟但跨度大,是一个全新的系统课题,特别是老工业城区转型是一个世界性难题。加上当时人们的思想观念也不适应,甚至没有准备,这些都需要一个转变过程。

二、杨浦转型战略的"选题"过程

杨浦将"三个百年"集聚的科技要素优势,转化为科技创新的功能,最终获得"知识创新区"、"国家级创新型试点城区"称号,这是几届区委领导班子从"选题"决策,到搭建"平台"执行的接力成果。

(一)"选题":杨浦"知识创新区"内涵式发展道路

相比圈地建设的大学城,杨浦区是百年来历史自然形成的真正大学城,但是,认知这个资源的巨大价值,却是来自突破体制束缚的创新思维。在上海中心城区轰轰烈烈改革开放初期,杨浦始终在苦苦探索本区发展的最佳途径,几番"选题"都不成功,本就落后的区域经济仍在低谷中徘徊。杨浦开始将注意力聚焦于驻区大学,最终确立"选题":"建设知识创新区"(杨浦大学城)战略目标。通过几代领导班子的努力,杨浦搭建了大学校区、科技园区、公共社区"三区联动"产学研结合的平台,盘活、挖潜"三个百年"优势资源,"扬长续短",成功地把一个落后的老工业城区初步建设成为上海最重要的知识创新区,及唯一的国家级创新型试点城区。

1. 杨浦几番探索的"选题"

上海改革之初,兄弟城区纷纷"选题",以鲜明的产业特色开始快速发展,如生命徐汇、精品卢湾、数字长宁、物流普陀、航运虹口、航天闵行、精钢宝山、汽车嘉定等,杨浦靠什么发展? 历届区委、区政府先后做了各种尝试和努力。

选题一:"重振国有企业雄风"。这是杨浦发展思维的路径依赖,像计划经济一样继续依靠国企振兴来带动区域经济;但国企沉重的债务和落后的生产工艺,本身就需要大量的资金与技术"输血"抢救才能振兴,且这也不是区区一个杨浦所能决定的;加上国家正处在产业结构调整,大量落后低效的传统产业退出中心城区,因此国企根本无力带动城区发展。

选题二:"大力发展房地产业和商贸服务业"。以传统的房地产业促"安居乐业",利用"人口导入"的人口消费优势来推动转型;但房地产是一锤子买卖不可持续、而当时杨浦区域的商业纯属社区型消费,远不能带动区域经济提振。

选题三:"大市政、大投资项目带动区域发展"。试图通过轨道交通建设、黄浦江综合开发等选题"大市政建设、大投资项目"带动杨浦转型,可是,黄浦江周边及老城厢大量成片的棚户简屋制约着开发进度,短期内不可能一步到位。

一系列"选题"的努力,或取得一定成效,但都没有从重视、结合杨浦区域集聚的工业科教资源角度,去找根本的发展道路。

2. 正确"选题":"科教兴市"建设杨浦大学城

杨浦早在 1995 年和 1996 年分别与复旦大学、同济大学签订了《关于加强区校合作联合发展的意向书》;1997 年服务高校技术人才的溢出,建立了五角场高新技术产业园和上海高科技企业孵化基地。在与大学建立良好的关系下,杨浦开始职能定位扶持大学周边科技产业的发展,各大学科技园开始纷纷建立,并作为上海"科教兴市"大讨论中的杨浦大学城范例。在广泛调研与实践基础上,区委区政府建设杨浦大学城的思路开始成熟。2003 年 1 月,杨浦区委向上海市委提交"关于杨浦大学城核心地区规划方案意见的报告"。报告汇报了杨浦区委、区政府对杨浦大学城核心地区(即大学城公共活动中心,东至国和路、北至殷高路、西至国定路、南至走马塘约 2 平方公里)规划专题讨论的结果,认为"大学城核心地区的规划建设,对于打造'知识杨浦'、加快建设大学城具有重大的意义。"并对规划涉及的一些问题提出了具体意见:新辟大学路,以江湾体育场为中心建设公共社区,建设五角场商业中心,高科技园布局,及提交杨浦大学城项目建设推进协调小组的成员名单。[①]

2003 年 4 月建立杨浦大学城规划建设领导小组,组长由区委书记担任。

---

① "关于杨浦大学城核心地区规划方案意见的报告",杨委办[2003]3 号杨浦区委办公室 2003 年 1 月 24 日印发

2003 年 5 月 10 日中共上海市杨浦区委七届二次全会召开，全会一致通过"关于高起点高水平加快杨浦大学城开发建设的决定"，这对全区党员统一思想、集聚资源、倾力打造杨浦大学城、优化产业结构、推动杨浦经济和社会全面发展具有重要意义。[①]

杨浦就此开始对大学进行全方位服务：在寸土寸金的新江湾城划出一公顷土地为复旦新校区；将车库、厂房划拨大学就近拓展；整治十几所大学周边环境；积极筹备复旦、同济、理工大学的百年校庆等等，用自己诚挚的行动，打动杨浦所在高校领导的心。

3. 市委市政府批复："建设杨浦知识创新区"

由于当时全国各地都开始轰轰烈烈圈地建设大学城，严重影响农业用地红线。为避免大学城是圈地建设的误解，2003 年 4 月 15 日，市政府对杨浦申请的建设杨浦大学城核心地区规划方案报告的批复为"建设杨浦知识创新区"。2013 年 6 月初，批复文件传达至区委政府，引来全区上下一片欢腾。由此，市委市政府"建设杨浦知识创新区"重大决策，为杨浦发展最终确立奋斗目标；以"三区融合、联动发展"的核心理念与决策平台，帮助形成产学研一体化科技研发、转化载体平台，助推杨浦产业结构调整升级。

（二）实践：搭建"三区联动"产学研合作平台

围绕建设杨浦知识创新区这一战略目标，杨浦区委区政府深化、践行"三区联动"区域合作核心理念，始终坚持一手抓发展、一手抓民生；一手抓硬实力、一手抓软实力；终于走出了一条依靠大学带动城区发展的新路子，概括起来有五条宝贵经验：规划先行、服务高校、建立科技园与创意园、聚焦发展五大功能区域，三区联动与发展民生并行。

---

① "关于高起高水平加快杨浦大学城开发建设的决定"，杨委［2003］7 号区委办 2003 年 5 月 14 日印发

1. 启动"三区"平台，发展规划先行

建设知识创新区战略如何实施？杨浦决定先从规划入手，因为规划高屋建瓴，是一个城区发展"魂"和生命线。杨浦盛邀复旦、同济大学和市政府研究机构的 40 多位专家学者共同参与，参照国外城市转型的经验，对杨浦区域内的资源重新进行勘查和梳理，突出高起点、国际化、可操作。一年后完成了《杨浦知识创新区发展规划纲要》，2004 年 4 月 19 日，市政府常务会审议通过了这个规划。规划确定了 5 大战略问题，即统领全局的核心理念、发展目标、产业发展方向、空间布局、重点开发区域和功能性项目等。为了让所有人全面、直观地了解这个规划，杨浦同时决定建设"杨浦区城市规划馆"。2005 年 9 月，规划馆建成，成为各界人士包括企业家了解杨浦、投资杨浦的一个重要窗口；杨浦的规划也被外界普遍认可并一致看好杨浦的发展远景。

规划最大成果是创新了"三区融合、联动发展"理念。它的核心意义，在于突破了大学与城区的"围墙"，找到了一条产学研融合发展的道路。"三区"当中：大学校区是知识和科技成果的生产部门，是创新的源头，科技园区作为成果产业化的载体，是知识和科技成果的应用部门；公共社区是校区与园区之间的桥梁，把科技成果的生产和应用联系起来。

2. 整合"三区"资源，从服务高校入手

杨浦虽然科教和土地资源丰富，但大部分掌控在部属、市属的高校、部队、大国企手上，协调难度大，且以一区之力不可能改变现有体制。如何尽快使"产学研"各方资源融合？杨浦突破常规思路，通过创新服务机制，让渡自身利益，兼顾各方利益，尤其持续无偿为高校服务，获取驻区单位的感动与协作。区校合作走了"主动、互动、联动"三个阶段，终于实现多赢的局面。

（1）第一阶段：杨浦舍利主动服务高校

杨浦认为：服务高校就是服务杨浦、发展高校就是发展杨浦。

因此以大气的胸怀、战略的眼光，做到"三个舍得"：舍得最好的土地支持大学就地拓展；舍得把高利润商业地产项目让出来建设大学科技园；舍得投入人财物力整治和美化大学周边环境。

一是为大学扩张提供土地。多年来，杨浦通过收购国企老厂房、旧仓库和居民区旧改，以及土地置换等方式，积极为大学和科技园拓展用地。

在美景如画、寸土寸金的新江湾城，杨浦划出 1500 亩土地、出资 2.5 亿元，建设复旦大学新校区；在四平路的巴士一汽，200 亩土地置换给同济大学建设"国际设计一场"，同时同济大学 110 亩武东校区置换给上海财经大学；上海水产大学 144 亩、建工集团的 51 亩、上海电工机械厂 103 亩、木材厂 43 亩、春江苗圃 66 亩和电缆厂等置换给上海理工大学，使得上海理工大学校区面积急剧增长 300 余亩；远东电力厂置换给上海电力学院等等。从此杨浦区域内大学用地从 4.2 平方公里增加到 7 平方公里，总共拓展教育和科技用地近 4000 亩。

舍得把好的商业和地产项目让出来，牺牲眼前利益，不遗余力地建设大学科技园区。如 1999 年，四平科技公园旁的一个房地产项目已经打桩，最终在区委书记建议下，改建为大学科技园区，现这 20 多层的商务楼宇属于复旦国家大学科技园，已孵化企业 400 余家。而创智天地大学路原是已开工的某商业楼盘基地，后赎回改建为创智坊，现已成为海归人士眼中充满英伦风情的小街，及闻名遐迩的创业者集聚进行头脑风暴的"咖啡馆一条街"。

二是服务大学校庆。杨浦为 2005 年复旦、2006 年同济、2007 年理工大学百年校庆，看成区校联动的重要契机，并上升为区委全会决定。为了改善大学周边环境，杨浦克服区级财政资金紧张，舍得用于高校环境整治，几年就花 3 个亿，动迁了 1300 多户居民。拆除违章建筑 10 多万平米，将其打造成杨浦最亮丽的风景；舍得用于大学校庆，不仅积极投入，还举全区之人力物力鼎力支持和参与。

三是为高校后勤提供社会化服务。在大学周边建成商业街区，为师生打造休闲购物餐饮的环境；建设学生公寓服务设施，为高校学子提供居家般安全、舒适、温馨的服务等等。

（2）第二阶段，大学反馈服务与杨浦互动

杨浦这种开放大气的姿态，和图谋发展的苦心，深深感动了大学领导们。拿某高校校长的话来说，"杨浦把高校的事作为自己的事来做，我们也应当把杨浦的事作为高校的事来做，回报杨浦，推动区域发展。"如此，大学首先开放资源与社区共享：如开放高校科教文体硬件设施，让社区企业、居民走进高校，到体育馆锻炼，在图书馆借书，在高校食堂用餐；高校实验室等科技设施向社区企业、学生开放。中小学生参观大学设施场馆每年达到 2000 多人次。大学社团组织如复旦博士演讲团、大学生志愿者等经常到社区为居民传授知识、便民服务等等。高校资源的主动溢出，与杨浦服务高校形成互动。

（3）第三阶段：杨浦和大学合作共谋发展，多平台产生

互动让区校都尝到好处，双方都有深度合作愿望，自然进入产学研联动发展阶段。区校协商做到"四个一起"：一起规划和推进重大项目、一起规划和推进科技园区建设、一起规划和推进环境整治、一起规划和推进宣传氛围营造，并共同决策产学研"三区联动"的具体项目。

在发展科技产业方面：建立区校合作联手推进自主创新框架协议，共同出资出建立大学科技园；并定期举行区校高层联席会议，讨论区域发展的重大战略和决策。在信息沟通方面：建立定期协商工作对接机制、院士沟通协商机制。在组织人事方面：建立干部挂职交流工作机制，每年互派干部相互挂职，实现干部队伍对接、重大活动对接、重要决策对接和发展战略对接。高校领导感慨地说："原来没有想到和杨浦领导见面，可现在一年半载不见几次面总觉得什么事还没做。"

"三区联动"促使高校优质教学资源向社区溢出，取得较大社会

效益。一是提高杨浦各中小学校质量。区属基础教育有 10 所学校成为高校附属学校,近 5 年累计培训 6300 名中学教师;每年有 1000 余名大学生参与社区教学工作,高校与社区共建"优质教育集聚区"。二是在杨浦形成多层次人力资源培训体系,非学历教育机构 160 多家,形成了从幼儿教育、基础教育、职业教育、高等教育、互联网教育等完整的教育服务业产业链,成为杨浦现代服务业的一个新亮点。"城市的大学、大学的城市"氛围浓厚,杨浦知识创新区开始展露新颜。

3. 盘活"三区"资源,"三个百年"助产业转型

转型重要的抓手,是落到发展知识型产业上。杨浦依托三个百年优势资源,确定了"两个优先、两个提升"的产业发展方针(优先发展知识型生产性现代服务业、优先发展高新技术产业、调整提升都市型产业、稳步提升基础性服务业)。于是,区域内不同主体的资源集聚成创新要素,大学科技园区纷纷建立,环同济知识经济圈形成,产学研一体化发展有了实体的平台载体,有力推动科技产业发展。

(1)百年市政转型,创建"创智天地"公共服务平台

百年市政的典型建筑是江湾体育场。规划将以江湾体育场为中心建设,构建创智天地创新公共服务平台。自主创新的关键是要突破产学研结合的瓶颈,通过对三区联动的产学研模式分析和研究,凸显社区也是一个关键要素,它已不是一般意义的商业餐饮、休闲娱乐、住宅居住的传统社区,而是集聚各类创新要素,提供公共服务中间产品,承载知识生产活动的科技生态区。杨浦借鉴美国硅谷模式和法国左岸创新环境;采取政府规划与社会资本结合,与香港瑞安集团联手,以江湾体育场为核心,打造投资 100 亿、占地 1258 亩的开放型、国际化创智天地项目。建成后总建筑面积 100 万平方米,已形成以信息产业、云计算、现代设计、及各类公共服务平台集聚的现代服务业高地。

创智天地园区紧靠五角场商圈,周边商业繁华、交通极为便利、各类文体休闲设施齐备,良好的生态环境吸引大量高端人才创

新创业。杨浦把各类公共服务平台、各类创新资源向创智天地集聚，已集聚了美国湾区委员会上海办事处、加州驻华贸易投资代表处、联合国南南技术产权交易所等国际公共组织；集聚了上海研发公共服务平台、上海市科技人才开发交流中心、上海产业技术研究院、上海软件产业促进中心、中国青年计算机科技论坛、上海市软件评测中心、上海人才广场等一批公共服务机构；集聚了上海联合矿权交易所、上海大学生创业基金会等产权交易、融资服务机构；以及法务、会计、咨询等中介服务机构，构成完整的创新服务体系。

创智天地高科技产业以"上海市云计算创新基地"为代表。基地与宽带资本、旧金山湾区、香港数码港、台湾云端企业联盟等合作，通过引进核心企业与人才，以"变上下楼为上下游"的产业链招商模式，组团引进关联企业，云产业上下游集聚产生良性互动效应。以"优刻得"、"易招标"为代表的首批孵化企业成长迅速，创下专业云服务领域内多项全国第一。云基地累计引进企业180家，注册资本金超3亿元。云基地已与全市9所高校的相关院系建立合作关系，被认定为上海市科委专业服务机构、市经信委中小企业服务机构和杨浦区博士后创新实践基地，并获得市级新建科技企业孵化器资质。

创智天地与湾区委员会合作，拓展国际合作平台。目前建设"湾区数字化产业园"，将打造成湾区创新型企业来中国发展的"孵化器"。民营孵化器IPOCLUB、INNOSPAC等，则吸引全国创业者纷至沓来取经或创业。创智天地同时集聚信息技术、现代设计等高科技企业，目前已占园区企业总数80％以上。吸引了重量级科企如IBM、EMC、VMware、甲骨文软件、卡巴斯基、电讯盈科、日立解决方案；中国工业设计院、中航（上海）汽车技术、中国电信互联网部、中安信电子商务、尚品网、研诺逻辑集成电路、易保网络、四维图新、纳维信息、缤动信息等国内外科技巨子入驻。创智天地园区初步形成了从研发、孵化、初创、成长到产业化等不同发展阶段"接力式"创新服务体系。成为杨浦高科技产业集聚区的核心、公共活动中心、创新服务中心和示范性功能区。

创智天地园区先后被市认定为"上海文化产业园区"、"上海软件出口创新园区"、"上海市高新技术产业化（软件和信息服务业）产业基地"、"上海市云计算创新基地"；获得"上海市投资促进先进集体"、"上海明星软件园（领先型）"荣誉称号。2013 年 10 月 26 日，第 25 次上海市市长国际企业家咨询会会外活动在"创智天地"举行。数十名"洋高参"参观了坐落于此的 EMC、易保和棕榈园林等 3 家企业，并举行了小型座谈，对这片土地的创新氛围赞叹不已。创智天地功能区 2013 年全口径地方税为 40736 万元，同比增长 72.6%。

（2）百年大学转型，纷纷建立"国家大学科技园"

依托百年大学的历史遗产，杨浦推动科技企业在大学周边集聚集群发展，打造科技成果孵化、转化、产业化平台。通过收购、改建国企的旧厂房、旧仓库等，先后建成复旦、同济、上理工、电力、财经等 14 家科技园区，其中 7 家国家级大学科技园、9 个专业化大学科技园。科技园区面积从开办初期十几万平米的旧厂房、旧仓库，到现在一百多万平米的新商务楼。随着一大批商务楼的竣工，2015 年科技园区实际建筑面积将达到 225 万平方米。[①]

百年大学产学研结合的成功典范，是环同济设计圈。它是同济大学优势学科、资源外溢与"三区联动"核心理念结合共同孕育出的产物，是"政府引导、学科支撑、企业主体，市场运作"产业发展新模式，它已成为工业杨浦向知识杨浦转型的成功典型，是大学学科参与产学研项目和载体建设的杰出代表。

环同济设计圈以同济大学及同济科技园为中心，四周被四平路、国康路、密云路和赤峰路围绕，4 条总长度不到 3 公里的马路

---

① 除了科技园区办统计的 12 家科技园之外，另加创智天地、实训基地、湾谷科技园的建筑面积的实际面积。不包括各家科技园区在外省市、外区的分园。已筹备央企科技园不在统计内。

上,已建和在建商务载体资源面积约 100 万平方米,其设计产业已成为杨浦产业转型后的支柱性产业,其产业载体供给与产出的相关系数高达 0.98。环同济设计圈即属科技园又是创意园,主要以现代设计为主、同时发展国际工程咨询、环保与新能源新材料等 3 大产业,是中国最大的设计产业基地。2010 年被科技部批准为国家火炬计划研发设计服务特色产业基地。

随着上海市政设计院总院从外滩乔迁至此,上海邮电设计院进驻国康路新家,加上先期已驻的同济建筑设计研究院、同济规划设计院,圈内声名显赫的"四大金刚"集聚,引起了国际同行对这一地区的关注,吸引中建国际设计有限公司亦加入其中。五大设计行业龙头强强联手,周围中小设计企业环绕,环同济设计圈已汇集近 3000 家企业,员工 3 万余人,80％来自"同家军",其中建筑设计相关占六成。随着近年上海国际设计和贸易促进中心、中国工业设计研究院落户同济设计圈,杨浦将努力打造上海"设计之都"的核心区域。如今,这里已形成以建筑设计和城市规划为龙头,以市政工程设计、景观设计、室内设计等为重点,以图文制作、建筑模型、图书资料、咨询、装潢、施工、监理、检测等各类企业为配套的完整产业链。国内中小城镇规划、大型景观设计,近一半源自这里。成为吸引国际设计大师与创新创业投资集聚的宝地。

环同济知识经济圈已名副其实,其设计类:建筑、景观、工业、艺术传媒;工程类:土木、轨交、环境等;加上软件信息、教育培训等知识服务业优势突出,影响力大、辐射范围广、集聚效应明显,成为全国乃至世界上企业数量最多的以建筑设计为主的创意产业集群。

2000 年环同济知识经济圈企业总产出还不足 30 亿元,2011 年猛增至 186 亿元,即使在金融危机影响、经济下行压力较大的情况下也保持了 20％增长。2013 年产值 228 亿元,2014 年产值达到 264 亿元,2015 年产值已达 305 亿元。

全区 6000 余家中小科技企业,在复旦、同济、财大、上理工等高校周边迅速集聚，集群发展态势明显。每年都有一批科技企业从杨浦"毕业"，逐步扩散、辐射到全市和长三角地区，杨浦已经成为上海乃至中国科技企业孵化、成长的种子基地，是大众创业、万众创新的示范区。

（3）百年工厂转型，打造全国"文化创意产业"高地

杨浦老工业企业在产业结构调整过程中，尽管总体较困难，但仍有较多资源可以开发再生。杨浦通过规划引导、旧区改造、政策效应等手段，推动区域内高校与国企建立产学研联盟，将百年工业文明遗留下来的老厂房，大力发展都市型工业园区和创意园区，引进世界各地和国内著名的创意企业入驻。

杨浦化腐朽为神奇，着力改造工业遗存为创意园区。

"国际设计一场"。原是"上海巴士汽车一场"停车库，经由杨浦和同济大学共同出资改造，同济大学设计院设计，现在是一幢传统与时尚元素结合的漂亮建筑。同济大学建筑规划设计院、同济大学创意学院等已搬入其中，大楼弥漫着创意氛围。旁边"国际设计一场"三期，即"意大利设计创意城"将开建，届时引进世界著名意大利设计企业入驻，"国际设计一场"将是上海令人惊艳的呈现意大利情调的设计城。

"五角场 800 号"。位于杨浦区国顺东路 800 号（靠双阳北路）。曾经的棉纺工厂仓库携裹着包豪斯风格建筑，经过改造转身成为成为沪上最大的艺术空间。是 2009 年 4 月上海市部委局首批认定的 15 家文化创意园元老级园区之一，是当时杨浦的一张文化名片。经过改造的建筑从历史的成就感中透出了时尚的艺术感。作为新颖时尚的艺术产业集聚地，"五角场 800 号"正努力发展成为一个长期推广国内与国际艺术活动的舞台。

"五维空间"。原坐落军工路是上海第五化学纤维厂衍变为五维空间，成为艺术展示、设计研发、时尚休闲的集聚地。这里有多家婚纱摄像公司，也有动漫设计企业，年轻人喜欢来这里拍写真与

婚纱照(距共青森林公园近)，孩子们喜欢来这里看用汽车零部件做成的机器人模型。

"上海国际时尚中心"。由原国棉十七厂改建，位于黄浦江与复兴岛运河交界处拥有 350 多米长的岸线。总占地面积 12.08 万平方米，建筑面积约 13 万平方米，厂房清水红砖锯齿形屋顶，大多属于杨浦区登记不可移动文物。优秀工业建筑、特有的历史文脉加上独特的滨江环境，"上海国际时尚中心"改造目标定位高。

上海国际时尚中心项目由曾设计上海大剧院的法国夏邦杰建筑设计机构担任概念设计，在保持其历史原貌原则上，将内部装饰的现代时尚气息与外立面的历史工业文化遗存进行完美结合。整个园区规划了"时尚高级会所、多功能秀场、时尚精品仓、创意办公、餐饮娱乐、游艇码头及设计师工作站"七大功能板块。目前已成为吸引国内外游客的 4A 级时尚景区。

杨浦所特有的国际家纺、钟表、机床工具等传统产业，在高校与企业建立产学研联盟推动下，提升技术，调整结构，将百年工业文明遗留下来的老厂房改造升级为 21 家都市型产业园区、13 家创意产业园。原来的旧厂房、曾经的老仓库"变身"先进制造业的基地、变成创意产业发展的乐园：企业得租金、政府得税收、职工得就业、土地得增值、产业得升级、城区面貌得改善。

通过老厂房的改造，建立了国际家纺、钟表、机床等 20 多个都市型产业园区，既保障了职工分流就业，又推动了传统工业的转型。

杨浦区部分创意产业园分布情况

序号	园区名称	建筑面积（m²）	园区地址	市级创意产业集聚区
1	昂立设计创意园	30,000	四平路 1188 号	*
2	63 号设计创意工场	32,000	赤峰路 63 号	*

序号	园区名称	建筑面积（m²）	园区地址	市级创意产业集聚区
3	海上海创意园	100,000	飞虹路 600 号	＊
4	滨江创意产业园	7,000	杨树浦路 2218 号	
5	创意联盟	12,000	平凉路 1055 号	＊
6	东纺谷	60,000	平凉路 988 号	＊
7	海上新东坊	8,300	长阳路 1514 号	
8	上海国际时尚中心	147,900	杨树浦路 2866	＊
9	上海版权中心	29,000	杨树浦路 2310 号	
10	复地四季广场	50,800	长阳路 1568 号	
11	梅迪亚-1895	33,979	江浦路 627 号 38 幢	＊
12	五角场空间艺术 800	45,920	国顺东路 800 号	
13	中环滨江 128	45,000	翔殷路 128 号	＊
14	汇星广场	30,000	长阳路 1080 号	＊
15	铭大创意园	17,100	长阳路 2467 号	＊
16	创邑·扬	24,512	政立路 499 号	
17	五维空间	6,800	军工路 1436 号	
18	城市概念外包集聚区	83,700	隆昌路 619 号	
19	商务印刷园区	17,211	齐齐哈尔路 920 号	
20	上海源泰杨浦都市食品园区	17,000	波阳路 290 号	
21	上海国际钢铁贸易园区	60,000	邯郸路 8 号	
22	杜雅特涉外经济园区	3,015	长阳路 738 号	

　　杨浦主要 15 个文化创意区,加上环同济设计圈,总载体面积约为 155 万平方米,其中 10 个市级创意产业集聚区,3 个市级文化产业园;"环同济创意设计产业集聚区"也于 2009 年获得这一称号。杨浦占全市"上海市创意产业集聚区"约八分之一。

　　4. 定位"三区"重点,五大功能区域

　　杨浦聚焦五大功能区,除了科技园功能区在区校共同扶持下已能自我成长、生态型新江湾城国际社区已市场化建设之外,杨浦以全区之力先后聚焦其它三个关系产业转型及增长的功能区。

　　(1)五角场副中心

　　五角场是以科教为特征、以国际化为标志、以文化为支撑的上海四个城市副中心之一,周边有复旦、同济、财大、二军大、体院、南政上海分院等高校环绕,是最能展示"三区联动"核心理念,服务高校师生、服务科技创新的最重要的商务设施配套。它杨浦知识创新区地标性区域。

　　五角场规划面积 3.5 平方公里,以淞沪路为发展轴,由南至北形成三个区。南部是商业商务区,占地 1 平方公里,环岛五条放射状路口矗立万达购物广场、百联又一城、东方商厦、苏宁电器、合生广场等大型商场,多幢高等级商务楼宇遍布区域,商圈节假日车流不断,游人摩肩接踵,已成为青年人喜欢的餐饮购物娱乐休闲胜地;中部是创智天地,占地 0.8 平方公里,创智坊大学路已是创新创业者集聚的咖啡馆一条街,创智天地正在打造三区融合的大型公共服务平台;北部是知识商务中心,占地 0.27 平方公里,有复旦经管学院 MBA 分部、中航科技园等许多新建筑,总建筑面积 120 万平方米。

　　(2)大连路总部集聚区

　　大连路总部聚集区是"南北呼应"的开发建设格局。为吸引国内外跨国企业落户,杨浦以大手笔进行大规模动迁、收购土地、整治美化环境,聚集区目前已成型。大连路总部集聚区以大连路为

发展轴,毗邻国歌广场(大连路绿地)、国歌诞生纪念馆,规划面积
1.6平方公里,目前西门子总部、德国大陆集团亚洲总部和中国研
发中心、浦发硅谷银行、北美广场等大公司入驻。

（3）滨江发展带

这里曾是中国近代工业的摇篮,是中国百年近代工业文明的
象征,工业遗存多,文化底蕴深厚,开发潜力巨大。滨江发展带有
第一座水厂、第一座发电厂等12个工业之最。滨江发展带重点发
展亲水岸线、工业博览、文化休闲、科技商务等现代服务业,从工业
制造向现代服务经济、总部经济转型,打造一条从工业文明走向知
识文明的发展长廊。目前,世博水门、上海东方渔人码头是世博会
的重要景观区域;十七棉的国家时尚中心已率先成为百年工厂转
型的典型。具有百年工业文明遗存的杨浦滨江开始焕发新的
青春。

（4）新江湾城

新江湾城国际社区,紧邻五角场城市级副中心,北靠黄浦江,
规划面积9.45平方公里,原为江湾军用机场,规划将建成"低碳、
智慧、生态、国际化品质生活示范区"。目前,复旦大学国际文化交
流学校、国际新材料工程中心、同济大学附属中学、上海音乐学院
实验小学等高端大中小学校早已运行;新江湾城社区文化中心、体
育中心、新江湾城社区生态走廊等,文体休闲设施蔚然形成;诸多
高档住宅小区正在推进。新江湾城作为继古北、联洋之后第三个
高端国际化住宅社区已名闻遐迩;湾谷国际大学科技园等一批高
端产业载体正在快速推进。

（5）大学科技园

大学城市功能区,内涵即为大学、高科技园的学科知识、技术
成果、创新人才与城市产业功能融为一体。以百年著名大学如复
旦、同济、上海理工大学、上海财经大学等所领衔的10多所高校科
技、人才溢出;以国家级大学科技园、国家级科企孵化基地、国家级

特色产业基地领衔的几十个科技园区为创新服务平台；以 6000 余家科技企业为创新主体，共同打造杨浦战略性、高科技的研发基地、创新创业基地及产业化基地。如复旦科技园的 IT 及生物医药研发产业；同济科技园的现代设计产业；理工科技园的光机电研发产业；财经科技园的金融服务产业等。

作为知识型产业的技术源泉，杨浦紧紧围绕区域高校院所，将重点聚焦在高校院所知识、项目本地溢出、外部资源集聚、前瞻技术开发三方面寻求突破：在促进知识本地溢出方面，重点开展勾画"3＋1"科技创新路线图，"3"指围绕知识技术的生产、配置、孵化三个环节，建设创新知识的策源地、技术转移集聚区、新兴产业孵化区；"1"指政府营造优良的创新环境。具体措施为，通过载体"一圈、一廊、一谷、一园"建设，即"环同济设计圈"、"复旦创新走廊"、"环财大金融谷"、上理工"太赫兹工程院和产业园"，进一步打破高校的体制机制壁垒，充分释放高校师生的创新活力。在外部资源集聚方面，区域产学研机构合作，吸引更多的中外创新机构集聚，构建更多的跨区域、跨所有制、跨国界的创新联盟，引导全球创新资源融入区域创新网络。在前瞻技术开发方面，结合杨浦高校院所的优势学科及资源优势，聚焦光电集成、新能源汽车、北斗导航、超精密制造等领域，挖掘一批全国领先的关键核心技术。

5. 发展"三区"本源，改善民生

杨浦城区转型、产业创新的"三区联动"，最终目标是改善民生。杨浦的"转型"，最关键是要得到居民的认同。转型就是要把发展和民生结合起来，如交通、商业、休闲娱乐等基础设施的改善，营造良好的创新创业环境，诸如此类的功能调整中也切实改变群众生活质量，让老百姓在分享发展转型成果时，感受到自己是转型的真正受益者；同时，也让杨浦老百姓在不同领域、不同阶段积极参与、支持"三区联动"各项目的实施。

杨浦把发展与民生连接起来的,是"一线工作法"制度。[①] 全区近千名公务员在24名局级干部和300多名处级干部带领下,每月第二周的周四下午,统一进入到全区306个居民区,通过调研"知民情、解民忧、暖民心、听民意",解决与老百姓衣食住行切身利益相关的事。如放心菜场、平价药房、公益电影、帮困保险、阳光之家、旧区改造、便利交通等等。一项项民生实事项目,解决了群众的急难愁事,受到了广大老百姓由衷的欢迎。群众对杨浦城区转型中的各项工作,也给予充分的理解和支持。

第三节　杨浦"三区联动"平台的实施效果

曾经落后的人口导入大区,杨浦经过连续多年的调整转型,城区功能和面貌发生了重大变化,已经站到新的发展起点上。

一、杨浦转型发展的成果

用统计数据来论证杨浦的转型成果最能说明问题。据区工商局提供的统计资料,截至2013年9月,杨浦(含市)各类所有制企业共35983家。企业资本规模1亿以上309户,占比0.858%;5000万以上299户,占比0.831%;1000万以上2260户,占比6.28%;1000万以下33115户,占比92.03%。内资(非私营且大都市属)企业占企业总数11.03%、外资企业占总数2.91%,私营企业占总数86.06%,私企中占比92%是小微企业,而就是这些小微私企,构成杨浦区属经济绝对主体。目前杨浦是科技中小微企

---

① 参阅《改善民生的治政路径——杨浦一线工作法理论与实践》主执笔：易幸麟,三联书店出版社2009年10月第1版

业集群、现代服务业逐渐成长、民营企业占绝对份额的产业结构。

（一）产业转型效果显著

统计数据表明，杨浦已从工业一枝独秀转为工业制造、科技与服务业并重，基本形成信息、设计为特色，服务经济为核心的新型产业体系。区级范畴的现代设计产业形成了以大型设计企业为引领，中小企业共生互补、全产业链式集聚发展的良好态势。高新技术产业快速增长，电子信息、节能环保等特色产业形成一定规模。

1. 2012 年杨浦区级产业结构分布情况

与区域总体产业结构以工业制造业占据半壁江山不同，杨浦区级产业结构，已经从加工工业、传统商业为主转型为以第三产业为主，第三产业占比达 78.4%，为第二产业 21.5% 的 3.65 倍。

图示：2012 年杨浦区级各产业比重①

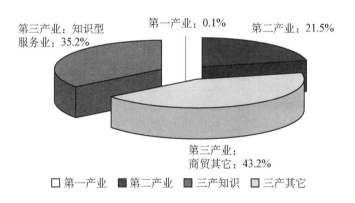

从下图看出，杨浦区区级知识型服务业中，现代设计与科技金

---

① 此为 2012 年上半年截止的数据。本书在写作过程中，制作图表均以当时最新统计数据为依据。除杨浦单项统计数据与时俱进可更新外，对比性统计图表仍然按照原来 2012 年、2013 年可获得的统计资料为准。

融占比近 70％,已经成为区级知识型服务业的支柱产业。科技金融大有后来居上之势头。

图示：2012 年杨浦区级知识型服务业构成

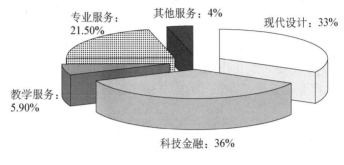

□ 现代设计 ■ 教学服务
□ 科技金融 ▦ 专业服务 ■ 其他服务

2. 杨浦地区生产总值位居市中心第二

2012 年市中心八区地区生产总值

区别	地区生产总值		第二产业		第三产业	
	本年 （亿元）	同比 （±％）	本年 （亿元）	同比 （±％）	本年 （亿元）	同比 （±％）
合计	6722.63	7.3	1330.12	2.6	5386.81	8.5
黄浦	1368.42	7.7	73.02	3.8	1295.40	8.0
徐汇	1006.59	7.8	171.40	0.6	835.19	9.3
长宁	752.73	7.4	48.02	−2.8	704.71	8.1
静安	618.67	8.5	15.66	−12.9	603.01	9.2
普陀	657.58	9.0	112.84	0.0	544.74	11.0
闸北	492.34	8.9	80.77	7.6	411.57	9.1
虹口	625.19	5.9	81.97	3.6	543.22	6.2
杨浦	1201.11	5.0	746.44	3.5	448.97	7.4

2012 年上海八个中心城区概况①

区别	街道（个）	城镇（个）	居委会（个）	村委会（个）	年末户籍户数（户）	年末户籍人口（人）	常住人口（万人）	±外来常住人口（万人）	区域面积（公里²）	±陆地面积（公里²）	户籍人口密度（人/公里²）
合计	69	7	1733	8	2169385	6195800			288.99	274.52	21440
黄浦	10	—	191	—	287252	905631	68.04	18.41	20.53	18.71	44123
徐汇	12	1	304	—	326581	914621	109.50	28.52	54.93	51.00	16651
长宁	9	1	179	—	215345	620469	69.00	17.15	37.19	36.64	5790
静安	5	—	73	—	102529	302269	—	—	7.59	7.55	39825
普陀	6	3	238	7	331069	881098	129.72	36.24	55.47	53.83	15884
闸北	8	1	211	1	250136	688940	83.80	20.23	29.19	28.67	23602
虹口	8	—	230	—	276482	790492	85.16	19.13	23.48	22.59	33667
杨浦	11	1	307	—	379991	1092280	132.43	28.07	60.61	55.53	17727

① 引自 2012 年"市中心 8 区 2012 年统计报表"。

杨浦区域经济 2000 年至 2013 年的统计数据(亿元)①

年份	区域增加值	增速%	区域财政收入	增速%	区属增加值	增速%	区级财政收入	增速%
2000			15.96	6.2	43.13	8.0	11.52	6.2
2001			19.40	21.6	48.86	3.3	14.20	23.3
2002			26.84	38.3	56.26	15.0	17.01	19.7
2003			35.47	32.2	66.95	17.6	22.75	33.7
2004	385.39		44.49	25.4	77.81	12.8	29.01	27.5
2005	422.29	7.0	56.58	27.2	86.79	9.8	35.55	22.5
2006	482.29	10.0	70.72	25.0	96.37	10.6	29.80	13.2
2007	579.69	13.8	86.20	21.9	109.12	13.23	35.34	18.6
2008	680.29	12.7	101.48	17.7	124.10	13.73	40.78	15.4
2009	774.18	9.0	100.86	−0.61	132.14	6.49	44.05	8.02
2010	894.69	13.1	116.89	15.9	2010 年起无资料		50.07	13.7
2011	1126.89	12.1	660.51	26.6			64.52	28.8
2012	1201.11	5.0	764.72	14.6			70.97	10.0
2013	1350.00	8.5	822.7	10.5			77.01	8.51

注：增长幅度以可比价格计算②

杨浦经过十年的转型、创新的奋斗,地区生产总值规模不断扩大,"十一五"期间年均增长 11.7%,区级财政收入保持较快增长,年均增长近 14%,地区总税收总量占全市第二。③

———————————

① 杨浦统计数据引自各年度的《杨浦统计年鉴》

② 摘自历年《杨浦统计年鉴》

③ 引自杨浦区"十二五规划"中评报告

3. 横向比较：杨浦产业经济略逊徐汇但具后发优势

杨浦与徐汇在市中心八区中，土地、人口规模较为相当。历史上所不同的是：无论区域经济或区属经济，徐汇都是现代服务业发达大区；杨浦则是传统的市属工业发达区和区属工业配套区，徐汇科教文卫体资源较杨浦更为完整丰富，其中科研院所集聚对当地经济的带动力比杨浦高校更深入、更广泛，徐汇经济实力排位长期处于中心城区前列。

上海专科以上高校（包括公办、民办）共有 77 所，各行业科研院所（上海城市黄页—科研院所）1527 家。徐汇区科技资源丰富，有交通大学、华东理工大学、上海师范大学等高等院校 10 余所；有中科院上海分院、上海科学院等顶级科研院所 118 所，重量级院所、成千上万的应用型科技人才、以及技术发明的累累硕果，促使上海最早的国家级开发区——漕河泾高新技术开发区诞生在徐汇。

徐汇区形成了电子信息、生物医药、新材料三大新兴技术产业。形成了科技产业"三区三园"建设布局，即徐家汇科技密集区、大学产业园、漕河泾高新技术开发区、光启园、华泾工业区、华东理工大学产业园。科技创业环境进一步优化。徐汇软件基地、科技企业孵化基地和各类产业化基地都吸引了大量科技企业入驻。徐汇软件基地还被国家科技部批准为国家级软件园，并以此为核心带动了徐家汇的软件产业群。

徐汇区域还集中了中山医院、儿科医院、肿瘤医院、五官科医院等著名医疗机构，每千人病床数达到发达国家水平。上海图书馆、上海大舞台（上海体育馆）、上海电影制片厂、上海交响乐团、上海体育场等文体设施和机构都坐落在徐汇区。

高校与科研院所集群，科教文卫事业资源富集，优越、高端的区位环境吸引高层次人才在此工作与生活，也吸引外资与现代服务业总部经济络绎不绝汇聚徐汇。科教文卫体资源与徐汇区雄厚的综合实力相融合，已经转化成为徐汇区域社会经济发展前进的不竭动力。

2007 年杨浦与徐汇经济数据比较①

区别	地区生产总值 本年(亿元)	同比(±%)	第二产业 本年(亿元)	同比(±%)	第三产业 本年(亿元)	同比(±%)
徐汇	650.59	12.5	158.86	5.6	491.73	14.9
杨浦	579.69	13.8	329.52	13.9	245.12	14.1

区别	区级增加值 本年(万元)	同比(±%)	第二产业 本年(万元)	同比(±%)	第三产业 本年(万元)	同比(±%)
徐汇	1170183	7.3	185931	1.7	984252	8.4
杨浦	1091214	11.4	278646	7.9	812568	12.7

区别	工业总产值 本年(万元)	同比(±%)	社会消费品零售额 本年(万元)	同比(±%)	固定资产完成额 本年(万元)	同比(±%)
徐汇	4867406	9.9	2673050	10.3	917110	5.4
杨浦	5727718	23.0	1637439	13.5	1133770	7.8

① 杨浦与徐汇统计比较是根据当年度"市中心 8 区统计报表"整理。以下文中所有多部门横向对比性统计数据均截止于 2012 年或 2013 年。

续　表

区别	外商直接投资项目数		外商直接投资合同金额		
	本年（项）	同比（±%）	本年（万美元）	同比（±%）
徐汇	325	48.4	61097	2.3
杨浦	72	53.2	44348	52.8

区别	私营经济户数		注册资金（万元）	个体经济户数		注册资金（万元）
	本年末（户）	同比（±%）		本年末（人）	同比（±%）	
徐汇	11055	18.7	2021684	11149	−5.6	19884
杨浦	15472	13.4	2695186	12660	5.3	18719

2012年杨浦与徐汇经济数据比较

区别	地区生产总值 本年(亿元)	同比(±%)	第二产业 本年(亿元)	同比(±%)	第三产业 本年(亿元)	同比(±%)
徐汇	1006.59	7.8	171.40	0.6	835.19	9.3
杨浦	1201.11	5.0	746.44	3.5	448.97	7.4

区别	工业 本年(亿元)	同比(±%)	建筑业 本年(亿元)	同比(±%)	交通运输、仓储邮政业 本年(亿元)	同比(±%)
徐汇	119.80	0.5	51.60	0.9	31.49	2.0
杨浦	719.86	3.3	26.58	10.2	18.71	5.7

区别	信息、计算机和软件业 本年(亿元)	同比(±%)	批发和零售业 本年(亿元)	同比(±%)	住宿和餐饮业 本年(亿元)	同比(±%)
徐汇	83.98	14.4	180.07	11.6	39.76	−2.1
杨浦	32.41	10.5	105.36	6.3	18.39	1.4

区别	金融业 本年(亿元)	同比(±%)	房地产业 本年(亿元)	同比(±%)	其它(包含其它科技产业) 本年(亿元)	同比(±%)
徐汇	115.27	10.5	69.77	−2.3	314.85	11.3
杨浦	57.09	11.4	48.06	−11.7	168.95	13.2

续 表

区别	外商直接投资项目数 本年（项）	同比（±%）	外商直接投资合同金额 本年（万美元）	同比（±%）
徐汇	308	−14.4	100209	9.4
杨浦	122	18.5	50889	44.8

区别	私营经济户数 本年末（户）	同比（±%）	注册资金（万元）	个体经济户数 本年末（人）	同比（±%）	注册资金（万元）
徐汇	19819	4.2	5691176	10487	0.7	27928
杨浦	26827	6.4	8482301	13615	−3.6	39281

区别	固定资产投资完成额 本年（万元）	同比（±%）	商品房投资额 本年（万元）	同比（±%）
徐汇	1216237	−6.0	966397	−7.7
杨浦	1790416	12.0	1170199	15.0

2000 年至 2013 年区级财政收入杨浦（分子）与徐汇（分母）的比较

单位：亿元

年度	2000	增%	2001	增%	2002	增%	2003	增%	2004	增%	2005	增%	2006	增%
杨浦	15.96	6.2	19.40	21.6	19.40	38.3	16.22	40.3	22.75	27.5	35.55	22.5	29.80	13.2
徐汇	20.70	11.3	27.26	31.6	27.26	33.1	22.89	39.2	31.87	31.5	43.90	19.2	48.30	10.0
占比%	77.10	54.9	71.17	68.4	71.17	115.7	70.86	102.8	71.38	87.3	81.0	117.2	61.70	132.

年度	2007	增%	2008	增%	2009	增%	2010	增%	2011	增%	2012	增%	2013	增%
杨浦	35.34	18.6	40.78	15.4	44.05	8.2	50.07	13.7	64.52	30.1	70.97	10.0	77.01	8.5
徐汇	64.01	32.5	73.31	14.5	78.56	7.2	90.43	15.1	100.06	12.5	109.84	9.0	118.7	8.8
占比%	55.21	57.2	55.63	106.	56.07	120	55.37	90.7	64.48	241	64.61	111	64.88	96.59

分析：从区域总体产业结构分析,2007 年杨浦与徐汇地区生产总值(杨浦不含烟草业)接近,二产杨浦是徐汇的 2 倍、三产徐汇是杨浦的 2 倍,但区属增加值内二三产两区差距并不大;其它指标增长率,杨浦略胜于徐汇。2012 年,杨浦生产总值虽是徐汇的 1.19 倍(含烟草业),但仍然以工业制造为主,工业产值是徐汇的 6 倍余;相反,徐汇的第三产业产值则是杨浦的 1.86 倍,其中信息、计算机软件业与金融等均 2 倍余。说明在战略性高新技术、金融业等现代服务业方面,杨浦与徐汇相比仍然有较大的差距。在区级财政收入指标上,两区 14 年平均增长率接近 20% 惊人一致,但杨浦与徐汇比较,2012 年财收只占其三分之二,说明徐汇区发展势头也迅猛。而历史基数低尚未达到理想的阈值,是与杨浦的历史产业定位有关。

作为名闻遐迩的工业大区,杨浦 10 余年来的改革,不是另起炉灶求出路,而是探索存量产业、要素中内生的转型;及增量科技要素的创新。在这过程中,杨浦依然以自己资源和胸怀,以优越的创新环境相助国有新型工业的成长。2007 年至 2012 年,在八城区工业制造业长期处于低增长或负增长的背景下,杨浦工业平均年增长率为 11.61%,遥遥领先各中心城区,为国家、上海市经济增长作出新的贡献。

由于央属、市属工业税收不归杨浦,杨浦区级财政收入增幅尽管有较大增长,但杨浦是从为大工业配套型的小加工业、小纺织企业为税收主体,逐渐变为都市型工业、科技产业、现代服务业企业为税收主体,转型是不容易的。知识创新区不能一蹴而就,杨浦税收基数的历史差距需要更多的科技创新、更好的产业发展项目来消弭。毋庸置疑,杨浦仍处于经济腾飞前的要素聚合、功能培育的基础阶段。

4. 纵向比较：杨浦知识型服务业、战略性高新产业持续增长

杨浦近四年知识型服务业与战略性高新产业增加值（亿元）与增速（%）

杨浦区	2011 年		2012 年		2013 年		2014 年	
	增加值	增率	增加值	增率	增加值	增率	增加值	增率
知识型服务业	148.78	18.8	158.49	9.4	180.30	18.0	205.1	23.0
高新战略产业	29.39	20.4	35.01	19.1	41.47	18.5	48.93	18.0

2014 年知识型现代服务业发展情况较好，其中现代设计增加值 75.50 亿元，占比 23.8；科技金融增加值 56.4 亿元，占比 11.5；专业服务增加值 54 亿元，占比 26.2。[1] 2015 年发展态势继续良好，知识型现代服务业增加值同比增长 20.1%；高新技术与战略性新兴产业增加值增长 20.6%。尤其环同济知识经济圈实现总产出达 305 亿元。[2]

（二）自主创新能力显著提升

杨浦科技园区整体规模壮大。科技部、教育部新增上海海洋大学、上海体育学院为国家大学科技园，总数达 7 家；复旦、同济、上理工 3 家大学科技园，被科技部教育部两部评为 A 类园区（全国 17 家）、财大、电力大学科技园被评为 B 类（全国 47 家）。新增复旦软件园、物联网、智能电缆、三家科研院所科技园，数家央企产业科技园正在筹备。

培育由大学师生为创业者主体的企业近 3900 家，科技企业总

---

① 2014 年杨浦区国民经济和社会发展统计报告

② 杨浦区长谢坚刚在九届十二次全会上的讲话，《杨浦论坛》2015 年第六期 2015 年 12 月 25 日出版

数 5300 家,有海外人才创业企业 354 家,有 12 家上市企业。涌现出复旦微电子、华平、易保、EMC、等一批领军型科技企业,形成了电子信息、创意设计、生物科技、环保、光电等一系列特色产业集聚带。2012 年 7 月,杨浦荣获国务院"全国先进创业城市"称号(全国 6 个城市或城区)。2013 年 11 月 15 日,科技部颁布全国科技进步考核先进县市名单,杨浦连续五年荣获全国科技进步先进区称号。[①]

至 2016 年底,全区各类众创空间及孵化器发展到 50 家,在孵团队近 1000 个。

1. 地方财政科技经费支出增长

杨浦地方财政科技经费支出占地方财政支出比重逐年增长,2011 年为 6.1%,2012 年为 6.5%,2013 年为 6.7%,2014 年为 6.8%,2015 年为 7.9%,该指标远超当年全国及上海市的比例数据,地方财政大力支持中小科技企业发展,对区域科技产业发展和创新能力提升发挥了重要的引导促进作用。

2. 专利申请数大幅提升

专利申请杨浦份额与上海总量占比情况

杨浦/上海	2010 年	2011 年	增速	2012 年	增速	合计
杨浦专利申请	4692	6042	28.8	6340	4.93	17074
上海专利申请	71196	80215	12.7	82682	3.07	234093
杨浦/上海%	6.59	7.53		7.68		7.29
其中:杨浦发明专利申请	2799	3082	10.1	3346	8.56	9227
其中:上海发明专利申请	26165	32142	22.8	37139	15.5	95446

---

① 科技部"2013 全国县市科技进步考核先进县市先进个人和优秀组织单位名单的通知",国科发农〔2013〕658 号

续　表

杨浦/上海	2010 年	2011 年	增速	2012 年	增速	合计
杨浦/上海%	10.70	9.59		9.01		9.67
杨浦专利授权	2415	3116	29.0	4088	31.2	9619
上海专利授权	48215	47959	−0.5	51508	7.4	147682
杨浦/上海%	5.01	6.50		7.94		6.51
其中：杨浦发明专利授权	731	1133	55.0	1298	14.6	3162
其中：上海发明专利授权	6867	9160	33.4	11379	24.2	27406
杨浦/上海%	10.65	12.37		11.41		11.54

说明：杨浦每年专利申请数量大幅提升，其中发明专利历年来占半壁江山。专利总数占上海 18 个区县比重较高，平均 7.29；尤其在发明专利授权方面，杨浦较上海不仅总量比重较大，平均为 11.54，其增速也较快，说明杨浦专利的创新性、实用性较强。

至 2016 年底，杨浦每万人发明专利拥有量已达到 55 件。

3. 科企成为本区经济三足鼎立之一足

至 2016 年底，杨浦科技型中小企业达 6700 家。科技企业对促进地区经济增长作用如何？2013 年，区科委受命组织开展了科技企业对区域经济贡献度的专题调研，从区级税收贡献、科技企业年统抽样分析和高新技术企业发展状况等三个方面着手，以确凿的数据论证科技企业对我区经济发展有重大贡献程度。[①]

(1) 2012 年度区域内科技企业对区级税收的贡献情况

按照"410＋40"的统计标准，2012 年全区共有注册并产生区

---

① 调研报告数据引自"杨浦科技"网站，杨浦区科委简报 2013 年 80、82、84、86 期

级地方税收的科技企业共计 4328 家(不含建筑业和批发零售业)，
其对区级地方税的贡献程度如下：

类别	2012 年区级财政收入		第二产业		第三产业	
	2012 年 (亿元)	占比 (±%)	2012 年 (亿元)	占比 (±%)	2012 年 (亿元)	占比 (±%)
全区	58.96	100	9.74	100	49.22	100
科企	13.14	22	3.44	35	9.87	20

　　在 410 个行业代码中，还包含了部分建筑业和批发零售业行
业代码分布着较多科技型企业，代表性的有上海市基础工程有限
公司(4890 其他土木工程建筑)、上海中移通信技术工程有限公司
(5090 其他未列明建筑业)、上海大亚科技有限公司(5179 其他机
械设备及电子产品批发)等。经测算这一部分建筑和批发零售类
企业有 1601 家，若将这一数据列入全区科技企业贡献度统计，则
科技企业数量为 5929 家，其中第二产业对地方税的贡献较大。具
体如下：

类别	区级财政收入		第二产业		第三产业	
	2012 年 (亿元)	占比 (±%)	2012 年 (亿元)	占比 (±%)	2012 年 (亿元)	占比 (±%)
全区	58.96	100	9.74	100	49.22	100
全口 径科企	17.05	30	6.83	70	10.39	21

　　科技企业在全区税收贡献前 500 强中占据了 183 席，占前 500
强区级地方税贡献度的 28%。其中高新技术企业有 51 家，占前
500 强区级地方税贡献度的 12%；市区两级科技小巨人(培育)企
业有 31 家，占前 500 强区级地方税贡献度的 4%。前 13 家科技企

业中以建筑设计、工业制造业为主。

（2）上市与小巨人企业增长迅速

上市公司数量上升。2011 年上市 2 家，2012 年上市 5 家，2013 年新三板挂牌 6 家，目前还有约 10 家拟上市企业。中小企业改制上市辅导备案率连续 2 年为中心城区第一、全市第六。

截止 2014 年底，获市认定科技小巨人企业累计 12 家，市科技小巨人培育企业累计 25 家，区科技小巨人企业累计 82 家。全年新增科技企业备案 1034 家。高新技术企业（累计）242 家，其中，电子信息类 81 家，高技术服务业 49 家，高新技术改造传统产业 41 家，资源与环境技术 28 家，新材料技术 11 家，新能源及节能技术 15 家，生物与新医药技术 14 家，航空航天技术 3 家。[1]

4. 海外高层次人才集聚

栽下梧桐树，引得凤凰来。杨浦利用高校科研院所集聚优势，通过国家海外高层次人才创新创业基地建设和 3310 计划实施，营造浓郁的创新创业环境氛围，逐渐成为海外人才归国创新创业的首选地之一。如兆言网络 CEO 赵斌从硅谷归国创业，"咖啡馆一条街"大学路是个重要因素。"好几个老美来上海拜访公司，发现大学路居然有美国最新款的'冰滴咖啡'，立马爱上了这里。""咖啡馆一条街"变成了创业者头脑风暴、创意迸发的"创客工场"，也成为投资人和创业团队脑力激荡的"风暴场"。仅这点，就让全市其他科技园区颇为羡慕。[2] 众多海外创新创业人才慕名近悦远来。

杨浦 2011 至 2014 年共引进 182 人，海外人才创新创业企业累计 480 余家。目前中央"千人计划"135 人，占全市 21.5%，上海

---

[1] 杨浦统计信息网"2014 年上海市杨浦区国民经济和社会发展统计公报"发布日期：2015 年 5 月 19 日

[2] "创业者为何都爱喝咖啡—杨浦大学路成为创业'风暴场'"，记者：孟群舒，解放日报 2015 年 08 月 27 日

"千人计划"62 人，占全市 14％；海外高层次人才 229 位，其中 71.2％的人具有博士学历，杨浦已经形成海外高层次人才集聚效应。[1]

至 2016 年底，中央"千人计划"人才达到 160 人，海外人才创业企业已发展到 564 家。[2]

2012 年 8 月 9 日，杨浦海外高层次人才创新创业基地暨上海"3310"科技园（海外人才创业园）正式揭牌仪式举行。园区以电子信息、生物技术、节能环保、新材料等高新技术产业为特色，是全国唯一一家综合性、区域性海外高层次人才创业基地。

5. 科技金融健康成长

杨浦《十二五产业发展规划》提出"十二五"期末科技金融达到 100 亿元。"十二五"前半期，在优先发展科技金融和创新经济发展的带动下，风险投资机构加快集聚，资本管理规模持续扩张，2011 年为 73 亿元，2012 年为 186 亿元，2013 年达到 191.2 亿元，已提前 2 倍超额实现规划目标。

2013 年，杨浦深化与美国硅谷金融集团等合作，充分发挥区政府引导基金作用。二期区政府引导基金对东方富海、千骥医药子基金投资 5712.5 万元完成首批投资。新引进诺亚财富、云赛、山金、兴益岚海等优质股权投资基金。深化投贷联盟内涵，完善"园区推荐-专业机构评估-政府搭建对接平台-多元金融服务配套跟进"的运作模式，全年共帮助 800 户次中小企业获得各类融资 28 亿元。浦发硅谷银行为区内科技企业提供 3000 万元贷款支持。区创业中心和派芬自动化公司、复展照明公司共同发行1.5亿元私募债，成为国内首单由科技园组织园区企业发行的私募债。

---

① "杨浦区推出建设科创中心重要承载区实施意见"，东方网 2015 年 7 月 28 日作者：邵宁

② 杨浦区十六届人大一次会议政府工作报告，杨浦时报 2017 年 1 月 12 日 2 版

扬讯科技等 6 家科企在"新三板"挂牌。截止年底,现有股权投资机构数 251 家,股权投资机构规模 247 亿元。

2014 年,"硅谷动力贷"以国内银行为企业发放人民币贷款,融资性担保公司共同承担风险的创新型金融服务模式,帮助首批 2 家科技型中小企业获得 2300 万元 2 年期贷款。推动银行、股权投资基金与"新三板"市场对接,帮助 10 家挂牌企业获得包括定向增发在内的各项融资近 2 亿元,其中,新眼光公司挂牌后获得 300 万元实质性的股权质押贷款。随着 8 月 25 日"新三板"做市业务正式实施,杨浦 2 家企业率先采取做市转让方式融资 4275 万元。截止 2016 年 1 月,杨浦上市(主板、创业板)企业 14 家,新三板挂牌 30 家,上海股交中心挂牌 5 家。[①]

至 2016 年底累计有 69 家企业在各类资本市场上市或挂牌。[②]

(三) 改善民生落到实处

杨浦的创新、转型,建设知识创新区,最终目的是改善民生。杨浦数年一日坚持以人为本,在着力激活创新资源、形成杨浦新经济增长点,同时也着力解决好人民群众最关心、最直接、最现实的利益问题。改善民生既是经济问题,更是政治问题。

1. 旧区改造力度大

旧区改造是最大民生,经过数年坚持不懈的努力,杨浦的市政落后及大量棚户简屋得到根本的改造。从 2011 年至 2013 年 9 月,累计完成拆迁 38.6 万㎡、1.4 万户,超额完成"十二五"旧改拆迁计划任务。固定资产投资连年增长,其中保障房与商品房占比 80%。2013 年至 2015 年,每年平均完成旧改征收 5208 户,收尾 8

---

① "杨浦全面建成国家创新型试点城区",解放日报 2016 年 1 月 19 日
② 杨浦区十六届一次会议政府工作报告,杨浦时报 2017 年 1 月 12 日 2 版

个基地等等。

2. 大学生就业得到重视

杨浦通过创业引导就业，解决大学生青年就业问题成效显著。制定实施"创业杨浦"、创建创业型城区两个三年行动计划，打造海外高层次人才创新创业基地、公共实训基地、大学科技园、街道镇社区及各类众创空间五级创业孵化载体，支持了一大批创业者及其创业项目在苗圃、孵化器、加速器中茁壮成长。[①] 2009 年至 2013 年，杨浦成功扶持创业 2563 人，创业带动就业 1.7 万余人，创业带动就业率达到 1∶7。2014 年帮助成功创业 675 人，创业带动就业率为 1∶11.1，位于全市前列。新增大学生创业企业 380 家，预孵化项目 423 个，带动就业 7476 人。示范园、基金会和创新工场共入驻企业新增 87 家，创业项目新增 183 个，带动就业新增 644 人。杨浦努力打造独具创新创业特色的示范区。

3. 社会保障创先进

杨浦每年对近 50 万的贫困人口，近 10 万残障人士提供社会保障和服务，为随军家属解决就学、就医、就业等民生问题。以 2014 年为例：该年共救助各类社会救助对象 565300 人次，支出救助金 2.69 亿元。开展市民综合帮扶 1849 人次，支出帮扶金 536.95 万元。杨浦荣获"全国民政工作先进区"、全国双拥模范城"七连冠"。四平、五角场街道荣获"全国综合减灾示范社区"称号。

4. 社会建设有成效

杨浦各项社会事业均衡发展，并独具杨浦特色。

杨浦教育事业持续优质发展。教育质量持续高位稳定，在各学段开展"创新试验日"活动，激发青少年创新意愿；启动新一轮"三名"工程，新增 3 个教育集团和 4 名特级校长。杨浦启动及完

---

① "杨浦创业带动就业走在全市前列"，记者：应沈漪，杨浦时报 2014 年 2 月 18 日 1 版

成上海市基础教育创新试验区第二轮建设，深入实施创智课堂、学生创新素养评价等项目，与复旦大学合作开展高中阶段通识教育。2014年杨浦高考一本率51.9%、本科率88.3%，中考合格率99.8%。

杨浦卫生事业改革发展有序推进。社区预防保健综合服务完善，卫生信息网覆盖全区公立医疗机构。全面推进家庭医生服务制，开展高龄老人医疗护理计划试点等。2014年，区属医疗机构完成门急诊942.18万人次（社区卫生服务中心467.58万人次），病床使用率100.6%。全年社区门诊减免居民挂号和诊疗费454万人次、3179万元，预防保健综合服务合计465.30万人次。开设家庭病床6657张。

杨浦群众文体生活丰富多彩。国际音乐节管乐艺术节、世界极限运动大赛亚洲站、共青森林狂欢节等重大活动成为杨浦品牌文体活动。"百姓艺苑"、"市民乐园"、"公益电影"、"免费公园"等深受群众欢迎。每年杨浦公益电影受益25万余人次，"百姓艺苑"结对院团为社区群众演出300余场，受益7万余人次，新增"市民乐园"80家，数百万人次参与上海市民文化节杨浦区活动。

杨浦积极创建全国全民健身示范城区。推动开展市民体育大联赛，推广新江湾城8公里健身跑等。目前已建成21个小区健身点和13条百姓健身步道，推行30分钟体育生活圈建设试点。区体育场改扩建工程正在有序推进。

杨浦居民购买力增强。2011—2013年，杨浦社会消费品零售总额平均增长率比全市高出约3%。2014年为380.01亿元，比上年增长10.1%，说明杨浦人民生活水平逐年提高，购买力也随之增强。

杨浦原来俗称下只角，现在成功蜕变为知识杨浦，而五角场繁华的景象，为全市瞩目甚至全国关注，已成为上海城市现代化建设的标志性地区，其魅力吸引国内外客人来杨浦考察投资环境。被杨浦浓郁的创新创业氛围所吸引,来杨浦投资的国内外企业更是络绎不绝,央企、市企、外企如中兵北斗、上海广电电气、美国AECON 技术集团,互联网大咖如腾讯、阿里巴巴、沪江网等,纷纷在杨浦投资建产业,或建立一批众创空间,孵化小微科技企业。

二、杨浦的创新、转型的特点

杨浦在科技创新、转型发展实践中,极具有自己的区域特色,可以简单概括成以"一、二、三、四、五"为开头,从目标到路径宝塔状结构特点。

(一) 一个战略："建设杨浦知识创新区"

一个区域的发展战略,高瞻远瞩地决定区域的发展方向及实施途径。杨浦正确的"选题"——"建设杨浦知识创新区",是一个是高起点、跨越式战略,其意义在于通过"知识创新区"战略目标,将杨浦集聚的科教要素优势,转化为科技产业发展的优势。

从 2003 年提出"知识杨浦",到 2010 年获批全国首批国家创新型试点城区,再到 2015 年被定位成上海科创中心万众创新重要承载区,杨浦在一个战略上实现了创新发展的"三级跳"。杨浦高举建设"国家创新型试点城区"暨"科创中心重要承载区"发展战略大旗,通过制定科学、务实的三大战略部署：万众创新示范区建设战略、知识技术策源高地建设战略、技术转移集聚高地建设战略,在战略规划和五年计划引导下,将走出一条具有杨浦特色的知识创新、城区创新、万众创新,带动产业转型提升的路子。

(二) 两个重点: 发展经济与改善民生双管齐下

习近平总书记所阐述的中国梦,概括起来就是国家富强、民族复兴、人民幸福。而实现中国梦,需要经济社会的不断发展,需要民生的持续改善，这是复兴之本、梦想之基。发展经济，改善民生，始终是党和政府最重要的工作。中国梦的梦想成真，民生改善是最好诠释。

杨浦在创新、转型过程中，发展经济与改善民生两个领域始终齐抓并进、统筹发展，从未放松对民生领域的重视。杨浦产业如此落后的城区，主题就是发展。转型、创新，是为了杨浦人民的长远利益、城区的可持续发展；不发展，就不能改善百万杨浦人民的生活。因此，多年来，不管形势有多严峻、不管困难有多大、不管质疑声此起彼伏、不管机关事业收入增长不及兄弟城区，杨浦始终咬定目标不放松，坚定发展不动摇，埋头工作，无怨无悔，为的就是实现改善民生的最终目标。

但是，在涉及人民长远利益的发展过程中，也不能忽视当前的民生困难，如果不能很好的回应、解决杨浦居民的物质生活及文化精神方面的诉求，杨浦的转型、创新的发展大事也可能得不到居民的支持而耽搁。杨浦创建的"一线工作法"制度，动员全体干部下基层为老百姓解决"急、难、愁"问题，实心实意服务群众，获得居民的交口赞誉；同时，向全区老百姓宣传杨浦现阶段的困难与转型发展的必要性，得到社区居民的由衷的理解与拥护，也激励杨浦群众的参与热情，自觉融入建设杨浦知识创新区热潮中去。"一线工作法"制度凸显了杨浦经济发展与民生改善两个重点，是一个将党和政府的服务与民众需求之间、民生的长远利益与当前利益之间联系起来的桥梁。

（三）三区联动：孵化多产业产学研项目平台的决策平台

"三区联动"是一个巨大的矩阵型政产学研项目决策平台，其把政府、大学校区、科研院区、部队营区、科技园区、企业空间和公共社区优势资源集聚在这个母平台上进行决策、整合；从这个母平台上，孕育出多产业、多层次科技园区、创意园区平台。除了先后建成复旦、同济、上理工、财经、电力、物联网、智能电缆等 14 家高校院所科技园,其中 7 家国家级大学科技园、9 个专业化大学科技园之外,还有各类"众创空间"50 余家。创新创业平台主要有三大类:第一类是政府参与成立的创新创业载体,包括中国(上海)创业者公共实训基地,海外高层次人才创新创业基地,高校、科研院所、大型企业等共建的科技园区 20 家,以及街道创业孵化基地。第二类是新型市场化运作的孵化器,包括创业不打烊的"IPO Club 咖啡馆"、"创新工场"上海基地、优客工场、蚂蚁创客、启迪之星、华创俱乐部、腾讯众创空间等,为创新企业提供低门槛的办公场地、资源对接、创业培训、天使投资等全链条孵化服务。第三类是国际化、总部型高端商务办公场所,为快速壮大的创业企业预留了办公空间。此外,还建成了国际时尚中心、五角场 800 号等 15 个文化创意产业园区,其中 10 个市级创意产业集聚区,3 个市级文化产业园;建立了国际家纺、钟表、机床等 20 多个都市型工业园区。园区也孵化大量金点子项目成为科技企业实体。

"三区联动"是有效实施城区转型的平台经济模式,它突破传统条块分割制约,突破城区依靠一己力量发展产业的瓶颈,通过平台有效整合"三区"资源,协调"联动"运作,成功地把一个老工业城区初步建设成为科技创新功能城区。从杨浦战略实施 10 年的效果审视,"三区联动"的产学研项目平台经济模式,符合国家"创新、转型"战略需要、符合"建设有国际影响力的上海科创中心"建设目标、符合产业发展升级的经济规律,是可复制、可推广的城区创新转型发展模式。

(四) 四敢精神:杨浦干部创新转型的精气神

当政治路线确定后,干部就是决定因素。干部的精神状态好坏直接决定杨浦创新、转型事业的成败。转型是改革,首先"敢"字当先。在创新转型工作中,杨浦继承历史上"红色工运"敢于革命、不怕牺牲的精神遗产,形成了有杨浦创新风格的"四敢"精神,靠着这种精神,杨浦突破了一个个发展瓶颈,跨过了一道道坎。

为了统一杨浦干部的思想，激励干部敢干事的"闯劲"，2008年杨浦专门组织在全区开展解放思想大讨论，目的，就是要求干部在城区转型新形势下，树立"敢于创新、敢于争先、敢于攻坚、敢于担当""四敢精神"：即勇于直面矛盾和问题，善于创新办法解决困难，敢于先行先试并担当责任，激励出"想干事、能干事、干成事"的精气神来。2008年4月15日，韩正市长在杨浦知识创新区建设五周年来杨浦考察的时候，认为"四敢精神"就是解放思想的具体化，是杨浦开发建设的成功经验和制胜法宝。

如果说在改革初期，需要干部具有冲破体制机制、传统行政程序束缚的"四敢精神"；现在杨浦在加快推进国家创新型试点城区建设进程中，不仅需要勇气，更需要智慧和能力去突破城区转型、创新瓶颈。2013年年1月8日，杨浦区委九届六次全会专门作出了《提高执政能力、创新群众工作方法的决定》，提出在大力弘扬"四敢精神"勇于实践的基础上，进一步解决好能力问题，体现在五个方面：转型发展能力、服务群众能力、团结协作能力、依法行政能力、拒腐防变能力。这五种能力，是关系杨浦国家级创新型试点城区建设成功与否的关键。[①]

（五）五大功能区：杨浦创新、转型标志性区域

五大功能区即是五角场城市副中心、滨江发展带、以环同济知识经济圈为代表的科技园区、大连路总部研发集聚区和新江湾城国际化社区。涉及到现代商贸与服务业、科技产业、文化创意产业、总部经济、生态智能社区建设等新兴产业领域，是杨浦发展战略中重点推进的大项目，也是全面展示杨浦从老工业区向高科技产业、知识型现代服务业发展的标志性区域。五大功能区建成之日，就是杨浦建设国家级创新型试点城区成功之时。

---

① 请查阅解放日报"杨浦有股劲"2008年10月27日头版，记者：谈燕

根据区发改委 2014 年 1 月 14 日在杨浦区十五届人代会第五次会议上的报告，杨浦五大功能区 2013 年预计实现总产出 1910 亿元，同比增长 11.1％；完成区级税收 34.21 亿元，同比增长 18.8％；功能性房产投资占全区功能性房产投资总额的 85.4％。14 家科技园区完成区级税收 5.20 亿元，同比增长 12.3％，占全区区级税收比重为 7.1％。[①]

三、转型启示：产学研主管部门联席会，形成"三区联动"市场性决策平台

杨浦百年来从不缺产业与科教要素，尽管建国后产权统一为国有，但为什么集聚的科技要素没有形成杨浦的科技产业？这是因为工业产业、高校院所分别隶属不同的行政机构条块分割，国家除了发展军工等少数战略性重大项目所建立的产学研指令性决策平台外，相关部门受科层意识及体制约束，并没有统一的顶层设计，也就没有社会化产学研项目平台的发展空间。

"三区联动"的实质，就是杨浦利用改革开放所释放的体制空间，以诚挚的心态服务于区域高校科研院所，政府作为区域产业代表，与高校院所"主管部门"联合，形成"三区联动"产学研市场化决策项目的"母平台"，产学研三个"区"都是平等的市场主体、共同参与决策、投资。地方政府与高校院所共同搭建科技管理平台——高科技园，有效整合了政府、高校院所、企业、社区的"人财物、科技、信息、管理"资源，形成推动科技产业和知识服务业发展的综合服务功能。

（一）"三区联动"决策平台决定了"市场主导"原则

杨浦的"三区联动"，从宏观角度说，是产学研市场性决策项目

---

① 14 家科技园包含园区办当时统计的产税 13 家，再加创智天地科技园。

平台,因为行政级别不对等,城区与高校是以平等的市场主体自愿结合。从微观角度说,是产学研指导性决策平台,因为地方政府往往以发展区域经济的全局目标,在区校联动中处于主动地位。因此,杨浦的"三区联动"既有政府指导,又有市场化运作,加上高校科技支撑,体现"政府推动、市场运作、学科支撑""三位一体"原则。

坚持市场化运作是"三区联动"的价值所在:坚持市场化机制,可以进一步促进高校院所、骨干企业、行业协会等创新主体互利合作,在价值规律的驱动下,可以形成科技产业可持续发展机制。同时,也有利于拓展科技产业链、发展价值链高端环节。杨浦已引进央企、军企,外企,通过其重大科技项目与工程,可以带动杨浦中小科企集群优势,众星拱月,合力将产业链向上下游延伸,做大做强;通过高科技产业链向两端延伸,必然要走向高端品牌道路;通过市场化机制,实施"请进来,走出去"战略,积极引进海内外领军人才与科技,鼓励科企"走出去",努力打造杨浦科技创新的国际化品牌。

(二)"三区联动"决策平台奠定了杨浦是全国的创新基地

世界上发达城市的后工业化,往往走上发展贸易、金融等服务产业路子。杨浦集聚了众多高校科研院所,资源禀赋的优越性和稀缺性,不应仅归杨浦所有,而要为国家、上海的创新、转型战略任务所用。杨浦要传承优秀的历史文脉,以"三区联动"产学研决策平台优势,义不容辞地主动去承接国家、上海创新转型发展战略的重任,为发展国家战略性新兴产业重大项目;为各央企、地方国企、民企科技创新项目;为各领域科技人才的创新创业,提供各类政产学研金一体化综合性管理服务平台。因此,杨浦注定须走与众不同的发展道路,即通过大众创业、万众创新,发展高科技产业和知识服务业。杨浦成为具有全球影响力的上海科技创新中心重要承载区,这是历史选择,更是国家、上海发展战略的选择。

"三区联动"孕育多元化企业综合服务平台：大学科技园集群发展

"三区联动"是实施"知识创新区"战略目标的决策平台，其孕育了最主要的产学研管理项目平台——大学科技园。大学科技园是一个典型科技服务业，其以矩阵型组织结构，为科技企业自主创新提供全过程、综合性服务，在促进创新要素配置、尤其是科技联通金融过程中发挥着对接、催化、加速功能作用。实践证明，杨浦十几家大学科技园是杨浦建设知识创新区、国家创新型试点城区、创新创业重要承载区、科技金融功能区的中坚力量。

第一节 大学科技园是促进产学研融合的科技服务业

不论规模大小，所有科技园都是科技服务业，其中大学科技园与高校的亲缘性，产学研结合更紧密，专业化素质更强，可谓科技服务业中的典型。

一、科技服务业的意义与平台形式

当前,我国经济发展正处在"创新、转型"的关键阶段,应当把发展科技服务业作为建设创新型国家、调整优化经济结构的重要举措,着力完善科技服务体系,着力发展做强新型服务平台业态,提高服务带动能力,不断增强科技支撑引领经济社会发展能力。

(一)意义:"创新、转型"需要科技服务业支撑

科技服务业是在当今产业不断细化分工和产业不断融合生长的趋势下形成的新的产业分类,具有知识密集、高端高质、附加值高、带动作用大等特点,蕴含着巨大的发展潜力。发展科技服务业能够有效提高企业自主创新的速度和效率,能够有效助推产业转型升级。

科技服务业处于整个服务业链条高端,对带动形成创新型产业体系有至关重要的意义。一般认为,科技服务每创造1个单位的收益,就能为服务对象带来5个单位以上的收益增加。科技服务业是科技与经济结合最快、最活跃的领域之一。科技服务机构通过推动成果转化和技术转移,将隐性知识和技术转化为显性知识和技术,实现知识和技术蕴含的经济价值,从而在较短时期内快速膨胀经济总量,形成新的经济增长点。目前市场经济发达国家科技服务业规模普遍占到其GDP的3%—5%。

(二)形式:科技服务业的业态模式是平台

科技服务业的内容,有科技咨询服务、检测认证服务、科技转移服务、科技园区服务、知识产权服务等不一而足,但大致可归为技术、管理、交易三类。这里介绍三种科技服务业平台

1. 技术类科技服务平台

技术类科技服务平台,以技术服务为主业。充分利用现有各

类检验检测资源，发展面向设计开发、生产制造、售后服务的分析、测试、检验、计量、认证等项服务，为社会和企业提供便利公正的检测认证服务。高校院所、企业各类重点实验室、工程技术研究中心、企业技术中心等高端设备向社会开放，成为科技创新和产业发展提供技术支撑的公共服务平台。知识产权专业机构创新服务模式，积极发展咨询、检索、分析、数据加工等基础服务，培育评估、交易、转化等增值服务，培育具有国内影响力的知识产权服务机构和品牌。

2. 管理类科技服务平台

管理类科技服务平台主要形式是科技园区平台。平台着眼促进科技产业集聚、企业集中、服务功能集成，把科技综合服务功能和载体平台建设提高到一个新水平，促进科技产业集聚发展。

管理类科技服务平台有公益性服务功能。政府选择优质科技园区，从财税扶持、购买服务、公共服务招投标、人才培养等方面给予倾斜，尽快培强做大，发挥示范带动作用。提高科技园区服务能力，以现有的各级高新区、科技园为龙头，整合咨询、代理、投融资等科技服务资源，加快构建覆盖全社会的科技服务网络。发挥好科技园区在技术转化中的重要作用，使之成为支撑创新的重要力量。创客空间、科技企业孵化器、大学科技园、留学生创业园、自主创新高新区等不同规模的管理类科技服务平台构成一张完整的创新网络，使得大众创新、万众创业有施展才干的广阔空间。

3. 交易类科技服务平台

在各类科技园区和产业化基地建立一批服务行业和中小企业的技术转移中心，加快行业共性关键技术及成果的转化与共享。增强技术转移机构的专业化、特色化功能和增值服务能力，支持其与企业探索建立新型技术转移合作模式。进一步完善全国技术市场交易服务机构，加快建设一批带动能力强的区域性技术产权转移、交易中心、专利技术展示交易中心等重点技术交易市场和平台。积极发展技术中介、技术经纪、技术评估等科技中介机构，活跃技术交易市场；引导中介机构搞好定位，规范运行，形成品牌优势，提高服务质量。创新技术交易＋资本市场模式，缩短技术转移、产业化周期。

二、大学科技园是综合管理型科技服务业

大学科技园是典型的科技服务业，是现代服务业中的以综合管理为特征的新业态。它具有产业集聚、空间集约、高效联通特点，通过服务平台网络化及针对性的开发服务，促进科技、知识交流与服务创新，有助于短期内形成高新产业的发展高地。大学科技园的诞生，不仅使高等学校的人才培养、科学研究和社会服务功能得到有机融合和进一步拓展，而且从根本上变革了大学科技创新活动的管理体制、运作机制和模式。大学科技园作为一种新的社会组织形式，其基本功能主要包括企业孵化、人才培养和成果转化三个方面。依托大学的知识、人才密集和创新环境的优势，结合社会的资金、管理与市场需求，作为国家重要的科学技术创新基地、高新技术企业孵化基地、创新创业人才聚集和培养基地、产学研结合示范基地，带动了区域经济的发展，已成为国家创新体系的重要组成部分。

第二节　杨浦大学科技园是区校院所 市场化合作的地区级科技园

比较京沪两个最大城市大学聚集区、比较京津沪三个国家高新区，北京中关村是唯一集内生性、外生性于一体的国家级高新区。天津滨海新区与上海张江高新区，是典型的利用土地资源外生性发

展的省市级高新区。杨浦科技园是区级地方政府通过与驻区高校院所协商、协调合作形成的内生性、市场化的地区级科技园，与中关村、滨海新区、张江高新区相比，无论政策关注度、外来资源集聚度、还是科技园区发展规模，有着天壤之别。下面重点以中关村为例。

一、中关村是集中央与地方、存量与增量资源于一身的国家级高新区

北京中关村藉以首都之利，存量上已经集聚诸多百年科教资源；建国后，中央集全国之力在海淀进行大规模重点高校建设，区域内集聚了 39 所普通高校、80 余所成人高校；其中北大、清华等 985 大学约占全国 1/6；211 大学约占全国 1/4。中央党校、国家行政学院、国防大学等党政军最高学府都在海淀区。区内还有中科院、国家部委及北京市所属 213 个科研院所。海淀区中关村成了全球最密集的科教资源聚集区。

（一）海内外人才集聚中关村

在海淀区生活和工作的两院院士 511 人，占全国院士总数 36.74%；100 余所高校每年有 10 万多名大学生从这里毕业。中关村企业集聚各类人才 138.5 万名，其中拥有博士学历的人才 1.4 万名，硕士学历的人才 13.2 万名，中关村企业因此成为全国人才聚集地。

由于首都优厚的资源政策环境，中关村是海内外人才创业最青睐地区，每年都有大批海内外人才、尤其硅谷高端创业人才加盟中关村。长城战略咨询董事长王德禄认为中关村与硅谷存在人脉密码①，其密码就是硅谷海归挟技术投奔中关村大学科技园创

---

① 《世界日报》2009 年 2 月 21 日 B5 版"长城企研所促中美人才交流"

业①,这些两栖创业者被称为"空中飞人",为中关村带来了新技术与风险资本,使高科技产业飞跃发展。硅谷人才引入创业高潮和新产业,极大带动了中关村崛起。

2011年,留学人员在中关村累计创办企业超过5000家,是国内海归人才创办企业数量最多的地区;中关村在美国纳斯达克上市的企业中,半数是海归人才创办的。中关村集聚了一批领军型海归人才,作为国家级人才特区,中关村正在通过重大项目布局、科技经费使用、股权激励等13项特殊政策发现、激励和服务高端人才。截止2014年,中关村示范区企业有科技活动人员43.6万人,留学归国创业人才1.8万人,外籍从业人员近万人;中关村地区共有中央"千人计划"人才874人,占北京地区80%,占全国20.9%;共有"海聚工程"人才424人,占北京市70%。②

(二)高端产业集聚的一方沃土

大学集聚、政策倾斜为中关村高新战略产业带来飞速发展。中关村高端制造业与现代服务业融合发展,IT信息、生物、节能环保、新材料新能源、航空航天、高端装备制造等产业集群,研发出一系列重大技术成果,孵化出联想、百度、小米等互联网巨子,是国家级"科技创新的摇篮"。至2012年,中关村承接国家科技重大专项项目1300余项,约占全国40%。上市公司总数达到224家,IPO融资额超过1900亿元;其中创业板上市公司达到79家,占全国的三分之一强,挂牌总数达182家,形成了"中关村板块"。③ 2014年中关村新创办科技型企业达到13000家,是2013年的2倍,创业

---

① 《科技企业孵化器建设5模式》"清华孵化器模式",范伟军等著,上海科技文献出版社2010年1月
② "中关村2014年十大新闻"中关村网
③ "中关村10家企业集体挂牌'新三板'企业或将激增",中国高新技术产业导报2013年01月14日

活动呈现井喷式发展。重大创新成果不断涌现,战略性新兴产业策源地作用进一步发挥。2014 年中关村企业实现收入 3.57 万亿元,同比增长 17.2%;利润和税收同比增长 25% 左右;从业人员人均贡献收入 179.4 万元,同比增长 11.7%。①

(三) 直接享受国家、市区部委办政策与资源

中关村是国务院 1987 年底开始直接派联合调查组调研、1988 年 5 月决策建立、近 30 年不断政策扶持的高新区。中关村地理优势,与国家部委办直通的联系方式,近水楼台享受国务院、北京市、海淀区三级政府组合政策支持。目前有 19 家中央部委办在中关村开展一门式服务;同时北京市政府 29 家职能部门与中关村建立联席会议制度,专门解决跨部门问题;海淀区专门成立由副区长领衔各职能部门参与的海淀园管委会,为中关村实施全方位服务。

二、滨海、张江是省市级政府"选题"政策资源集聚的国家高新区

土地是地方政府掌控最严、也是最重要的资源。滨海新区前身是一片广袤荒芜的海滩,由天津政府"选题",利用土地优势,重点发展天津高科技产业,2006 年,滨海新区被列为国家综合配套改革实验区,此后直接享受国务院各项优惠政策。张江科技园前身是一片绿意盎然的农地,1992 年由上海政府"选题",利用浦东开发开放契机、廉价的土地资源、扶持政策聚焦,变身为上海最大的高新区。政策与资源倾斜使天津滨海、上海张江一片白地上崛起两市最大的高新区。

滨海新区、张江高新区均是受惠于市政府的"选题"决策。高

① "中关村 2014 年十大新闻"中关村网

新区享受政府政策倾斜（其中滨海新区更是直接获得国务院诸多优惠政策与资金的支持），通过政策杠杆作用，引来了科企、人才、项目、资金集聚，经由高新区平台的整合服务，最终形成高科技产业蓬勃发展的功能。如果没有政府的战略"选题"决策，政府大手笔的基础设施建设、招商引资的系列优惠政策、及提供大量引导资金及公益性服务，仅凭土地资源、仅依靠社会资本及市场机制发挥作用，要在短期内发展成为国家级高科技自主创新区，那或是天方夜谭。

三、杨浦科技园是"区校"市场化合作的地区级科技园

杨浦科技园是区委区政府历经 10 年不断的探索、最终"选题"建设"杨浦知识创新区"战略目标的产物，也是杨浦通过"三区联动"机制、与高校院所产学研主管部门市场化合作的产物，最后由市政府"收编"，成为大张江高新区"一区二十二园"中的一园。

1. 杨浦是上海高校、人才最集中的中心城区

杨浦是中国高等教育的发祥地之一，目前聚集了复旦、同济、上海财大、上海理工、二军医大学等 10 所高校，入选国家教育部 211 工程有 4 所（上海共 7 所）。国家重点学科 66 个、辖区内共有重点实验室、工程中心、企业技术中心等研发平台 115 个，含国家级和市级重点实验室 33 家。在校本科生、硕士生分别占全市的 20％、30％左右；区域内有"两院"院士 57 名，占全市的 1/3，中央"千人计划"135 人，占全市 21.5％，杨浦是全国最著名的高校集聚区之一。

2. 杨浦科技园的建立是地方政府主动服务高校院所的产物

杨浦高校集聚并不意味是杨浦可资利用的资源，体制分割成为区校沟通最大的阻力。杨浦认识到高校科技资源是区域经济发展的重要动力源，于是主动联系高校领导，主动对大学周边环境整

治美化、承担百年校庆工作等,跨过条块分割、层级不对称体制障碍,杨浦与各高校建立了紧密的联动关系。在 1997 年与复旦共建创业孵化器(杨浦创业中心)基础上,2000 年与复旦再次共建大学科技园区,拉开了地方政府与杨浦所有高校与科研院所合作合资共建科技园的序幕。

进入 21 世纪,杨浦区校频密联动,10 多个大学(科研院所)的科技园区在大学周边次第兴起,先后建成复旦大学、同济大学、上海理工大学、上海财经大学、上海电力学院、上海海洋大学、上海体育学院 7 个国家级大学科技园(占全市 50％以上);国家级杨浦创业中心(下属有复旦园孵化基地)已成为中心城区最大的科企孵化基地;全国最大的环同济设计经济圈逐渐形成;物联网科技园、智能电缆科技园等高科技专业特色鲜明。6000 多家科技企业集聚大学周边,涌现出以华平信息、复旦微电子、完美世界网络技术、大亚科技、花千树科技(世纪佳缘)等为代表的一批高科技骨干企业。融"三区"为一体的大学科技园已成为自主创新、产学研一体化的孵化器与综合性服务平台,彰显杨浦创业之都特色。

3. 杨浦科技园是上海创新创业巨大的孵化器

由于区级财政的局促、土地资源的局限,科技小微企业居多,杨浦科技园体量及贡献度远不及京津沪中关村、滨海新区、张江三大高新区,但是,它是上海创新创业的巨型孵化器。

正因为杨浦数十个科技园体量小,规模适中,管理层级少、幅度大,有利于园区对科企进行贴身的综合服务,特别有助于科技型小微企业茁壮成长。杨浦以全区财力作后盾制定优惠政策,联手高校共同扶持大学科技园、创业孵化器,培育中小微科企,为国家、为区域产业结构调整转型,为大众创业、万众创新,提供基础性、公益性服务,为广大科技人才提供良好的创新创业生态环境。

在科技园蓬勃发展同时,杨浦提出"优先发展知识型生产性现代服务业、优先发展高新技术产业、调整提升都市型产业、稳步提升基础性服务业"两优先两调整的发展思路，为杨浦的产业升级勾画了蓝图，引导大学、院所科技园朝着现代服务业目标健康有序发展。杨浦科技园也因此成为申报杨浦国家级创新型试点城区的最大权重要素。

图示：杨浦产学研"主管部门""三区联动"示意图

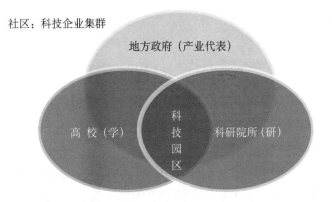

社区：科技企业集群

地方政府（产业代表）

高 校（学）

科技园区

科研院所（研）

第三节　调研实践：大学科技园是自成体系的科技产业生态圈

课题组从 2009 年 7 月开始，通过杨浦行政学院与上海市经济学会市场中介专委会合作酝酿、筹备组建"市场中介杨浦研究与实践基地"①，以基地或课题名义对大学科技园进行问卷调研、参与大学科技园的服务，对 11 个园区高管访谈、参与 2010 年 11 月的科技部、教育部在杨浦召开的"第三次国家大学科技园工作会议"

---

① 杨浦时报 2010 年 5 月 25 日 2 版"'实践基地'揭牌推动产学研一体化"，记者：孔晓文

等实践与调研。掌握的第一手信息资料如下：

一、问卷发放：杨浦科技企业基本情况

中介服务基地与区金融办、园区办等合作，精心设计问卷，范围涉及企业融资、技术转让及中介服务需求三个领域。[①] 从 2010 年 1 月初开始，化费很大时间精力向大学园区、科技园区、创意园区、经济园区等数十家园区面向数千家企业发放纸质或电子版问卷，半年后经动员陆续回收共 500 余份。回馈信息如下：

（一）企业普遍对问卷调查不积极

回收的 500 余份问卷，其中因代填一式多份大半是无效卷。据负责问卷发放的各大学科技园区项目经理的答疑整理，其原因：一是园区企业一直受诸多社会问卷烦扰而无实际得利，所以不是拒填、戏填、就是管理者一式多份代填；二是有些创业者只懂自己专业和手上技术活，对如何"财务管理、融资申请、技术转移、中介服务"等企业管理知识懵懂茫然无从下手，企业为了生存只专注产品、市场而不关心其它事物；三是对无上级领导的小微企业来说，有些非强制任务不愿参与；四是园区人手少，而企业布局较分散，组织问卷发放、动员填写回收对园区是一个大负担，因此代填问卷现象极为普遍。这即是企业问卷回收少、数据不准的原因。

（二）杨浦科技企业问卷表主要内容统计情况

即便是代填，数据不准确，但因为管理人员对本园区企业有一定了解，因此根据 10 个主要科技园区问卷抽样统计，得出一点基

---

① "杨浦企业融资与市场中介服务需求问卷调查"制表者：易幸麟，2010 年 1 月豆丁网 http://www.docin.com/p-67935880.html

本概况。

企业负责人的文化程度

学历	A. 博士	B. 研究生	C. 本科	D. 大专	E. 其它	合计
总数	24	100	179	60	112	475
占比(%)	5.05	21.05	37.68	12.63	23.58	100

企业产业分类情况

A. 现代设计	B. IT 软件	C. 新材料	D. 环保与新能源	E. 生物医药	F. 金融服务业
38	156	35	43	20	6
8.27%	33.97%	7.63%	9.37%	4.36%	1.3%
J. 制造及相关服务业	H. 贸易物流	L. 教文体	J. 其它		合计
44	35	9	73		459
9.59%	7.62	1.96%	15.9%		100%

企业注册资本(万元)分布情况

A. 500 及以下	B. 501—2000	C. 2001—5000	D. 5000 以上	合计
417	24	8	3	452
92.25%	5.31%	1.77%	0.66%	100%

企业所掌握的核心技术分布情况

A. 专利技术	B. 企业专有技术	C. 商标或版权	D. 一般实用技术	合计
123	127	47	166	463
26.56%	27.43%	10.15%	35.85%	100%

企业所掌握的技术来源与技术先进程度分布

A. 个人研发	B. 团队研发	C. 国内技术市场转让	D. 复制国外技术	合计	
84	225	74	37	420	
20%	53.57%	17.62%	8.81%	100%	

A. 国际领先	B. 国际先进	C. 国内领先	D. 国内先进	E. 市内先进	合计
79	67	119	112	44	421
18.76%	56.3%	28.26%	26.6%	10.45%	100%

根据统计数据分析,填表企业大致情况是:

"企业负责人文化程度",专本科与硕、博研究生占填表企业总数 7 成余,说明大学生是科技园区创新创业的主体。"产业分类"IT 软件占总数比重三分之一居第一位,说明杨浦信息科技企业占主导地位;"注册资本"500 万以下的小企业占比 9 成 2,说明科企是以轻资产的小微企业为主。"一般实用专利"比其它专利、专有技术均多 1/4,占总数 1/3 强,说明企业以适应市场需要为目的进行技术研发。"团队研发"占研发总数占比 5 成 4,个人研发占总数 2 成,说明团队研发对形成企业核心技术的重要性。"企业技术先进水平":国际领先与国际先进占全部指标比重为 3 成余、国内领先与国内先进占比 5 成 5、市内先进占比 1 成余,说明科技企业整体技术水平仍然处于中游,已具备冲击国际领先与国际先进的潜在竞争力。

二、参与服务：政府、中介与金融机构直接服务企业成效低

杨浦担保中心(政府属性)根据问卷整理出有融资需求的 200 余家企业名单,2010 年 6 月 25 日,组织 10 余家银行在沪东工人文

化宫设摊召开"中小企业融资洽谈会"。经笔者现场观察，半日累计咨询企业仅 50 家，从现场看，银行人员比企业人员还多，银行与企业直接达成融资合作意向的几乎是零。中介服务基地派出的融资顾问，虽有两家企业来咨询，但也未有下文。问询政府相关人士，答曰每届洽谈会情况都差不多。政府每年组织的中小企业融资洽谈会已成形式。

杨浦中介服务基地 2010 年组织市级中介机构两次下园区服务，8 月 3 日在同济园区孵化器、11 月 25 日在五角场高科技园区①，一些法律、会计、咨询机构的老总亲自出场义务为园区企业进行咨询答疑活动。虽然现场咨询内容精彩实用，但经园区动员参加咨询的企业仍然偏少。

根据问卷提供的 200 余家企业需要融资、中介服务的信息，中介服务基地专门对这些企业一一去电问询是否需要这些服务，得到回复都是"我们不需要"。

杨浦中介基地组织中介机构从 2011 年 1 月至 5 月底，在创智天地办公室开展免费的企业咨询活动，通过园区信息网络广泛通知，值班 5 个月没有一家企业上门。

三、调研结论：大学科技园是自成体系的科技产业生态圈

通过 1 年余中介基地下园区服务实践，了解到：多数较成熟的大学科技园都建有自己的投融资平台与中介服务平台，为园区企业提供廉价而及时服务；一大批 VC、PE 投融资机构环伺园区周边、各地银行将专营中小企业支行贴近科技园旁开张、一些律所设在园区；他们主动要与园区合作，共同投资、服务有价值的企业项目。

---

① 这次是中介服务基地代表市经济学会科普周活动到"五角场高科技园区"进行咨询服务。

实践验证：大学科技园不仅具备纵向的企业培育服务体系，在园区不断做大做强的同时，也搭建横向的市场中介、金融服务平台，对企业实施面对面、零距离、全方位服务，企业正常服务需求足不出园就可满足；通过园区企业征信信息，有些企业融资在园区申请比在社会上申请更容易获准。园区、企业、银行及投融资机构多方功能与利益互补，关系密切，已形成一个熟人经济般、内循环的科技产业生态圈。企业对园区全方位服务的信任依赖，无形中对社会性服务产生挤出效应，政府、中介与金融机构等部门如果不通过科技园服务网络，它们所制定的政策、组织的为企业服务活动，都不太会有针对性、有效性。

第四节　杨浦科技园"产学研管理项目平台"的功能与成效

杨浦曾是上海市中心边缘，许多大学坐落在曾是农田遍布、阡陌纵横的城乡结合部。随着城市放射性扩展，大学周边居民住宅、小工商业逐渐出现，其中，大学科技知识的自然溢出——高校师生就近创业也渐成气候，城市化正伴随高新技术产业化一同成长。杨浦通过区校合作，以"三区联动"决策平台，打造产学研资源集聚、功能齐全的大学科技园区，以吸引高校师生创新创业。大学科技园区是杨浦创建知识创新区的"引擎"。

一、杨浦大学科技园平台的功能

作为排名全国第二的 A 级国家大学科技园当家人，复旦科技园股份有限公司总经理凤根宝认为：大学科技园与一般高新技术区相比，其最大的优势在于有取之不尽、用之不竭的智力资源作后盾。大学源源不断的创新成果，使科技园成为科技成果向科技胚胎企业转化的孵化器。"大学科技园的创新作用是大学与园内企业、研发机构、社会企业之间交互振荡的放大作用。"①通过建立大学与科技园紧密的互动机制，园区致力为企业科技创新提供解决方案。大学在将大学的综合资源向园区延伸的同时，将技术转移中心向科技园延伸，企业通过大学了解世界科技的最新动态，和大学的最新成果、最新方法，从而孕育出新的创新，产生出许多具有市场价值的高科技产品。

大学科技园综合管理平台中各类服务间的逻辑关系可概括为：以平台基本公共服务（中小企业公益性服务）带动专业服务，进而以平台专业服务（法律、会计、金融、代理等）带动商业增值服务，通过平台商业增值服务不断提升平台功能价值，以促进科技园平台整体的可持续发展。

从简单的企业服务者转型为科技创新与创业环境解决方案的提供商，是杨浦大学科技园近年来快速发展的成功经验。"大学科技园是平台，园区环境是否有利于科技成果转化和孵化，是否有利于科技企业发展，考验着园区对综合资源的整合能力。"②

如果说大学是科技园的核心，大学科技园则是高新区的科技种苗孵化中心。其以高校科技研发为源头，校内外师生为创业主体；以公益性技术公共服务平台和产业孵化为载体，与投融资与中介服务机构服务相配套；高校优势学科转移的优势产业特色鲜明，带动产业集群、资源整合、服务集成；是战略性产业研发转化、产业化基地。从某种意义上，以杨浦的大学科技园、创业实训基地为代表的杨浦各类创新创业服务载体，使得杨浦成为大张江高新区、乃至上海科创中心的一个巨大的科技孵化平台。

---

① "复旦科技园——为创新创业提供解决方案"，杨浦时报 2013 年 7 月 30 日

② "复旦科技园——为创新创业提供解决方案"，杨浦时报 2013 年 7 月 30 日

从上所述，杨浦大学科技园是产学研主管部门"三区联动"市场化合作产物，是促进高校科技转化、产业化而衍生出来的经济实体，是横跨高校（院所）、政府、企业、市场多维度、集大成的科技中介组织。园区把高校（院所）、地方政府、企业的任务和市场统合在一个平台上，为他们交流信息、制定决策提供咨询和便利，同时也为一些有价值技术项目提供风险投资和孵化。因此，它是现代服务业中为科技产业化服务的知识型中介服务业。

图示：大学科技园公益性、市场性科技服务业示意图

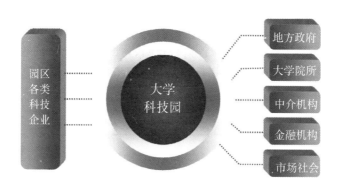

二、杨浦大学科技园产业特色

（一）高校优势学科转移成为园区优势产业[①]

品牌化优势学科是指造就大学知名度的品牌学科。这里特指能够转化、产业化的高校应用学科。如：同济的建筑设计、环保和材料科学等；上理工的数控机械、自动化控制、医疗印刷设备等装备产业；复旦的 IT 电子技术、计算机软件、数据检索等信息技术、

---

① 仅以杨浦区科技园区办公室所管理统计的大学科技园为限，不包括其他部门管辖的创智天地科技园、纺织科技园等其它几十家科技、创意、经济园区。

生物医药、新材料等；财大的担保、投资管理、财务金融从业资质培训等；远程教育集团的教育培训、咨询服务等。大学科技园依托院校优势应用学科，培育中小科企群体，形成杨浦支柱产业。

高校凭借优势学科资源为社会提供的科技服务。如：以优势学科部门或师资个人名义参与经济活动，为社会提供科技咨询服务、校企联合开发项目、委托科技开发项目等横向项目。目前，杨浦区高校参与社会经济活动日益增多，某些传统"横向"项目、如工程类学科项目都具过亿规模，发展潜力无限，是大学科技园发展现代服务业的重要方向和资源。

高校院所的两院院士，以"院士工作站"形式，以自己研发的科技项目，深入产业一线，为各类科技园、为区域广大中小微科技企业服务。上海市院士专家工作站共建成75家，其中杨浦院士专家工作站已达9家。①

图表：杨浦院士专家工作站一览表

序号	成立时间	院士姓名	院士工作站名称	院士单位
1	2009年	褚君浩 高廷耀	杨浦高新技术创业服务中心有限公司 院士专家服务中心	中科院 同济大学
2	2011年	庄松林	上海高晶金属探测设备有限公司 院士专家工作站	上理工
3	2011年	周宏灏	上海泛亚生命科技有限公司 院士专家工作站	中南大学

---

① 杨浦院士专家工作站素材由杨浦科协提供。

续　表

序号	成立时间	院士姓名	院士工作站名称	院士单位
4	2013 年	饶芳权	上海欧赛瑞斯新能源科技有限公司院士专家工作站	交通大学
5	2013 年	褚君浩	上海亿福新能源技术有限公司院士专家工作站	中科院
6	2013 年	刘彤华	上海恒健生物技术有限公司院士专家工作站	京协和医院
7	2014 年	郝跃	上海航天电子通讯设备研究所院士专家工作站	西安电科
8	2014 年	叶可明	上海市工程设计研究院总院有限公司院士专家工作站	沪建工集团
9	2014 年	江欢成	上海经纬建筑规划设计研究院有限公司院士专家工作站	江欢成设计

（二）杨浦大学科技园优势产业分布情况①

图表　大学科技园建立及优势产业情况一览表

排序	科技园名称	成立时间	股东单位	园区优势产业
1	五角场高新技术产业园	1996 年5 月	是杨浦区在与高校联动之前建立的类大学科技园，	IT 技术、建筑设计、生物医药、光机电一体化、新材料与环保

---

　　① 所有引用的数据图表均由杨浦区科技园区办公室提供，作者对部分数据重新排列。这里不包括创智天地科技园、中国（上海）创业者公共实训基地、纺织科技园等几十家其它科技园、文化创意园。

排序	科技园名称	成立时间	股东单位	园区优势产业
			杨浦两家国资公司注册资金 4600 万元。	能源等。
2	国家级上海杨浦科技创业中心	1997 年 8 月	由国务委员陈至立倡导、复旦周边建立的大学生创业孵化器,杨浦国资公司与市科创中心、复旦大学共同投资,注册资金 4500 万元。	IT 技术、创意产业、光机电一体化、生物医药、新材料与环保能源等。
3	复旦大学国家大学科技园	2000 年 4 月	杨浦国资公司与复旦大学、市科创中心、五高科公司等 6 家股东投资,注册资金 1 亿元。	IT 技术与电子设备类、咨询服务、生物医药、新材料等。
4	同济大学国家大学科技园	2001 年 5 月	杨浦国资公司与同济大学共同投资,注册资金 3300 万元。	建筑设计类、IT 技术、生物科技、咨询服务、工程类等。
5	上海海洋大学国家大学科技园	2003 年 6 月	杨浦国资公司与上海水产大学、上海东海水产科技开发有限公司共同投资,注册资金 90 万元。	水产类、IT 技术、文化创意、建筑工程与服务。
6	上海知识产权科技园	2004 年 4 月	杨浦区政府与市知识产权局合作、区国资公司与复旦科技控股公司	专利、商标、版权服务、IT 技术等科技类、文化传播、咨询服务等中介类。

排序	科技园名称	成立时间	股东单位	园区优势产业
			等 4 家股东共同投资，注册资金 1500 万元。	
7	上海理工大学国家大学科技园	2004 年 8 月	杨浦国资公司与上海理工大学等 3 家股东共同投资，注册资金 3000 万。	制造类、科技服务与科研类、商业配套类。
8	上海开放大学教育服务科技园	2005 年 3 月	杨浦国资公司与上海远程教育集团共同投资。	教育服务类及其他配套服务。
9	上海电力学院国家大学科技园	2006 年 4 月	杨浦国资公司与上海电力学院、上海市电力公司、杨浦科创中心等 5 家股东共同投资，注册资金 500 万元。	电力科技类、智能电网、清洁能源、电力科技服务业等。
10	上海财经大学国家大学科技园	2006 年 6 月	杨浦国资公司与上海财经大学、市科创中心共同投资，注册资金 3200 元。	投融资金融业、财经咨询中介服务业、科技类等。
11	上海体育学院国家大学科技园	2009 年 12 月	杨浦国资公司与上海体育学院合作共同投资。	赛事策划组织类、体育健身、营养保健、体育用品贸易、健康测评等。
12	上海物联网科技园	2011 年 5 月	杨浦国资公司与中国电子科技集团	以云技术、传感技术的结合对于安全和

排序	科技园名称	成立时间	股东单位	园区优势产业
			23 所合作共同投资。	智能家居的应用,亦应用于智能农业、智能制造等产业领域。
13	复旦软件园	2012 年 1 月	杨浦国资公司与上海兆联企业管理有限公司合作共同投资。	以金融信息、移动互联网、云计算、物联网、数字内容等为主导,重点发展软件产业、数字内容产业和文化产业,是国家火炬计划软件产业基地,是上海三大国家级软件园之一。
14	上海智能电缆科技园	2013 年 3 月	杨浦国资公司与上海电缆研究所合作共同投资。	以超高压与特种电线电缆技术应用于智能电网、新能源、航空航天等战略性、高技术、高装备产业等。

　　杨浦大学科技园的产业分类,根据2012年6月底园区办的数据绘制,电子信息、高新技术及环保节能产业占比35%;研发技术服务、金融、知识型服务业占比22%;教育业服务业9%;体育服务业7%,加上光机电一体化、建筑服务业、其它等行业中,还存在大量科技型企业,杨浦大学科技园的产业结构中科技产业、科技企业占绝对优势。也基本反映大学优势学科就地产业化的现实。

　　从各大学的优势学科到大学科技园的优势产业分布,可以清晰地显示高校优势学科的转移转化轨迹,通过大学师生们一代一代的创新创业,促进学科群对接产业链,为区域经济发展提供科技支撑,大学优势学科已形成各大学科技园的特色产业,吸引行业龙

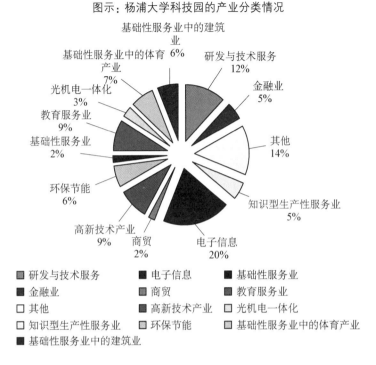

图示：杨浦大学科技园的产业分类情况

头企业近悦远来。在大学开始注重优势学科横向项目上,大学科技园特色学科产业链今后发展潜力无限。

三、杨浦大学科技园服务平台的功效

中国证监会研究中心主任祁斌认为,"目前全国各地都在建科技园区,都是想要复制硅谷,说这是一件好事,问题的关键是怎样能够让科研、人才、专利、资本,在一个平台上自由地交换。国家和国家竞争的是这个,地区和地区也是。"[1]杨浦大学科技园就是这样一

① "未来十年中国经济的转型与突破",作者：祁斌,凤凰财经 2012 年 11 月 14 日

个集聚技术、人才、资本、中介等各类资源整合与服务的综合性平台，其平台服务功能齐全与强大，在全国大学科技园中评比中名列前茅。

杨浦大学科技园管理机构是一套班子两块牌子，园区首先是公益性服务平台，设立园区管理委员会，其不以盈利为目的，代表政府与高校对园区企业进行周到细致的服务管理；园区同时又是公司化运作，通过横向延伸提供市场化服务作为自己的盈利模式。近年来，园区通过"公益性＋商业性"综合而细致的管理与服务，各项指标都取得骄人成绩，说明大学科技园的服务平台具有集成性、综合性、高成长性。

（一）大学科技园载体建设与招商节节高

杨浦以大学科技园为主体的科技园集群，承担着杨浦国家级创新型试点城区重任，坚持"特色化、品牌化、国际化"的发展方向，短短几年，园区无论在载体建设、招商引资、企业集聚的数量质量、产值税收的增长；还是引领发展高科技、战略性产业，平台功能深化方面，均表现出强劲发展势头。[①]

1. 大学科技园载体不断扩大

杨浦区域内大学科技园载体总面积，目前存量以近 150 万平方米。数家重量级的央企、市企科技园正处于硬件设施建设阶段，开园指日可待。由于杨浦可供开发的土地有限，一些规模较大的科技园正在不断的向外拓展，大项目如：复旦科技园江苏海门分园，首期占地 200 亩，5 万余平方米的建筑面积即将完成；同济科技园常熟分园占地约 23 亩，规划建筑面积 6 万多平方米，于 2014 年 8 月建成；财大科技园通过管理输出的方式建立了拥有 6 万平

---

① 所有数据根据区科委园区办所管辖的 14 家大学（院所）科技园统计数据为准，不包括创智天地科技园、中国（上海）创业者公共实训基地、文化创意园区、街镇科技园等数十家园区数据。

方米办公房的宝山基地等等,大学科技园的物理空间,随着大学科技园品牌知名度扩大、效益增高而同步拓展。

2. 大学院所科技园招商从重数量到重质量

物理空间扩大,为园区招商优质企业和搭建各类中介服务平台,创造了良好的硬件条件。杨浦科技园招商从重数量到重质量,取得良好效果。

图表 科技园 2007 年至 2012 年每年招商情况①

序号	园区		2007	2008	2009	2010	2011	2012	2013
1	五高科	企业（户）	102	106	177	252	261	169	93
		资金（亿元）	1.35	2.64	12.63	12.18	6.87	7.90	3.52
2	创业中心	企业（户）	196	180	230	218	221	269	310
		资金（亿元）	3.03	2.38	3.17	5.53	6.24	22.97	13.11
3	复旦科技园	企业（户）	18	8	72	47	76	37	48
		资金（亿元）	0.29	0.17	1.17	1.99	1.53	4.09	0.98
4	同济科技园	企业（户）	65	37	69	100	106	100	119
		资金（亿元）	0.42	0.36	0.34	1.99	1.44	4.55	0.90
5	海洋科技园	企业（户）	8	20	11	8	18	22	16
		资金（亿元）	0.16	0.24	0.09	0.08	0.18	0.23	0.17
6	知识产权园	企业（户）	93	30	55	89	77	58	74
		资金（亿元）	0.79	0.23	0.21	1.49	0.66	0.67	0.86
7	学习科技园	企业（户）	41	19	19	22	34	28	39
		资金（亿元）	0.08	0.08	0.08	0.06	0.16	0.07	0.09
8	理工科技园	企业（户）	74	79	82	74	84	77	90
		资金（亿元）	1.19	0.97	0.63	1.35	1.89	5.09	1.19

① 历年大学科技园的数据由杨浦区科技园区办公室提供。因每年有小部分注销企业,因此历年招商企业数据与户管企业数据有差异。

续　表

序号	园区		2007	2008	2009	2010	2011	2012	2013
9	财大科技园	企业（户）	76	85	143	167	162	185	144
		资金（亿元）	2.48	3.13	9.39	6.69	18.27	16.59	12.78
10	电力科技园	企业（户）	14	49	39	43	49	56	74
		资金（亿元）	0.31	0.67	0.26	2528	0.34	0.56	0.36
11	体院科技园	企业（户）	0	0	11	40	44	33	49
		资金（亿元）	0	0	0.12	0.53	1.38	0.49	0.32
12	物联网科技园	企业（户）	0	0	0	0	2	8	6
		资金（亿元）	0	0	0	0	0.027	0.05	0.17
13	复旦软件园	企业（户）	0	0	0	0	0	0	115
		资金（亿元）	0	0	0	0	0	0	1.73
14	电缆科技园	企业（户）	0	0	0	0	0	0	3
		资金（亿元）	0	0	0	0	0	0	0.07
总计：注：将零星美元、日元、澳元、港元折算人民币		企业（户）	687	613	908	1058	1134	1042	1180
		资金（亿元）	10.09	10.84	27.92	32.15	38.99	63.26	36.34

数据分析：从大学院所科技园总体招商情况来看，金融危机时招商企业数量略减，资金实力有所增长。危机后 2009 年的招商环境向好急转，注册总户数同比增率达 48.12％，资金总数同比增率达 157.55％，呈爆发性增长。2010 年经济形势趋稳，在 2009 年高增长的基础上，园区仍然取得注册总户数同比增率达 16.52％，资金总数同比增率达 15.14％成绩。2010 年后，各园区招商数除创业中心之外明显下降，但注册资金明显上升，说明园区招商对企业的规模、产业性质，要求普遍提高，优质企业数量增长。2012年，招商数减少 8％，注册资金却猛增 61％，1000 万以上企业达 98

家,其中创业中心 34 家、财大园 24 家。2013 年因复旦软件园、智能电网两个新科技园开张招商数上升,小微企业增长而注册资金下降,但规模企业也在增加,注册资金 1000 万以上企业达 48 家,5000 万有 18 家。其中,财大科技园分别是 14 家、11 家,说明类金融机构的招商能力较强。

这充分说明：大学科技园区与大学的亲缘关系使得园区具有同样的大学品牌效应,加上政策服务配套、商务环境良好,是中小科企口碑相传、慕名而来、向往成长的创业乐土。

(二) 大学科技园税收呈两位数增长

图表: 2008 年至 2013 年的税收情况(不含房产)

2008 年至 2013 年杨浦科技园区级税收情况一览表(万元)						
单位名称	2008	2009	2010	2011	2012	2013
五角场高科园	10007	11296	12749	14990	17239	19463
复旦科技园	957	968	1708	1752	1819	2053
同济科技园	1524	2112	2471	3775	3613	4028
创业中心园	1433	1768	1998	3595	4281	4901
知识产权园	379	437	810	1232	1673	1717
海洋科技园	76	99	184	173	191	188
教育服务园	162	220	252	435	530	545
电力科技园	109	177	378	547	512	633
财大科技园	744	1001	1427	2371	3003	3027
理工科技园	367	504	904	1158	1282	1633
体院科技园	—	—	21	109	260	340
复旦软件园						92

续　表

2008 年至 2013 年杨浦科技园区级税收情况一览表(万元)						
单位名称	2008	2009	2010	2011	2012	2013
物联网科技园					9	34
合计	15757	18582	22902	30137	34412	38657
年增幅%		17.93	23.25	31.59	14.18	12.34

杨浦科技园 2008 年至 2013 年国地税一览表(万元)						
单位名称	2008	2009	2010	2011	2012	2013
五角场高科园	33000	33806	36893	46162	53369	58466
复旦科技园	3356	3198	5116	6098	6138	6786
同济科技园	3534	4922	5956	8387	7637	9382
创业中心园	5034	6067	6477	11213	12406	16679
知识产权园	1524	1801	3205	5075	6876	7324
水产科技园	206	264	483	449	463	504
教育服务园	369	511	534	928	1169	1118
电力科技园	253	539	1068	1330	1299	1300
财大科技园	2308	2926	4180	6941	8100	7773
理工科技园	1064	1642	2733	3916	3928	5218
体院科技园	—	—	45	221	841	1360
复旦软件园						283
物联网科技园					16	72
合计	50648	55676	66690	90720	102243	116265
年增幅%		9.92	19.78	36.03	1270	13.71

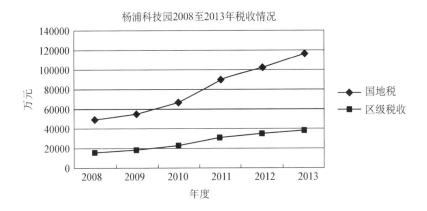

科技园与全区区级财政收入占比情况(亿元)						
	2008	2009	2010	2011	2012	2013
科技园	1.58	1.86	2.29	3.01	3.44	3.87
杨浦	40.78	44.05	50.07	64.52	70.97	77.01
占比(%)	3.87	4.22	4.57	4.67	4.85	5.03
年占比增长%		9.04	8.29	2.19	3.85	3.71

　　数据分析：科技园的税收情况同样取得骄人成绩。金融危机后 2008 年至 2013 年,无论总税(国税＋地税)、地税,都基本实现 2 位数增长：区级财政收入 5 年平均增长率为 19.86%；国地税 5 年平均增长率为 18.43%。统计数据有效澄清了大学科技园不产税、少产税的误解。

　　毋庸讳言,杨浦区域纳税前 100 强基本以传统经济为主：大部分为工业制造、商贸、房地产、水电煤等,其中上海卷烟厂(委托税收)一家税收就占杨浦税收的半壁江山；小部分为设计、投资保险等金融业，科技企业只占小部分。园区科企集群往往以轻资产的小微企业为主体，其区级财政收入占比全区始终在个位数，但在科技园数个做大企业毕业归属区辖之后，科技园区级税占比增幅也在升高

（三）大学科技园是专利研发的策源地

大学科技园是科技企业为主体，园区专利申请量虽然很大，但是杨浦科技园区办公室统计数据以专利授权为唯一指标，因为这才是转化实际生产力的指标。

图表：杨浦科技园 2008 至 2013 年区专利授权情况表

14 家科技园 2008 至 2013 年 6 年专利授权统计					
全部科技园	发明专利	实用新型	外观设计	合计	后 3 年占比
总计	998	887	164	2049	84.24%

图表：2010 至 2013 年科技园专利规模比较杨浦区整体专利情况。[①]

科技园/杨浦	2010 年	2011 年	2012 年	22013 年	合计
科技园区专利授权	131	434	542	750	1857
杨浦专利专利授权	2415	3116	4088	3997	13616
专利授权：科技园区/杨浦%	5.42	13.93	13.26	18.76	13.64
其中：科技园区发明专利授权	34	242	361	331	968

① 根据"杨浦区科技成果现状调研报告"数据整理，杨浦科技简报 2013 年第 64、66、68 期 2013 年 9 月 27 日，下同。

续　表

科技园/杨浦	2010 年	2011 年	2012 年	22013 年	合计
其中：杨浦发明专利授权	731	1133	1298	1305	4467
发明专利授权：科技园区/杨浦%	4.65	21.36	27.81	25.36	21.67

　　从表中①看出,随着园区研发实力逐年增强,专利的申报与授权也逐年增多,2011 年至 2013 年的专利授权总数 1726 件,占科技园 6 年总数的 84.24%,杨浦科技园的技术研发能力成爆发性增长态势;专利授权中,发明专利与实用新型专利占专利总数92.0%,说明科技园企业专利研发紧贴市场需要,专利质量逐年提高。

　　专利授权贡献度最大的是杨浦创业中心,数量约占所有 14 家园区总量三分之一,是杨浦的专利大户。创业中心 2010 年成为"上海市知识产权试点园区"。近三年每年申请专利、知识产权平均 500 多项,与复旦大学全校申报数相当。同时,杨浦创业中心与复旦科技园的授权专利质量较高,发明专利均占 62%,说明专利申报者往往是携金点子创业的大学师生,他们是创新创造的有生力量。其次是同济和理工科技园,专利授权贡献度较强,这与园区拥有创新创业孵化器密切相关。物联网园专利奇兵突起,说明物联网园的专业集聚度及技术特色较强。数据比较分析：杨浦科技园专利授权占杨浦专利授权总数 13% 余,但发明专利授权占比20% 以上,说明园区专利授权质量较高,园区是专利等知识产权转

---

　　① 科技园专利授权统计是杨浦科技园区办公室委托第三方依据专利申请企业地址在知识产权网站公开资料搜集,其中小部分因在职教授老师创业企业专利单位与园区两面申报,极小部分是申报专利企业地址属于高校院所,专利数据可能与高校专利重叠。

化、产业化最好的孵化器,是产学研结合最佳的平台。

此外,科技园综合服务功能为科企的专利申请亦提供了便利服务。如上海知识产权园积极探索专业平台服务市场化与公益性的衔接,通过开展免费作品版权登记和协助企业办理计算机软件著作权登记补助等两项业务,为科企办理作品登记代理业务、软件补贴代理服务。杨浦科技创业中心经常组织知识产权专题培训与咨询辅导,培育知识产权服务人才。大学科技园重视专利申请的服务工作,专利孵化、转化服务功能完善,大学科技园是区域经济发展创新的"引擎"。

(四) 大学科技园是大学生扎堆创业的乐土

从统计数据分析,创业中心(复旦孵化器)、同济、财大、理工大学科技园每年大学生初创型企业增长速度较快,环保园、复旦软件园创新企业后来居上,这一定程度上反映了大学科技园创新创业培育工作的成功,大学科技园主动靠前一步,进入大学将那些有技术、有潜力,社会单位欢迎的毕业生培养成为社会亟需的创业者、未来的企业家。下述以 2013 年数据为例:

杨浦创业中心创业苗圃 2012 年新入驻项目 150 个,其中 59 个项目 2013 年孵化成立公司,占入驻项目总数 39.3%;2013 年,创业苗圃获得了上海市首批创业孵化示范基地的认定。苗圃在线"创业大学"正式上线,编写了《青年创业指导手册》,形成大学生创业的标准化培育体系。2014 年创业苗圃入驻项目累计达到 500 个,已有 223 个成立公司,预孵化成功率 44.6%,在全市创业苗圃中处于领先地位。

同济科技园积极推进大学生创业团队项目立项工作,2013 年完成 16 个大学生创业团队项目的立项工作,推荐 4 家大学生创业企业申报杨浦区鼎元人才基金并获立项,推荐 10 家大学生企业申报 YBC 项目,5 家获立项,帮助大学生创业企业获得授权发明专利、实用新型专利、外观设计专利共计 43 件、软件著作权 4 件、商标 6 件。全年引进并孵化创业项目 35 个,13 个项目成立了公司。

理工科技园争取各类政府和机构的资助，协助大学生创业企业，2013 年共有 7 家创业项目获得区人社局各 3 万元创业扶持资金，两家企业获大学生创业实训基地的"微创新苗"称号，另有 5 家获得 YBC 的资助。

电力科技园主动与学校科创项目对接，寻找创业项目，扶持大学生创业。通过市大学生科技创业基金的项目共有 10 个。2013 年共受理大学生创业项目 10 余个，完成资助项目 3 个。

财大科技园通过组织大学生创业企业参加创业大赛、搭建创业苗圃等方式新增大学生创业企业 20 家，截至 2013 年底科技园大学生创新创业累计达 95 家。

体育科技园 2013 年大学生创业企业 32 家，其中体育学院毕业大学生创业 28 家，毕业学生创业人数达 46 人。

复旦软件园积极开展大学生创业工作，建立了 68 人的导师团队，涉及行业龙头企业的著名企业家、金融投融资专家、法律顾问等，已成为大学生创业基金会受理点。

2013 年，14 家大学院所科技园新增注册大学生创业企业 168 家（全区为 275 家，占 61％），其中获得上海市大学生创业基金的企业有 7 家。

（五）大学科技园企业国际竞争力开始显现

图表：2013 年杨浦科技园区企业总数与国际化企业汇总表

（单位：家）

序号	园区	国际化企业分类				国际化企业总数	企业总数	国际化企业所占比例
		千人计划3310创新创业人才	外资企业	负责人海外留学背景	主业30％以上涉外			
1	五高科		39		2	41	2327	1.76％

续　表

序号	园区	国际化企业分类				国际化企业总数	企业总数	国际化企业所占比例
		千人计划3310创新创业人才	外资企业	负责人海外留学背景	主业30％以上涉外			
2	复旦科技园	23	11	23	2	55	490	12.04％
3	同济科技园	2	16	8		26	797	3.26％
4	创业中心	15	25	5		45	2056	2.19％
5	理工科技园	2	6	2		10	602	1.66％
6	知识产权园		12	2		14	622	2.25％
7	教育服务园						248	0.00％
8	水产科技园		1	1		2	124	1.61％
9	电力科技园						325	0.00％
10	财大科技园		7	5	1	13	967	1.34％
11	体育科技园		1			1	176	0.57％

续　表

序号	园区	国际化企业分类				国际化企业总数	企业总数	国际化企业所占比例
		千人计划3310创新创业人才	外资企业	负责人海外留学背景	主业30%以上涉外			
12	物联网园						13	0.00%
13	复旦软件园		4	1		5	179	2.79%
	总计	42	118	46	5	211	8926	2.36%

数据分析：杨浦园区办所统计的 13 家科技园,其中集聚的中小企业已近 9000 家,说明杨浦中小企业包括科企正在急剧增长,海归创新创业人才 42 人,国际化企业 211 家,相比庞大的企业基数,企业国际化程度总体不高。原因一是国际化企业大都集聚创智天地园区、大连路总部聚集区,二是国际化总部企业大都区属,不归科技园户管,其可能后果,就是总部带动中小科企的产业链难以形成。

个别园区国际竞争力开始显现。杨浦创业中心完成《IBI 国际企业孵化器 15 年实施情况调查报告》征集素材工作,成为 2012 年这届"AABI 亚洲优秀孵化器"评选活动中国区唯一侯选孵化器。2013 年共有来自法国、荷兰、意大利、韩国、以色列等国家代表或孵化器管理人员共计 80 人次访问创业中心,园区 50 余家企业多次参加各国企业对接会,行业涵盖生物医疗、新能源新材料、环保、IT、农业等领域,为园区企业提供了拓展国际市场的机会。

(六) 大学科技园品牌化取得新进展

杨浦科技创业中心先后获"上海市政府质量金奖"(全市 7

家）、"上海市知名品牌创建示范区"（全市 7 家）、"上海市社会管理和公共服务标准化试点单位"（全市 32 家，孵化器首家）、"科技部'苗圃—孵化器—加速器'科技创业孵化链条建设示范单位"（全国 11 家）、"中国技术创业协会科技创业贡献奖（科技创业服务机构模式创新奖）"。荣获"国家高新区先锋榜（2013）"十佳创新创业服务机构奖，成为上海市唯一一家进入园区榜单前十名的单位。荣获第二届"中国质量奖提名奖"（全国孵化器首家）。

同济科技园孵化器有限公司连续四年被上海市科技创业中心评为"上海市科技创新创业服务先进集体"，2013 年度还被评为 YBC 服务站"服务之星"；同济科技园和上海理工科技园被上海市经济和信息化委员会认定为"2013 年上海市中小企业服务机构"。

复旦软件园通过保姆式的、专业的企业服务，产业联盟集群的建立，以及对外的宣传、拓展与合作，"杨妈妈"、"兆联天下"、"国家级复旦软件园"三大品牌得到有效宣传和提升。

知识产权园被认定为"上海版权示范园区"。

（七）大学科技园科技与金融联盟结硕果

在科技金融产品创新上，杨浦科技园根据企业实际情况来匹配不同投资者和不同融资产品，与时俱进满足企业融资需求。以 2012 至 2013 年为例：

2012 年 4 月，杨浦创业中心联合派芬自动化公司、复展照明公司等机构成功发行 1.5 亿元中小企业私募债。这是国内首单由科技园区带领园区企业发行的私募债。

杨浦创业中心针对"湾谷"项目，分别与浦发银行、交通银行以"单一集合信托"的融资模式解决资金问题。创业中心还利用科辰投资、科诚小贷、寅福创投等园区金融服务平台开展了一系列工作，2013 年共解决企业融资难题 450 多例，融资金额达 11.3 亿元。

　　复旦科技园作为上海市金融办的试点园区，开展了"以园区服务为基础的科技企业银行融资服务"试点，进行园区、企业、政府、银行合力的协同创新探索，在市、区有关政府部门的支持下，为企业和银行提供"手牵手"的平台。2013 年共为 36 家科技企业牵线搭桥，总金额 1.94 亿元，协助企业完成直接融资 1.6 亿元。为 21 家科技型小企业办理信用贷款，总批复额度 2330 万元，发放贷款 1650 万元。

　　同济科技园信隆行公司"一融网"金融服务平台，2012 年举行了 4 场融资对接会和洽谈会，为 10 家企业分别提供了 2650 万元的贷款和 6100 万元的风投服务。

　　理工科技园专门成立了"金融工场"，有效提升了为企业的金融服务能力。2013 年为企业获得间接融资 3390 万元，获得风险投资 500 万元，获得各类补贴 26 万元。园区企业上海华之邦能源科技有限公司通过光大银行/浦发银行＋接力担保公司的"科贷通"模式获得间接融资金额 200 万元（光大 100 万、浦发 100 万）的同时还获得 500 万元的风险投资金。

　　财大科技园一方面结合财大学科发展科技金融服务，另一方面鼓励师生创业共同拓展科技金融平台。大学生创业企业"乐智咨询"在园区的帮助下成功开发出中小微企业融资平台、中小企业财务应用软件、中小企业信用融资系统等。该园已集聚股权投资金融机构 66 家，管理的资产达 70 亿元人民币。

　　杨浦科技园小巨人企业经过多年培育，终于迎来收获季，纷纷在资本市场登台亮相，2013 年同济园、五高科园、理工园共有 5 家企业在新三板挂牌；同济园 1 家企业在上海股交中心挂牌。截至 2013 年底，14 家科技园累计有 11 家企业在多层次资本市场挂牌上市。

　　大学科技园取得科技创新丰硕成果。2013 年，杨浦 21 个项目获高新技术成果转化项目认定，83 家中小科技企业获上海市中小科技企业创新资金，全区累计产生 228 家上海市高新技术企业，34 家市级科技小巨人（含培育）企业。杨浦园 11 个项目获得张江国家自主创新示范区专项发展资金项目市级 3589 万元的专项资金支持。

　　杨浦科技园推进各类科技园的技术成果转化服务平台、虚拟园区管理平台、3310 生物技术平台、知识产权服务平台等专业技术公共服务平台建设。上海高校技术经纪公司落户杨浦，加速科技园技术交易平台的建设完善。[①]

　　综上数据充分显示，在没有较多政策资源支持下，尤其在高校院所知识与服务尚未充分溢出情况下，杨浦各大学科技园以自己创造性的服务工作，取得招商、税收、创新创业、企业国际化、上市等多指标丰收。杨浦科技园空间不断扩大，"成千上万家中小微科技企业在复旦、同济等高校周边集群发展，已成为上海乃至中国科技企业孵化、成长的种子基地和成长摇篮。"[②]园区已成为杨浦专利技术的策源地、技术转移产业化的孵化基地、高科技企业与人才集聚的创新创业乐园、科技金融发展高地。

第五节　杨浦大学科技园发展瓶颈及根源

　　大学科技园虽在短短几年飞速发展，显示旺盛的生命力，但根据参与科技部、教育部"第三次全国大学科技园工作会议"华东组讨论的纪录、杨浦科委对科研成果的调研课题分析、杨浦两会代表

　　① 《杨浦区国家创新型试点城区工作简报》2014 年第 15 期，杨浦区国家创新型试点城区建设领导小组办公室 2014 年 4 月 24 日

　　② 引自 2010 年 11 月 10 日科技部、教育部《第三次全国大学科技园工作汇报汇编》中杨浦区委区政府的交流材料数据有改变，其中"科技企业"是有资质已通过有关部门认定的企业。

的发言、以及对杨浦 10 余家科技园高管访谈及基层调研,普遍认为杨浦科技园现有诸多体制仍然框住了园区发展,归纳总结如下：

一、"三区联动"产学研市场性决策平台缺陷：存在不同的利益诉求

"三区联动"战略尽管得到了上海市委市政府认可,但当时并未纳入市科技创新发展整体战略中,缺乏市政府的统一领导与相关政策资金支持,造成产学研主管部门决策平台的实力与能够实施的政策手段有限。"三区联动中,大学、产业、政府、社区分别有不同的利益诉求。大学追求的主要是学术上的发展以及学校声望的提高;政府作为产业代表更为关注一定时间内的 GDP 增长;追求产业利润的最大化;社区追求城市环境与居住条件的改善。互动中还没有形成一个清晰的共同目标。"①

任何产学研市场合作型决策平台,如果没有一个统一的项目目标,清晰的责权利权限边界,没有一个权威主体协调管理,产学研各方会因不同的利益取向产生摩擦,平台必然运行不畅。

(一) 杨浦"三区联动"因不同利益诉求存在"三元性"

目前杨浦"三区联动"运行中,客观存在"三元性"现象。杨浦"校区、园区、社区"的"三区联动",宏观上说,是产学研"主管部门"市场化的结合模式,其中不同利益导向使得执行、实施综合管理职能的"大学科技园"无所适从。所谓"三元性"现象,突出表现在大学、政府、科技园之间有各自的利益诉求而不能形成合力。

---

① "上海市大学校区、科技园区、公共社区'三区融合、联动发展'研究",作者：童惟平、范思鸣、刘强、苏祺、黄汉新、束军、孙畅、朱国强,上海市人民政府发展研究中心官网 2011 年 12 月 13 日

1. 现象一：高校、园区与地方政府有竞争关系

地方政府原本对大学科技园期望值较高，因此，将最优惠的政策如税收返还率达80%、最好的资源如地块和物业低价给予大学科技园，希望把杨浦的战略性、高科技产业发展起来。数年实践下来，地方政府发现给予大学科技园大量资源，高科技产业发展却不甚理想。却因为高比例的区税返还，科技园实际税收贡献却反而少于传统产业。某种意义上说，大学科技园做得越大，税收越高，地方税源反而流失越多，地方政府投入产出不成比例。

于是，地方政府与大学科技园某些指标如招商上，表现出某种竞争关系。总部经济因为体量巨大，对地方政府的税收贡献也出类拔萃，但是落户杨浦之前，需要地方政府前期给予巨量的投入与扶持，尤其土地资源的支持。因此，园区有招大引强的信息、沟通谈判能力，地方政府有招大引强的资源能力，两者或因利益分歧，形不成合力。

从大学科技园角度说，虽然能够引进总部型企业，但是园区拿不出土地；或者千辛万苦引入，由于地方政府提供了土地、物业等优质资源就归属地方而拿不到任何好处，大学科技园也就没有更多的意愿去招大引强、引进总部企业了。

同时，大学科技园自己培育做大的科技企业，地方政府也以各种理由从园区转入区直接管辖。这意味园区辛苦培育却少有利益分享，哪怕仅仅给予面子性指标都没有。这相对影响大学科技园将企业做大做强的积极性。

从区政府角度说，总部型高科技企业入驻杨浦，意味着需要区政府要给予企业及企业高管提供土地、税收优惠等诸多优质资源与政策，这一切需要区政府承担。如果该企业注册在大学科技园，意味着肥水外流，政府巨额投入却得不到税收产出，这是区政府不愿让总部型企业入驻科技园的主要因素。因此，无论哪方招商的总部型企业，只要区政府投入资源，哪怕该企业的科技属性再适合大学科技园，但由于怕税源流失，也要归属区直接管理。

高校、大学科技园与地方政府在利益分配机制上亦有龃龉，目前普遍存在园区每年的税收返回，须经过繁琐流程直到两年后才能拿到，严重影响了园区的正常运行与考核，也影响了大学对地方政府行政办事效率的评价。

2. 现象二：大学科技园与高校利益分歧

大学科技园与高校亦存在利益分歧。科技部、教育部对大学科技园评价甚高，但两部对大学科技园在高校体制内的定位缺少明文规定，各大学根据自己的偏好行使管理，使得大学科技园待遇因领导重视与否而不确定。

大学科技园与大学的亲缘关系远超与地方政府的关系。但园区作为大学产业系统的下属公司，没有纳入大学正统的考核体系中，成为孤悬体制外的单位。科技园待遇依赖高校领导对其的重视程度有差异：有的大学领导（如上海财大等），充分认知科技园对产业的引领作用，不仅校领导亲自抓园区工作、委派得力干部当园区高管，并且在提供办公楼、投资园区创投基金均给予巨大支持，促成园区的快速发展；有些大学领导因高校考核指标导向并不重视科技园建设，虽在园区开办期给予一定的资源支持，但并没有规范的、促进科技园可持续发展的管理机制，园区享受不到大学的资源与政策。有的大学甚至将科技园视作校编外三产业务。

3. 现象三：大学科技园地位尴尬

大学科技园是高校（院所）、地方政府加上社区空间"三区联动"的产物，它既是大学隶属产业单位、高管一般具有大学的行政级别、接受高校工作业绩评价；园区还需要上缴高校管理费。但科技园的经营管理又接受地方政府领导管辖，并受政府委托，对中小微科企进行孵化、培育，助其做大做强。但高校、地方政府毕竟有自身利益，当双方利益趋同时，园区就能得到双倍的呵护；当双方利益有冲突时，园区夹在高校、地方政府中间就较尴尬。大学科技园在考核指标的导向中，利益倾向更多偏于高校。

（二）大学科技园股份结构不同导致管理体制不同

杨浦大学科技园虽然投资方均为大学（院所）、地方政府、社会多方股东组成，但是股份比重结构不同导致管理体制及权限亦不同。有的科技园高校是最大股东，决策权掌握在高校管理层手中，园区是在高校体制内运营；有的科技园是社会化股份结构，科技园的决策权掌握在园区董事会手上，园区完全根据市场情况自主性运营。

科技园活跃程度与其股份体制、及决策者市场意识密切相关，凡是市场化程度较高的科技园，如代表性的杨浦创业中心与复旦大学科技园等，其决策者市场嗅觉较强，且直接与科技园利益捆绑，加上复旦领导层的宽松管理，园区运营绩效就相当出色。凡是大学体制内运营的科技园，园区没有自己决策权，大学领导者的管理偏好决定科技园的命运。如果大学分管领导对园区关注度较强，就注重园区发展战略的谋划、园区综合服务平台建设，如将高校优势学科实验室等设施放入园区；高校技术项目转移、转化到园区，园区可获得更多资源更好发展；如果大学分管领导更多关注校内其它事务，不懂或淡漠园区的运营业务和绩效、园区的发展及对地方的贡献必然差，而地方政府却爱莫能助。

二、"大学科技园"产学研管理平台缺陷：难形成科技产业链

杨浦已建高校院所 14 家科技园，其中国家大学科技园 7 家，占上海市的 53.8％，国家高新技术创业服务中心 3 家。国家级科技园集聚的区域，除了同济设计，却少有亮眼的高科技产业链。原因主要是：

（一）园区内难以产生领军型企业

2014 年两会期间，许多委员认为，杨浦区两个优势产业发展不明显，软件信息产业是杨浦的支柱产业不明显，龙头企业突显不

出。前 100 家税收大户,仍然是商贸与房地产为主力,科技企业少之又少。

截至园区办 2013 年底数据显示,14 家科技园区户管企业数近 9000 家,其中产税企业一半不到;14 家科技园区新引进企业1180 户,比上年度增长 13.24％,其中注册资金 1000 万元以上和5000 万元以上的分别为 48 户和 18 户,比上年少一半多;新增注册资金 36 亿余元,比上年少近一半。从数据对比来看,虽然引进1000 万以上企业开始增多,但仍反映出科技园引进企业总体小、散的传统问题。园区办负责人表示:目前园区企业数量偏多、规模偏小、布局分散、发展不平衡等问题,困扰了园区的产业集中和规模品牌效应,有影响力的领军企业数量仍然较少。

这些问题说明,大学科技园在创新创业孵化虽有较大贡献,但因为管理平台不具有某些重要技术成果转化、产业化项目考核指标,不具有承接国家、地方政府重大技术工程项目的资质,在园区内部培育具有核心技术的产学研一体工程化科技企业,数量少之又少;加上引进总部型、龙头企业方面有困难,所以,在围绕总部企业形成大中小企业产业集群,培育两个优势产业链方面,始终没有突出亮点。2014 年两会部分委员对科技园优势产业发展的质疑,已经对大学科技园的作用表达了不同观点。

(二) 园区中小企业缺少总部型企业配套难以优化科技产业链

杨浦原是强大的央企、市企制造大企业集群,区属中小企业围绕大企业周边为之加工配套,在龙头企业带动下,区属中小加工企业一片兴旺。也然,当国资龙头企业不景气关停并转时,以配套为主的区属中小企业也树倒猢狲散,形势倒逼杨浦传统的加工型制造业结构的转型。

经过 30 余年的改革开放,杨浦大学科技园逐渐发展壮大。以同济大学设计圈为标志的设计产业聚集区，以四大设计公司为龙头，与上千家中小设计产业形成的产业链已基本形成，成为全国独树一帜的创意设计高地、杨浦区域经济中支柱性产业，也成为龙头企业带动设计产业链的典范。

但是作为科技型产业，大学科技园普遍缺少总部型企业配套，一方面是上述园区难以自身从头培育成长，难以自身资源招大引强所至；另一方面，则是现有"三区联动"各方利益分歧所导致：因怕税源的流失，地方政府不愿把总部型企业归园区管理。这就产生两个意想不到的局面：一是园区大量中小科技企业因没有领军企业合作、配套而成为散兵游勇；二是地方政府管辖的总部型企业因为得不到常态化、人性化的服务，而变成没有"家庭"关心的"游子"。

地方政府可能有认知误区：外来跨国公司或总部企业，本身有强大、规范的管理营运体系，只要将企业落户的前期工作做好了，企业就可以顺利运转了。但企业是人组成的，总部企业高管，与地方存在诸多文化与生活差异，需要长效机制进行细致入微的人文关怀来弥合，帮助总部企业高管心理与生理尽快适应地方文化并融入地方生活。属于地方政府的总部企业，虽然区领导直接挂钩总部企业，过年过节上门慰问关心，但是因为没有常态化、专业化的服务机制，平时并未有人过问总部企业的需要与问题，企业也难以为日常琐事而启齿。

要重视领军型总部企业或跨国公司，除了提供提供常态化、专业化、人性化服务，尽快缩短总部企业的地方适应期之外，更重要的是，通过园区的产业融合功能，将园区中小科企资源主动配置到总部企业产业链、甚至跨国公司的全球产业链中，可以迅速带动杨浦两个优势产业的发展。

（三）园区缺少制造空间科技产业链难以延伸

杨浦区政府 2013 年工作绩效考核评价中，其中有一项指标杨浦落后于全市平均水平,即有研发的制造企业占全区制造企业的比例,低于全市平均水平。杨浦是一个老工业城区,制造企业较多,而有研发的制造企业比例较低,说明杨浦在传统制造业方面的创新转型不足。杨浦要推动制造企业转型,更需要推动制造企业研发能力的提升,杨浦需要根据对标寻找差距。[①]

科技成果产业化,成功与否关键就在制造阶段,技术项目产业化价值集中在制造环节,同理,技术项目的税源产生也集中在制造环节。大学科技园发展科技产业链,最大瓶颈是缺少物理性制造空间,园区载体的逼区,严重削弱制造这一功能,倒逼着园区到外省市与当地政府合作拓展分基地;园区一些科技型制造企业,也纷纷外迁到外省市建立厂房基地,这意味着科技服务资源的流失、科企与项目的流失、技术项目增值的税源流失。

三、"科企"产学研技术项目平台缺陷：少有高校科技成果溢出转化

少有高校科技成果溢出转化的原因,一是政府管理高校依然沿袭计划经济管理体制,大学缺乏办学自主权。政府有关部门对高校统得过死,高校对社会的项目投资、管理等处处都有着政府的清规戒律,使高校缺乏应有的活力,严重阻碍了高校以知识服务社会、促进区域经济发展的主动性与创造性。[②] 二是高校是国家科研经费、研发成果最密集的地方,但是,高校科研成果真正产业化的项目少之又少,这与大学科研评价体制的不合理密切相关。下

---

① 《杨浦区国家创新型试点城区工作简报》,2014 年第 15 期、区创新办 2014 年 4 月 24 日

② "上海市大学校区、科技园区、公共社区'三区融合、联动发展'研究",作者：童惟平、范思鸣、刘强、苏祺、黄汉新、束军、孙畅、朱国强,上海市人民政府发展研究中心官网 2011 年 12 月 13 日

面以数据着重分析驻杨浦高校、上海高校科研成果转化情况。

（一）杨浦案例：驻区高校科研成果转化不足

根据科委对杨浦驻区高校院所科研成果的调研报告数据[①]，驻区高校的科研成果基本情况如下：

图表：驻区高校院所论文成果、制定标准情况

驻区高校院所论文、制定标准情况				
内容\年度	2010 年	2011 年	2012 年	合计
CI/EI/ISTP 收录论文	8882	9149	9208	27239
上海市 SCI/EI/ISTP 收录论文	29588	28570	—	
驻区高校院所/上海占比	30%	32%	—	
牵头制定标准	60	85	82	227
参与制定标准	26	22	19	67

杨浦区（驻区高校院所）科研成果获奖情况（项）占上海市比重（%）

杨浦区（驻区高校院所）科研成果获奖情况（项）占上海市比重（%）											
	2010 年			2011 年			2012 年			合计		
	本区	上海	占比	本区	上海	占比	本区	上海	占比	本区	上海	占比
国家级奖	10	58	17.2	5	48	10.4	9	51	17.6	24	157	15.3
市级奖	61	298	20.5	69	279	23.7	59	282	20.9	189	859	22.0

---

① 表格根据"杨浦区科技成果现状调研报告"整理。杨浦科技简报 2013 年第 64 期 2013 年 9 月 27 日。因在职创业老师有自己企业专利双向申报单位与园区，高校院所的专利数据中很小部分与科技园专利数据重叠。

图表：驻区高校院所、杨浦、上海专利申请、授权基本情况

专利申请：驻区高校院所/杨浦/上海三方占比情况				
年度	2010 年	2011 年	2012 年	合计
驻区高校院所专利申请	2227	2740	2922	7889
杨浦专利申请	4692	6042	6340	17074
上海专利申请	71196	80215	82682	234093
驻区高校院所/杨浦占比％	47.46	45.35	46.09	46.20
杨浦/上海占比％	6.59	7.53	7.68	7.29
其中：驻区高校院所发明专利申请	1713	1976	2128	5817
其中：杨浦发明专利申请	2799	3082	3346	9227
其中：上海发明专利申请	26165	32142	37139	95446
驻区高校院所/杨浦占比％	61.20	64.11	63.60	63.63
杨浦/上海占比％	10.70	9.59	9.01	9.67
驻区高校专利授权	1043	1433	1967	4443
杨浦专利授权	2415	3116	4088	9619
上海专利授权	48215	47959	51508	147682
驻区高校/杨浦占比％	43.19	45.99	48.12	46.19
杨浦/上海占比％	5.01	6.50	7.94	6.51
其中：驻区高校发明专利授权	599	823	1111	2533
其中：杨浦发明专利授权	731	1133	1298	3162
其中：上海发明专利授权	6867	9160	11379	27406
驻区高校/杨浦占比％	81.94	72.64	85.59	80.11
杨浦/上海占比％	10.65	12.37	11.41	11.54

图表：经认定的技术合同：杨浦/上海占比情况

经认定的技术合同：杨浦/上海占比情况　单位：（万元、%）

年份	技术合同	技术开发		技术转让		技术咨询		技术服务	
		项数	金额	项数	金额	项数	金额	项数	金额
2010	杨浦	770	159472	52	19795	324	5880	1265	33889
	上海	8894	2646827	1370	2138566	2685	49273	13236	419835
	杨浦/上海	8.7	6.0	3.8	0.9	12.1	11.9	9.6	8.1
2011	杨浦	928	270710	47	46574	392	11545	1471	67825
	上海	10771	3282528	1317	1644920	3277	53952	13967	521774
	杨浦/上海	8.6	8.2	3.6	2.8	12.0	21.4	10.5	13.0
2012	杨浦	1208	124700	60	23421	451	21360	1446	46362
	上海	10974	2971393	1170	2234838	3026	51704	12828	627313
	杨浦/上海	11.0	4.2	5.1	1.0	14.9	41.3	11.3	7.4
合计	杨浦	2906	554882	159	89790	1167	38785	4182	148076
	上海	30639	8900748	3857	6018324	8988	154929	40031	1568922
	杨浦/上海	9.47	6.23	4.12	1.49	12.0	25.03	10.44	9.44

杨浦/上海　总项目 8414/83515＝10.08%　总金额 831533/16642923＝5%

图表：经认定登记的技术合同：驻区高校输出杨浦/
驻区高校全部/杨浦三方占比情况：

年份	技术合同	技术开发		技术转让		技术咨询		技术服务	
		项数	金额	项数	金额	项数	金额	项数	金额
2010	输出杨浦	32	1299	4	71	17	91	94	966
	区校全部	267	12073	31	563	153	1880	679	11015
	杨浦	770	159472	52	19795	324	5880	1265	33889
	输杨/区校	12.0	10.8	12.9	12.5	11.1	4.8	13.8	8.8
	输杨/杨浦	4.16	0.81	7.70	0.36	5.25	1.55	7.43	2.85
	区校/杨浦	34.7	7.6	59.6	2.8	47.2	32.0	53.7	32.5
2011	输出杨浦	26	595	2	4	3	26	46	392
	区校全部	294	11561	27	480	124	2087	584	11263
	杨浦	928	270710	47	46574	392	11545	1471	67825
	输杨/区校	8.8	5.1	7.4	0.8	2.4	1.2	7.9	3.5
	输杨/杨浦%	2.80	0.22	4.26	0.01	0.77	0.23	3.13	0.58

经认定登记的技术合同：驻区高校院所输出杨浦/驻区高校院所全部/杨浦三方占比情况（万元、%）

续　表

经认定登记的技术合同：驻区高校院所输出杨浦/驻区高校院所全部/杨浦三方占比情况(万元、%)									
年份	技术合同	技术开发		技术转让		技术咨询		技术服务	
		项数	金额	项数	金额	项数	金额	项数	金额
	区校/杨浦	31.7	4.3	57.4	1.0	31.6	18.1	39.7	16.6
2012	输出杨浦	23	394	4	6	21	668	82	1255
	区校全部	280	9043	44	734	257	4971	833	19085
	杨浦	1208	124700	60	23421	451	21360	1446	46362
	输杨/高校	8.2	4.4	9.1	0.82	8.2	13.4	9.8	6.6
	输杨/杨浦	1.80	0.32	6.67	0.02	4.66	3.13	5.67	2.71
	区校/杨浦	23.2%	7.3	73.3	3.1	57.0	23.3	57.6	41.2
合计	输出杨浦	81	2288	10	81	41	785	222	2613
	区校全部	841	32677	102	1777	534	8938	2096	41362
	杨浦	2906	554882	159	89790	1167	38785	4182	148076
	输杨/区校	9.63	7.0	9.8	4.56	7.68	8.78	10.59	6.32

经认定登记的技术合同：驻区高校院所输出杨浦/驻区高校院所全部/杨浦三方占比情况（万元、%）								
年份	技术合同	技术开发		技术转让		技术咨询		技术服务	
		项数	金额	项数	金额	项数	金额	项数	金额
	输杨/杨浦	2.79	0.41	6.29	0.09	3.51	2.02	5.31	1.77
	区校/杨浦	28.94	5.89	64.15	1.98	45.75	23.05	50.12	27.93

区校院所输出杨浦/区校院所全部　项目 354/3573＝9.9%　金额 5767/84750＝6.8%

区校院所输出杨浦/杨浦　项目 354/8414＝4.21%　金额 5767/831533＝0.69%

区校院所全部/杨浦　项目 3573/8414＝42.47%　总金额 84750/831533＝10.19%

1. 杨浦驻区高校院所科研成果评价在全市处于领先水平

根据报告的统计数据，可以分析 2010 至 2012 年，驻区高校院所的科研成果对杨浦的贡献情况。

上海专科以上高校（包括公办、民办）共有 77 所，各行业科研院所（上海城市黄页—科研院所）1527 家，杨浦有 10 余所全日制高校，150 多家科研院所，驻区高校院所数量占上海总数约 10%。三年来杨浦区 SCI/EI/ISTP 收录论文数平均占全市 31%；三年来牵头制定标准 227，参与指定标准 67；杨浦获得国家级奖项平均占上海市获得国家级奖项中的 15.3%、获得上海市科技奖项平均占全市总数的 22%。2012 年论文数量相比 2010 年有明显增长。

2014 年 4 月 1 日，上海市科学技术奖励大会举行，表彰为上海科技发展和现代化建设作出突出贡献的科技工作者。2013 年度上海市科学技术奖共授奖 298 项（人），28 项成果获自然科学奖，43 项成果获技术发明奖，224 项成果获科技进步奖，1 项成果获国际科技合作奖。杨浦区企事业单位、高校累计获得 2013 年度上海市科学技术奖 66 项，占总奖项的 22％，其中，自然科学奖 9 项（一等奖 1 项，二等奖 5 项，三等奖 3 项），技术发明奖 3 项（二等奖 1 项，三等奖 2 项），科技进步奖 54 项（一等奖 12 项，二等奖 24 项，三等奖 18 项）。在杨浦区 66 项目奖项中，以牵头单位获奖的有 42 项，占获奖总数的比例高达 64％，企事业单位为牵头单位的有 13 项目，高校为牵头单位的有 29 项。[①]

分析：驻区高校院所数量占上海总数比重 10％，但驻区高校院所历年来 SCI/EI/ISTP 收录论文数占比三分之一、国家级与上海市科技奖项合计占比五分之一强，在杨浦全区获奖项目中，驻区高校院所科研论文、研发项目无论数量，还是质量在上海可谓处于翘楚地位，对杨浦指标的贡献度无疑是很高的。驻区高校院所还是上海市制定标准的主体科技力量。

2. 杨浦高校院所、大学科技园是杨浦专利研发的策源地

杨浦土地面积 60.61 平方公里，占上海总面积约 0.95％，杨浦 1 区/上海 17 个区县约占 5.88％份额。三年来，杨浦平均专利申请占全市总数比例为 7.2％，其中发明专利申请平均占比 9.7％；专利授权平均占全市的 6.5％，其中发明专利授权平均占比 11.5％。2013 年专利申请授权数量相比 2010 年超 20％增长。

驻区高校院所的三年专利申请占全区专利申请平均达 46％，其中发明专利申请平均占全区 63％；专利授权平均占全区的 45％，其中发明专利授权平均约占全区的 80％。2012 年专利申请授权数量相比 2010 年同样有超 20％的较高增长。加上同期的大

① 《杨浦区国家创新型试点城区工作简报》，2014 年第 13 期、杨浦区创新办 2014 年 4 月 10 日

学科技园专利授权占杨浦比重平均 11.51％,其中发明专利授权平均占杨浦比重 20.14％[①]。

分析：杨浦专利申请量、授权量均超出杨浦区域体量应占比例。2012 年杨浦、驻区高校院所专利申请、授权、发明专利授权相比 2010 年数量均超过 20％的增长。说明杨浦的专利数量保持增长较快、质量较高趋势,而驻区高校院所的专利申请授权,无论数量还是质量对杨浦的贡献度较高。其中,高校院所与大学科技园几乎囊括杨浦发明专利授权,数据确凿证明高校院所、大学科技园是杨浦专利研发的策源地。

3. 杨浦驻区高校院所科研成果难以转化

三年来,杨浦区认定登记通过的技术合同平均占全市认定登记通过技术合同数的 10％,合同金额平均占 5％。金额占比较项目占比低一半,说明本区平均项目技术含金量较少。驻区高校院所技术合同项目总数占全区技术合同项目总数平均达 42.47％,合同金额占全区合同总金额平均达 10.19％,说明驻区高校院所为杨浦贡献了四成项目,但是由于技术含量不高,金额占比只有一成。高校和科研院技术合同数、技术合同金额等同样均超过 20％的增长。驻区高校院所输出杨浦约占驻区高校院所全部技术合同项目比重 9.9％,金额占全部比重 6,8％;而驻区高校院所真正输出杨浦的技术合同项目占杨浦全区约 4.21％,金额为 0.69％。这些数据说明,驻区高校院所科研成果真正就地转化、产业化项目、金额数低到可以忽略不计。说明驻区高校院所自主研发并可直接转化和转移的技术成果较少,对本区企业的辐射作用不明显。

同时,杨浦技术合同以技术开发和技术服务为主。三年来我区技术开发和技术服务合同项目平均占全区技术合同项目总数的 84％,平均金额占全区技术合同总金额的 79％,其中,在技术合同

---

① 高校院所一部分专利与大学科技园重叠。

中的重要类别——技术转让占全市总数(4.12%)较少,显示杨浦及高校院所的技术输出形式主要以根据客户要求开展服务为主,智力资源丰富但缺乏自主核心技术交易产品。

高校科研院所的科技研发是园区科技产业化的活水源头,但受到科研体制的制约活水并不畅通。从统计数据来看,"SCI/EI/ISTP 收录论文"指标化的学术评价体系的引进和推广,科研论文日渐成为衡量大学实力的重要依据,论文数量也因此而层层分解到老师、研究生头上,成为一项重要的考核指标,甚至是成为评定职称以及能否毕业的主要依据。论文亦是国际化大学排名的重要指标。而驻区高校院所科研成果数据显示,即使以"SCI/EI/ISTP收录论文"指标取得重要成绩,但真正形成高质量、有影响、可转让的核心技术却凤毛麟角。高校院所的应用型技术研发,往往满足于申请专利,专利通过即达到科研的最终目的。高校科研经费数额巨大,但是用于技术转移资金少而甚或没有。考核指标设计不合理,导致大学普遍不重视研发项目产业化问题。

(二)上海案例:高校科研成果难以转化

下表是近几年高校技术合同交易情况及与上海技术合同交易的比较。

2007 至 2012 年上海高校技术合同登记情况统计				
年份	合同项目数	增长率(%)	合同金额数	增长率(%)
2007	2008	—	4.87	—
2008	2688	33.86	8.86	81.93
2009	2980	10.86	9.25	4.40
2010	3318	11.34	8.23	−11.23
2011	4018	21.09	11.12	35.11

续 表

2007 至 2012 年上海高校技术合同登记情况统计				
年份	合同项目数	增长率（%）	合同金额数	增长率（%）
2012	4509	12.22	16.15	45.23
2013	4518	0.20	17.11	5.94

经认定的技术合同：上海高校/上海占比情况 单位：（万元、%）									
年份	技术合同	技术开发		技术转让		技术咨询		技术服务	
		项数	金额	项数	金额	项数	金额	项数	金额
2010	上海高校	1102	41187	94	4670	326	3770	1796	32709
	上海	8894	2646827	1370	2138566	2685	49273	13236	419835
	高校/上海	12.39	1.56	6.9	0.22	12.14	7.66	13.57	7.79
2011	上海高校	1297	64520	107	6231	416	5444	2198	35023
	上海	10771	3282528	1317	1644920	3277	53952	13967	521774
	高校/上海	12.04	1.97	8.13	0.38	12.70	10.09	15.74	6.71
2012	上海高校	1782	92373	173	21930	491	8156	2063	39089
	上海	10974	2971393	1170	2234838	3026	51704	12828	627313
	高校/上海	16.24	3.11	14.79	0.98	16.23	15.77	16.28	6.23

续　表

经认定的技术合同：上海高校/上海占比情况　单位：（万元、％）									
年份	技术合同	技术开发		技术转让		技术咨询		技术服务	
		项数	金额	项数	金额	项数	金额	项数	金额
2013	上海高校	1655	96223	141	20656	415	8365	2307	45904
	上海	10057	2673242	1102	2301524	3094	74024	12044	1159901
	高校/上海	16.46	3.60	12.80	0.90	13.41	11.30	19.16	3.96
合计	上海高校	5836	294303	515	53487	1648	25735	8364	152726
	上海	40696	11573990	4959	8319848	12082	228953	52075	2728823
	高校/上海	14.34	2.54	10.36	6.43	13.64	11.24	16.06	5.60
上海高校/上海　总项目 16363/109812＝14.90％　总金额 526251/22851614＝2.30％									

据统计①：上海高校有近 5 万名的教职员工，2.6 万余名科研人员，获得高达 80％的各类基金项目奖励。代表技术成果产业化的指标，高校却贡献甚少。2010 年上海的技术合同费总额 525.45亿，上海高校所占份额 8.23 亿，只占整个上海技术市场转移总额的 1.57％；2013 年上海的技术合同项目总数为 26297，总额620.87亿，高校技术合同项目总数为 4518，总额 17,11 亿，分别只占上海全部技术合同项目的 17.18％、金额的 2.75％，（其中，代表

---

　　① 来源于上海高校技术市场的统计资料，该数据只反映高校"横向项目"交易情况。

高校研发实力的技术转让，只有 141 项，金额 20656 万元，分别占上海总数的 12.8％、0.9％，与高校科研地位、巨大的经费投入不符。)四年合计，上海高校总项目占全市 14.9％，金额占全市 2.3％，而其它占 85％余份额，则是上海企业与各地企业之间交易所产生的。

这些数据说明，虽然高校近几年技术合同数量与质量逐年提高，技术合同交易金额增长率较快，但是，与上海企业相比，依然叨陪末座。高校院所科技经费的高投入，技术成果转让费在技术转移市场份额理应达到半壁江山，否则，就丧失了自身的优势及话语权，如果高校院所不能及时调整与改革科研评价体制，在国家科技创新转型发展的发展方略中将被边缘化。

在上海市教育委员会主持的《《完善上海高校技术转移体系的模式和途径》》主题报告中，对高校科研成果难以产业化主要问题进行分析：①

报告说：美籍华裔物理学家杨振宁教授曾经指出："中国已经掌握了世界上最先进、最复杂的技术，如卫星和火箭技术，但是中国最失败的地方，是没有学会怎样把科学技术转化为现实的经济效益。"在"2011 年诺贝尔奖得主北京论坛"上，全国人大常委会副委员长陈至立在讲话中表示："在科技创新方面，我们还存在着许多问题，主要是科技成果产业化同发达国家相比严重偏低。"全国政协副主席、中科院院士王志珍的表述是："目前我国科技成果转化率大约在 25％左右，真正实现产业化的不足 5％，与发达国家 80％转化率的差距甚远。"

报告分析科研成果难以转化的主要原因之一，在于高校科研成果评价体制不合理：上海高校科技成果项目每年数量不少，但

---

① 引自上海教委调研报告集《完善上海高校技术转移体系及技术经纪人才培养的模式和途径》2013 年 5 月，小标题作者另加。

大多数适用性差,具有适用性的科技成果中成熟度又普遍不足。以上海高校的专利申请为例,每年大约在 5000—8000 件,且其中约 60% 为发明专利,但能够应用的却只有数百件。3 年以后因不交专利费而数量不小的专利大多数就自行失效。

高校是知识创新的主力军,科技成果是技术转移的源头,大部分科技成果适用性差,造成技术转移的先天不足。造成这种状况的原因主要有三条:

一是在现行科技管理中存在"三重三轻"的倾向,即重视纵向项目申报,轻视横向项目申报;重视科技成果项目的过程研究,轻视成果的二次开发和工程研究;重视科技研究出论文出专利,轻视甚至忽视科技成果的转化和产业化。

二是高校科研成果评价的错误导向。注重科研的学术水平,轻视科技成果的技术价值。如对高校科研水平的评估,对教师和科研人员的职称评定、工作考核等都侧重纵向项目、论文、专利(申报而不是转让),忽视对中试设备、场地的投入与对实验室的投入,两者完全不成比例。

三是高校有崇敬学术水平,贬低技术开发的集体潜意识。面向市场、企业需求,面向国家经济转型提升战略开展科技创新的意识不强。上海高新技术产业化,高校智力为何缺席?复旦大学软件学院院长臧斌宇教授道出内中真相:他认为:一是横向项目一般为下游成熟技术,教授或研发人员兴趣不大;二是中国教授恪守"传道授业解惑",无意带领学生"创新创业";三是闭门造车式研发的夹生技术,无法市场转化。[①] 因为从实验室成果变成产品还需要大量投入,企业不一定看好高校科技成果市场前景,恐"投资风险"而止步市场。

---

① "高新技术产业化高校缘何'缺席'",作者:樊丽萍,来源:文汇报 2009 年 9 月 2 日

（三）"科企"缺少合格的大学生科技创新人才

目前我国高考录取率在 70%以上,高等教育已成为大众教育,10 余年的教改并未使大学生获得更多的生存技能,每年大学生就业成为社会问题。

上海每年的毕业生达 17.8 万左右,但是每年毕业生的创业人数在 700 左右,占比不到千分之四。硕士研究生、"211 高校"毕业生占 7 成是上海大学生创业主力,其中 MBA（工商管理硕士）占 3 成。创业的行业主要集中在五大领域：互联网、进出口贸易、文化创意（媒体、广告、文化、影视、会展等）、专业中介服务业（会计、咨询、法律）、传统服务业（旅游、餐饮、零售）。[①]除了互联网内部分有技术含量,MBA 有管理技术含量,其它行业基本少有科技内容。

由于大学缺少大学生创新创业基本知识教育课程设置,导致目前大学生创新创业本领和市场生存力普遍缺乏。从调研情况看,大学科技园很大的精力放在大学生创新创业实务培训上,为大学生进行创业前补课,一定程度既占用了园区宝贵的人力成本、又延缓了企业成长速度,这应是高校亟待解决的问题。

第六节　大学科技园可持续发展的思路及对策

上海提出"创新驱动、转型发展"战略目标,已经提出建立一种类似于社区党建"三服务"机制,即政府、大学以政策资源服务大学科技园；大学科技园以专业服务体系服务科技企业；科技企业以优质产品、社会责任为市场、消费者与社会服务。

---

① "本市高校毕业生每年 700 人创业",记者：江跃中、通讯员：刘子烨,新民晚报 2014 年 5 月 14 日

一、政府顶层设计：自上而下建立"产学研联动"决策平台

"选题"首先是"需求与问题导向"。作为一国科研力量最顶级、科研人员最集中、科技经费最充裕的科研重地——高校院所，科技成果难以转化成为国家创新、转型的一大瓶颈。一定要对现有的科技成果评价体制进行改革，打通科技研发源头的阻隔，让一切参与科研活动的科技人才活力竞相迸发；让一切创造社会财富的科技项目充分涌流；让研发项目产业化的成功更多更公平的惠及全体人民。

在市场条件下，产学研结合是一个需要经受考验的新生事物。第三次科技革命特征是跨领域、集成式、协同性。从我国的科技创新，产业转型实践中看，任何一个科技项目的成功，都离不开一个最高层产学研部门合作的决策平台；一个中间层资源整合、功能配套的综合性服务平台；一个基础层产学研一体化技术项目工程化操作平台，三层平台的建设与完善，是科技成果转化、产业化组织结构的保证。

（一）成立国家级产学研联动的科技产业化领导小组

目前中国已建立国家安全委员会、国家全面深化改革领导小组。成立中央全面深化改革领导小组的目的，是致力于经济、政治、文化、社会、生态五个方面的改革协同推进。这不同于以往的经济体制改革委员会、科技体制改革领导小组，它的范围更广、层次更高、任务更重。[①] 其性质，是一个"总体设计"的顶层决策机构。中国亟需建立一个常规的、促进产学研联动的科技产业化领导机构，该机构作为产学研"主管部门"联动决策平台的牵头单位，可以隶属于中央全面深化改革领导小组。

---

① "两个新机构：事关安全与改革！"央视新闻频道《新闻1＋1》2013年11月13日

1. 决策平台具有产学研"部际""部市"之间协调功能

从改革实践经验来看，由于体制与利益的固化，部门自己改革自己、及部门之间协调，都是一件很困难的事。成立科技产业化领导机构，一是有利于打通产学研"部际"分割，集中资源搞研发。避免以往中央部委办纵向课题各自为政，高校院所同一课题重复立项、技术雷同、研发经费碎片化并铺张浪费；二是有利于打通产学研"部市"分割，加速科技成果转化。国家部委办重大专项课题，通过地方政府科技产业化领导小组的统筹兼顾，让更多的高校院所优势学科协同参与研发；让更多的龙头企业参与技术的转化产业化；让更多的研发项目溢出孵化、成长为产学研一体化的科技企业。三是有利于打通高校"纵向、横向"项目课题与市场之间的分割。无论纵向、横向课题，都要有一个考核标准：纵向课题突出战略性、基础性、前沿性技术的经济与社会价值实现指标[①]，横向项目突出市场价值与效益的实现指标。

科技产业化领导机构通过"总体设计，统筹协调、整体推进、督促落实"职责，组织、敦促各部委办协调协同，搭建从中央到地方的产学研"主管部门"决策平台；"选题"国计民生、国家安全、市场亟需的高科技、战略性技术项目；成立产学研"协同性"、"集成化"实施与管理平台，将研发与企业家人才、科研经费、科研设备设施、实验场地等资源集聚整合；培育多元市场化运作的技术工程操作平台——科技企业，最终完成科技成果向市场转化、产业化的项目目标，将国家科技创新、产业转型真正落到实处。

产学研"主管部门"决策平台首先制定平台的技术项目战略总目标和项目考核指标，让平台上每个产学研"主管部门"站在国家发展战略高度明确项目目标的战略意义、项目计划完成的质量、数量、时间节点等各项考核指标，提高本部门执行力。其次，制定边

---

① 作者未找到纵向科研项目相关评价指标及统计数据

界清晰的职责、权利、利益制度及督查机制，既让中央和地方"部际""部市"产学研部门各司其职，同时又使产学研各部门之间充分统筹协调，形成合力，减少因权责不清、利益分歧而产生的离心力，影响产学研联动平台的运作效率。

2. 决策平台根据"选题"具有调配协同研发、转化功能

涉及国家战略性、高科技重大性科技项目、重点工程项目，往往是跨领域、跨行业、集大成、代表世界前沿的国家"大科学"项目，仅依靠某一部委办、某一地方或行业、某一高校学科是难以承担的，这就需要举国体制的产学研联动。科技产业化领导机构，根据产学研决策平台"选题"的国家"大科学"项目，可以调配全国高校、科研院所、领军型高科技企业相关的科研力量，分工合力集中攻关，往往能够获得"加速度"发展。

可以以此类推，地方政府可以根据地方经济发展需要，建立地方产学研部门联动的产学研项目决策平台，根据地方"选题"的技术项目，调配或协调地方、全国高校院所、领军型企业的科研力量，整合资源、协同创新，促进地方技术和产业的转型升级。

（二）成立上海产学研联动的科技产业化领导机构

上海是中国经济金融最发达的国际化城市。世界上国际化城市发展主题都是科技创新，上海比全国更早进入创新转型发展阶段。在 2014 年两会上，委员们对上海的创新转型工作提出很多建议，呼吁促进产学研联动；杨雄市长在人代会上所作的政府工作报告中亦阐明：科技、人才、信息化是现代城市的先导要素，决定上海未来。要坚持立足当前、着眼长远，把科技创新、信息化发展和人才建设作为创新驱动发展的核心举措，构筑有利于重点突破的制度环境和政策体系。

1. 上海政协委员的建议：技术项目需要产学研合作平台

2014 年 1 月的上海政协会上，刘宜善委员提出：生物医药

要形成产学研合力，合作平台需完善，扶持政策应到位。他说"上海集聚了一批实力雄厚的国家级医药研发机构和知名高校，研发力量在国内名列前茅，但一些研究成果并没有在上海形成产业化，反而在外省市开花结果。"刘宜善认为上海生物医药产业经济总量站上了 2000 亿元台阶。虽然有了长足发展，但与一些地方比仍有差距。"并质疑一些研究成果为何"墙内开花墙外香"？

刘宜善认为主要"产学研合作不够，而缺少利益共享的产学研则往往容易散伙。"刘宜善建议，政府相关部门完善产学研合作平台，通过开展不同形式的活动，使高校院所的科研创新成果，优先在本市辖区内的企业植根、开花、结果。同时完善利益共享机制，形成科研成果产业化的合力。据了解，上海市生物医药技术创新战略联盟(产学研平台)日前已正式成立。成立联盟就是为了通过长效、规范的机制，解决阻碍产业发展的瓶颈和新药产业化碰到的问题，推动生物医药产业化和产业国际化发展。[①]

2. 市政府工作报告：推广产学研"三区联动"平台

(1) 建立"跨阶段"产学研技术项目工程平台——科技企业

杨雄市长在人大政府工作报告中提出：建立健全以企业为主体、市场为导向的技术创新体系。支持企业主导开展产学研协同创新，引导企业提升创新管理能力，鼓励企业建立具有产品设计、技术开发和系统集成能力的工程化平台。[②]

(2) 建立"跨行业"产学研"多元化企业"管理平台——"三区联动"的科技园区

---

① "上海出的成果缘何本地难'结果'"，记者：陆一波，解放日报 2014 年 1 月 24 日

② "杨雄市长在上海市第十四届人民代表大会第二次会议上的政府工作报告(2014 年)"——2014 年八项工作的第三项"加强科技创新，建设智慧城市和人才强市"中国上海官网 2014 年 1 月 25 日。此处小标题作者所加。

　　杨雄市长在人大政府工作报告中提出：落实张江示范区发展规划纲要，深化股权激励试点，推广大学校区、科技园区、公共社区联动发展模式，更大范围培育具有区域特色的创新集群，为各类企业提供良好的创新创业服务。围绕产业链部署创新链，强化基础前沿研究、战略高技术研究，承接和实施国家科技重大专项，推进实施微技术、高温超导等一批市级科技重大专项。健全财政科技投入机制，加大稳定支持经费的比例，提高资金使用效益。健全知识产权运用和保护的长效机制，为激发全社会创新创造活力提供有力保障。[①]

　　3. 前提：建立"跨体制"产学研"主管部门"合作平台——"三区联动"的决策平台

　　政府工作报告已经阐明：要建立健全"跨阶段"产学研技术项目工程化平台——科技企业；扩大"跨行业"产学研"三区联动"管理平台——张江科技园。但是，因为缺少顶层的产学研主管部门的联动，会导致产学研一体化没有实质资源、政策的跟进，空留概念上的意义。

　　上海仍需要在市政府层面设计，成立产学研主管部门参与的市科技产业化领导机构，在这个领导机构部署下，首先建立"跨体制"产学研部门：行业主管、高校、科研院所、下级政府联动的决策平台，在这个决策平台上进行重大性技术项目的"选题"；根据项目"选题"建立"跨行业"产学研"多元化企业"的综合性管理平台，将产学研各方集聚资源进行整合统筹，为项目研发、转化各类企业进行综合性服务；最后培育大量工程性、操作性的中小科企，围绕龙头企业集群，拓展上下游壮大产业链。

----

　　① "杨雄市长在上海市第十四届人民代表大会第二次会议上的政府工作报告（2014年）"——2014年八项工作的第三项"加强科技创新，建设智慧城市和人才强市"，中国上海官网2014年1月25日。此处小标题作者所加。

图示：各层次产学研一体化平台的示意图：

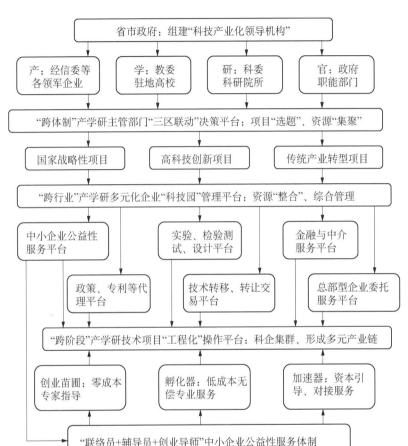

4. "三区联动"应是"指导性"产学研决策、管理平台

杨浦"三区联动"是一个市场性产学研单位结合的平台，因此是多元利益导向、松散型平台。要形成产学研单位结合紧密，应是以国家战略利益为重的产学研指导性决策平台，它需要一个上级权威性领导机构统领，如市科技产业化领导机构，有一套完整的政策引导、指标体系和规范的运行机制，能够协调、控制高校院所、地

方政府、大学科技园人财物资源，遵循市场规律，合力把高科技、战略性产业通过各类高科技项目落到实处。新"三区联动"要形成责任共同体模式，将明确合作平台"产业转型、科技创新"最高目标，通过协商协同，明晰各方责、权、利边界，落实到各方具体的指标。这需要"部市合作"制定符合"三区"各方定位的考核指标，每年指标完成情况、合作方的评价、纳入体制内行政述职，并成为"晋升、奖励"的依据，力求"三区联动"真正形成产学研一体化的管理链条。

（1）高校院所的责任权限

形成高校院所科技项目转化、科技人才创新创业、科技设施社会服务等指标体系。制定合理的职务发明奖励措施与股权激励，引导学科部门、实验室应用研究与市场需要结合，每年要保证输出一定数量的技术研发项目转移输出本地、或在大学科技园自办企业转化，并给予一定科研成果转化经费。在科技企业、科技园区做大做强同时，高校院所也同比增加自己的收入。

要将大学科技园纳入高校硬性考核体制内，才能真正发挥大学科技园对高校研发应用的推动作用。如帮助高校促进专利转化，园区扶持高校企业将技术成果推向市场，高校企业通过市场反馈，不断优化反哺大学的应用学科。如与龙头企业合作，建立大学科技园实验基地，不仅使高校学科纵向、横向研发项目有一个产业化的小试、中试场所，而且也成为大学生的实践基地，大学师生创业项目的孵化基地，中小科企的实验基地。大学科技园综合服务平台，是高校科研为社会服务的最佳载体。

（2）地方政府的责任权限

地方政府一如既往以优惠政策扶持大学科技园，将政府各项审批政策、扶持资金、空间资源聚焦科技园，扩大园区扶持科技成果转化、产业化功能。大学科技园比政府更专业、更精准服务科技项目孵化、小微科企的成长、小巨人企业做强。地方政府要包容性扶持，从服务企业利益最大化、及帮助园区大中小科企集群形成高科技产业链角度考虑,通过政府购买方式,将总部型企业日常管理与服务委托产业对口的园区管理,税收依然归地方政府。同时,如何将招商、户管等指标与税收指标分类管理,尽可能发挥大学科技园招大引强、服务总部型企业的积极性。

(3) 大学科技园责任权限

园区继续实施扶持成果转化、创新创业各种公益化、市场化、专业化服务等指标体系。充分发挥大学科技园依托高校势能招大引强的功能,通过"部市合作"、"区校合作"机制,加强领军型、总部型企业招商指标;园区作为"三区联动"产学研执行平台,真正成为大众创新、万众创业的基地;全社会科技成果项目转移转化基地、高科技产业的孵化基地;多元科技产业链的培育基地。

新型"三区联动"指导性产学研决策、管理平台,可以避免"三元"利益冲突现象,发挥"三区"各自所长,紧密产学研一体化管理链,进而帮助培育多元化科技产业链。

(三) 杨浦产学研"三区联动"有了新的演绎拓展

杨浦"三区联动"平台经过 12 年的实践,政府与区域内高校、科研院所的合作领域更为广泛,其产学研联动的内涵更加丰富。

一是与高校、院所联动程度明显提升。推行实施高校实验室开放及大型科学仪器共享政策;推进复旦"创新走廊"走廊规划编制工作;推进上海交大杨浦智慧城市研究院建设;推进与同济大学合作的国际设计一场项目;等等。杨浦与电缆所合作成立智能电缆科技园;与电控所签署战略合作框架协议,制定杨浦区北斗应用示范工程与产业化建设实施方案。杨浦帮助高校与院所强强联手。中国电子科技集团公司第 23 所与复旦大学在光电通讯等专业领域优势互补,平台主动搭建 23 所与复旦大学的沟通平台。目前复旦大学超精密实验室入驻物联网科技园,并计划将复旦大学农业物联网展示系统纳入上海物联网创新体验与推广中心 2 期项目。

二是与央企合作有了深层次突破，中航科技园揭牌成立，中能、中船科技园正在筹备中。

三是与硅谷湾区委员会合作全面展开，湾区数字化产业园在创智天地成功运行；美国加州驻华贸易投资代表处落户杨浦。①

二、大学科技园增强高科技"多元产业链"的孵化、服务功能

大学科技园属于社会企业。区别于以盈利为目标的商业企业，科技园是孵化科技项目、培育中小微企业、发展科技产业链，促进产学研紧密结合的服务平台；区别于一般公益服务机构，科技园是通过商业运作，赚取利润用以服务企业贡献社会。大学科技园重视社会价值，其通过扶助、做强科技中小微企业，来获得园区自身利益，园区与科企是一个风险利益并存的命运共同体。

（一）增强科技园平台科技项目孵化、产业化的综合服务功能

以杨浦十几年科技园区实践经验，大学科技园发展到目前阶段，已经需要转型升级、腾笼换鸟。与土地产权所有者的国企合作，如何把园区服务资源利用最大化，应有战略上的考量。"多元化企业"良莠不齐，科技企业发展要有优胜劣汰机制，通过市场化管理手段，实行"无技术""无税收"小僵尸企业退出机制，为优质企业的引入、培育、发展腾出空间。②

有区政协委员建议可以重新设计科技园区的考核指标体系，重点更多地能着眼于企业壮大、发展情况。科技园区重要职责：

---

① "杨浦区政府积极搭建平台促进高校、科研院所联动"《杨浦国家创新型试点城区工作简报》2014 年第 23 期

② 要"增量"更要看"存量"，记者：应沈漪，杨浦时报 2013 年 8 月 22 日

在存量上，强化对企业孵化、培育功能，需筛选、聚焦现有发展潜力的科技企业，将其"养大"成小巨人，并让这些深刻杨浦"烙印"的企业，留在杨浦为创新发展作出可持续贡献。在增量上，发挥大学科技园招大引强的优势，力争将与高校优势学科联系紧密的龙头企业、及其研发项目"近水楼台"引入园区，做强做长杨浦优势科技产业链。

2015 年 9 月 22 日，杨浦区政府出台了《关于大力促进创新创业若干政策办法（试行）》，从全面激发各类主体的创新活力、构建要素齐全的众创空间、建设科技金融服务创新示范区、汇聚培育创新创业人才、营造良好的创新创业氛围等五个方面着手，形成了20 条具体支持政策。政策实施不到一年，效果初显，创新创业主体加快集聚，创新创业氛围愈发浓厚。

政策推广以来，众创空间运营主体普遍认为政策扶持的切入点准确、扶持力度有优势，为加快万众创新示范区建设起到了积极推动作用。目前区域共有众创空间 48 家，其中科技企业孵化器 21家，新型孵化器 22 家，创业服务机构 5 家，总载体面积 199324.48 平方米，总工位数 6631 个，已使用工位数 4200 个。总服务人员 330人，创业导师 1167 人，入驻项目 1854 个，入驻企业数 6022 家。

长阳路的中纺机旧厂房通过拆违、整体改造，充分保留工业遗存，杨浦区与上海电气共同打造，未来将建成 30 万平方米的众创空间，目前一期已建成并投入运营，引进了优客工场、启迪之星、中国电信等 6 家众创空间。国定东路上改造拖拉机内燃机老厂房引进腾讯众创空间，总规模超过 5 万平方米。

杨浦统筹规划、建设、管理三大环节，以及生产、生活、生态三大布局，提出"西部核心区＋中部提升区＋东部战略区"的全区域化创新发展的空间布局。

西部围绕"学城融合、产城融合、创城融合"，构建以五角场城市副中心为核心，以复旦全球创新中心、环同济设计、总部基地为支撑的创新经济走廊，形成"一核两翼"的发展态势，重点打造五角场创新创业街区；中部充分利用老厂房、老社区等资源，着力提升优化综合配套服务功能，承接核心区功能溢出，打造创新创业、文化体育、生活服务等多层次、多元化的宜居宜业宜创生态社区；东部聚焦滨江发展带，开发老工业厂房，15.5 公里的黄浦江岸线约有 10 平方公里待开发建设用地，这些将成为杨浦未来发展宝贵的战略空间。①

（二）以龙头企业带动中小企业，建立高科技产业链

杨浦需要通过"三区联动"产学研决策平台的"顶层选题"，引进国家重点科技研发项目、重大科技工程项目集聚杨浦研发；引进央企、军民两用企业等重要企业的入驻，通过杨浦高校强大的研发力量、数千家科技中小企业集群的研发、产业化配套、大学科技园的全过程、全方位的综合服务，将使那些重大科技项目、重要企业成为杨浦区域经济发展的领头羊。

一个龙头企业全过程承担科技项目的研发不现实。发达国跨国公司研发外包、并购技术很常见，中国的龙头企业 R&D 无论国家投入、还是企业自己投入，相比发达国跨国公司仍是小巫见大巫。北京大学生物学院著名教授饶毅认为：龙头企业的技术研发，尤其技术集成型项目的研发，应该外包支持中小企业原创性研发，而不仅仅只是工艺技术改进。②

复旦芮明杰教授提出了"大公司、大企业主导产业链重构和推进产业结构调整的内生理论"。经研究发现，在产业链上拥有主导权的龙头企业，其变化会直接导致产业链的变化。龙头企业在市

---

① "创新要素加快集聚创业环境更有温度"，记者：毛信慧，杨浦时报 2016 年 8 月 30 日

② 《头脑风暴中国科技离诺奖有多远》，饶毅发言，第一财经频道 2013 年 11 月 17 日

场压力下不断地创新,就会带动产业链上的其他相关产业协同创新,这种协同创新的一致性行为就会改变产业结构——产业链构成的变化和产业链治理的变化。实际上,今天企业的产品竞争已经转变为企业产业链的竞争,其结果会加剧产业链的重构,推动产业结构调整。[①] 龙头企业的重要性已经不言而喻。

科技园依托高校院所的高端知识与人才、国际行业动态、企业家校友人脉等优势,因此是承担高科技、战略性产业招商的主力军。而杨浦高校院所、科技园、及众多科企形成众星拱月的创新氛围,是吸引总部企业近悦远来的社区资源,动态资源与与静态资源相互相成的创新生态环境。杨浦税收百强企业中,许多就是因为大学的历史人脉关系吸引或招商而来,如德国西门子集团因同济大学前身"德文医学堂"与德国的渊源关系,其与大陆集团、安莉芳总部引进均由大学科技园先接洽。

科技型的总部企业,与大学院所科技园最为匹配。杨浦要做到两个优势产业发展,高科技产业链做长,需要总部企业;总部企业带领中小企业做强,需要园区专业化的服务。地方政府是机关公务员系统,个案细化的、专业化的科技企业服务不能、也不应由政府承担。这需要地方政府与科技园在利益分配机制上做改革。地方政府给予总部企业大量土地与政策资源,税收应归于地方;总部企业需要科技园的常态化专业服务,地方政府可委托园区托管,并给予政府购买服务。服务总部企业所带来的新增企业,招商指标可归大学科技园,税收返还比例可以协商划分。

要以央企、市企等大项目带动建立产业链。杨浦与中国电子科技集团公司 23 所合作建立的物联网科技园、与上海电缆研究所合作建立的智能电网科技园,是专业化特色科技园。实践证明,科研院所建立的专业科技园,比综合性大学科技园更能集聚龙头企

---

① "发展'第六产业'实现融合创新",文汇报"圆桌论坛版"2016 年 7 月 31 日

业,更容易形成高科技产业链。如物联网 2011 年刚成立,就成功引进与该园功能定位紧密相关的重量级企业国际 ZiBee 联盟区域(中国)总部,并受到市委领导的肯定和关注。2013 年引进相关企业 10 家,正在办理企业 2 家,其中注册资金超 2000 万企业 1 家,超 1000 万企业 1 家。上海智能电缆科技园揭牌仪式上,就分别与上海赛克力光电科技有限公司和东莞好景电缆城入驻科技园进行意向性签约,并与国家超高压与特种电线电缆技术创新服务平台签约。现上海电缆研究所下属 7 家公司整体入驻智能电缆科技园。

目前,国家发改委正在组织制定京津冀都市圈新版区域规划,杨浦要抓住一些央企总部将撤离北京寻找新驻地、新投资项目机会,通过杨浦科教资源丰富、科技中小企业集群、科技园区综合服务功能完善、杨浦文化精神生活丰富等综合优势,吸引央企到杨浦建立科技园。

杨浦已引进中国航空航天集团、中国船舶集团、中国能源集团三大央企,并建立自己的商务楼物业和科技园区,以央企的行业龙头地位,可以将科技重大项目引入杨浦,利用杨浦高校科研院所研发能力、大学科技园中小科技企业的配套能力,可以吸收中小企业研发力量进行核心技术的开发,或者外包、收购中小微企业的原创技术,形成重大项目产学研一体化的全产业链发展。

(三) 建设杨浦科技制造业及中试孵化基地,延长科技产业链

上海发展新兴的服务型经济,不是把生产性服务环节从制造业中分离出来,而是要在生产性服务环节与制造环节的一体化的服务型制造业发展中,确立国际产业竞争优势。

1. 杨浦要鼓励制造环节与服务环节一体化的生产组织模式

根据美国温特制平台型的产业结构与管理模式实践结果显示,制造环节并不"低端",且常常与研发密不可分,尤其是重资产

装备业,制造的过程往往是不断技术创新的过程。中国的研发能力因制造环节正在快速增强。"以工业化与信息化深度融合的新产业革命,其主要动力不仅是重大技术突破,更是技术整合和模式创新;新产业革命显现为新业态和新模式,独立于制造过程的、纯粹生产性服务业的竞争优势将减弱,以制造环节与生产性服务环节一体化为基础的服务型制造业,将成为国际产业竞争优势的主导因素。这些方面充分体现了新产业革命渐进式和渗透性的演进特征。"①杨浦要鼓励传统制造业向生产性服务业发展形成一体化生产组织模式。

2. 杨浦向新型制造转型,为孵化器创客提供开源硬件

科技项目最终落实到产品上,科技产品的价值首先在制造阶段物化凝结。研发跟着制造走,走出实验室的研发项目需要中试、科技产业需要工业制造,因此需要一定规模的中试及制造基地。大学科技园不仅要建设一定规模的制造业孵化基地,还要具备相关的技术开发软硬件设施。

2014 年 5 月 6 日,上海市委书记韩正在"上海市第六次规划土地工作会议"上明确要求:"上海的发展目标定位,一是不能脱离自身的历史、现实、基础和优势,二是必须符合国家对上海发展的要求。要从国家战略、从我国参与国际竞争和合作的大局出发,思考上海未来发展的目标定位。"市长杨雄指出:上海产业发展,"要主动顺应新技术革命和产业变革趋势,必须保有适度规模的工业用地,坚持工业布局向园区集中不动摇,坚持工业区块调整转型方针不动摇"。②

---

① "'第三次工业革命'的上海应对",作者:王振、李伟、杨亚琴,解放日报 2014 年 02 月 04 日

② "重视留白要为子孙留足空间上海市第六次规划土地工作会议举行",记者:谈燕,解放日报 2014 年 5 月 7 日

在杨浦国家创新型试点城区建设领导小组工作推进会上，杨浦区领导说："科技部、上海市把杨浦作为首批的创新型试点城区可能更看重的就是老工业城区转型。天津滨海新区完全是围出来的，没有产业；北京海淀区原来就是教育，没有工业；重庆沙坪坝区和海淀、滨海类似。杨浦的特色就是要走我们适合的路，寻找我们的经验。[①]

大学科技园中有大量的科技制造企业，尤以上理工科技园先进制造业特色最鲜明，但是囿于空间限制，一些做大的高端制造企业已经迁离杨浦，而外省市的科技制造大企业想进进不来。

杨浦发展一定规模的先进制造业孵化基地，已经刻不容缓。杨浦本就是老工业大区，目前在区域税收百强中，依然制造业占主体，杨浦不能脱离区域工业基础去凭空转型，发展高端化、科技型制造业，是在老工业基础上的真正转型，不仅符合两个优势产业要求，同时在单位土地面积上，产生更大的利税。

当前任何产业领域的重大创新几乎都离不开互联网与开源软硬件。高科技的网络平台和开源软件是众创依赖的最重要基础技术之一，如美国许多成功的新创企业都租用了亚马逊的网络平台。其次，开源硬件是创客生态的重要特征，关键元器件对创客尤其重要。这种类似早期"单板机"那样的器件主要来自创客也用于创客。如英特尔最近在其"夸克"技术上结合了开源硬件 Arduino 的社交平台功能，制成以科学家命名的产品系列，专门提供给大学的创客。[②] 杨浦有许多电子元器件制造企业，园区要对这些企业加强技术与市场引导；通过建立创客开源硬件生产基地，满足众创孵化基地研发公共平台、孵化器的创客、大多数初创企业的创新创业

---

① 《杨浦区国家创新型试点城区工作简报》2014 年第 15 期，杨浦创新办 2014 年 4 月 24 日

② "让创客插上科技的翅膀"，文汇报 2015 年 8 月 7 日：记者：缪其浩

需求。

3. 建立周家嘴路、军工路新型制造业基地时机成熟

园区高管们认为：对大学科技园来讲，其优势就在于距离大学"步行 15 分钟路"[①]，企业可借助大学的势能。尤其一些大学强势学科、特种专业延伸出来的企业，与母校有频密的学术交流。在大学周边建设一定规模无污染的新型工业制造基地、在科技园建立中试基地，产学研结合会产生 1+1＞2 的化学聚合效果，不仅加速中小科企成长、延长科技产业链做强"两个优势"，避免地方政府税源的流失，又可以及时反哺优化高校院所的学科建设，达到三赢。

在上海"十三五规划纲要"中，制造业也是最受关注的领域之一，因为该规划在历史上首次为上海制造业占 GDP 的比重设定了一个底线———25％，上海工业总产值要从 2015 年的 3.3 万亿元增加到 2020 年的 3.8 万亿元；上海五年内重大项目用地需求在 25 到 30 平方公里之间，但仅淘汰落后产能，就能腾挪出 40 平方公里土地。[②] 上海工业用地要占全市土地的 26％，占全市建设用地的 40％。[③]

这对杨浦工业转型是利好。杨浦城区本身仍有几片尚待转型的工业用地，从近期土地普查中，也发现不少未开发的零星地块，要从发展杨浦两个优势产业的战略上，挖掘周家嘴路、军工路等老工业片区潜力，大力发展先进制造业产业带，在这些产业带上，建立几个标准厂房基地、用于高科技产业中试基地、用于高端制造企业生产线，真正让两个优势产业成为杨浦的支柱产业。目前上理

---

① 引自国务委员陈至立对杨浦孵化器建设的要求

② "上海工业亮剑'25％保卫战'"文汇报 2016 年 9 月 1 日，记者、张懿

③ "解读上海'十三五'规划纲要"2016 年 6 月 3 日财大讲座，主讲人：上海市发改委发展规划处张忠伟处长

工园区已有太赫兹中试基地。

建立上海产业基地企业有效益：一是工业用地相对商务用地虽然价廉，但与制造业的大规模产出相比，其对地方税收可直线上升；而高端装备制造业收益率 30％—40％，比一般制造业还多三分之一。回报收益高，企业可以承受比一般工业用地略高的厂房租金。从企业总账测算，上海基地可以减少如派驻外地产业基地员工生活、交通等成本；企业总成本可大大降低。

间接效益：标准厂房可以吸引先进制造大企业入驻杨浦及科技园，也就意味着产业项目能够集聚更多的资金、项目、科技与管理人才，能够更多的发挥现有实验、检测检验平台功能。这些都是杨浦区域的优质税源。

标准厂房的运营可以设立准入标准：占地不多的高端制造业企业；传统制造业的信息化技术改造、试验期企业；行业共性技术中试基地，等等。杨浦标准厂房基地的建成，将成为高端制造业的孵化、加速器，亦是高校科研院所研发项目的中式基地、大学生创新创业实践基地。大学科技园因此而补充短板、完善其平台的综合服务功能，助力杨浦做长高科技产业链。

三、扩大"科企"产学研平台技术项目来源措施：改革高校科教体制

从中国改革开放的轨迹看，上世纪 80 年代初率先在农村实行家庭联产承包制的土地产权制度改革，解放了农业生产力；80 年代末至 90 年代初城市实行企业承包制、股份制等企业产权制度改革，解放了企业生产力；21 世纪 10 年代中国的创新转型，应该到了高校、科研院所实施知识产权股权化改革，解放科技第一生产力新阶段。高校院所的科技人才是技术研发的主力军，要调动科技人才的积极性，必须通过科教体制深化改革，从完善科研评价体

制、完善科研激励机制、完善专业课程设置着手，让高校研发人才的创新激情竞相迸发，让一切能创造社会价值、市场财富的创新思维充分涌流、让高校毕业生在创新创业的大军中成为中坚力量。

（一）改革高校院所科研成果评价体系与人才培育体系

高校院所科技研发是国家科技创新、经济转型、培育高技能人才的动力源和溢出地，需要各级政府部门顶层设计，高屋建瓴，从根本上修正体制不顺所带来的研发技术转化不畅、高校人才不符合市场需要的现象。早在 2013 年 3 月，上海教委颁布高校股权激励、科研人员兼职或创业实施细则。[①] 该细则认定高校科技成果转化权益奖励比例，根据不同等级，按照职务发明科技成果权益奖励不低于 20% 且不高于 30% 的比例奖励职务发明人，具体奖励调整系数由高校自行制定。

2014 年 2 月的"2014 春季上海高校党政负责干部会议"，为鼓励高校科研人员到企业兼职兼薪或自主创业，各高校可保留 3% 编制专门用于支持教师"校企流动"。

2015 年 3 月 23 日中共中央、国务院颁发《关于深化体制机制改革，加快实施创新驱动发展战略的若干意见》文件，其主要内容：一是完善科研成果转化激励政策，二是构建更加高效的科研体系。

2015 年 5 月 25 日，上海市委市政府发布《关于加快建设具有全球影响力的科技创新中心的意见》(科创中心 22 条)，对高校科研院所的科研评价体制、科技成果转移转化机制、科技成果收益分配机制、高校院所人才流动机制等，作出力度更大、促进大众创新、万众创业的新规定。

---

① "上海市教育委员会关于印发《上海市教育委员会系统高等学校科技成果转化及其股权激励暂行实施细则》的通知"，2013 年 3 月 1 日沪教委科〔2013〕14 号

（二）重点发展高校院所"科企"产学研技术项目平台

在中国，委以科技创新、经济转型的重任，除了央企国企（资金雄厚）、科技型民企（科技人员创业）之外，还有更重要的却被社会忽视的一支有生力量——高校院所研发所派生、组建的技术转移、转化企业实体。这些高校院所技术转移、转化企业通过公司化运作，或自己做技术经纪人（高学历、专业内行），以市场需求引导高校院所专利研发、根据客户需求将专利项目成功转移市场；或以市场需要、客户需求将研发技术项目企业化运作，通过科技园的快速孵化，及时将新科技商品成功推向市场。

高校院所研发人员参与一线科技实践，自己进行中试，接触市场地气，直接形成产业化。最有说服力的案例：北大王选的激光照排，没有去企业一对一推介技术成果，而是通过科研所自办的技转公司，开发了成系统的激光照排设备、配套设施与整个工艺流程，以示范性的高科技产品，吸引全国乃至国外华文出版社都采用了激光照排技术，引发出版界技术革命并迅速产业化。

又如袁隆平的杂交稻，他并未到种粮大户、农民那里一对一去推广他的育种技术，而是科研所自己成立种子公司，自己种植、并形成配套齐全的技术服务系统，最终以示范性的丰收，吸引国内外客户争相引种杂交稻，整套杂交稻的育种技术服务输出，引发世界性的种粮技术革命。这类高校企业产学研一体化成功例子举不胜举。

高校科研院所的技术转化、产业化企业实体，是代表一国最高科技产品形象的科技创新力量，是国家创新转型的精锐部队，也是"新生科企"——产学研一体化技术项目平台的重要来源。国家科技部、教育部要积极推动高校院所科技研发机构的企业实体建设；鼓励这些研发机构与行业先进企业"强强联手"开展研发和成果转化活动；给予科研人员知识产权股权激励政策，从体制上保证科研人才与市场实践结合，推动科技研发项目迅速产业化。

1. 技术产业化案例：上海复旦微电技术子股份有限公司

1998年7月，由复旦大学著名的"专用集成电路与系统国家重点实验室"牵头，上海商业投资公司和一批梦想创建中国最好的集成电路设计公司的创业者共同出资创建了复旦微电子。复旦微电子成立不久，就与中科院微电子所、清华微电子所等一批微电子所一起共同开发集成电路的生产工艺，主要工作就是打破发达国家对中国微电子行业主流制造技术实施的技术封锁。短短两年，复旦微电子就已成功确立在国内集成电路设计行业的翘楚地位，并于2000年8月4日在香港创业板上市，成为国内集成电路设计行业第一家上市企业。立足上海，植根香港，走向世界，复旦微电子以发展中国微电子产业为己任，以赶超国际先进水平为目标，力争早日成为国际一流的集成电路跨国企业集团。

复旦微电子已从10多位创业者发展为拥有500多位员工的公司，用户遍及全球各地，是杨浦高科技领域为数不多的拔尖企业，也是杨浦区级税收的百强之一。2001年公司被香港著名《亚洲金融》杂志评选为大陆十佳企业之一。

2. 技术转化案例：孵化"科企"平台——上海产业技术产业园①

说起创新，上海产业技术研究院院长钮晓鸣就会拿出4张榜单，依次是：全球研发投入排行、全球论文发表量排行、全球专利申请排行、国家和地区全球竞争力排行。前3张榜单我国名列前茅，而全球竞争力排位则始终不尽理想，甚至呈现下滑之势。为何投入、产出不成正比？他说，很多人在意识上存在一个误区，即把"创新"狭隘地等同于"研发"，其实"研发"成果只有转化为现实生产力时，才是真正意义上的"创新"。这样的转化，又该如何破题？

---

① "突破'产学研、两张皮'之困"，记者：傅贤伟、徐瑞哲，解放日报2013年11月11日，小标题作者所加

上海产业技术研究院领命先试先行。作为全市共性技术研发、成果转化和产业引领的新平台，成立 15 个月来，产研院实施"创新伙伴"计划，协同区域、院所、校企，突破"产学研、两张皮"怪圈，用社会经济需求来"牵引"科技成果，把它们从实验室里拉到生产线上。

（1）平台携高校技术链接产业链：发展"科企"

上海每年仅登记在案的科技成果就达数千项，可大量研究成果往往缺少合适的开发者，半途而废。以材料学为例，新型材料技术只有经过中试、放大，并控制好质量和成本，才能成为适用的产业技术。然而"接力跑"中的一棒，在我国少人甚至没人跑。如目前"3D 打印"正火，可基本是进口货打天下。因为打印耗材太贵，不少单位买来 3D 打印机不舍得用。产研院当起了多面"接力手"，引荐多位"创新伙伴"。他们先摸需求，然后找准有实力研发 3D 打印设备的企业，与高校内的打印材料研发同步实施，引入 3D 打印的代理服务商，按照市场上"设备＋材料＋服务"商业模式，进行全产业链分工配置，共同获取 3D 打印链的高附加值。

上海产研院鼓励教授带着课题离开学校，以"兼职"方式进入平台，与其他需求方协同创新。以此模式，上海产研院正聚焦智能制造、数字服务、生物医药、绿色能源等领域，加快推进 3D 打印、大数据应用等 13 个共性技术研发与服务平台建设。

（2）平台助科学家进园区创新创业：自建"科企"

经过十多年培育，上海在生物技术研究领域形成了一批实力一流的团队，有的获多个国家级奖项，有的在国际顶尖学术刊物发表多篇论文。如国家人类基因组南方研究中心黄薇研究员，长期从事基础研究，在茫茫的基因海洋中搜寻与重大疾病相关的基因。可她发现实验室层面的基因检测技术，距离临床应用还有相当大距离。

产研院搭了台，建立临床医学转化研究中心和高通量基因测序服务平台。黄薇终于"有勇气跨出这一步"，来到位于张江的产研院4楼，带着20多人团队专心搞临床转化。"在临床上，研发程序、方法、标准与实验室大不相同，必须强调高效率、低成本。"扑在转化中心的黄薇似乎换了一副脑子，把工作目标从"尖"转化为"用"，学会面向用户需求，和用户一起创新。

（3）平台把技术项目送到小企业：培育"科企"

在构建上海创新创业服务体系中，产研院开门办院，向各区域投放创新人力资源。上海现有小微企业约38万户，占申城企业总数97％。小微企业在创新体系中最富活力和潜力，但也最缺少资金以及技术支撑。产研园可以起到技术支持作用。

杨浦（中国）创业者实训基地，楼内3个层面都是"上海产研院杨浦智能化产品创新中心"。在这里，80多个创业团队、1200多名青年拎包入驻。实训基地孵化器提供了场地，创新中心则提供了共性技术服务。产研院副总工程师宗宇伟介绍，全院共输出10多名工程人员，作为创业者的"科技辅导员"，利用开发测试平台，帮助创业者迅速形成产品。如上海会达软件有限公司，创业者汤德林带领团队来此开发"医疗全数字打印系统"，在产院创新中心辅导下，企业半年即完成产品研发，被30余家医院使用，如今已在"新三板"上市。有了这种快速孵育，创新中心时不时有风险投资介入，还有大企业"星探"上门。产研院如今正在与不同区县合作，开创机器人应用系统等不同题材的创新中心。

（三）开设大学生创新创业基本知识的教育

实现创业带动就业，政府要承担起应尽的责任，发挥市场"看不见的手"市场作用，用好政府"看得见的手"政策效应，让这两只手形成合力。市政府明确要求相关部门："普及开展创业意识教育，加强创业培训与能力提升；大力培育创业主体，拓展创业空间，完善创业服务，弘扬创业精神，营造有利于创业的社会氛围。"①大学首当其冲要承担培训大学生就业技能的责任，创新创业教育应渗透于大学课程，提倡学生崇尚创新精神，培育创新创业能力。

1. 专业课程设置以国家、市场需求为导向

既然就业市场是动态变化的，高教决策部门在专业课程设置上也应"以变应变"。前瞻布局，调整专业，既是高校提升知识创新和服务能力之需，也是高校服务城市经济转型发展之需。因此，高校编制就业质量报告还得要有前瞻性。目前，上海高等教育正对接国家重大战略与城市未来支柱产业，通过大范围、跨行业排摸需求，重点培育 40 个左右体现"国家队"水平的"支撑学科"，并启动生物工程、海洋科学、航空航天等"亟需学科"的学位点布局，加强软件工程等新兴一级学科的人才培养。

2. 学习斯坦福大学，强化应用型、复合型创新创业人才培育

今天的美国形成了两个著名的创新轴心：一个是美国西部以斯坦福大学为核心的硅谷，另一个是美国东部以麻省理工学院和哈佛大学为核心的波士顿地区的高科技产业集聚区。创业型大学的建设使大学功能得到深化和拓展，并成为区域经济发展的发动机，推动经济社会的可持续发展。

斯坦福大学是美国一流的研究性大学，其办学宗旨却是"为创新技术发展培育一流的工程师"。斯坦福大学先后孵化 6000 家科技公司、掌握 9000 项专利技术。仅谷歌上市，斯坦福大学由此净赚 3.3 亿美元。真格基金创始合伙人徐小平认为：斯坦福大学毕业生创办的企业，价值已经相当于加拿大的经济总量。据斯坦福大学终身教授王海介绍：斯坦福新生录取率全美最低约 5%，每年新生 2000 人左右，都是中学生中的精英。斯坦福鼓励并允许

---

① 引自 2010 年《上海市人民政府贯彻国务院关于进一步促进中小企业发展若干意见的实施意见》，

90％的大学生创业,如果占总数 3％的学生创办企业成功,每年每届就可以诞生 60 家成功企业。由麻省理工学院毕业生作为创始人所带动的企业经济总量、产业经济规模已经相当于一个韩国的经济实力,这是未来高等教育的价值取向和潮流。

中国需要向斯坦福、麻省理工学习,无论研究性大学还是应用型大学,在课程设置上要增加创新创业专业基础知识的培训;师资上邀请各行业领军企业高管做客座教授,以他们丰富的创业经验、市场经历为大学生作辅导;实践上以大学科技园作为创业实训基地,通过这些举措,提升大学生创新创业意识与就业本领。

3. 上海理工大学"卓越工程教育"案例

上海理工大学"卓越工程教育"三级创新创业培训课程、理工科技园的创业实训基地,得到教育部、科技部的充分肯定[①]。大学培养人才的模式分为研究型、应用型、创业型,上海理工大学将三种类型的人才比例设定为 25％、70％和 5％,这意味该校毕业生中有 5％要创业。截止 2016 年毕业期,2010 年入学的首期创业班学生,毕业 26 人,有 21 人在创业,5 个是创业团队,一期创业转化率达到 80％以上。

创业不仅仅是把公司开起来,还要让公司发展壮大,具备可持续发展的生命力。上理工与科技园合力,除了给学生提供科创基金会的资助,还为这些创业者提供了公司注册、公共商务、人事代理等"一条龙"服务;而学校的图书馆、实验室也对他们全面开放。[②]

4. 上海交大推行"项目式"工科教学模式案例

上海交大面向"工业 4.0"、"中国制造 2025"发展阶段,适应现

---

① 参加 2010 年 11 月科技部、教育部《第三次全国大学科技园工作汇报汇编》,上海理工大学交流材料

② "创业,可持续才有生命力",东方网—文汇报 2010 年 6 月 21 日

代"工程"正向大工程方向发展、具有多学科协调、跨国等特性；以及对"工程师"的要求是在分工的基础上强调全面素质的综合。因此，交大推行"项目式"工科教学模式，即项目式教学模式探究、工科实践平台建设、校企产学合作探索；着力培养符合未来需求国际化的、具有创新思维能力的现代工科人才，探索全新的产学合作路径。

"项目"平台模式把灌输式学习转变为探索式、开放式学习，为学生提供多种知识渠道。这种模式构建了企业、高校联合参与工科教育产学研合作的工科实践平台，不仅解决企业实际工程问题、提高学生工程实践能力，也让教师充分了解企业的实际需求和前沿热点，实现了"三赢"。①

---

① "上海交通大学工科人才培养全新模式为'中国智造'提供源泉动力"，文汇报2016年3月9日专版

第八章

杨浦科技金融功能区：区金融办科技金融服务平台

　　所谓杨浦科技金融功能区，即由诸多科技金融平台集聚杨浦，并形成互联、互补、互配的科技金融平台网络。无论理论还是实践，科技金融功能区首先应建在科技产业聚集区之上。

　　首先，科技产业规模决定科技金融规模。科技金融平台网络规模的大小、平台节点的多寡，完全取决于科技产业的规模、与科企资金需求的大小。这是因为，科技金融是服务业，是为科技产业实体经济服务；科技产业规模大产品市场前景好，科技金融也就随之做大且资产质量好；反之亦然。所谓体之不存、毛将焉附。

　　其次，科技园区服务功能决定科技金融功能。科技金融一个区别传统金融的重要特征是，它是最接地气的金融业。它主要服务对象是科技型中小微企业，而这些科企，其技术千奇百怪、创业者各具个性，但唯独缺少可资抵押的资产、明晰的财务报表及信用记录。无论哪一条，都需要科技金融零距离熟悉企业、了解技术、面对面接触创业者。这些融资前期必做的调查成本，是传统金融机构所不能、也不愿承担的。这正是小微科企融资难的症结所在。

　　科技金融需要一个与小微企业密切接触的载体，那就是成熟的科技园区。规范的科技园一般拥有公益性、增值性全套服务系统，是对中小微科企进行全方位综合服务的平台。这个平台在科企进园创业初始就开始进行全生命周期的服务,建有创业者素质、创新技术、企业信用及市场经营状况等有关企业全部信息的数据库,因此,传统金融的投融资,只有建立在科技园服务功能载体之上,降低信息采集成本,才能有效对接中小微科企融资需求。随着科技园功能发展壮大,园区自身科技金融服务平台逐渐成熟,科技金融融入园区综合服务菜单中本身成为园区一项最重要的服务功能,也取得较快的增长。

图示：历年杨浦区金融服务业税收增长情况

2006 至 2013 年杨浦区金融服务业税收增长情况								
年度	2006	2007	2008	2009	2010	2011	2012	2013
税收(万元)	16.74	27.86	33.57	44.16	46.35	52.23	57.09	59.80
增长率 %	15.2	66.4	20.5	31.5	5.0	12.68	9.3	5.1

通过杨浦科技金融各级服务平台,杨浦科技金融创新有了新的突破。金融机构进一步聚集,企业融资渠道和手段得到丰富。

下图是"杨浦科技金融系统运作流程示意图",第三层是资金供方,第七层是资金需方,第五层是资金供需的中介方,大学科技园处于中枢地位。图清晰显示,科技金融系统运作流程是建立于科技园区基础之上。这些银行与非银行机构、VC 与 PE 等社会资本,基本上都与科技园区建立联盟关系,通过政府投资服务机构、各园区金融服务平台的媒介撮合,通过直接融资、间接融资,如贷款、担保、股权投资、上市等,及时高效为中小微科技企业解决融资问题。技术转移也是如此。包括各大学的技术转移中心、上海高校技术交易市场、中国东部技术转移中心等,与各园区建立直通关系,为技术转移、转化创造条件。各科技金融服务平台互联、互补、互利、互相配套,诸多平台节点形成科技金融服务网络,这就是杨浦科技金融功能区系统运作流程。

图示：杨浦科技金融系统运作流程示意图

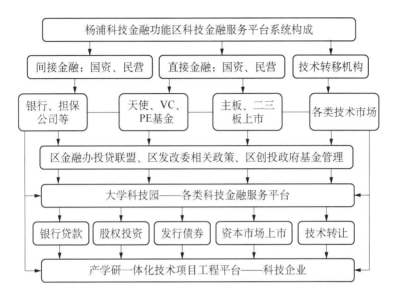

第一节　杨浦体制、政策创新解决科企融资难

2009年之前，杨浦科技中小微企业蓬勃发展，由于大学科技园本身处于初创时期，难以开设增值性服务业务，科技企业融资成为一个普遍突出问题。当时融资手段主要就是自筹和银行贷款，商业银行的高门槛，从而使"贷款难"一直困扰着科企发展。为此，杨浦率先成立金融办，制定、集成政府系列扶持政策，帮助杨浦小微企业解决融资难问题。

一、区金融办：化解科企融资难的服务平台

商业银行"盈利性、流动性、安全性"的经营原则，注定银行只

会"锦上添花"、不会"雪里送炭"，因为商行首要职责就是保证储户存款的安全，然后在安全的基础上让储户存款"保值增值"。商行为了维持整个银行体系的正常运作，银行贷款需要风险把控。而杨浦很多是科技型企业，属于轻资产、重技术，可技术的真正价值难以评估，可以抵押的实物也很少。从商行运营成本考虑，为中小微科企贷款不仅数额小、期限短、呆坏账风险多，而且银行对中小微科企贷款审批手续繁琐、门槛高、工作量大，付出的成本远高于其所获得的盈利。

银行主管机构当时也未对商行出台为中小微科企服务的政策与优惠措施。"贷款难"是一道不可直接逾越的障碍，需要"曲线迂回"才能利用商业银行的资源。

杨浦区委、区政府针对中小微科企普遍融资难问题，积极筹备金融服务平台，2009 年 4 月，在上海率先成立了"杨浦区金融办公室"机构，专门为中小微企业融资进行协调、服务工作。标志杨浦开始探索科技企业在不同资本市场融资的实践。从 2009 年开始，区金融办服务平台，主要工作就是集聚、整合、协调间接融资与直接融资资源，建立投贷联盟，创新、组合系列金融产品，目的是化解商业银行的贷款风险，为杨浦中小微科技企业提供全方位的金融服务。通过多年的实践，区金融办对科技金融的创新有启悟，有创新、有成果，为杨浦科技金融功能区建设打下基础。

2015 年 1 月 28 日由区金融办联合上海信隆行投资有限公司打造的"杨浦金融港"正式上线。该平台旨在以互联网金融平台方式实现 O2O(线上线下服务)，帮助中小微企业解决"融资难"、"融资贵"等现实问题，更好地实现资金供需的平衡，起到企业融资的中枢纽带作用。该平台汇总了杨浦区各个部门对本地科技企业的支持政策，通过创新金融产品，把政策对企业的支持作用发挥最大的经济与社会效应，让更多的企业受益。杨浦本地的 30 多家债权机构在平台上围绕科技中小微企业提供金融创新服务，同时，一融平台体系也将把全国多家 VC/PE 机构及上市服务机构等引入到杨浦的科技企业服务中。①

二、区发改委：搭建"部市区"政府引导基金公共服务平台

该平台全称"上海·杨浦促进产业发展公共服务网"②，由发改委牵头，以国家、市政府的相关科技产业政策为指导，将分散在区委组织部、区发改委、区科委、区质监局、区商务委、区工商分局、区海外高层次人才创新创业服务中心等服务平台公布的政策措施集聚、整合在发改委一个平台上，为杨浦科技企业提供跨部门条块体制限制，打造一个权威性、立体性与系统性完美结合的政府资金政策公共服务平台。

一是政府引导基金公共服务平台使用功能。可以看到由各管理部门及时发布的一些管理信息，包括资金获得企业公示、资金申报提示等，以及网站系统管理员发布的一些有关平台使用的信息等等。

二是平台告示区政府引导基金按资金运作方式。政府引导基金由杨浦区政府设立并按市场化方式运作的政策性基金，主要以"母基金"方式设立引导基金，通过参股、直接投资，撬动社会资金共同扶持产业政策鼓励的科技型企业。

三是平台集聚部、市、区关于科技产业暨融资优惠政策。这些政策和专项资金的发布，体现了政府运作透明，为广大科企提供了政策公开、竞争公平、程序公正、便捷高效的政策资金服务。

---

① "搭建杨浦科技金融服务平台聚集各界资本对接区内企业"，杨浦政府网 2015 年 1 月 29 日

② ttp：//www. ypzjpt. sh. cn/（"杨浦资金平台"首字母组成）

三、其它部门：支持科企与科技金融发展的扶持政策

针对科技企业银行贷款难的现实，杨浦区政府同时制定了若干政策，多管齐下促进科技企业发展。这些政策均为从 2008 年 9 月开始实行。

财政政策：一是主要侧重支持重点企业、总部经济、风投企业以及市属企业发展；二是设立 1000 万企业发展专项资金。

金融服务政策：一是支持金融产品、类金融机构的创新，二是支持重点科技产业担保融资。

税收政策：一是支持专业服务业发展的营业税政策，二是支持拟上市中小企业个人所得税优惠政策。

人才政策：优秀经营管理人才优先办理户籍居住证。

此外，还制定了杨浦区财政、工商、招商、税务、人保局协同服务的举措。

第二节　区金融办：企业融资服务与投贷联盟平台

杨浦直接间接融资大部分都涉及，关键是杨浦能够根据科技中小微企业融资实际情况进行产品型组合、阶段型组合，充分让引导基金、社会资本效用最大化，搭建投贷联盟具有重要意义与实用功能。

一、直接融资政策与服务

以政府引导基金为杠杆，吸引有关 VC、PE 等社会资本，支持本区科技企业融资，及上市发展。

（一）杨浦创投引导基金运作良好

杨浦建立 3 个亿人民币的区政府引导基金，包括 2.4 亿母基金；及以 6000 万与盛维创投等合作，组建 8580 万的中早期直投基金。母基金分四年投入：成功募集时投入 8000 万（包括 5000 万现金和 3000 万大学生接力基金）；2010 年成功募集一周年时投入 5000 万元；2011 年成功募集二周年时投入 5000 万元；2012 年成功募集三周年时投入 6000 万元；母基金托管期为 12 年，其中 5 年投入期，7 年回收期，最多延长 3 次，每次延长期 1 年，即 5＋7＋1＋1＋1 模式。基金运作效果目前是非常良好。其中 2.4 亿的母基金，大概能够撬动 100 多个亿的子基金；6 千万参投的中早期直投基金已经投资了两个项目。

在创投基金运作良好的情况下，2016 年 9 月 28 日杨浦区举行的建设全国双创示范基地动员会上，发布了由市发改委和杨浦区共同制定的《全面建设国家大众创业万众创新示范基地实施方案》，会上宣布上海市和杨浦区政府将共同出资 20 亿元，设立上海双创孵化母基金，计划到 2018 年带动吸引天使投资、风险投资等各类创业投资 500 亿元左右，各类资本市场上市企业 100 家左右。《实施方案》中明确了杨浦将重点扶持的一批项目和企业。其中，对国家技术转移东部中心、上海太赫兹波谱与影像技术产业化平台、MIT—CBA 中国研究院等重点在建项目，加大跟踪扶持力度；对国家北斗科技创新中心、上海类脑智能研究院、上海基于工业大数据的智能生产平台等拟建项目，加快协调启动。同时，杨浦将对创新创业企业全面梳理，确定一批成长性好、潜力大的企业纳入培育领军企业的重点名单。[①] 该基金已在 2016 年全国大众创业万众创新活动周中，与国家科技成果转化基金双双揭牌。上海双创孵

[①] "全面建设国家双创示范基地实施方案公布杨浦：20 亿元投资基金支持创业创新"，记者：徐敏黄，尖尖解放网 2016 年 9 月 29 日

化母基金聚焦的是下一代信息技术、新能源、新材料、生物医疗、文化创意等新兴产业，投资的是优秀的投资人管理团队，通过对他们组建的新基金进行投资，达到母基金撬动社会资本的作用。[①]

（二）杨浦鼓励社会资本股权投资

杨浦通过组建"政府引导＋社会资本"的创投基金，吸引民营资本为主体的各类基金，积极推动外资 QFLP 试点工作成立多个股权投资机构。

从 2010 年初，杨浦制定了股权投资企业的扶持办法，即按对股权基金按实际注册资本给予 2％启动奖励，最高 800 万，操作中根据企业性质不同奖励略有区别。最重要的还是要看股权基金对区域税收的贡献标的，属地的公司化企业没有问题，而合伙人制非法人机构，政策实施中先征后退，先期按实际注册资本 1％给予租房补贴，最高 200 万后期奖励有两部分，一是对股权投资企业缴纳的营业税，所得税 50％的返还；二是对企业高管个人所得税给予 70％左右的奖励；同时为他们解决户籍，就医，子女入学入园等提供方便。对中小企业股权托管交易的扶持政策，基本可以达到 100 万左右。

（三）杨浦推进改制上市

杨浦每年推进改制上市，基本上每年有 2 家企业在世界各个城市的证交所，包括纳斯达克，深圳创业板，香港主板和上海的主板上市。另外，还有每年 3 到 4 家 IPO 企业上报证券会审核。

杨浦鼓励企业在多层次资本市场上市或挂牌，从辅导期开始直到上市，杨浦区给予 100 万的补贴，目的还是鼓励大家积极争取到资本市场去募集到企业发展的资本。截止 2015 年，杨浦已有

---

① "上海：设孵化母基金撬动社会资本"，作者：沈湫莎，文汇报 2016 年 10 月 13 日

49 家企业上市或挂牌（主板和创业板共 14 家、新三板 30 家、上海股权交易中心 5 家）。

（四）杨浦形成直接融资投资链的服务平台

杨浦在直接融资创新过程中，形成完整的投资链，这投资链对应着科技园区的服务链。杨浦对科技型中小微企业的服务平台，按照孵化程度可以分为三个阶段：企业种子期的创业苗圃，企业初创期的孵化器，企业成长期的加速器。三个阶段的社会资金配置，对应着天使投资、风险投资 VC、私募股权投资 PE。在杨浦，天使投资基金做得较好的有，"赛伯乐"的朱敏、"创新工场"的李开复；早期风险投资做得较好的有"华登国际"的陈立武、"戈壁创富"的徐晨。后期的私募股权投资的则有"丹丰创投"的阚治东等等。运用社会资本形成投资链比较典型的是杨浦创业中心、中国（上海）大学生创业实训基地。

（五）杨浦直接融资的转型与措施

直接融资的管理对杨浦金融办来说，且行且摸索是一个新生事物。经验是从实践中来，世界上没有最好的管理模式，只有最合适最对路子的管理模式。下面是区金融办在服务实践中的认知。

1. 政府引导基金的投向：从投资硅谷银行转型到投资科技园区投融资平台

政府引导基金一期投向硅谷银行，是利用硅谷银行的投资经验更好地使用这笔基金。硅谷银行的投资传统，是投向本银行的客户——风投基金，通过风投基金的运作来获得回报或者追加直投；或者跟着风投进行接力贷款。风投基金是硅谷高科技企业的直接接触者和辅导者。

在中国，高科技园一般都有管委会或管理公司，有一整套零距离服务企业的体制机制，如联络员—辅导员—创业导师服务体系。

园区对企业有完整的信息收集系统，对企业的了解程度远超外部的银行和各大基金公司。同时，园区都有自己的中介服务与投融资平台，通过区金融办的协调协同，对园区企业的融资需求及时给予支持。政府的引导基金用于园区投融资服务平台，其产生的直接效果将大大高于投向硅谷银行与大基金。

2. 要出台非持牌基金机构的奖励政策

目前市金融办的奖励政策只是限于一行三会发照（持牌）的金融机构，持牌机构一般资本规模大、经营范围广、赢利渠道多，不愿涉足小微科技企业，再加区奖励便富上加富。非持牌机构如私募基金机构（PE）一般资本规模小、经营范围有限，其投资中小科企也属于冒风险，对这样的非持牌 PE 机构，市、区层面原有的鼓励政策不足，造成 PE 投资积极性不高。

打造杨浦科技金融功能区，需要大量持牌与非持牌基金公司集聚。基金的投入回报与一般金融机构不同，支出曲线先高后低，在承诺资金全部到位情况下，则前期投入量大，3—5 年以后才有回报（逐渐退出）。如果是投资早期创业型企业，5 年的培育期加上 3 年的回报期，周期更长。以杨浦为例，近年来引进的基金公司，虽然投入时间较短，但其产生的营业税与高管所得税，也远超财政所补贴的资金；数年后到了回报期，基金公司的盈利能力会比一般科技企业的效益都强。因此，发展科技金融不能急功近利。为了鼓励更多的民营资本加入科技金融行列，扶持科技型中小企业成长，市、区层面需要建立完善科技型投资税收贡献后的奖励政策。

3. 要增加科技金融服务的软实力，吸引基金近悦远来

一是对全国的 VC、PE 有一个全面的了解。掌握各个 VC、PE 的产业投资方向、投资规模大小、退出方式等偏好，与杨浦的科技产业进行匹配，根据匹配对口的情况有针对性的进行招商引进工作。要参加全国各类风投基金的高峰论坛，高峰论坛云集全国著

名的大基金机构,可以创造集成式与基金老总面对面交流的接触机会,达到基金招商工作高效率的目的。杨浦一些基金机构,许多是在全国性风险投资高峰论坛上认识及引进的。

二是加强各职能部门的协调。科技金融功能区是全区努力的目标,需要各职能部门政策协调一致。要改变行政科层工作方式,变命令式为征求式服务。如基金落户杨浦,财税、工商、质检等部门,减少行政环节、增加服务内容,协同金融办共同做好服务;要尊重基金工作的规律与特点、以满足基金工作需求、与高管生活需求为重,如解决注册登记、税务登记、办公场所;以及高管的户口落户、小孩入学、医疗服务等等,这需要其他部门给予支持;

二、间接融资政策与服务

间接融资主要是银行、小贷公司贷款、包括担保等。杨浦的间接融资,同样通过制定扶持政策、创新间接融资工具,分散贷款风险,最大程度利用银行资源。区金融办与银行、担保联手,共同创新企业贷款新模式

(一)"银园保"平台创新银行贷款新模式

杨浦间接融资创新方面,区金融办与浦发银行协调协商,通过组建"银园保"平台,将科技园区,银行和科技创业中心三方资源共享、风险共担的平台机制,创新银行贷款的新模式。间接融资工具典型产品"银园保",最大创新点是依托科技园区管理。其特点是:

科技园具有完善的服务机制和企业信息库。园区中小微科企集群,产业集中度比较高;园区建立了完善的服务机制和企业信息库,对所有科技企业的技术产品、人才团队、经营及财务状况都十分了解,解决了银行与科技企业信息不对称难题,对后续的贷后管理极具优势。

政府出资建立的担保公司，为银行贷款进行融资担保。科技园区与政府担保公司叠加的双保险，极大化解了银行贷款的风险。杨浦"银园保"模式贷款产品，2010年获得市金融办金融创新"二等奖"。

（二）政府优惠政策鼓励社会资本参与担保平台

杨浦除了区政府出资组建的担保公司基础上，通过社会资本的参与又成立了7家，以社会资本为主的8家担保公司，占全市的六分之一。这说明社会资本对杨浦发展前景看好，愿意融入杨浦的投融资体系。杨浦对担保业的扶持政策如下：

引进优惠政策：注册资金不能低于一个亿，和小贷公司相同；盈利要求较低，只要连续两年盈利，累积三年利润1000万即可。要求担保公司的信誉等级较高。担保补贴政策：对中小科企的担保费率在年百分之三，企业只承担百分之一。利息优惠政策：对重点企业，杨浦可以给予基准利率30～50％的贷款利率补贴。至2010年，杨浦的担保额为73个亿，受益面1200多起。2014年5家融资担保公司当年累计担保352笔，金额13.94亿元。

（三）杨浦扶持园区型小贷公司政策

杨浦科技企业的蓬勃发展，对融资需求也急剧增长。科技园纷纷要求建立小贷公司，以园区得天独厚的服务体系优势，为园区科技企业融资提供比银行更为便捷、灵活的贷款服务。但是，小贷公司的融资门槛较低，资金来源亦有限制，一定程度上存在风险。

区金融办成立伊始，制定《杨浦区小额贷款公司监督管理暂行办法》，于2009年5月18日实施，目的，是进一步规范小额贷款公司的经营运作，加强监督管理，防范和化解风险，促进小贷公司健康发展。小贷公司的参股条件不高，但须具备几项要求：一是企业法人，净资产不低于5000万；二是负债率不高于70％，并且连续三年盈利，累积利润 1500 万；三是注册资本来源是货币资本，不低于一个亿；四是主发人不超过两个，单个发起人持股不能超过30％，两个发起人持股，不得超过各 25％；当然还有一些其它的审核条件。

　　杨浦占全市九分之一的 8 家小贷公司，发挥它融资短、平、快特长，为科企的发展给予及时有力的支持，取得较好成效。2010至 2011 年，贷款 2 千 9 百多笔，金额 57 个亿，相当于五大银行中一个区支行的贷款。这两年小贷公司本身也发展，在提取风险准备金前提下，年度利润已达 20％左右。2014 年 8 家小额贷款公司当年累计发放贷款 498 笔，金额 13.48 亿元。

三、搭建直接与间接融资嫁接的投贷联盟平台

　　杨浦科技金融创新力度不断加大，成为杨浦加快转型发展和落实创新型国家战略的重要举措，通过建立区政府引导基金、投贷联盟、小额贷款公司、融资担保、创新金融产品、推进上市等多元化融资渠道，形成服务创业苗圃-孵化器-加速器的全过程、接力式科技金融支持体系。2010 年初，区金融办的功能平台一项重要工作，就是提高直接融资服务的比例与程度，创新直接金融与间接金融组合产品。

（一）区金融办搭建"投贷联盟"融资平台

　　"投贷联盟"是上海创业投资有限公司的首创，其意义在于：最大程度利用银行的资源，同时把风险控制在最小范围内。是整合风险资本和银行信贷资金，共同为高科技企业快速发展提供支持，实现银行、创投、企业"三方多赢"。[①]

---

　　① "上海组建'投贷联盟'"，作者：谢卫群，新华网 2003—01—0709：03：40

如果说上海创投的"投贷联盟"是"公信力＋自有风投＋银行组合"；杨浦"投贷联盟"是第三方平台，是"公信力＋社会风投＋银行组合"，是直接金融与间接金融社会化组合。其把社会投资机构和各银行进行有效整合，以解决商业银行贷款风险把控度问题。其工作原理与美国硅谷银行类同——在风投机构对企业作出股权投资后，商业银行审核后再作跟进贷款，银行对风险控制在一定范围内。这是杨浦"投贷联盟"的特点。

（二）区金融办搭建常规性"项目路演"平台

所谓"项目路演"中介服务，就是通过项目向投资机构进行推介的方式，促进商业银行和投资机构对接的投融资项目。负责这项工作的主要机构，包括区金融办、邀问咨询公司、园区及中介机构；杨浦科创中心、信隆行一融网等融资服务平台。"项目路演"运作模式是：园区推荐项目→专业中介机构评估项目→区金融办和金融机构联合开展项目对接。目前，杨浦区域基本上每个季度有一次项目路演，有效促进技术项目与金融资本的对接。

（三）区金融办投贷联盟服务平台案例

以下选择部分媒体报道

1. 案例一：打出金融服务"组合拳"①

针对科技型中小企业融资难的问题，杨浦积极开展科技金融创新，于2010年3月23日在全市率先成立投贷联盟，探索整合债权融资和股权融资资源，为企业和资本"搭桥"。从2010年—2012年6月统计，投贷联盟融资服务平台，共帮助约3900户次中小企业融资近200亿元。其中，为科技型中小企业量身定制的投贷联

---

① "建设杨浦科技金融功能区系列报道（上）"，记者：毛信慧，杨浦时报2012年11月15日

盟,打出一系列金融服务"组合拳",成为科技与金融结合的典型。投贷联盟功能内涵不断深化,成果效应逐步显现,主要体现在两个方面:

一是帮助中小科企获得投资。2011年至2012年7月,遨问等专业中介机构已完成高晶探测、赛特斯网络等60个早中期项目的评估报告,与同济、理工、创智天地园区及社会中介机构等合作,举办6次项目对接会,共促成27家区内科技型中小企业获得投资超过4亿元。

二是创新"银园保""贷投通"金融产品。联合浦发银行、杨浦创业中心和区担保中心,成功发行"银园保",帮助天臣、威讯等4家原本不符合商业银行贷款条件的中小科企获得首期1000万元1年期贷款,并获市政府颁发的"上海金融创新奖"。推出"银园保"后续产品"贷投通",采取期权质押、定向回购方式,将贷款和股权投资有效结合起来,形成收益和风险相匹配的良性机制。派芬成为这一创新模式的首家受益企业。贷投通产品在浦东张江、闸北等地得到推广。

2. 案例二：首只园区为主体的中小企业私募债发行成功

此文为区金融办魏果望副主任的采访报道,中国经济网上海4月9日讯①。

记者今天从上海杨浦区获悉,该区金融办发挥投贷联盟的平台功能,积极探索中小企业私募债发行新模式,协调杨浦创业中心、派芬自动化公司、复展照明公司等机构日前成功发行1.5亿元中小企业私募债,期限为"2+1"年,利率为9%。这是国内首单由科技园区带领园区企业发行的私募债,对于拓宽杨浦中小科企直接债务融资渠道,完善多层次科技金融服务体系具有

---

① "杨浦区首只以科技园区为主体的中小企业私募债发行成功",记者：李治国,中国经济网2013年4月9日

积极作用。

据了解，中小企业私募债是证监会为推动资本市场改革创新的重要举措，被称为中国版"高收益债"，旨在拓宽中小微型企业融资渠道，服务实体经济发展。中小企业私募债，相比信贷具有发行节奏快、期限长、用途灵活等特点。相比上市则大大降低融资门槛，体现融资高度市场化及"绿色通道"的特征。得益于私募债发行模式的创新，目前杨浦区已成为中小企业私募债发行最为集中的区域之一。

四、杨浦科创公司打造三大科技金融管理平台

杨浦科技创新（集团）有限公司是横跨多产业的国企，受政府委托，目前亦成为区科技金融管理机构之一，2014 年公司将旗下金融板块不断整合，以市场化运作打造基金、创投、服务三大平台。

一是基金管理平台。在参与认缴了创新工场、千骥医药、寅福创投、天云睿海等多支创新创业基金的同时，公司还负责管理区引导基金的直投基金盛维创投、受托管理海创 1 号、2 号等海外高层次人才专项基金，建立了统一基金管理平台。二是创业投资平台。以新接收的区创投公司作为业务平台，通过与多支基金建立的合作关系，以集团的载体开发与园区服务主业所形成的优质企业资源基础，积极发展创投业务；另发起并运营 2 亿元上海首支大数据产业投资基金，努力开创多赢局面。三是金融服务平台。控股了杨浦融资担保有限公司、杨科小额贷款股份有限公司，参股了上海市再担保公司，通过为园区企业提供融资服务方式，形成杨浦科技金融专业化的服务平台，为中小科企提供多元的融资方式。

第三节 杨浦科技金融的主要机构与产品介绍

　　杨浦立足点是打造上海国际金融中心"科技金融功能区"，科技金融机构要相对集聚。杨浦决策层已经开始注重南北"两翼"发展。北边以创智天地园区广场为代表，已经集聚了一批股权投资机构、商业银行代理处；南边以大连路北美广场为代表，杨浦已引进浦发硅谷银行入驻，带动国际创投机构、全国20多家股权投资机构集聚。杨浦不但要有银行，有信托，同时要有配套服务的 VC、PE 基金，以及典当、融资租赁等类金融机构，建立科技金融生态链。同时，杨浦继续大力推进科技金融产品的不断创新。

一、杨浦的主要金融机构

　　这里列出直接金融与间接金融的一些主要金融机构

（一）间接金融

1. 杨浦区部分支持科技企业发展的商业银行一览表

序号	机构名称	地址　电话	序号	机构名称	地址　电话
1	浦发硅谷银行	昆明路 518 号 35159088	13	南京银行杨浦支行	营口路 516 号 61855977
2	中国银行五角场支行	国宾路 30 号 55092692	14	浙江泰隆银行杨浦支行	四平路 2158 号 55136015

续　表

序号	机构名称	地址　电话	序号	机构名称	地址　电话
3	农业银行五角场支行	殷行路 1128 号 55971027	15	农村商业银行杨浦支行	松花江路 2721 号 55884180
4	工商银行杨浦支行	控江路 1698 号 25017388	16	浦东发展银行杨浦支行	许昌路 1296 号 65034329
5	建设银行杨浦支行	长阳路 1288 号 55082580	17	中国银行市东支行	平凉路 1128 号 65193328
6	交通银行杨浦支行	长阳路 1317 号 65195656	18	深圳发展银行杨浦支行	控江路 1657 号 65633446
7	上海银行杨浦支行	国宾路 46 号 33620162	19	兴业银行杨浦支行	创智天地 1 号楼 53833366
8	光大银行杨浦支行	政通路 218 号 55660900	20	上海银行白玉支行	64671017
9	上海农商银行杨浦支行	黄兴路 1599 号 55069206	21	国家开发银行	浦明路 68 号 58883565
10	浦发银行创智天地支行	淞沪路 290 号 33810258	22	民生银行上海市分行	威海路 48 号 53851636
11	中信银行五角场支行	四平路 2543 号 65103086	23	温州银行杨浦支行	政旦东路 962699
12	民生银行杨浦支行	黄兴路 2009 号 55063710			

2. 杨浦区部分融资担保公司一览表

杨浦区部分科技金融机构一览表——担保公司			
序号	机构名称	地址	联系电话
1	上海银广企融资担保股份有限公司	逸仙路 23 号 205 室	51852693
2	上海中资凯融资性担保有限公司	邯郸路 98 号乙 20 层	65312260
3	上海佳骏融资担保股份有限公司	控江路 1555 号 A 座 709 室	67655150
4	上海杨浦融资担保有限公司	大学路 248 号 6 楼	65793296/65793295
5	上海创业接力融资担保有限公司	国定东路 200 号 5 号楼 4 楼	55238206

3. 杨浦区部分小额贷款公司一览表

杨浦区部分科技金融机构一览表——小贷公司			
序号	机构名称	地址	联系电话
1	杨浦科诚小额贷款股份有限公司	国定路 335 号 2 号楼 1504 室	55663075
2	上海杨浦科创小额贷款股份有限公司	武东路 198 号 1205 室	65903664—806
3	上海杨浦华宏小额贷款股份有限公司	逸仙路 801 号 303 室	65108888—836
4	上海杨浦览坤小额贷款股份有限公司	逸仙路 23 号同济逸仙大厦 2 楼 201 室	51852817

续　表

杨浦区部分科技金融机构一览表——小贷公司			
序号	机构名称	地址	联系电话
5	上海杨浦盛瑞德小额贷款股份有限公司	国和路 490 号金宏大厦	65571001
6	上海杨浦杨科小额贷款股份有限公司	黄兴路 2005 弄 2 号楼 1008 室	55037869
7	上海杨浦华东小额贷款股份有限公司	国泰路 11 号 602 室	55120927
8	上海杨浦金五角场小额贷款股份有限公司	包头路 88 号 3 楼	55128035

（二）直接金融

1. 杨浦区部分社会创投机构一览表

序号	机构名称	创始人	地址	联系电话
1	上海华芯创业投资企业	合资	国定支路 28 号 3003 室	31352488
2	戈壁盈智（上海）创业投资合伙企业	徐晨	科苑路 399 号 7 号楼	52929729
3	宽带资本（云海创投）	田溯宁	延安东路 222 号 4104 室	63351177
4	上海邀问创业投资管理有限公司	周敏	大学路 248 号 15 楼	35322611

续 表

序号	机构名称	创始人	地址	联系电话
5	邦明资本合伙	蒋永祥	武东路 198 号 703—707 室	65105827
6	上海新中欧创业投资管理有限公司	国企	国定东路 200 号 5 号楼 4 楼	55238521

2. 杨浦区部分其它金融机构一览表

杨浦区部分科技金融机构一览表——其它金融机构			
序号	机构名称	地址	联系电话
1	中信建投证券有限责任公司	华灵路 849 号	13816315118
2	中怡保险经纪有限责任公司	世纪大道 88 号 41 层 4105—4106	13311837775
3	中国银河证券股份有限公司	中原路 188 号	65277875
4	恒泰证券股份有限公司上海博山东路证券营业部	浦东博山东路 9 号	68533667
5	广发证券股份有限公司	控江路 2065 号一楼	65037394
6	安信信托投资股份有限公司	广东路 689 号 29 楼	13916023488
7	招商证券股份有限公司上海翔殷路证券营业部	翔殷路 1128 号 11 楼	55971340

（三）跨界金融创新产品介绍

序号	产品名称	产品模式	备注
1	中小企业集合私募债	对接银行理财资金池,吸引社会资本设立私募债承销基金,将销售环节前置,首创"按需定制、多层担保、以大带小、统一发行"模式。	国内首单科技园区带领园区企业发行的私募债

续　表

序号	产品名称	产品模式	备注
2	"银园保"	园区推荐项目并参与部分贷后管理，政府担保增信，银行放贷，风险分担比例为银行15％，园区45％，区担保中心40％。	荣获上海金融创新奖
3	"银园保险"	在"银园保"的基础上引入了保险机制，风险分担比例为银行20％（信用）、园区30％、区担保中心30％、保险公司20％。	
4	"贷投通"	在"银园保"的基础上，采取"投资期权＋定向回购"的模式，将贷款和股权投资有效结合。	
5	"创智天地"3号中小企业集合委贷	由区担保中心担保，将有投资需求的社会闲散资金集合起来，通过银行委托贷款，为有融资需求的中小企业提供资金支持。	"群对群"融资模式
6	"创智天地"4号中小企业统借统还	一是由上海再担保公司担保，国家开发银行为平台公司发放批发贷款；二是由社会担保公司担保，平台公司负责筛选项目、贷款审核和贷后管理，并通过银行委托贷款方式为中小企业分批提供贷款。	"点对点"和"点对群"相结合的双层融资模式
7	中小企业集合中期票据	由上海再担保公司担保，区担保中心反担保，组织若干家中小企业，汇总发行额度，使用统一名称，在银行间债券市场分期发行。	
8	保单质押融资	企业将应收账款向保险公司投保，将保单质押给银行进行融资。	

序号	产品名称	产品模式	备注
9	硅谷银行"内审外贷"产品	硅谷银行在国内贷审,借款企业海外子公司通过应收账款质押方式从国外取得美元贷款,再通过非贸易结汇将美元贷款转移至上海总部。	
10	"融合"系列产品	含投保结合、保贷结合、投贷结合、投保贷结合4个子产品,用投资可能带来的高收益弥补贷款、担保可能带来的高风险。	

以上为杨浦金融办网摘录的资料,已实施但未录入的产品补充如下:

"创智天地1号"——中小企业集合信托债权基金。由上海信托发起设立,是上海首个中小企业集合信托债券基金,于2009年9月正式发行,基金规模5000万元,浦发银行担任该信托的保管人,杨浦财政资金认购该项目部分优先受益权,提供信用增级。

"创智天地2号"——集合信贷产品。该产品是区金融办发挥政策性担保增信作用,联合区创业中心、科诚小贷、浦发创智天地支行联合推出的首期集合信贷产品,于2010年成功发行。

"知识产权质押融资"——知识产权折价抵资。区金融办会同本区创业中心、科委、知识产权局等部门整合资源合力推出的产品。是上海首例由银行、中介机构、担保机构同时参与并共担风险的知识产权质押贷款。

"海创一号"、"海创二号"——该风投基金将投资于在中国孵化和量产的海外技术,同时也将国内有自主知识产权、广阔市场前景、优秀管理团队和清晰商业模式的早期科技企业纳入投资范围。邀问创投发起建立并负责管理规模1.6亿的"海创一号"创投基金,该基金为上海市创业投资引导基金首批12家合作基金之一。

第四节　科技金融典型案例

科技金融案例,这里选择代表性的直接、间接金融结合的浦发硅谷银行;直接金融的邦明资本两个案例。

一、连接投贷的科技银行：浦发硅谷银行案例

2012 年 8 月 15 日下午,筹备已久的浦发硅谷银行合资公司终于在上海正式挂牌,这是中国第一家真正意义上的科技银行,也是多年来首家正式营业的中美合资商业银行。介绍浦发硅谷银行,首先需要了解美国硅谷银行。

(一) 硅谷银行的经营特色

根据课题组对浦发硅谷银行调研原副行长杨大和介绍：硅谷银行在美国银行中既不算大也不算小。从规模上来说,全美 8000 多家银行中,硅谷银行大约排在全美第 57 位。但是全美只有 5 家科技银行,硅谷银行一家业务量就占全部的 50%。

1. 贷款对象专注中小科技企业

相比起美国一些老牌跨国投行规模,硅谷银行规模会显得较小。其中有多重原因：首先,许多科技公司贷款并不会很多;以硅谷银行经验,从一家科技企业整个生命周期来看,它每借 1 美元,就存款 5 美元。其次,硅谷银行有着不给客户提供过高授信额度的风控机制;通常,授予任何客户的最高授信额度不会超过 7500 万美元,实际上硅谷银行大部分客户的授信额度等于或低于 2000 万美元;因此贷款组合能被严密管理。

硅谷银行的主要业务为新兴高科技企业贷款,其贷款利率要

高于其他传统商业银行。硅谷银行的另一大收益则来自它持有的众多客户公司的股权。在为那些初创的高科技公司提供信贷服务时，硅谷银行有时会附带一些条件，比如获得这家公司的部分期权。一旦公司成功上市或者股票升值，就能给硅谷银行带来巨大的收益。2010年，硅谷银行集团SVB在发放的贷款组合中，有55%是支持软件、硬件、生命科学领域的科技企业。通过长期服务于特定领域的企业，硅谷银行可以确切掌握这些企业的行业特点和市场价值，有效降低银行与企业之间的信息不对称。

2. 银行另一客户群是VC、PE

硅谷银行同时为风险投资机构和其所投资的企业提供直接的银行服务，通常它会将网点设在风险投资机构附近。同时，风投也需要银行服务，硅谷银行在风险投资基金中直接投资，成为他们的股东或合伙人，以便建立更坚实的合作基础，在全球1000余家著名VC中的600余家、美国一半以上的风险投资公司都是硅谷银行的客户。据了解，硅谷银行特别成立了一个风险投资咨询顾问委员会，确保与风险投资的密切联系，也能够控制银行信贷风险。

3. 贷款与风投、专利组合配套

在过去几十年的贷款中，硅谷银行每年的损失率不到1%。硅谷银行保持低坏账比例的秘诀在于与风险投资的高度捆绑。为了降低风险，硅谷银行规定所服务的客户对象必须是有风险投资支持的公司。此外，硅谷银行会与客户签订协议，要求以技术专利作抵押担保，根据协议，如果不能还钱，公司的技术专利将归银行所有；如果公司难以为继，在技术专利卖掉后，所得款项也要首先归还硅谷银行的贷款，然后才轮到风险投资公司。事实上，这个协议也迫使风险投资公司必须与硅谷银行合作。

4. 贷款前对企业尽职调查

而在具体确定是否值得为一家初创公司提供信贷服务时，硅谷银行会通过各种途径做周详的调查：首先会对管理层做很详尽的尽职调查；其次会与已经投资该公司的风险投资公司交谈；还会给这些公司的财务公司、法律顾问打电话，向他们了解这些公司的历史、业绩；另外，硅谷银行也会把借款和公司的现金流量匹配起来，每月查看自己所投资公司的资金使用情况。

5. 投占客户数 80% 的早期企业、赚 10% 大企业的钱

科企创业时，困难重重，硅谷银行早期介入，可以自己经验尽早发现企业经营的常规问题，将隐患解决在萌芽状态，介入晚了，问题成为风险就没有投资价值。早期发现成长性好的科技企业很重要，银行不会错过任何一个好苗子。贷款时间虽然长，但是数额少，加上一定股权，一旦成功就获益很大。

硅谷银行投早期科企占客户总数 80%，但是，早期科企贷款额只占硅谷银行贷款总额的 10%；而占客户 10% 的大企业，其带给硅谷银行的盈利却占总盈利的 80%。这些大客户包括一些全球闻名的巨无霸企业，占 60% 是硅谷银行自己从早期科技企业培育起来的，如思科、苹果、IBM、英特尔、微软、脸谱、推特，及 Electronic Arts（电艺公司）、Intuit、JDS Uniphase、KLA Tencor 和 Veritas 等公司。

迄今为止，硅谷银行已为 3 万家初创公司提供金融服务。2000—2001 年间，即使这正值互联网泡沫时期，很多创业贷款者经历了严重亏损，而在进行 IPO 的技术和生命科学公司中，近 1/3 是硅谷银行的客户。从硅谷银行的业绩记录中得到证明，其十年平均不良贷款率为 0.75%，比全美国平均水平低 42%，比其它中型规模银行低 39%。硅谷银行的十年平均净坏账率为 0.6%，同样低于 1.11% 的全球平均水平。

（二）硅谷银行与杨浦科技金融联姻

正是看中硅谷银行的经营特点，2008 年，杨浦区政府与硅谷银行达成战略合作的决定，此后，将双方合作进一步"升级"，委托

硅谷银行管理政府引导基金,并与硅谷银行共同出资成立一个直投基金,同时尝试建立硅谷银行擅长的小额科技贷款项目和引入专业股权评估机构。同时,积极推动硅谷银行与上海浦发银行联盟,中美合作共同组建科技银行。

1. 浦发硅谷银行传承科技贷款特点

浦发硅谷银行是由上海浦发银行和美国硅谷银行合资设立,是上海第一家定位科技银行的中外合资银行,注册资本为 10 亿元人民币,双方各占 50%。作为专注于为中国科技和创新企业提供商业服务的银行,浦发硅谷银行战略目标是成为中国银行业科技贷款和风险管理的模范[①]

浦发硅谷银行将专注于聚集创新发展和拥有 VC 支持公司的科技园区和区县。银行发展的初期将专注于整个上海地区。浦发硅谷银行的经营特色:专注于服务具有成长潜力和价值的科技和创新型企业,即硬件、软件、生命科学(包括医疗保健和生物科技)、清洁技术、新材料、互联网、移动或消费技术领域的公司。复制美国硅谷银行的全球经验,摸索出适应中国市场的服务科技创新企业的成功模式。

浦发硅谷银行根据科创企业的年收入把目标客户群分为三个阶段组,早期阶段组为年收入 5000 万元(人民币,下同)以下的企业,这一阶段提供的贷款产品中,将把风投作为重要的第二支持来源,同时还提供非贷款产品和服务。

第二阶段组为年收入在 5000 万元至 1.5 亿元之间的成长期企业。主要专注于流动资金融资,以支持资产购买。贸易融资产品以及更为复杂的现金管理结构开始成为这类客户的需求。

第三阶段组为年收入超过 1.5 亿元的企业。提供的产品包括现金流贷款,流动资金融资,以及更复杂的现金管理和投资产品。

---

① 浦发硅谷银行 2012 年 8 月成立时介绍资料

这类客户通常为跨国公司，拥有更加成熟的财务人员，对于外汇、存款、投资产品以及贷款产品有更复杂的融资需求。

2. 浦发硅谷银行业务内容

在各级政府和监管部门领导的关心和支持下，浦发硅谷银行顺利完成了紧张的筹备工作，于 2012 年 8 月 10 日正式成立。筹备阶段，积极完成监管部门所要求的各项系统准备工作，以早日能给客户提供开户和其他银行服务。

（1）客户：科技企业与 VC

浦发硅谷银行开业前已积极开展了相当一段时间的客户积累工作，开业后与数百家科企客户保持密切接触，并提供服务。浦发硅谷银行也紧密依托美国硅谷银行在中国的 VC 客户资源，通过其介绍，也积累了大批其投资的科技企业客户。同时，与原美国硅谷银行在中国的 200 多家科技企业客户接触，在获得外管的外债额度审批后，这些企业也可以在浦发硅谷银行开立离岸账户。

（2）业务：与股东方密切合作

刚开业浦发硅谷银行仅能开展外币业务，与股东方合作可以有效拓展浦发硅谷银行对科技创新企业的支持和服务能力。与浦发银行的合作包括引荐业务、托管业务、银团贷款和全球平台等。和美国硅谷银行的合作包括客户介绍、向美国硅谷银行潜在客户提供关于交易结构咨询建议、组合管理咨询意见、尽职调查等咨询服务。

（四）浦发硅谷银行创新"动力贷"

浦发硅谷银行没有坐等成立三年后才可以经营人民币业务的政策限制，而是积极开展曲线科技金融服务。2014 年 6 月，浦发硅谷银行、浦东发展银行上海分行、上海创业接力融资担保有限公司、邦明资本，与天跃科技、四方锅炉签订合作协议，联合推出针对杨浦区科技创新型企业提供信贷支持的"硅谷动力贷"，这标志着浦发硅谷银行所独有的创新型金融服务模式在杨浦正式落地。[①]

1. 硅谷银行模式曲线落地

"硅谷动力贷"作为与杨浦合作的科技金融试点项目之一，旨在为科技创新型企业提供人民币贷款和投融资咨询服务。由于合资银行成立三年内不能开展人民币业务，如何尽快让"硅谷银行模式"通过人民币贷款曲线落地，成为最大挑战。"硅谷动力贷"由区金融办负责协调各业务参与方并负责推荐借款企业，浦发硅谷银行为融资企业提供投融资咨询，通过其股东合作方浦发银行为业务平台发放人民币优惠利率贷款并承担 15％的"敞口"，由上海创业接力融资担保公司进行 85％的余额担保，并由浙江中新力合融资担保公司进行 50％再担保。

2. 债权先行，股权跟进

"硅谷动力贷"充分发挥"硅谷银行模式"投贷联动业务特点，为首批两家科企，上海天跃科技股份有限公司和上海四方锅炉有限公司，提供浦发银行给予基准利率下浮 8％的 1500 万元和 800 万元人民币两年期贷款，还为其引入了长期战略价值投资人。两家科企还先后获得了邦明资本 1600 万元和 1250 万元的股权投资，并成功登陆"新三板"和上海股权交易中心，进入全面发展期。

浦发硅谷银行申请经营人民币业务牌照，已于 2015 年 5 月 20 日正式获批。获准开展人民币业务后，银行能为客户提供境内的人民币存款、贷款业务，以及美元和其他外币的存贷款业务、外汇交易业务和网银服务。同时，通过美亚汇（Asia Link）提供跨境的人脉网络和链接，以及通过硅谷银行资本提供投资方面的服务。目前，浦发硅谷银行的业务结构已由此前 100％美元转变为人民币与美元业务并行，人民币存款、贷款的占比大幅提升。因客户是

---

① "'硅谷动力贷'落地杨浦"，记者：毛信慧，杨浦时报 2014 年 6 月 10 日

在中国，主要的金融产品和服务需求还是以人民币为主[①]

二、VC—PE 型股权投资：邦明资本案例

邦明公司是上海滩少有的专注于科技企业投资的股权投资公司，被复旦大学史正富教授在邦明投资总结性著作序言中评为：邦明"把业务中心定义为 Pre-Pre-IPO，从而在整个创投乃至 PE 大行业中找到独特的市场区分，形成自己差异化的竞争力，这一点特别令人印象深刻。"[②]

（一）中国科技投资问题

我国科技创新、产业转型，离不开创业与科技投资。我国的创业与科技投资行业已有十余年的发展历史，尤其近几年，行业规模和企业数量都取得了突飞猛进的扩展。但是，平心而论，创业与科技投资行业至今在我国仍处于初级阶段。以我国作为一个世界经济大国所需要的行业支撑来说，我国创业与科技投资行业的发展任重道远。[③]

1. 中国整体科技项目含金量不高[④]

由于科技评价体制的缺陷，在应用型科技领域中，中国整体科技项目含量不高。外资 PE 投传统产业的多，对科技项目一般不信任，认为是山寨克隆的项目。少数优质科技企业则成了人人觊觎的香饽饽，在股权投资领域竞争中，这类被投科企反客为主挑选

---

① "浦发硅谷银行启动人民币业务"上海证券报，作者：高翔，2015 年 9 月 10 日

② 《掘金科技成长——股权投资实践随笔》蒋永祥等著，复旦大学出版社 2013 年 2 月第 1 版

③ 《掘金科技成长——股权投资实践随笔》蒋永祥等著，复旦大学出版社 2013 年 2 月第 1 版

④ 除了专门引用《随笔》等资料外，其它均为作者根据数次访谈邦明资本合伙人王爱民博士的记录，并多门别类进行加工整理的资料

PE,成为买方市场。

2. 中国民间 PE 资本投资科技领域偏少

中国民间 PE,投资合伙人大都在改革开放初期勇闯市场经商起家,都属于传统产业草根创业成功者,整体文化素质较低,对科技领域不敏感。中国 2 万亿民间资本,真正投资科技项目比重只占总科技投资项目 10％到 20％,大量 PE 资金流向短平快项目,如房地产、IPO 企业等。投资初创期、成长期科技企业极少。

目前小微企业成长艰难,主要融资难。问题在小微企业没有天使、VC/PE 基金投资在先,银行就不介入,银行是对已有投资的中小企业贷款。市场上好的小企业很多,但是没有足够多的投资机构去深入挖掘;即使有的 VC/PE 去投了,也往往急功近利,对企业经营辅导力度不足;有的 PE 避风险专注于成长性良好的科企,但是也与银行一样属于锦上添花,不但拉低投资回报倍率,且也未根本缓解小微科企融资难问题,

(二) 科企创业者选择投资团队的标准

创业者也选择投资人,有否辅导企业的专业实力是选择标准。投资者实力表现为:

1. 是否具备中介专业与管理职业背景的资质

投资团队(GP)是复合人才的集聚,不仅有金融及法律、会计、金融等专业学历背景,能够给予创业者及科技企业带来实质的商业辅导资源。更重要的是有专业从业经历:具有管理企业的经验,或为企业经营和管理提供各种服务的职业经历与综合素质,能够提高科技企业的经营管理能力。邦明 LP 多为高学历专业人士,与 GP 部分重叠,合伙人之间是朋友关系,朋友之间价值观相同、专业互补、信息对称沟通成本低。

2. 是否有考核激励机制

衡量一个投资团队工作质量,不仅看团队成员的专业。职业

背景,同时,还要看投资公司是否给与团队成员股权激励? 是否有绩效考核指标。这是一个投资公司的凝聚力、战斗力的体现。邦明投资内部实行的就是股权激励,所以对外投资的企业也要求遵循这一公司管理的葵花宝典。

(三) 邦明资本投资策略

邦明投资方向明确,专注于投资 IT 业、健康医疗、新材料、新能源及节能环保行业的科技企业。传统产业市场细分后的中小型引进、消化吸收再创新的科技项目。

1. 邦明选择科技企业的外延性标准

邦明资本获得杨浦引导基金投资,邦明立足杨浦,放眼全国,选择制造型科技企业,从外延意义上说,邦明选择企业有几个标准:

(1) 邦明选择技术好、管理不善的中小科技企业

邦明资本自己独特定位——介于 VC-PE 之间,专门投资 3—5 年以内的科技企业,这是因为该阶段科技企业正逢“3 年之痒”——能够维持了 3 年以上,说明技术产品已经获得市场认可;经营不下去了,是因为企业内部管理不善所至,一般 PE 不愿投资逆境中的企业。邦明以自己独具慧眼的判断及专业知识,明察企业的落魄不是技术问题,而是管理问题。邦明所投资的四方锅炉成套工程、拓及轨道交通设备、青岛元通机械、上海美东生物、天跃科技等都是该类型企业,通过邦明的战略投资,让被投科企焕发青春,有的甚至发展成为该细分领域的总部性企业。

邦明投资这类企业已获得很大成功,成为业内有一定知名度和影响力品牌,投资模式得到政府部门、银行、基金及很多企业家认同。科技部火炬中心创投引导基金 3000 万专项基金参股邦明资本,新募集基金则获得许多民营资本青睐。邦明投资的天跃科技、四方锅炉,不仅分别获得邦明资本 1600 万元和 1250 万元的股

权投资,通过邦明与浦发硅谷银行的合作,又获得"硅谷动力贷"融资,分别得到浦发银行给予基准利率下浮 8％的 1500 万元和 800 万元的两年期贷款支持,并陆续成功登陆了全国"新三板"市场和上海股权交易中心。[①]

（2）邦明选择传统制造业的科技创新

制造行业内有经验的专业人员,如工程师、技术专家,他们的科技创新,一般是对传统制造业进行信息技术的改造或工艺流程更新,以提升制造产品的生产效率和市场价值,这往往是投资小、见效快、更符合实际应用的科技创新;这也应是传统产业转型、创新的路径之一。但是工程师、技术专家往往缺少创业门道,得不到相关政策的扶持和应有的重视。邦明重点关注企业工程师、技术专家的专业性、细分市场的差异性科技创新能力,关注制造业信息技术改造工程,或称之为 IT 信息应用技术,如邦明投资的天跃科技公司,四方锅炉均为制造业信息工程应用技术。事实证明,制造型科企的成长性更为扎实迅速。

（3）邦明的小投资、近距离经验

邦明对被投企业有自己的距离控制。早期项目,以邦明公司所在地为圆心的 120 公里半径;成长期项目,以已投资项目所在地为圆心的 120 公里半径。这主要是企业需要面对面辅导,距离近交通成本低,沟通方便。

投资空间距离限定客观上为杨浦起到招商效果。邦明投资的几个企业因为距离较远,已经把它们引进财大园区,一方面对邦明投资、辅导、监督有利;另一方面能够享受园区优惠政策及服务对企业有利。

2. 邦明选择科技企业的内涵性标准

邦明认为行业的大门好选,企业的小门难辨。行业重点确定

---

① "'硅谷动力贷'落地杨浦",记者：连建明,新民晚报 2014 年 5 月 28 日

后，关键是如何具体甄选目标企业；企业选好后，被投企业创业者还要说服强制其参控股。邦明对被投企业参股只占总股本 25％；作为小投资公司，风险分散不把鸡蛋放一个篮子，同时，又可以投更多的项目。邦明资本根据自身的实践经验，总结了选择企业的大致五个方面的标准。

（1）选择创业者：创业团队要优秀

首先，看企业创业者，看创业团队素质，包括创新创业精神、团队合作精神。人是企业发展的核心要素，主要经营者是企业的核心价值，经营团队的优劣直接关系到企业的未来发展。主要经营者要有做大事的眼界，要有真正的企业家素质，能力和品德缺一不可。邦明期待的理想经营层是：经营理念要创新开放，管理机制要高效合理，团队成员要能力互补，核心领导要作用突出。

（2）选择企业类型：行业空间要广阔

邦明考察被投企业，除了盈利模式是否清晰、主业是否突出之外，还要考察企业所从事行业市场空间要足够大。市场总量若过小，则空间想象力不够，企业未来发展前景不够吸引人。如果企业所在行业的目标市场能达几百亿、上千亿元，而该企业在行业内排在前列，具有明显核心竞争优势的，那可以判断，该企业有高速增长潜力，投资该企业成功几率就大。当然，有些极细分的市场，规模虽不大，但企业在其行业也算个"小巨人"龙头，亦可以投资。

（3）选择技术类型：市场适用的独占或领先技术

邦明投资的是科技型企业，虽然不唯技术，但技术一定具备独占性或领先优势。技术的高低，决定了产品进入市场门槛的高低。技术山寨多，没有自己独特的核心技术，行业进入门槛较低，那就是竞争激烈的行业。然而技术远非越先进越好，而是一定要实用，产业化水平相对成熟，市场认可程度高。前沿技术，对研究战略性、高科技技术的高校、研究所、大集团是好的，但对业务类别单一的中小科技企业，打不开市场往往死在沙滩上成为"烈士"。

（4）选择管理体制：股权结构引导治理结构优化

邦明从投资考察中发现，许多质地不错的企业，要么效率不高、成长不快，似"温吞水"；要么关键时候爆发矛盾，引起企业大震荡。仔细一分析，问题的根本往往出在治理结构不合理上。邦明选择的企业治理结构是：作为投资的前提条件，邦明要求被投企业创业者需参控股、团队也要投资，股本最好占50％到65％，要让创业者团队与企业责权利捆绑，这是鼓励创业者做好企业的激励机制。

创始人既是核心经营者，又是大股东；管理层和技术骨干有长期股权激励，法人股东或投资机构也占一定的股比；股东会、董事会运作有效，各项管理制度规范有序。这样的治理结构既能最大限度地激发企业经营的潜力，又大大降低了内部人寻租的风险，投资人相对放心、省心。

邦明在投资过程中，帮助企业建立高效合理的运营机制。投资人的职责之一就是帮助企业建立各项机制，有市场营销机制（大客户跟踪服务等）、内部管理机制、绩效考核机制等。

最重要的是营造企业文化。为了改善企业家族文化，避免董事长一言堂的陋习，建立企业民主文化，提倡企业事务民主讨论。制度上保证每个员工的合法权益、也保证企业的合法权益：如个人开发的客户资源应该属于公司，但个人应得到奖励；这让团队每个人感到企业成长与个人成长息息相关。以文化价值观导向、以制度堵塞漏洞，降低管理成本、提高企业运营效率。

（5）选择评估方式：企业估值要合理

一些概念较热的企业，对于自身价值估价过高，但即使获得投资企业依然发展不起来。因此，对企业项目评估，要尽可能把不确定因素搞准确，在信息对称的基础上合理估值。邦明做的是长期股权投资，合理的估值是投资的前提，竞价投资、漫天要价都不是邦明选择。长期来看，企业的市场价格和其真实的价值中枢一定是相一致的，不能违背真实价值轻率投资。对被投企业，一是不必担心项目被人抢走，因为投资机构"萝卜青菜"各有投资偏好，二是企业也不仅仅看重入股价格，它们更迫切需要的是，战略上、资源上对企业的帮助。当然，能够对企业进行性价比高的增值服务，也是邦明的核心竞争力。

上述五方面的标准不是孤立的、分散的，而是一个相互联系又互为影响的整体。只有五个方面的标准综合考量，全面分析，方能得出合理的投资判断。

（四）邦明启示：完善科技企业公共服务平台

邦明资本的投资对象，一般处于 3 到 5 年之间的中小科技企业，投资过程中，深感这类科技企业，创业者是理工出身，最拿手的就是技术活，企业能够活满 3 年以上，说明技术产品市场是认可的。但是，对于企业管理，创业者就是一张白纸，需要从头学起。如果创业者反映敏捷，管理知识补缺时间短则对企业经营影响不大，反之，管理手段跟不上，而当初创业激情也已经消退，这类企业就面临生死关头。中小微科技企业普遍存在的这些问题，意味着政府的公共服务平台建设不足也是原因之一。通过邦明调研，可以得到以下启示：

1. 企业数据库园区化：完善中小企业信息征信平台

VC、PE 一些股权投资机构，目前对企业的考察成本太高，社会需要一批中小企业的公共服务平台，如企业信息查询、技术项目查询、资本信息查询等等，尤其是中小企业征信数据库最受投资机构的欢迎，但是这类公共服务信息平台太少。政府需要完善中小企业征信系统这类科技企业管理与服务的基础设施，而这类基础设施更合适建立在科技园区内。

2. 企业培训园区化：完善中小企业创业者培训平台

邦明在投资过程中，发现投资科技园区内的企业还可以，企业管理的一些基础工作做得较好；而投资科技园区之外、即个体创业、或外地来沪的科技企业，有些盲目闯荡市场，企业内部管理一团糟。这差别或许是因为园外企业得不到政府或社会有关企业经营管理知识，包括市场营销、企业管理、制度建设方面的公共培训机会。企业园区化，可以缩短创业者的经营管理的培训过程。

3. 企业政策园区化：完善政府优惠政策、审批权代理平台

企业应该一视同仁对待，但是有些企业因为信息不对称没有加入园区，也不能享受园区诸如免税等优惠政策。政府优惠政策在现实中没有得到最充分的运用，很多应该得到政府扶持和优惠政策的企业没有得到，这或许也是一种机会不均等。要鼓励符合国家产业政策的科企进园区，一方面，可以让科企获得机会均等的政府优惠政策、园区服务，帮助科企更快的成长。另一方面，园区对企业的管理和服务更为方便。

4. 制造业企业园区化：设立制造业 IT 应用技术实验基地

中国是全世界门类最为齐全的制造业大国，中国制造业正在追赶世界先进水平。由大连科德数控有限公司制造的高精度五轴立式机床，2013 年 7 月 31 日上午启运出口德国。工信部装备司副司长王卫明表示："这一高档数控机床销往西方发达国家，是中国机床制造行业的重要里程碑。"[①]

上海历史上就是制造业发达的工业城市，杨浦是上海装备工业最为集中的城区。尽管改革开放以来，杨浦工业关停并转所剩无几，但老工业基础还在，制造型大企业仍在发挥国企顶梁柱作用，为国民经济创造财富。杨浦要推动区域制造业行业信息化、智能化，利用 IT 及软件公司的优势，整合各方资源，在科技园区设立制造业 IT 应用技术实验基地，鼓励传统制造业老工程师、专业人员与 IT 及软件企业科技人员对接，工业制造业与信息软件业对

---

① "中国五轴数控机床首次出口德国"，记者：傅兴宇，新华网 2013 年 07 月 31 日

接，到科技园实验基地创新创业，普及制造业 IT 信息应用、改造工程技术，帮助制造业技术升级换代，促推传统产业创新、转型，重振杨浦工业制造业雄威。

杨浦科技园金融服务平台集聚

所谓科技金融功能区,简言之是指这些与科企共生的、传统与新型、国资与民营、直接融资与间接融资的金融和专业中介机构集群、并互联互补共同搭建多平台服务中小微科企所在区域。服务科技企业的金融机构、中介机构功能平台集聚越多,其服务辐射的功能越大。

杨浦科技金融功能区,建立在各层次科技金融服务平台所构成的服务网络基础之上。网络外围是直接金融的市、区产学研职能部门的财政性引导基金;社会天使、风投、私募等基金;各层次资本市场。间接金融的银行、保险、担保等机构;市场中介的咨询、法律、会计、代理等专业机构。以上这些机构构成科企的政府、社会资本供给圈。

网络中圈是各科技园金融服务平台所构成。园区金融服务平台依托其它平台的服务功能,全周期、全方位掌握科企信息,以企业资信帮助企业对接资本。网络中圈是投融资供求服务圈。

网络内核是区金融办投贷联盟平台,推动直接金融与间接金融嫁接;区发改委的政策集成平台,为科企提供公平、全面的政策扶持;区创投公司的基金投资服务平台,让政府基金更好地发挥杠杆作用,促进资本与科技项目有效对接。网络内核是政府部门科技金融推动协调服务圈。

这些平台纵横交错,互利互补,构成由园区科技金融平台为主体性节点构成的科技金融网络生态系统。它们的共性，都是以园区金融服务平台为焦点，都是服务中小微企业；服务半径小至覆盖园区，大至辐射全国。这一章主要介绍下图所示杨浦大学科技园（部分）及创业者公共实训基地的金融服务平台。

图示：杨浦科技金融服务平台网络示意图：

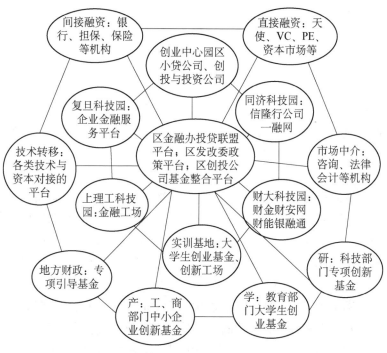

第一节　杨浦创业中心金融服务平台

杨浦创业中心园区入驻企业 2000 余家，年产值近 40 亿，年税收额 1.6 亿元（国地税总额），2013 年区级财政税收 4901 万元。

从当年糖果厂两层楼破厂房的旧址开始,到如今孵化面积达 11 万平方米;从默默无闻到创立全国孵化器五大模式之一的"杨浦模式";从只做"物业管理加常规孵化服务"到形成"创业苗圃-孵化器-加速器"完整企业发展服务链,入驻企业从最初的 20 余家繁衍至今天的 2000 余家。16 载的风雨,记载着杨浦创业中心的改革创新之路。[①]

2012 年,杨浦创业中心被上海市政府授予"上海市政府质量金奖",在全市范围内只表彰了 7 家企业。此后,杨浦创业中心成就了几个"第一"——市科委系统第一家获奖企业,杨浦区历史上第一个获得"质量金奖"的企业,中国孵化器历史上第一个获得省市政府质量金奖、中国质量奖提名奖的孵化器。创业中心先后又获"上海市知名品牌创建示范区"(全市 7 家)、"上海市社会管理和公共服务标准化试点单位"(全市 32 家,孵化器唯一一家)、"科技部'苗圃—孵化器—加速器'科技创业孵化链条建设示范单位"(全国 11 家)、"中国技术创业协会科技创业贡献奖(科技创业服务机构模式创新奖)"。

各项"奖状",是对创业中心整个管理体系的整体评估,是对管理体系卓越绩效的一次次肯定,也意味着孵化器行业正逐渐得到社会与政府的认同。为杨浦创业中心获得荣誉的管理体系有 19 个平台构成:包括人力资源平台、科技融资服务平台、专业化平台、创业导师工作平台、知识产权平台、市场拓展平台、项目申报平台、专业技术服务平台等。其中,科技金融服务平台是创业中心最具特色、在杨浦最早实施、最有成效的服务平台。杨浦创业中心科技金融平台由高素质服务团队、园区银行贷款服务机制、园区类金融机构所组成。由此,2012 年 5 月 6 日,杨浦创业中心与浦东生

---

① "打造完整企业发展服务链",记者:毛信慧、实习生:刘瑾,杨浦时报 2013 年 8 月 13 日

产力促进中心、漕河泾科技创业中心一起成为"上海市科技金融服务站"，并获上海市科技创业中心的授牌。

一、创业中心"三位一体"高素质服务团队

杨浦科技金融服务平台建立在"联络员＋辅导员＋创业导师"高素质人士组成的辅导体系基础上。创业中心在全国首先建立的由联络员、辅导员、创业导师组成的"三位一体"立体辅导体系，孵化了数百家科技企业，在孵化器行业内产生了较大的影响力。

（一）企业联络员

创业中心为每家在孵企业配备一位固定的联络员，进行主动式服务。通过联络员对在孵企业的走访，可以及时、准确地了解企业的现状及存在的问题，向企业传达国家和地方政府各项科技政策信息，并帮助企业将服务需求带回创业中心各服务平台加以解决。

创业中心的联络员，都是高学历、专业性强的青年专才。如清华大学自动化系统工程硕士，同济大学企业管理硕士、MBA 经济师，湖南科技大学自动化专业，南京农业大学环境工程硕士、法律专业的专利管理工程师，西安工程大学材料专业，加拿大布鲁克大学工商学士，上海财经大学企业管理专业，华东理工大学生物化工专业硕士，复旦大学环境科学专业等等。他们利用自己的专业擅长，以内行眼光对所联络的对口企业进行专业性辅导与服务。

（二）专业辅导员

创业中心建立了一支以外聘专家为主的、服务水平更高的企业辅导员专家团队为企业提供专业服务。团队中的辅导员都是拥有行业专业特长的资深人士，主要有企业家、投融资专家、律师、管

理专家、财税专家和人力资源专家等。为创业中心对企业进行孵化服务的各项专业领域方面提供积极指导和咨询意见。

（三）高端创业导师

对有成长潜力的企业，创业中心为他们配备拥有资深创业经验的创业导师，进行一对一的辅导活动。所谓创业导师，熟悉企业所属行业的，有市场背景和能带来市场资源的企业高级管理人员，从战略高度为企业出谋划策、指点迷津，并在可能的资源上给与支持，提升企业管理水平，从而帮助企业尽可能规避发展道路上的风险，实现企业的发展壮大。

"联络员＋辅导员＋创业导师""三位一体"高素质服务团队，不仅为科技企业提供贴身服务，且是更有价值的企业经纪人，通过他们服务企业所累积的数据，可以形成企业征信机制：联络员从企业创业零点开始进入日常服务、辅导员对其市场业务进行专业指导、创业导师为企业发展提供战略性指导，通过对企业生命周期全过程的服务模式，可以建立园区企业信息数据库和企业经纪人队伍。依托信息库，园区可自我评估创业者素质、企业成长经历、技术产品市场前景；依托"三位一体"企业经纪人，可为园区企业融资做中介、为大学科技园发展科技金融奠定基础。

二、创业中心银行贷款服务机制

创业中心对初创期科技企业，经过长期摸索，形成一整套以银行贷款为主融资的服务机制。

（一）创业中心对科技企业融资需求分析

创业中心认为科技企业融资主要有两种类型：内源融资和外源融资。内源融资：主要是指种子期科企在经营过程中依靠内部自身的筹措。由于企业在创业初期，产品的市场占有率还未达到一定比例，创业者也缺乏经营理念和经验，导致内源融资数量少。外源性融资。主要包括银行贷款、股票融资、债券融资三种方式。在当时，创业中心认为对于中小企业融资来说，很大程度上只能依赖银行的贷款。

（二）创业中心制定推进科企融资服务机制

针对科企在资金运作方面的需要，创业中心联盟商业银行拓展金融衍生服务设计和推出可以灵活整合企业需求与融资资源的方案，并在推动落实的进程中发挥了积极作用。

图表：创业中心科技企业银行贷款推进计划

创业中心科技企业银行贷款推进计划		
时间安排	任务主题	任务分解
时间规定	调研走访	每个联络员配合筛选自己负责的企业
		安排数家企业与银行洽谈
	框架搭建	前期重点放在银企双方可行的责、权、利的原则上
		以先表明意愿，而不涉及具体形式和内容为主
		与企业领导层沟通、确认，并内部启动必要的董事会审核流程
		与银行方沟通、确认
	流程梳理	企业认定、银行操作、风险监控流程的树立与确认
		相关文档草拟
时间规定	框架搭建	战略合作框架协议确定
		市场功能贸易平台的对接
		银行、创业中心、企业三方工作难度与意见的收集反馈

续　表

创业中心科技企业银行贷款推进计划		
时间安排	任务主题	任务分解
	流程梳理	企业认定、银行操作、风险监控流程的确立及试执行
		流程相关文档完善及定稿
		固化一些周期性的沟通模式
		如项目跟进人与每月轮值主席形成周期性模式性的沟通
		如每月轮值主席负责定期收集联络员反馈
		如项目跟进人负责与中心领导层及银行方汇报沟通
	投贷联动	与创投、软银 SBI 创投等 VC、PE 基金合作
	战略协议	深入沟通,积极推进

三、园区自营类金融机构体系

实践中,创业中心认识到中小科企贷款难的原因:企业轻资产、成长不确定性、财务报表无法反映企业真实状况。这使得商业银行出于风险收益考虑往往"惜贷"。至于股票和债券融资对于中小科企来说门槛太高,缺乏可操作性。因此,建立一种多层级覆盖多维度服务的融资机制来帮助中小科企解决"融资难"的问题,支持其迅速发展壮大,是杨浦创业中心服务中小科企的社会责任。做了多次辅助性融资后,园区在为中小科企融资服务工作方面积累了丰富的经验,开始将目光转向为企业提供自己的融资服务。

（一）小贷公司，全国孵化器首家创立为初创型科企服务[①]

帮助企业应对"融资难"而推出的孵化服务"组合拳"之一，2009 年 5 月，杨浦创业中心作为主发起人设立，会同多家具有较强经济实力、信誉良好的企业以及自然人，斥资 1 亿元人民币共同组建了杨浦科诚小额贷款股份，填补中小科创企业金融服务的缺口。

科诚小贷 50％的贷款都控制在 50 万元以下，单笔贷款上限不超过 500 万元，年利率约为 10％，远低于上海市 15.8％的平均水平，利润仅有 1％左右的空间，属于微利。即使加上担保费率，仍属于低利率，客观上创造了小贷公司与担保公司合作的前提。

作为全国首家由孵化器发起组建的小贷公司，科诚小额贷款公司将重点专注园区初创型科企，为其直接提供融资服务，帮助企业突破融资瓶颈。在开业仪式上，来自园区内 12 家中小科企与科诚小贷公司签署了 1550 万元贷款协议。其中包括 2005 年由 3 个刚毕业的研究生共同创业成立的、从事节能环保型 LED 的生产开发的复盈电子。复盈电子创立之初，园区和天使基金分别投资了 30 万元人民币，园区还帮助其间接融资达 200 多万元。此次，又为其接力提供小贷 50 万元。

作为孵化器内的小贷公司，除了能直接为企业提供资金来源外，还能以资本为纽带，加深孵化器和企业之间的紧密联系，这将会使孵化器对企业了解更深，以便更有针对性地为企业提供融资服务，提高孵化器服务能效。科诚小贷同时还辐射园区外其他中小科创企业。

（二）寅福创投：与园区初创企业一起成长

自 1997 年成立以来，杨浦创业中心先后经历了基础硬件环境

[①] "上海首家孵化器内小额贷款公司开业"，记者：吴玥，上海金融报 2009 年 4 月 28 日。小标题作者所加。

搭建以及增值服务软性环境搭建两个历史阶段,才迎来以创业投资为龙头的新一轮发展战略。创业中心以创投为龙头,以金融创新服务为支撑,为孵化器服务能力转型升级、孵化器同创业企业一起成长开辟新路径。

杨浦创业中心 2012 年 3 月设立"寅福创投",一方面可解决关键的项目来源问题,另一方面又能够通过孵化服务提高被投企业的存活率和成长速度。对此,不但众多的创业者、在孵企业充满期待,也从一个侧面体现了杨浦创业中心的成长发展路径[①]

在寅福创投的重点投向比例中,20%以上投向初创期企业,50%投向成长期企业,科技型中小企业可获得基金 60%以上的投资。对于投资方向的选择,寅福创投将集中于信息技术产业、生物医药产业、新材料产业、新能源及节能环保产业、先进制造业及传统产业的改造升级,但同时不局限于上述领域。

(三) 科辰投资:投资园区成长性企业

杨浦创业中心科辰投资公司于 2012 年初成立。园区要求科辰投资立足园区企业来筛选投资项目,这既是对园区企业的支持,也是基于创业中心掌握园区企业情况和数据这一优势条件,从而能够很好地控制投资风险。在投资的同时,科辰投资依托中心的服务优势,开展投后管理工作。

科辰投资在充分借鉴投资行业经验的基础上,积极地探索自身的发展模式和投资模式。以 2013 年为例,根据园区战略目标,科辰投资全年共考察 100 余家企业,完成了年初制定的投资 10 个项目的任务,投资金额共计 381 万元。单个项目投资额从 1 万元到 300 万元,占股比例从 1%到 10%,投后估值从 50 万元到 7000

[①] 以上引自"金融创新推动孵化服务转型升级",作者:安冬磊,中国高新技术产业导报 2010 年 4 月 5 日

万元。在已投的 10 个项目中，都是首次获得风投资金的支持，科辰还为其争取各类补贴 80 万元。科辰投资是被投企业唯一的外部投资方，既能保障企业发展，又能保障孵化器的投资收益，也为科辰投资进一步发展打下基础。

（四）大学生创业基金：孵化基金良性循环

杨浦创业中心亦是复旦大学科技园的孵化器，大学生创业基金复旦分基金对园区中小科企的融资服务力度亦很大，并且做到良性循环。以 2013 年为例，复旦分基金共对孵化器 9 个项目完成债权模式投资，共计投入资金 140 万，对 1 个项目完成股权模式投资，投资额为 15 万。在继续支持资助科创企业的同时，进一步加强基金退出的管理工作，截止 2013 年底，复旦分基金共完成 18 家企业全额退出，退出金额共计 241 万元；另有 4 家企业已完成分期退出，合计退出资金共计 25 万元。至此，复旦分基金累计完成雄鹰计划股权资助企业 96 家，累计投资额达 1163.5 万元；累计完成雏鹰计划资助企业 14 家，累计资助金额 170 万元。目前，已完成 59 家企业的全额退出，占全部资助企业的 61.5%；全额退出资金额 712 万元，占全部投入资金的 62%。

四、园区创新金融产品

杨浦创业中心的科技金融服务，是从 2005 年创新科技金融产品开始的，规避银行贷款的高门槛，帮助中小科企设计新的融资方式，为初创型科企提供及时的融资服务。

（一）统借统还：成功试水金融服务

2005 年底，杨浦创业中心与杨浦区财政局、国家开发银行上海分行三方合作，建立了 2000 万元的统借统还融资服务体系，成为国家开发银行在上海搭建的四大统借统还融资平台之一。

申请统借统还贷款，企业的成本包括 2.5％—3％ 的担保费、1％ 的平台管理费以及基准贷款利息支出；得到贴息的在孵企业，需支付 2％ 的风险准备金。杨浦区财政还与创业中心共同出资设立代偿金，区财政承诺承担最终还款责任。2005 年 12 月至 2008 年 7 月底，统借统还服务平台累计为孵化器在孵企业发放贷款 7170 万元，累计贷款 50 户次，未发生一笔坏账。

(二) 科技园区私募债

科技园区私募债是杨浦创业中心与区金融办一起创设，是针对未在上交所和深交所上市的中小微企业的一种直接融资方式，类似企业 IPO。这次采取"以大带小，打包销售"的方式进行发行，在全国尚属首例。

首先市场导向，按需定制。针对以往私募债发行存在的销售难问题，区金融办协调本区 8 家投资机构，对接银行理财资金池，吸引社会资本设立私募债承销基金，将销售环节前置，由投资机构按其风险偏好先行审核企业，确定发行规模，并委托券商、会计事务所、律师事务所等中介机构尽职调查，调动社会资本认购私募债的积极性。

其次是以大带小，统一发行。积极争取上海证券交易所的支持，以杨浦区创业中心为主体（发行金额 1.2 亿元），派芬自动化公司和复展照明公司 2 家园区企业参与（发行金额均为 1500 万元），期限为 3 年，采取分别申报，统一承销的方式，提高了中小企业私募债发行的灵活性和便利性。

第三是多层担保，控制风险。区金融办积极对接杨浦区参股的上海再担保公司，利用其 AA 的信用评级优势，协调其为此单私募债进行全额担保，并接受发行企业抵押物的二次抵押，同时由杨浦区内 2 家融资担保公司——创业接力融资担保公司、杨浦融资担保公司进行反担保，分别承担 25％、20％ 的代偿责任，较好的化解了私募债发行的风险，增强了社会资本认购私募债的信心。

（三）单一集合信托

杨浦创业中心针对"湾谷"科技园项目分别与浦发银行、交通银行以"单一集合信托"的融资模式解决资金问题。这种融资模式的好处：一是降低融资成本。"单一集合信托"模式有效规避银行信贷政策门槛。如按常规贷款，法人按揭贷款，首付比例须达到 5 成以上；信托模式首付 3 成即可，可少付 2 亿元，直接降低融资成本。二是延长贷款时间。信托 3 年，后续银行的经营性物业贷款跟进，资金期限可达 13 年。三是符合物业经营特性。物业前 2—3 年租金收入很少，经营性物业贷款金额很难做大。

园区从 2005 年就推出的"联络员＋辅导员＋创业导师"的三级孵化服务体系，从渠道上保证了被投中小科企情况的充分掌握，利用社会投资所不具备的信息优势，通过金融手段更好的服务科技企业，可以系统降低投资风险。

创业中心利用科辰投资、科诚小贷、寅福创投等"科技金融服务站"平台，推进以科技金融服务为核心，围绕加速器企业需求，探索实践个性化的加速服务，较好地解决园区科技企业融资难题。创业中心不断输出资本、服务及管理等形式，先后投资了复旦园创业中心、海洋园临港创业中心、财大园、电力园、同济园孵化器、上海新华文化创新科技园、上海中图文化创意产业园等一批具有产业化特色的科技园和孵化器，有效辐射园区科技金融功能。

第二节　复旦大学科技园科技金融服务平台

复旦大学科技园已建成具有孵化、研发、产业等功能的场所约

16 万平方米,入驻企业近 700 余家,95％为科技企业,其中有 5 家上市公司,3 家 PRE IPO,园区企业累计获得知识产权授权数 10000 多项,就业人员 1.2 万人。2012 年里,园区共为 36 家科技企业"牵线搭桥"1.73 亿元,为 21 家科技型小企业办理信用贷款,总批复额 2330 万元,发放贷款 1650 万元。

复旦大学科技园是以科技成果转化、科技人才培养、科技企业培育,服务区域经济为己任,在园区中开展科技金融服务,是科技创新与金融服务相融合的重要阵地。复旦科技园的《科技型中小企业科技金融综合服务应用示范》项目,就是典型的园区科技金融服务的平台。[①]

一、园区公益性服务平台:"园区融资服务平台"功能

作为排行全国 A 类第二的优秀大学科技园,复旦科技园通过申报国家科技部课题《科技型中小企业科技金融综合服务应用示范》项目(2012 年国家科技支撑计划课题)途径,搭建园区科技金融服务载体、突出科技创新与金融服务双向融合的在线交互工作平台。同时,为组织好课题实施,园区申报了上海市科技金融试点园区,并组织开展了第一期科技金融试点。

(一) 项目结合上海科技金融试点园区建设科技金融服务平台

作为上海市金融办的三个科技金融试点园区之一,园区借助政策东风,率先开展"以园区服务为基础的科技企业银行融资服务"试点。为顺利开展试点工作,园区专门成立了试点工作组,由

---

① 改编"搭建园区桥梁,推进科技创新与金融服务融合",原作者:郑棣华,复旦科技园股份有限公司高管

公司负责人牵头，制定试点计划，并落实试点工作组具体实施。

科技金融服务平台致力于建设科技金融服务体系，搭建基于政府、银行、社会投资机构为主体的融资服务平台，依托各个国家大学科技园区汇集的科技企业，建立一个融资供需信息平台，为园区企业和服务机构提供各项服务，解决科企在创业阶段的融资问题。

园区以平台为桥梁、以市场为导向，协同银行、各级政府金融机构，深入开展面向科技型中小微企业的金融服务，提高融资成功率和覆盖面。完善企业成长数据库，取得企业成长的第一信息；加强与银行互动，设计更多适合中小微企业不同成长阶段所需的金融产品，扩大金融产品池的内容；利用园区的平台公司①，如小贷公司、金融服务公司，为中小科企提供专业化、专人化地开展科技金融服务。此外，园区还有一支包括技术、财务、法律、管理等方面的专家队伍，配合金融机构为企业运营提供贷前、贷中、贷后跟踪服务和管查。

（二）园区科技金融服务平台功能

园区科技金融服务平台，具有信息库、投融资对接、技术转移三大功能：

1. 信息库功能

平台首先建立虚拟园区，收集和整理园区科技企业创业团队、产品技术特色、市场营销、企业管理等相关信息。建立园区管理服务部门与企业的互动共享平台，对企业进行分类台账进行日常管理，同时自动生成园区企业征信库。平台也是金融机构及服务信息库。收集区域科技创新体系中融资相关的政策信息及融资资

---

① 复旦科技园与杨浦创业中心有亲缘关系，同是复旦大学与杨浦区政府共同投资，两园区同一个创业孵化器。

源；汇集区域内包含政府政策性担保、银行、小额贷款公司、股权投资机构、担保公司等融资服务机构、金融产品及服务信息。

2. 投融资对接交易功能

平台具有投融资供求对接功能。通过平台集聚的银行与股权基金等金融机构；法律、会计、咨询评估等中介机构，为园区企业的融资需求服务。平台根据投融资双方的要求，提供金融机构及园区企业详细信息，解决投融资双方信息不对称问题。平台以企业信息、信用等无形价值替代有价抵押物的低融资门槛，为更多轻资产中小微企业提供融资便利。

平台具备交易管理功能，企业和机构可对自己的需求和服务进行管理。交易完成后，金融投资机构具有发布案例功能，为本服务机构和融资产品起到引导和推广作用，为企业自身提供学习和为广大科技企业提供建议和参考。

3. 案例收藏与技术转移功能

平台信息库具备"案例收藏"功能，适合企业建立符合自身特点的个性化融资服务体系。具有"案例搜索"功能，为企业快速便捷地搜索所要查询的信息；具有"案例复制"机制，在企业融资需求时提供互相参照和学习的范例，吸引潜在创业者或中小企业加入。

4. 平台科技贷款案例

平台将无抵押信用贷款作为其中的一项重要内容进行具体落实。园区选择合作紧密的中国银行杨浦支行、江苏银行杨浦支行、兴业银行杨浦支行等数家开展合作。2012 年 5 月与 7 月，园区先后组织候选科技企业 32 家、17 家以"信用贷款调查表填写"为主题进行了集中辅导，融资双方在企业联络员陪同下，进行了"银企对接"。其后银行开展独立的"尽职调查"、"额度确定"、"协议签署"环节。在银行与企业签署贷款协议以后，园区与银行开展贷后服务。截至到 2012 年年底，共计 36 家获得贷款，总批复金额 1.73 亿元。在上述银企合作中，21 家科技型小企业获得无抵押信用贷款额度 2330 万元,额度介于 20—300 万之间,主要集中在 50—100 万元。银行与企业签订贷款协议后,园区与银行每月进行一次贷后情况沟通,由园区向银行介绍企业运行情况,由银行向园区介绍企业的资金运行情况。

通过整个服务周期的探索,园区实践了园区介入的政银企合作的新型融资服务关系,在整个服务流程中,增加了政府在融资流程中的整体风险事后补偿机制,增加了园区在贷前、贷后的信息服务,而融资服务环节适当减少了担保机构、中介评估机构,服务流程相对缩短,因为介入机构的减少,整个服务的融资成本明显下降,审批时间也大大缩短。现有的无抵押信用贷款的融资成本低于 8%,明显地降低了资金使用成本,提高了企业资金使用效率。

(三) 园区科技金融服务平台特点

园区科技金融服务平台项目,集中探索园区在银企合作中的中介桥梁作用,在产品和服务创新中设计并实施了无抵押信用贷款的服务流程。

1. 特点一：平台提供无抵押信用贷款

科技金融服务平台设计因素是：科技企业有融资需求,但因为轻资产融资有困难,设计为无抵押信用贷款功能,就是为中间型科企雪中送炭。业界内行都有一个共性判断,成熟园区内科企可分三类。第一类是成长性好的优质企业,占比 5—10% 左右,一般"不差钱"。第二类是萎缩型企业。占比 30—35% 左右,一般不会进入任何金融机构的法眼。第三类介于前两者之间的企业群。占比约为 45—65% 左右,中间型企业如果向上突破发展瓶颈可成为明星,向下则走向萎缩。对于有望向上突破的企业群,银行虽有合作愿望,但囿于该类企业信息不对称、缺乏抵押物、知识产权处置难等因素,客观上限制了银行融资行为。

优质科企的价值发现是一个渐进过程。考察企业发展进程,企业团队始终是第一决定要素。为了提高融资对象的认可程度，扩大平台对轻资产科企的融资普及面，银行与园区金融服务平台双方对科技企业标准作了定性说明：一是企业负责人与企业利益一致。企业管理制度完备，能将企业信用与企业负责人信用相捆绑的基础条件。二是企业科技特征明显。具体包括研发人员组成、知识产权积累等；也包括各类企业所具有的科企资质，如高新技术企业、双软企业等。三是有业务订单、有销售额，具备增长的前景。企业能够提供与企业主营业务相一致的业务增长说明材料；四是信用贷款与项目贷款相结合，在信用额度下，贷款与项目捆绑，明确贷款用途、还款来源。

平台科技金融服务程序：企业提出需求——园区尽职调查——银行与企业对接——合同备案——贷后管理。即园区金融服务平台，可以凭借园区其它企业服务平台功能，介入企业与银行对接的融资流程：一是发现有潜力的成长企业推荐给银行信贷员；二是利用信息优势提振银行审批信心；三是利用服务优势提高银行贷后管理效率；四是利用信息积累提高企业违约成本。园区金融服务平台有效满足银行贷款所有信息与风控条件，与银行共同努力，从而具备雪里送炭、助推科技企业向前成长的功能。

园区金融平台从 2012 年第二季度才开始运作，就平台与中国银行杨浦支行目前"无抵押信用贷款"使用情况进行专项统计。截止 2012 年底，21 家企业获得授信额度 2320 万元，每家企业销售额均获得明显增长，21 家企业销售收入总额从 2011 年的 6573 万元增长到 2012 年的 1.12 亿元，2012 年实现盈利的企业 20 家，其中 5 家企业为反亏为赢。截止 2012 年底，16 家企业实际贷款 1540 万元，合计净资产从 2011 年的 5744 万增长到 2012 年的 9450 万元，增长率达到 65%。

2. 特点二：平台的融资审批流程短

平台一个重要特点，在于无抵押信用贷款的服务流程短、参与方少。园区作为桥梁介入，有效减少三个环节，平台提供的信息和服务优势使得投融资双方之间信息不对称现象得到彻底改善，流程也大大缩短。如园区导入政府扶持政策（风险补偿机制、增信担保机制等），作为流程外部保障机制，将政府审批调整为服务备案；通过创业团队（个人）信用和企业应收账款等要素，设计小额信用贷款简化担保环节。在平台设定的无抵押信用贷流程中，参与方仅包含需方：科技企业（团队）；供方：银行；第三方：科技园。与传统的科企融资服务链相比，园区平台减少了社会评估、担保、政府审批环节，因此代理成本和时间成本具有较大优势。

3. 特点三：平台的企业经纪作用超越一般市场中介机构

试点中，平台以无抵押信用贷款产品服务流程为基础，在组合银行传统产品、小额信用贷款的基础上，与银行合作设计银行产品，为企业量身定制的特色产品，平台经纪服务的全面性、及时性、灵活性，远超一般社会中介的服务功能。可以认为，通过园区平台的经纪作用，为银行把握风控、开拓融资渠道和融资规模，有效使用资本提供了保障；更重要的是，园区企业自身价值得以被充分挖掘，融资难问题得到解决，有力助推潜力企业成长为优质企业。

4. 特点四：平台保证了银行风控质量

银行是风险管理的专业机构。鼓励银行"再往前一步"是平台银企合作的关键一步。在试点中，平台充分发挥银行专业服务能力，银行与被融资企业制定了"一对一"的风险管理方案，最大可能降低无抵押信用贷款的风险，只有保证银行的风控质量，科企的银行贷款才能顺利进行。

（四）园区科技金融服务平台的发展方向

作为"科技型中小企业科技金融综合服务应用示范"项目课题代表性成果，科技金融综合服务平台"Parkon 管理系统"于 2013 年 9 月 1 日上线试运行。根据科技部课题中评小组建议，视

"Parkon 管理系统"运行情况,将与园区科技企业安硕技术公司合作,融入"易贷中国"金融服务网扩大平台功能共同为科企服务。

园区科技金融服务平台的工作重点还将由"企业推荐"向下一步的"贷中、贷后管理"转移,平台计划通过整个周期的探索,逐步完善"小批量无抵押信用贷"的服务流程,使服务流程的环节清晰、职责方明确,实现规范化、标准化。[①]

二、辐射全国的贷款服务平台：安硕科技公司与"易贷中国"

总部坐落在上海杨浦区复旦大学科技园的安硕科技公司,其"易贷中国"电子金融平台,是中国领先的专注于为中小企业和个人提供贷款咨询、贷款交易和相关信息服务的在线贷款服务提供商。"易贷中国"以一流的电子商务技术和专业服务能力,致力于打造互联网时代全新的贷款服务平台,为贷款过程中借贷双方及相关服务机构提供完善的沟通、评估与交易平台,推动中国金融市场的完善和发展。[②]

（一）安硕公司是杨浦标杆性科技金融服务企业

上海安硕信息技术股份有限公司是一家领先的专注于信贷管理和风险管理领域的高科技信息技术服务公司,致力于为金融业(银行、保险、信托)提供包括客户关系管理、资产管理、风险控制、财务管理、数据仓库等方面的软件产品、方案咨询和开发服务。是亚太地区规模最大的金融资产风险管理平台及服务提供商之一。在中国金融整个 IT 解决方案供应商中排名第 10,截至 2010 年年底,安硕信贷资产管理国内市场占有率超过 60%,2007 年开始,细

---

① "复旦科技园——为创新创业提供解决方案",杨浦时报 2013 年 7 月 30 日

② 引自百度资料

分市场排名稳居第一。目前已成为中国金融行业领先的管理系统与决策支持系统方案及产品提供商，在中国银行业信贷与风险管理领域具有高市场占有率的竞争优势；也是杨浦纳税百强企业之一。

1. 公司合作伙伴均为业界翘楚

公司拥有包括博士、硕士在内的中高级软件开发人才 700 余人。总部在上海复旦大学科技园，在北京、重庆、厦门设有分公司，是上海市软件企业和上海市高新技术企业。

公司客户：包括花旗银行（中国）、中银富登、招商银行、交通银行、光大银行、中信银行、浦发银行、深圳发展银行、兴业银行、浙商银行、渤海银行、上海银行、北京银行、西安商业银行、深圳商业银行、重庆商业银行等 130 多家国内外金融机构。

公司合作伙伴：咨询厂商：SAP、BearingPoint、HP Consulting、费埃哲、标准普尔、普华永道。平台供应商：Oracle、BEA、Microsoft、Hyperion、IBM。

研究机构：复旦大学金融研究所。

2. 公司 2014 年创业板上市

"易贷中国"是中国领先的专注于为中小企业和个人提供贷款咨询、贷款交易和相关信息服务的在线贷款服务提供商。其以一流的电子商务技术和专业服务能力，致力于打造互联网时代全新的贷款服务平台，为贷款过程中借贷双方及相关服务机构提供完善的沟通、评估与交易平台，推动中国金融市场的完善和发展。

安硕全国市场占有率近 80%。每年有 100 多家金融机构（包括大多数全国股份制银行）、超过 10 万亿的金融资产通过安硕科技提供的风险管理软件平台进行处理和分析；安硕科技在该领域的管理咨询经验也被花旗（中国）银行、交通银行、招商银行等业界领先者所采纳和运用。安硕科技的软件产品和专业服务，每天创造数以亿计的价值。

2014 年 2 月,上海安硕信息技术股份有限公司在深交所创业板上市。这是杨浦区在创业板 IPO 开闸之后发行上市的第一家高科技企业,也是杨浦金融创新推动科技创新取得的又一重大突破。据悉,安硕信息是一家专注于向以银行为主的金融机构提供信贷与风险管理解决方案的高科技企业。本次募集资金投资项目所需资金总额为 16968.47 万元,主要投向新一代信贷管理系统、风险管理系统、研发中心以及信息化服务与支持平台等建设项目。[①]

(二) 安硕及"易贷中国"的主要业务

安硕科技具体业务领域包括:一是提供管理咨询:针对金融风险业务的诊断与优化、政策与流程等的管理咨询与 IT 规划;二是提供软件产品:包括客户营销、产品设计、流程管理、决策分析和风险模式在内的软件产品及平台;三是提供专业服务:基于咨询及软件产品的客户化实施,持续维护和应用托管服务。

作为金融机构和融资企业之间的桥梁,"易贷中国"业务程序:一是评估贷款风险。为中小企业客观地评估贷款风险,帮助银行等资金提供机构高效地拓展客户资源。二是定制融资方案。帮助企业方便地定制合适的融资方案,快捷地分析、比较并申请贷款。三是帮助相关贷款中介服务机构提供服务质量,规范操作过程。

第三节　同济大学科技园科技金融服务平台

同济科技园依托同济大学设计类学科和人才优势、形成以设

---

① 《杨浦科技简报》2014 年第 11 期(总第 165 期),杨浦科委办公室 2014 年 2 月 20 日

计创意为特色的大学科技园。经过近 10 年发展建设，已形成一园多基地发展格局，总建筑面积（含规划）达 100 万平方米，已投入使用 35 万平方米，逐步发展成为专业特色鲜明的产业园区，并在专业产业聚集、改善区域经济形态、促进区域经济发展等方面取得了显著业绩。园区内建筑规划设计相关企业占园区企业总数的 40%，节能环保类企业 15%，创造就业岗位达一万多个。

同济园通过 8 大服务平台：投融资服务、创业培训服务、项目申报服务、评优评先服务、人力资源服务、市场推广服务、市场中介服务、财务代理服务平台，对园区企业进行全方位服务。据统计，截至 2012 年底，平台累计提供各类专业技术装备、应用软件和办公设备约 60 种，价值人民币 1500 多万元，被创新集群内部企业广泛使用。

同济园培育出芯豪微电子、禾木城市规划、同磊土木、同捷科技等一大批高科技骨干企业。2005 年，同济园被科技部授予"国家高新技术创业服务中心"，2009 年被科技部授予"国家火炬计划环同济研发设计服务特色产业基地"，2010 年被科技部授予"大学生科技产业见习基地"。

一、同济园公益性服务八平台之一：企业融资服务平台

作为一家历经 10 年风雨的科技园，同济科技园在为投融资服务上已展露出其"不拘一格"的特点。针对中小微企业可抵押固定资产少、融资难等实际问题，园区除了积极协助企业申报国家、省、市各项支持资金外，还竭力牵线搭桥协助企业争取创业投资和机构贷款。

在企业创业的各阶段，同济科技园孵化器都为他们提供了一流的创业环境。通过投融资、科技项目申报、人力资源、创业培训、财务代理、知识产权和法律中介等专业孵化平台，助推了创业者成

就梦想的捷径。

(一) 扶持"新眼光公司"从襁褓到上市

新眼光公司创业者汤德林认为"有了同济科技园的帮助和支持,在解决资金瓶颈问题的道路上,企业不再感到孤助无依。"新眼光公司创业初始,园区为公司提供辅导员、联络员等服务体系,提供别的园区少有的财务代理、创业培训等,服务做得无微不至。在服务企业的同时,了解企业实际需求,并给予很多建设性意见,甚至在人才招聘上提供帮助。短短几年,新眼光公司从创业尚在襁褓期,亟需园区扶持的小企业,如今已蜕变成在全国医疗数字化行业内极具竞争力的一只"潜力股",通过对市场上现有旧产品的技术改造,填补了国内诸多技术空白,并已成功挂牌新三板,成为环同济知识经济圈里的亮点企业。

说起成功挂牌新三板,汤德林说这都得益于科技园在投融资服务平台给予的大力支持。据悉,新眼光公司在成立初期注册资金只有 50 万元,园区举办项目对接活动,帮助其对接融资需求,实现科技金融与科技企业的对接与融合,促成其于 2011 年成功获得上海市大学生创业基金会投资 500 万元,注册资金增至 750 万元。"我原本准备用 3 年的时间挂牌新三板,之后再等待机会上创业板,循序渐进。不过我们一年半就上了新三板,这个比预期要快。"汤德林告诉记者。①

(二) 同捷成功发行中小企业私募债②

2012 年 6 月杨浦区第一单私募债成功获批,发行人上海同捷

---

① "让企业家的梦想照进现实",杨浦时报 2013 年 8 月 6 日
② "同捷成功发行中小企业私募债",引自杨浦区科技园区办网站 2012 年 8 月 31 日

科技股份有限公司成为上海首家发行中小企业私募债的唯一企业。成立于 1999 年的上海同捷科技股份有限公司是国内规模最大、实力最强的独立汽车设计工程公司,也是中国第一家汽车产品设计开发公司。目前,同捷公司总共承接了汽车产品研发项目 600 多个,积累了大量的研发经验,同捷累计参与设计在售乘用车型数量占国内自主品牌乘用车型数量的 40%。

1."浅尝"私募债,企业资质是关键

对同捷而言,发行私募债是水到渠成的一件事。十几年来,同捷从不足 60 人的小公司迅速扩张到 2800 人规模的大企业,已实现从产品创意设计、工程研发、样车试制、试验到模具设计及制造全流程一站式交钥匙服务能力。在国外成熟的技术市场充斥下,同捷如同一匹黑马,在中国汽车设计行业脱颖而出。目前,企业的业务范围涉及汽车研发、汽车产品模具、零部件三块领域。与国内同行相比,同捷拥有领先的汽车设计开发流程与标准、汽车平台技术、质量控制体系、造型设计品质等七项汽车研发优势。

此外,同捷还积累了丰富的客户资源,在国内的整车企业用户已有 80 多家,其中包括一汽集团、东风集团、上汽集团、北汽集团、长安汽车、上海通用、东南汽车、海马汽车、江淮汽车、华晨汽车、长城汽车、华泰汽车、重庆力帆和中兴汽车等国内主流汽车企业,同时为多家欧美日汽车提供相关服务。

2.专注技术研发,加快企业自主创新步伐

具有一流的研发技术与强大的研发团队,是高科技企业保持平稳长远发展的关键。同捷也不例外,与国内整车企业合作建立联合研发中心,包括上海模具设计与样车试制研发中心、无锡设计中心、以及与北汽、长城、一汽等集团分别在北京、合肥等多地共同建立研发中心,共有开发人员 1600 人。企业在上海、无锡、枣庄三地建立的同捷模具中心,规划土地 500 亩,厂房面积 11 平方米,拥有百余台大型数控加工设备,模具技术与生产人员 1000 余人,规模亚洲第一。此外，同捷还在山东枣庄、辽宁铁岭等地设有零部件生产制造基地，技术生产人员 100 余人。

3. 扩大产业链，私募债成"及时雨"

没有大资本的支撑，科企将难以发展。同捷企业研发已成熟，而汽车模具和零部件正在发展，获批发行中小企业私募债，犹如一场"及时雨"，解决了同捷的资金缺口。同捷科技在上交所中小企业私募债接受备案通知书为 001 号，发行金额 1 亿元，发行利率 8.15％，国泰君安承销，由上海再担保有限公司提供主担保。企业通过私募获取必要的资金支持，做强主业的同时，将加深零部件产业化，提升企业后期的盈利能力，延伸产业链。

二、辐射全国的第三方财务公司：信隆行"一融网"金融服务平台

2011 年 3 月，上海信隆行投资有限公司总部注册在同济大学国家大学科技园，同时担任同济科技园的财务顾问，是一家具有先进投资理财理念，专注于为中小企业提供投融资服务解决方案，同时也向高净值资产客户提供全方位投融资规划与财富配置的第三方投融资顾问公司。公司已在北京、湖南、湖北、浙江温州、湖州、杭州、嘉兴、江苏无锡、常州等地设立分支机构。

公司通过"一融网""O2O"模式，将线上融资需求业务转化为线下全面的"一对一"贴身财务顾问服务，并以会员制分层级管理方式确保融资项目和资金供应方的准确性和真实性。

截至 2014 年资料，一融体系平台服务已经覆盖全国 150 多万家企业，拥有 2 万家企业会员，与国内外 5 万多家金融机构建立合作关系。[①] 中小企业投融资服务信息系统平台"一融网"已获得

---

① 引自"信隆行"百度百科

2012年度杨浦国家创新型试点城区建设与发展专项资金立项和2013年杨浦区人才发展专项鼎元资金支持，并连续两年荣获上海市政府授予的"上海市中小企业融资服务优秀合作伙伴"。①

（一）信隆行的核心价值：一支专业化的团队

信隆行公司经营理念是："信源于心，兴隆于人"。信隆行以团队的诚信人格与公司信誉；团队精湛的金融财务、法律咨询等专业能力；以及与各类重量级金融机构长期合作联盟关系，服务科技园区与科技企业、高净值资产客户、以及政府的公共服务。

1. 创业者是金融与科技领域跨界复合型专业人才

信隆行的管理层具有丰富的金融行业经验，分公司成员都具有银行从事中小企业贷款的工作经验、每个融资项目都是由专业人员提供服务。公司董事长兼总经理——高云涛女士毕业于复旦大学，金融从业12年，具有多年券商经纪业务管理和金融产品销售经验。2005年起历任上海华宝兴业基金公司华东区总经理和公司机构及海外销售部总经理。于2010年底，开始筹建上海信隆行投资有限公司。多年出任上海市湖州商会执行副会长，浙商研究会副会长等。公司股东监事——屈发兵先生毕业于复旦大学，金融从业年限14年，曾任光大证券投行部副总，2006年至今任巨人投资副总裁，巨人网络科技有限公司战略发展中心总监。

2. 网络系统开发是IT的优秀人才

IT部门经理金笑裘毕业于浙江大学，曾荣获2008年全国大学生条码自动识别知识竞赛银奖(1/100)。自工作以来，参与过众多信息系统建设项目。金笑裘编写了"信隆行资产配置管理系统"，获得软件著作权；参与设计的"一融网"融资服务平台网站，2012年9月已上线。

---

① 引自信隆行"一融网"介绍

3. 部门经理多为各领域专业人才

各部经理大多是银行金融资深从业人员，且是原金融机构的高级主管有着丰富的银行产品管理、金融投资经验与行业人脉。公司目前已与国内外上万家金融机构合作，可为融资企业在线提供近万种融资工具进行实时查询和匹配，基本实现融资项目与资金供应方的直接对接。

（二）信隆行的竞争优势：“O2O”商业模式

信隆行经营模式："O2O"一站式金融顾问。即线上展示与线下服务对接、同时并进模式。信隆行认为，融资需求每个案例都是个案，每一家企业的需求都不同。"一融网"以第三方投融资顾问公司的信誉，在项目"最后一公里"以金融顾问一对一、面对面进行线上线下服务，而后台又有专业化团队进行支撑，有足够多的金融产品供选择，从而在各类金融机构与客户之间形成最贴切的投融资方案。

图示：信隆行的商业模式示意图

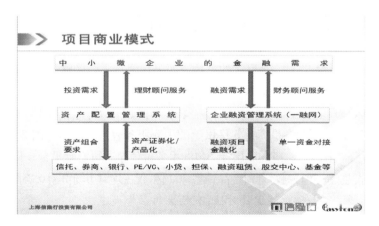

信隆行"一融网"平台企业服务方式：一是帮助企业引入战略投资者；二是帮助初创期企业制定合理、现实的商业规划；三是帮

助成长期企业进行产业升级、或制造品牌规划。四是帮助企业获得并购，或者在各类证券市场挂牌。信隆行逐步完善融资工具库："一融网"经过网络升级，实施 CRM 系统与网站的功能融合，将大部分可标准化的业务放到网上，实现人机结合模式，企业数据及时更新，形成效率更高的在线互动平台。

信隆行企业服务策略：通过综合国内外经济形势的判断，对未来不同阶段的融资需求给出投资组合建议，根据中小民营企业自身未来业务扩张的需求，引入债权融资和股权融资方式。

(三) 信隆行金融服务平台的经验与启示①

中小企业是国民经济重要组成部分：所创造的最终产品与服务价值、出口总额、交纳税收与就业人数，分别占全国的 58.5%、68.3%、50.2% 与 80% 以上。中小企业也是国家自主创新的重要力量：国内 66% 的专利发明、82% 的新产品开发都来自于中小企业。占上海 99% 以上的中小企业，提供了 53% 市地税，贡献不可谓小。服务中小企业融资需求，是信隆行的宗旨。

1. 中小微企业融资需求有巨大的市场容量和经济效益

信隆行认为：全国近 5000 万家中小微企业，集合中小企业的融资需求总量，将是一个巨大的市场。如果信隆行平台能够集聚 0.1% 或以上的市场份额，也即意味着至少会拥有 5 万家企业的服务需求. 按照一家企业最低 100 万/年的融资需求，按照平台每笔加收 1% 的服务费，最终面对将是高达 5 亿以上的中介服务收入。面对全国 20 多万亿理财市场，对应的底层资产包的服务价值至少可贡献平台 5 亿以上收益(按照 1% 收，理财产品销售 500 亿，仅占理财市场份额 0.25%)。

2. 中小企业缺少针对性、有效性的融资渠道

中小微企业最具高速成长性、融资需求最为旺盛，但是，面临

---

① 此段内容集合了作者数次拜访信隆行董事长高云涛女士的专访内容

的通病是却渠道匮乏融资困难：一是获得信贷支持少；二是直接融资渠道窄；三是信息不对称和服务的缺失造成资本资源不能有效对接融资需求。面临中小微巨大的融资需求，各地政府、各层级的职能部门、各开发区或科技园区，都积极设立融资平台，直接金融与及间接金融工具并存，通过组合股权类、债权类金融机构与产品，为中小企业融资需求服务。

信隆行认为：政府引导基金平台偏重于幸福毛毛雨普下甘霖，政府平台很难考察被投企业真正的科技价值、也不考虑投资的安全与退出，导致会哭的孩子有奶吃，真正值得扶持的企业或因不善于申请而进不了政府平台的法眼、或得到资金是杯水车薪解决不了融资需求。而开发区及科技园区融资平台较偏爱于自己的企业，园区企业均能方便获得融资，往往不考虑投资方的利益；金融机构偏重于自己资金的安全和盈利，在信息不对称的情况下，宁可忽视中小企业融资的急迫性。这些缺陷导致这类平台难以做大做强。

3. 信隆行以"第三方"财务公司为投融资双方搭建交融性平台

信隆行本身业务为财务公司，但是与一般财务公司相比，平台服务功能更为专业化、集成化。通过"一融网"线上线下为中小企业融资提供各类服务。信隆行可以依托专业化的金融人才团队、依托"O2O"一站式金融顾问——"一融网"线上线下交融性专业服务平台、依托杨浦区规模庞大的科技园区和创业导师、依托政府的大力支持，集聚所有的资源优势，规避所有融资平台的缺陷，在中小企业融资市场明显占据优势地位。

（1）比企业，信隆行更准确挖掘企业真正需求

企业对自己的技术产品熟稔，但面对各类金融机构琳琅满目、复杂程序的融资产品，企业或创业者茫然懵懂，不知道什么样的融资产品才对口自己所需。但是，信隆行的金融人才看得清，他们会

了解企业诉求，从客户需求出发，挖掘企业真实价值，针对中小微企业推出各种现金管理和原材料管理的理财工具，提升企业资金利用率；引导企业合理需求，根据各类金融机构的融资标准，为企业量身定制进行融资服务。例如夹层设计测算、数字模式等优化组合模型。

（2）比金融机构，信隆行具备更灵活的融资组合创新

在中国，银行与非银行金融机构的金融产品有1万多种类，不是金融专业出身，难以了解这些眼花缭乱的金融产品。信隆行没有自己成形的金融产品，信隆行真正的核心技术，就是信隆行各类专业人才。

信隆行金融人才，掌握丰富的金融理论知识与专业知识，通晓所有金融机构产品、尤其是针对中小企业融资的金融产品，从而能够根据企业的实际需要，即将分散在不同金融机构的1万多种产品进行千变万化的组合，为不同企业、不同需求量身定做融资产品。这是贮存在信隆行金融专业人才头脑中的无形资产，不同的专业人才组合形成不同的金融产品组合，对企业进行差异化、个性化服务，这是同行间难以拷贝的企业核心竞争力。

（3）比风投，信隆行是集大成、强辐射的投融资服务平台

信隆行认为：风投与私募基金与科技企业的对接是点对点，一家风投对接园区企业顶多数家，作用有限；信隆行是一个集大成的服务平台，通过平台的跨专业行业、不同企业项目、金融机构的集聚；整合政府的服务资源政策，为不同的资金需求方、资金供给方提供全方位服务——直接金融与间接金融服务，包括为个人理财、为机构投资服务。在信隆行的各项服务中，也包括区金融办等政府购买服务。

同济大学科技园副总经理钱学标认为：信隆行不仅为同济科技园企业服务、充实科技园服务平台的内容；同时动用信隆行资

源,与杨浦区政府部门即发改委、金融办、科委、商务委、园区办精诚合作,合力承办主题为"资本集金、杨浦集智"系列"季度投融资对接会";与区金融办合作,"杨浦金融港"上线。

信隆行同时鼎力相助闸北、虹口、金山、静安等兄弟城区、及北京、湖南、湖北;浙江、江苏、安徽、江西、广东、四川等 28 个外省市地区政府职能部门,举办多场中小企业金融对接会。现在信隆行的服务圆周是全国。正如信隆行所秉持、坚守的战略目标:同济起步、面向全国,以服务中小企业融资为己任,打造全国一流的第三方中小企业融资服务平台。

第四节　上海财经大学科技园融资平台

上海财经大学国家大学科技园(上海现代服务产业园)系财大和杨浦区政府、上海市科委联合创建的大学科技园。园区依托财大的学科、人才以及科研优势,利用和发挥政府扶持政策和资源优势,区域内丰富的金融和科技资源,致力于金融类、总部类企业的引进、培育服务。财大科技园的孵化对象,是为科技型中小企业提供服务的中小型金融机构,园区呈现出以创投公司、担保公司、小贷公司、信用管理公司、金融服务外包公司为代表的现代金融服务企业集群特色。是集聚 VC、PE 股权投资企业、及中介机构等以财经金融为特色的现代服务产业园,是全国唯一的专注于科技金融的国家大学科技园。

财大园拥有杨浦、虹口、黄浦 3 个孵化器共计 6 个产业基地,合计管理面积超过 15 万平方米,管理的资产规模近 20 亿元。目前园区已经汇集了 1000 家企业,注册资本超过 100 亿元。其中,募集金额 1 亿元以上的 PE 机构 20 家,小贷公司 5 家,科技企业近500 家,现代服务业企业近 300 家。成立 3 家子公司、1 家研究所和管理 5 个基金，与复旦大学中国风险投资研究中心、上海股权投资协会等专业机构及同业单位建立广泛合作，成功投资国内 10 多家科技型成长企业，并获科技部火炬中心 3000 万免息科技引导基金的青睐…… 。①

截止 2014 年 12 月，园区集聚 PE、VC 等金融机构近百家，实际管理的资产规模已达 85 亿左右。园区科技金融产业已具规模化，财大园 2010 年被授予"上海市科技企业孵化器"称号，2011 年成为全市首家以金融服务外包为特色的专业园区"上海市财经大学金融服务外包专业园区"，2012 年被评为诚信科技园。2013 年区级税收（不含房产）已达到 3027 余万元。

以下主要介绍财大科技园科技金融产业链与典型的科技金融机构

一、科技金融产业链：财大科技园四大服务平台

财大园本身具备四大平台，形成科技金融服务产业链。

（一）金融产品创新平台

财大园主动与银行合作，通过园区中介作用，将园区金融机构与银行进行链接，将两者不同的风险偏好组合起来，共同尝试设计符合企业需求的金融产品，如信用集合、小额接力贷等金融产品创新。园区已经建立了从大学生创业基金，风险投资基金，小额贷款，银行贷款担保到产业投资基金的一站式投融资服务平台，积极为中小企业融资拓展渠道。

---

① "以金融创新 引领科技创新——上海财经大学国家大学科技园"，记者：周琳、毛信慧，杨浦时报 2013 年 9 月 3 日

图示：园区管理咨询服务内容

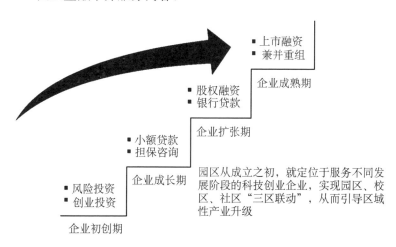

改制上市服务

股权激励服务

财务管理优化服务

企业内部金融
创新平台

兼并重组服务

运营管理服务

战略管理服务

园区金融中介服务内容：

- 上市融资
- 兼并重组

企业成熟期

- 股权融资
- 银行贷款

企业扩张期

- 小额贷款
- 担保咨询

企业成长期

园区从成立之初，就定位于服务不同发展阶段的科技创业企业，实现园区、校区、社区"三区联动"，从而引导区域性产业升级

- 风险投资
- 创业投资

企业初创期

（二）科技金融孵化器平台

　　财大园是全国独有、具备较纯粹的科技金融产业特色的园区，园区金融机构门类齐全，目前金融机构有三类：第一类是非银行金融机构，担保机构几十家；第二类为 VC、PE 机构，其中既有上市

公司，也有需孵化的 VC、PE 创投；第三类就是会计、律师事务所等中介机构。

1. 财大校友、教师参与孵化

财大就业率是全国高校前 6 名，因此，教师学生直接创业少。但是财大校友能力强，毕业 5—6 年后的学生回来创业的有 20 多家。校友中上市公司保荐人占总数的四分之一。请校友或者财大教师来扶持企业有许多优势：一是对学生创业能力的培养；二是让学科、教师直接面对社会，课题就是创新、创业项目，实践效果可以反馈学科。教师办公司也要面向社会，如，金融类工程软件产品根据市场不断创新，企业因产品得到市场的认可，创新成果反馈到课堂，助推学科排名第一。

2. 孵化主体为中小型金融机构

一般来说，创业孵化器的孵化对象是中小企，而财大科技园的孵化对象，却是为中小科企提供服务的中小型金融机构。这些中小金融机构如果孵化成功，通过孵化器的牵线搭桥，利用它们的资源服务于中小科企，对全区的科技金融工作也是一大推动。财大科技园的孵化器重点吸引各类小额贷款公司、创投公司等。针对中小型金融机构经验、资源缺乏的问题，孵化器依托财大专家资源，以及孵化器管理方在金融服务方面的经验，为孵化企业提供专业服务。[①]

(三) 金融信息服务平台

与银行合作开设金融信息服务平台，为银行和各类金融机构、企业投融资提供全方位信息服务。如开设"企业在线诊断"、"银行抵押物评估"、"信用累积评价"、"贷后管理"等平台。该平台是对银行信息服务模式的补充，是根据企业实际情况变通指标而与银

---

① "以金融创新引领科技创新——上海财经大学国家大学科技园"，记者：周琳、毛信慧，杨浦时报 2013 年 9 月 3 日

行指标有不同的权重。尤其轻资产高科技企业的评估标准，技术产权可能比物质产权评估的权重要高。

(四) 科技金融培训、宣传平台

科技金融公共宣传与服务平台是针对"扩大财大园区社会影响力"而举行的系列公益性培训、论坛活动。内容有：

1. 利用外部资源，举办财经金融培训

在企业层面扩大财大园金融培训社会影响力。针对科技领军人物、企业高管群体，有计划、分类型进行科技金融知识普及培训，又为财大园金融服务培养潜在客户群。主要指金融经济市场化培训业务，培训生源来自政府、企业、银行的委托，及个人认证培训。它已经成为财大园效益良好的支柱产业。

财大园培训利用各种资源。如利用科技金融研发项目，争取政府政策与资金的支持；同时以财大为主体，积极利用区域内复旦、同济等高校师资资源，为各类企业高管的财务、认证、金融及管理等各类培训班提供优质的教师组合，提升了培训质量，拓展了培训业务的市场销售。

园区还引进了上海财经大学与法兰克福财经管理大学、复兴信贷银行集团下属的德国投资开发银行共同出资成立的上海国际银行金融专修学院，目前已被财政部指定和法兰克福金融与管理学院合作，运作"中小企业与资产负债管理培训"项目，参训学员达到了 1300 人。

财大园将全面建成国际化培训基地，其中，ACCA（国际注册会计师）培训项目是财经培训的招牌项目。ACCA 项目由财大科技园、上海国际银行金融学院鼎力打造，是中国最大的国际职业资格培训基地。旗下汇聚了多个全球著名国际财务金融职业培训项目，开设有特许公认会计师 ACCA、英国特许管理会计师 CIMA、注册金融分析师 CFA、剑桥金融国际英语 ICFE、美国注册管理会计师 CMA、注册风险管理师 FRM 等国际职业资格。2013 年，

ACCA 开设的国际职业资格培训项目突破 10 个。

2. 举办国际研讨会议扩大影响力

联合政府层面扩大财大园国际影响力。出席嘉宾一般为政府高官、国际金融界翘楚等。如 2012 年 8 月末召开的"2012 区域金融机构发展论坛"会议，屠光绍市长出席。

小论坛是金融精英层面扩大财大园科技金融社会影响力，一般可设为沙龙与圆桌会议。如"财智时代与中小企业竞争力"论坛，立足于企业价值的提升。

财大园还建立科技金融实验室。主要功能是存储数据、案例的数据库，用于提取、分析、提供研究报告等金融信息服务。

总结：财大园机制灵活，各类板块有衍生有关联，形成一个科技金融服务产业链。关键是各类平台要导入许多资源，尤其金融人才和资金，平台要有自我成长的商业机制，这样整个科技金融产业链才能良性循环，产生更大的经济与社会效益。这也是财大园下一步要努力的方向。

二、园区小贷平台：科创小贷公司

杨浦科创小贷公司由财大科技园作为主发起人，新华传媒股份有限公司等十家具有较强实力的公司共同出资组建的专业贷款公司。是经上海市金融办批准设立的杨浦区首批试点，是全国首家由大学科技园发起的小额贷款公司。公司注册资本金为人民币 1 亿元。公司秉承"服务地方，回报社会"的宗旨，通过各种类型的信贷创新，为创新型企业提供高效的融资渠道。

三、园区股权投资平台：邦明股权投资

财大科技园培育的邦明资本（集团），无疑是科技投资领域的

一匹"黑马"。"邦明资本,投资有道",这一"后起之秀"的迅速成长,令业界人士刮目相看。①

2010 年,复旦大学经济学博士、创业导师蒋永祥受财大科技园创业政策的吸引,创办了邦明资本,走上科技股权投资的创业之路。"投资投人投未来,做事做人做品牌"。基于这一经营管理理念,邦明资本吸引了复旦大学经济学博士王爱民、上海交大EMBA 投融资专家石方勇、海归投融资和电子商务博士黄兆军等业界精英合伙人加盟,打造出一支集经验眼光与理性睿智于一体的高素质团队。创业之初,邦明资本定位于"科技＋成长"、"园区＋创业"型企业的股权投资,并提供战略咨询、融资并购顾问等增值服务的"一专多能"金融服务公司。

根据管理人的专业投资经验和市场发展机会,公司将投资领域锁定为信息技术、节能环保、现代服务、健康医疗等产业,重点投资处于成长期及部分初创期的科技中小企业,单个项目投资额多在 500 万元至 3000 万元之间。

2012 年,经营数字出版的上海红菱在邦明资本专家团队的建议下,迁入财大科技园发展。邦明资本虽然只注资 200 万元,但在专家团队的悉心指点下,短短一年时间里,上海红菱呈现良好增长势头,并吸引了新加坡公司前来洽谈入股。

原注册在闸北区的"上海四方"是一家锅炉生产企业,曾经许多投资机构考察后纷纷摇头。而 2012 年,经过邦明资本的股权注资、政策对接和股交中心挂牌等经营策略调整,公司当年销售额达7000 万元、利润达 900 万元;2013 年,公司业务呈现爆发式增长势头,预计年销售额可达 1.5 亿元,利润达 2000 万元。尝到甜头的"上海四方"将公司注册到财大科技园,成为本区引进的又一个发

---

① "以金融创新引领科技创新——上海财经大学国家大学科技园",记者:周琳、毛信慧,杨浦时报 2013 年 9 月 3 日

展潜力巨大的科技型成长企业。

在区各相关部门和园区办的支持下，邦明资本从入股第一家上海蓝光科技有限公司起步，以锐利的战略眼光挖掘了青岛海泰、上海华虹计通、四川久远新方向、青岛天人环境、上海美东生物等十多家被市场低估的科技型成长企业，通过股权投资向企业注资"输血"，并为企业提供战略管理及并购上市的顾问服务，帮助科技型企业走上稳健发展的轨道。

在帮助科技型、成长期中小企业的同时，其自身也得到迅猛发展。目前，邦明资本已拥有三家子公司、一家研究所和管理五个基金，专业化咨询顾问服务涵盖战略咨询、管理顾问、财务顾问、融资并购、上市顾问等内容。

四、风险性投资平台：上海财能信息有限公司"银融通"网

上海财能信息科技有限公司成立于 2011 年 7 月，是商业银行融资产品研发，科技园区中小微企业智能化融资与财务管理、贷后风险动态智慧化跟踪预警与地理信息、物联网智慧化信贷风险规避的新型战略研究公司。公司通过在云端的海量异源数据库平台建设和数据挖掘技术结合领域专家知识，在物联网和智慧地球背景下向金融机构和企业提供融资与动态风险管控一站式金融"智慧解决"方案。

财能公司现有员工 21 人，60％以上具有硕士、博士学历，由美国诺顿商学院、香港中文大学、上海财经大学、华东师范大学、同济大学等国内外知名高校硕博团队组建。财能科技依托上海市征信研究院、财大金融学院、财大中小企业研究中心、华师大物联网研究中心、和财安金融产品研究院，通过业务运作将高校科研成果转化为政府现代化信息管理的工具和企业创新的源动力，立志将企业打造成为政府决策咨询智囊和中小微企业金融信息化服务

专家。

（一）财能公司致力于中小微企业金融服务

财能科技成立以来，先后与世界银行、亚洲开发银行、中国工商银行深入交流探讨完成了中小微企业贷款风险核心模型研发，与财大金融学院、中小企业研究中心合作完成基于科技型企业商业银行贷后风险调查与研究。财能科技提供的产品和服务有：线上智能化融资产品查询与推荐、线上贷款智能化一站式解决方案、商行融资产品数据挖掘、企业在线财务管理与理财分析、企业在线会计与法务咨询、银行贷款企业财务与经营信息数据挖掘、商业银行中小微企业贷前智能化调查与信息核实、银行信贷人员出行管控与路径规划、多维度多层次贷后动态风险预警等。

（二）研发科技金融创新平台"银融通"网

财能科技认为，解决小微企业融资难问题，需发挥上海的金融优势，构建银企对接的小微企业规范化财务管理系统。小微企业信用融资管理系统必须具备以下目标功能：一是规范小微企业财务管理；二是保证商行小微企业贷款数额与需求相匹配；三是实现商行贷后风险预警机制。

财能公司以自己实践经验主动为政府献策，2012 年初为上海市政府提供内参，并得到市领导屠光绍批示"请金融办阅。建议对小微企业信用融资管理系统的实际运用情况做些调研，通过总结对一些好的做法进行宣传推广。"[①]市金融办自接到屠光绍市长批示后，将中小微科企的融资服务作为工作重心，鼓励各科技园区先行先试，根据实际需要，创新中小微科企的融资模式。如杨浦创业

---

① 引自财能信息科技公司内部资料影印件

中心融资平台、复旦科技园融资平台等,都作为市金融办在杨浦的科技金融服务试点平台。

(三)"银融通"科技金融平台的功能

财能"银融通"是财大与华师大硕博团队,经过深入调研打造的园区企业贷前融资产品信息挖掘、商行融资产品智能化筛选,银行人员智能化贷前调查与贷后动态风险预警的智慧化信息系统。"银融通"旨为科企在原有园区线下融资服务基础上,提供了更为便捷、丰富的线上融资与创新服务。在公司长期数据积累情况下,通过整合园区小微科企、区内金融机构、贷款融资产品、资本市场、行业资讯、政策法规等多维度信息,架设科技型企业信息基础数据库,结合在线融资诊断和OTO专家咨询等方式,建立政府、金融机构、产业园区、科企之间的无障碍信息化桥梁,推动科企金融产品创新与金融支持模式创新,畅通银企对接渠道。

第五节　上海理工大学科技园融资平台

上海理工大学国家大学科技园是由上理工、杨浦区政府和上海市科协联合投资组建。强强联手的战略投资者的合作,园区积聚了社会优质资源,具备了专业、人才、政策等多方面综合优势。

理工科技园总占地面积5万平方米,科技产业用房建筑面积约4.5万平方米,入驻企业542家,是一个低容积率生态型高科技园区。2009年4月,理工科技园先后成立了位于安徽省蚌埠市高新技术产业开发区,规划面积10万平方米的理工科技园蚌埠基地;位于本区水丰路180号,总面积2500平方米的理工园延吉大学生创业家园。至2013年底,三大基地共计拥有注册企业718

个,其中 2013 年度新增企业 141 个。

园区坚持依托上理工强势学科,坚持"先进制造业的科技引擎"这一总体定位,以光机电一体化研发为特色,运用上理工技术转移中心平台,深化产学研一体化战略,大力鼓励生产型服务业发展,致力进一步完善服务体系。通过综合服务实现对企业、区域的增值体系,打造上理工国家大学科技园的品牌。

2013 年,园区通过技术成果转化平台完成 198 个技术转移项目,合同总额为 3536 万元。园区实现区级地税 1734.2 万元,全口径国地税合计 5105.1 万元,并获得杨浦区招商先进单位奖励。

理工园的金融工场 2011 年底建立。据理工园投资部总监介绍,园区之前有帮助企业融资案例,但问题是,因为将园区优质企业介绍给社会上的风投进行股权融资,对好企业来说,企业的经营管理就受到太多制约;对眼光短浅的企业来说,就马上买地建房,把流动性资本当成固定资本,加大企业风险。因此,理工科技园建立自己的融资平台,借鉴本区 3 个园区融资平台特点,充当园区财务公司,开始园区融资平台运作。

一、园区建立企业、金融资源库

理工科技园运用信息管理云计算平台对企业运营绩效、财务状况、服务需求、服务在线和网络办公等 10 大功能模块进行分析。该平台能够实时分析园区企业的运营数据,服务信息提取分析,提高科技园区服务企业的能力和专业化程度,并对科技园区实现数字化、信息化、动态化和精细化管理提供有效支撑。理工科技园对每个企业建立信用档案,园区企业约 300 多家正常经营。同时,在金融工场平台上,集聚大量银行、小贷公司、担保机构,以及其它市场融资渠道。对银行等金融机构进行产业、投资规模等进行分类。对企业的融资建立在深入的企业信息与研究基础上。

二、园区建立"金融工场"融资平台

理工园的"金融工场"，是结合了各科技园融资平台的长处，规避自己的短处：资金、人才的缺乏，根据园区实情而建立的，其特点是"复旦＋同济＋财大"模式，即复旦园的企业数据库、同济园的直接帮助企业融资、财大园的风控把握，做园区企业的财务公司。

（一）"金融工场"是园区财务公司

理工科技园联合杨浦区政府担保中心、商业银行、投资公司等机构，设计和建立符合企业的融资服务；针对中小型企业，则有专业投资管理团队帮助企业分析发展过程中的财务状况及资金需求，完成企业商业计划书，充当企业"财务总监"，代表企业和投融资机构洽谈等。"金融工场"引进风投基金，但不要风投过多干预企业。因此，有些风投就止步园外。在风投股权融资中，金融工场做企业的财务顾问也签合同，融资成功抽成1%。

（二）以间接融资为主

"金融工场"以间接融资为主，就可依托园区金融服务体系提供完备的企业信息资源。间接融资对轻资产科企，一可促使企业规范经营，二可降低融资成本。在2012年的基础上，金融工场除了继续与中国银行五角场支行、上海创业接力担保融资有限公司等进行合作之外，2013年与光大银行、宁波银行进行合作，让金融机构深入了解企业的真实情况，从而帮助企业获得间接融资。2013年，园区企业爱控自动化、天剑电磁、盈佳机电、六通科技等企业均获得园区融资平台的扶持。园区企业上海华之邦能源科技有限公司今年通过光大银行/浦发银行＋接力担保公司的"科贷通"模式获得间接融资金额 200 万元(光大 100 万、浦发 100 万)的同时还获得 500 万元的风险投资金。有了资金的扶持,企业的整体实力得到了大幅度的提升。

(三) 金融工场科技金融服务出成效

上理工园区在金融工场成立不到 3 年的情况下,科技金融服务取得明显成效。以 2013 年为例,通过金融工场平台,服务企业获得各类补贴 26 万元;服务企业获得风险投资 500 万元;服务企业获得间接融资 3390 万元、服务企业上市 1 家。

1. 积极推动园区多家企业对接资本市场

政府针对"新三板"的相关补贴政策出台,园区符合条件的企业也越来越多,金融工场平台根据企业实际情况,有针对性地进行推广宣传。金融工场对企业发展战略关心多。园区主要负责人本身是企业经营者,有丰富的市场经验。根据企业系列报表,以及联络员等其他管理者"首问责任制"发现机制,寻找经营好的企业进行上市辅导。在企业整个上市过程中在公司战略规划、券商推荐、推进股改工作、申报补贴等方面,帮助企业在成功对接资本市场进行了大量的工作。

2013 年成功实现上海天呈医流科技股份有限公司挂牌新三板。另有上海盈佳机电科技有限公司、上海优熠电子科技有限公司、上海华之邦能源科技公司等企业也在积极筹划股份制改革。同时,协同上海普国投资公司推进西锐重工、上海海蓝水处理和上海天悦化工科技公司筹划上海股交所的挂牌工作,上海创塔电子科技公司挂牌股交中心 Q 板。

2. 积极协助大学生创业企业争取政府资助

"金融工场"还积极协助大学生创业企业争取各类政府和机构的资助,2013 年共有 7 家创业项目获得区人社局各 3 万元创业扶持资金，两家企业获大学生创业实训基地的"微创新苗"称号，另有 5 家获得 YBC 的资助。

第六节　上海创业者公共实训基地金融平台

中国(上海)创业者公共实训基地是上海市人力资源和社会保障局、杨浦区人民政府历时三年共同规划建设，总建筑面积超过11万平方米。迄今为止，基地是国内首个由政府设计的专门为创业者提供服务的公共实训平台。2007 年，实训基地被原劳动和社会保障部冠名为"中国(上海)创业者公共实训基地"，2009 年 11月 10 正式揭牌。

一、实训基地主要平台

基地以政府扶持为基础，以专业管理为手段，以公益服务为内容，以市场运作为目标，以产品试制为根本，以平台服务为载体，共集聚了六大平台：产品实验试制平台、创业能力实训平台、创业企业孵化平台、创业指导服务平台、职业技能实训平台、国际培训平台，免费供创业者使用。

为了实现提升劳动者创业能力和职业技能目标，基地的创业产品实验试制平台，面向创意产品、信息技术、电工电子等创业方向，降低成本，缩短开发周期；基地的创业能力实训平台，引进全球模拟公司创业实训技术；基地创业孵化平台，为大学生创新创业提供软硬件设施；基地的创业指导服务平台，提供专家咨询、商务对接等八大专业服务；基地的职业技能实训平台，为高技能人才培养提供实训环境；基地引进国际培训平台，集聚国际先进培训项目和证书认证。下面简要介绍前三类平台。

（一）创业产品实验试制（小试）平台

打造创业与试制平台：完备的试制设备、多元的试制平台、优良的试制环境、专业的试制技术辅导、完善的试制服务体系。

创业产品实验试制平台以科技创业为重点，面向青年大学生，为他们提供创业的公共测试环境、研发设备和综合服务，通过小试促进研发成果转化为有形产品，使创业创意产品面向市场。平台支持的产业方向综合考虑了上海产业发展方向、创业难易程度及创业热点等因素，初步选定了三大方向，建立创意产品试制平台、信息技术试制平台、电工电子实验试制平台。

（二）创业能力实训平台

其基本功能是为创业者营造真实的创业氛围，综合提升创业者知识的运用能力，独立创业的经营能力，项目市场化能力，以及创新创意能力。

平台引进国际间流行的基于"模拟公司"的实训模式。模拟时，除商品和货币是虚拟的并且不发生实体位移外，其他如票据、账册、操作方式、核算办法等均按照现实经济活动中通行的做法设计和运作。学员在其中可经历全部业务操作流程，了解和弄清其各环节之间的联系，受到包括人力资源管理、财务、市场营销、采购等各方面能力的锻炼，而又不必承担任何经济活动风险。

模拟公司运作的基本方式是在"工作岗位"上的学习。由培训师充当经理，带领学员组建成模拟公司，学员可以真实地进行资金往来、财务预算、税务登记、海关申报等重要的经济活动，在模拟经营中达到岗位实训的效果。

（三）创业企业孵化平台

实训基地有两类创业示范地：国资型的如天使基金创业园、民营型如创新工场等。

1. 大学生创业示范园

基地专辟 1.2 万平方米的实训 3 号楼，打造国家级大学生创业示范园，园区建有"创业前—创业苗圃—卵化器—加速器"四级孵化体系及涉及多个领域的专业孵化服务平台。大学生创业示范园集创业实训、创业孵化、创业辅导等软件服务和创业场地、创业设施等硬件条件为一体，采用"创业导师＋专门孵化＋资金集成"的服务模式，为入驻园区的大学生创业（项目）提供了全方位的专业化、公益化服务。杨浦创业中心和复旦科技园孵化器负责管理运营大学生创业示范园。

2. 创新工场上海基地

创新工场成立于 2009 年 9 月，是一家致力于早期项目、把投资和孵化融为一体的孵化投资机构。创新工场重点投资领域包括互联网、移动互联网、电子商务以及云计算。实训基地的创新工场利用 IT 领域的专业知识，采用一种"天使投资十全方位孵化"的全新孵化模式。它通过针对早期创业者需求的资金、技术、市场、法律、培训等提供一揽子服务，帮助初创型公司顺利启动和快速成长。同时，帮助创业者开创一批最有市场价值和商业潜力的项目，进行研发和市场运营。当项目成熟到一定程度后，自然剥离母体成为独立子公司，直至最后上市或被收购。

3. 天使基金创业园

天使基金创业园，是由上海市科委和教委牵头组建、上海市政府全额拨款资助的全国首家从事推动大学生进行科技创业活动的非营利性公募基金会。基金会致力于开展创业项目资助、创业文化传播、创业教育及创业研究等工作。通过基金投资资助大学生创业项目，推动高校科技成果转化；开展创业培训活动，激发大学生创新精神，切实提高创业者能力和水平。

二、实训基地对科创企业的财政与金融支持

为进一步优化创业环境,提升服务水平,基地对认定的大学生创业园提供建设开发费补贴,对经评审的预孵化项目给予一定的资金扶持;提供创业前的小额贷款担保、开业贷款担保以及初创期创业房租补贴、社会保险补贴以及用工补贴等服务。

(一) 出台补贴政策、引入政府扶持资金

实训基地完善推广基地三级孵化体系,对符合条件的项目和园区,给与相关扶持 3—10 万元创业启动资金,8—12 万元场地补贴,以及在创业测试、专家指导,成果转化、信息支持、产品培育等方面给予优惠政策服务。

引入上海市大学生创业企业信用担保基金,上海市大学生创业投资接力基金等非盈利性公募基金会及杨浦国家创新型试点城区投资联盟。引入中国青年创业国际计划(YBC)项目,为青年创业者提供 3 至 5 万元的创业启动资金,对于特别优秀的项目可放宽至 10 万元。引入科技创业人才资助基金(鼎元资金),对符合条件的项目提供最高不超过 10 万元的资助资金。

(二) 引入杨浦创业中心的类金融机构

实训基地已开拓了各种融资渠道,包括政府引导基金、股权投资基金、投贷联盟等创新金融产品,以及小额贷款公司、融资担保基金、培育上市等多元化融资渠道来满足不同企业的融资需求。为解决初创期企业资本缺乏、融资困难,实训基地引入创业中心的杨浦科创小额贷款股份有限公司,其服务内容不仅包括传统的资产抵押融资,还使用创新的小额信用和股权质押融资。同时,引入创业中心的"寅福基金",确保资金投向成长性高的在孵企业。

三、大学生创业系列基金：关注优秀天使期的科技项目。

上海市大学生科技创业基金会成立于 2006 年 8 月，已落户杨浦十周年。其下属的创业接力集团，通过"接力基金"与"接力天使"，管理着超过 15 亿元规模的资金。在吸引社会资本参与创业杨浦、引荐优秀投资机构参与创业杨浦、主导投资并引导创业企业参与创业杨浦和创新投贷保模式服务杨浦中小企业等方面均带来了示范效应。

大学生创业基金有两种投资形式：一是股权投资，时间 2 年，与天使基金、风险基金合作，依托大学科技园筛选优秀小微企业。二是债权投资，与银行合作，由银行代审。

（一）大学生创业基金

大学生创业基金的资金来源：市教委、市科委出资；其中，创业基金大学科技园分基金的资金来源：增加了大学、区政府出资，资助对象主要针对本校、本区创新创业企业。

创业基金项目：来源于市科委创业中心。基金秘书长由市科委创业中心副主任担任。基金审核严格：债权融资的创业项目，先由科技园初审，主要审核项目的技术可行性、市场可行性；继由基金复审，主要审核项目与资金匹配度；最后银行代审，这一关主要审核企业征信情况。

（二）大学生创业接力基金与亚商创投

大学生创业之后，如果没有一个接力资金继续扶持，可能就会半途而废，因此，实训基地引进大学生创业接力基金并形成一个投资集团。

1. 系列接力基金

接力天使基金来源：主要政府、社会的天使基金、风险基金构成；接力天使基金面向初创型企业，进行市场化操作，一般股权投资 20—50 万，接力天使如果投 50 万以上，股权也不超企业自有股权 50％。

截至 2016 年 9 月底，"天使基金"累计接收 5625 个创业项目申请，资助项目 1536 个，其中，有近 50％落户杨浦。

接力 PE 基金：3 亿元，由早期政府引导基金投入，后期市场募集形成 PE 基金，平均投资 500 万；已投资 15 家企业。

从大学生创业基金实践上看，有无财务管理，决定投资的顺利与失败。大学生没有财务概念，资金公私不分进入私人账户。大学科技园比较重视小微企业的财务管理，如同济科技园孵化器给予小微企业代理记账服务，因此，同济孵化器无一笔坏账，园区基金投资全部退出。

接力服务：主要对被投创业企业进行日常服务，属于公益性服务。在大学科技园创业企业服务方面，复旦、同济、上理工、电力科技园因为有专业化服务团队，做得较好。

2. 创业加速器与亚商创投

创业加速器：下设 5 只子基金，规模 6 亿元，单个项目投资 1000 万左右。由上海市大学生创业基金会与亚商集团共同投资组成。亚商创投是亚商资本旗下管理的成长型基金。创业加速器是亚商资本旗下管理的早期创业型基金。

创业加速器的股东汇聚了众多成功的一流创业家、企业家和投资家，如杉杉集团董事长郑永刚；红杉资本创始合伙人沈南鹏；易居中国董事局主席周忻；MOTEL 168 总裁沈飞宇；原高盛全球合伙人徐子望；美特斯邦威董事长周成建。是国内首家致力于扶持创业和成长期企业，为企业提供投资和管理服务的专业投资服务机构。

亚商投资已在上海、北京、成都、浙江多地等设子基金。自 2001 年以来先后投资了近 100 家中国企业，近二分之一已通过中小板和创业板 IPO 挂牌或战略性并购成功退出，创造了高于行业平均水平的回报。亚商资本历年入"中国创业投资机构 50 强"；2014 年 1 月，在由上海股权投资协会主办的 2013 股权投资年度评选上获得"PEAS 2013 年度最佳投资机构 TOP 10"。

（三）接力担保基金

上海创业接力融资担保有限公司，由上海市大学生科技创业基金会、浙江中新力合股份有限公司和创业加速器投资有限公司共同发起设立，注册资本人民币 2.4 亿元，是上海市融资性担保行业规范发展以来首家获批的融资性担保机构。

为解决科技型中小企业融资难题，接力担保，开辟了新的路径，创设了"科技微贷通"、"园区贷"等 20 余种信用贷款产品。

1. 接力担保受到上海市政府重视

创业接力融资担保主要服务于科技型中小企业，旨在探索一条金融与中小科企发展相结合的新路径，为上海地区广大中小科企解决融资难题。自 2011 年 4 月成立以来，创业接力融资担保受到了上海市政府相关领导的大力支持和关注。

2. 接力担保的业务特色

创业接力融资担保经过数年发展，已初步形成自身的发展特色。一是坚持服务中小科企定位，将目标客户锁定于融资额 500 万以内的中小科企。二是以企业基本面为依托，提供以信用担保为主的债权融资模式。三是创新系列信贷与担保产品，如科技型中小企业履约贷款担保、科技园区贷等。

3. 接力担保取得的成效

在服务中小企业融资需求、接力担保做大市场的同时，实现社会资源集聚效应，为其他金融服务的延伸打下基础。

（1）开拓市场，合作伙伴近悦远来

自 2011 年 7 月份正式开展业务以来，到 2013 年创业接力融资担保已与 20 余家银行建立了合作关系,获得授信总额 28 亿元,大大超过了其注册资本的授信额度比例,为科技型中小企业集聚了雄厚的优质信贷资源。为全市近 200 家科技型企业提供了融资服务,累计融资金额超过 6 亿元,户均约 300 万元,且 55％ 以上为纯信用担保,小微科技型企业占 90％ 以上,行业涵盖电子信息、节能环保、新材料、文化创意、现代服务业等。

(2) 弱化抵押,反担保措施灵活多样

创业接力担保在为科技型中小企业提供担保业务时,并不是看重其抵押物,更多注重其未来的还款能力。通过对中小微科企未来现金流的分析和预测,评判公司偿债能力,最后决定是否提供担保以及担保的额度,同时根据企业所处行业和发展阶段,设计有针对性的反担保措施,如个人信用担保,股权质押,知识产权质押,订单、应收账款质押设备或存货抵押等等。目前,公司的纯信用担保比例占到了 55％ 以上,未来这一比例将会继续扩大。

(3) 专注产品,担保业务批量集中

创业接力担保不断开拓创新,针对科企特点,开发了科技贷、园区贷、集合贷、投贷通和合作贷五大类十余种产品合作。以科技型中小企业履约贷款担保为例,履约担保由政府、银行、担保公司共担风险,比例为 25％,30％ 和 45％,企业还款后还可享受政府 1％ 的保费补贴,有效降低小科企融资成本。自开展履约担保业务以来,不到一年就为 80 家科技型企业提供融资服务,融资金额 2 亿元。平均担保额 300 万,85％ 以上企业为信用担保。

(4) 创新"投保贷联动",金融资源有效集约

"投贷保联动"模式一举打破传统担保中"银行、担保、小企业"三方信任困境,成功实现了"在经营风险的同时经营价值",能够有效帮助小微科企从担保融资难中"脱困而出"。投保贷联动的创新模式特点可以归纳为"担保增信、投资增值、分享成长、对冲风险"。

在创新实践上,以担保为载体,积极调动银行、风险投资等各

方资源,实现风险分级,构建多层次融资体系,在优化金融配置效率的同时稳妥而积极的开拓担保业务。公司通过实践"债转股"、"担保换股权和期权"以及"分红权"等多种投保贷模式,为近 20 家科技型企业提供了投保贷联动服务,成功实现了融资风险与融资成本双重降低,金融服务资源与科技型企业共同成长。

(5)着眼未来,构建金融服务生态链

从担保业的发展趋势来看,担保的"单兵作战"必将走向与政府、其他金融机构的"联合作战",逐步与"银行、风险投资、资产管理"等融资服务整合起来,并最终将上述金融要素实现有效集聚,服务于中小企业。在实践中,创业接力融资担保一方面正在积极的扩大客户群、提高自己影响力,另一方面也在以担保为契机,以创新型金融产品为切入点,不断的探索集聚资源的有效方法,从而逐步打造专注于科技型中小企业发展的金融服务生态链。

4. 创业接力小贷

是由创业接力担保主发起设立,面向科技型中小微企业办理相关融资及咨询服务,与创业接力担保合力构建科技型中小微企业的短期及中长期信贷一站式融资平台。

目前,"接力担保"与"接力小贷"共注册资本 3.4 亿元,目前累计已为超过 700 余家科技企业提供了超过 30 亿元的贷款融资,其中服务杨浦的担保额总计 6 亿元,服务杨浦中小企业客户近 150 家,超过 30 家企业有股权投资,形成了推动投贷联动的小平台。其中,服务杨浦中小企业的创智一号信贷产品曾获市金融办颁发的"金融服务创新奖"。①

---

① "EFG 携手'全球创业周'落户杨浦十周年",记者:叶佳琦,杨浦时报 2016 年 11 月 24 日

第十章

杨浦技术转移、交易市场平台集聚

　　资本首先是对接技术项目而非企业，资本的加入才使技术拥有者创办企业。杨浦先行先试发展以大学科技园为基础的"上海技术产权交易中心"，使技术产权、企业股权转让交易更便捷、资本进入退出渠道更畅通，成为市场体系中最能促进科技对接资本、促进"创新驱动、转型发展"的要素市场，"努力把上海建设成为具有全球资源配置能力的市场网络枢纽中心"[①]。

　　上海主要技术转移机构集聚杨浦，皆因杨浦具备其他城区所没有的优势：

　　一是技术市场供方、需方规模庞大。杨浦有 10 余所大学和 150 余家科研院所，科技研发力量雄厚，专利集聚；7 家国家大学科技园及几十家科技与创意园区，科技孵化、产业化功能突出，技术商品丰富；6 千余家科技型中小企业则是杨浦技术交易、科技金融服务业赖以立足的基础和服务对象。

　　二是杨浦集聚了许多国内外著名的银行和非银行 VC、PE 机构，集聚了一批市场中介机构，这些投融资和中介机构看中杨浦科技研发与产业化环境，愿意在杨浦寻找投资项目，科技金融要素

---

　　① 23 次上海市市长国际企业家咨询会议："建设具全球资源配置能力市场体系"。文汇报 2011 年 10 月 31 日头版

充裕。

三是国际技术产权交易机构。杨浦已有国际化的"联合国南南全球技术产权交易所"；及"上海高校技术市场"、"上海市知识产权园"等要素平台；有复旦、同济、理工等十几所大学、几十家科研院所的技术转移部门，建立国际化的上海技术交易中心已有实力基础。

第一节　上海高校技术市场及高校技术转移平台落户杨浦

如何做活落户杨浦的高校技术转移、交易机构？关键前提是：如何鼓励高校实施专利成果转移转化的考核体制改革及股权激励政策，增加技术项目源头活水；支持高校发展学科部门企业化运作实体和技术转化人才队伍，培养"技术经纪人"；通过园区"联络员＋辅导员＋创业导师"企业服务征信体系，培养"企业经纪人"；通过对专营机构优惠政策，吸引更多的中介服务、科技金融机构与人才落户杨浦，培养"金融经纪人"，为技术交易提供中介、金融服务。同时，帮助市知识产权园管辖归属权统一，与区域内大学、科技园、技术产权交易机构的知识产权服务平台功能合作，完善知识产权保护、交易平台。

当技术交易项目源头充裕、"企业经纪人"、"技术经纪人"与"金融经纪人"队伍健全、技术交易市场层次结构完整，及知识产权保护完善，特色科技金融——国际化技术产权交易市场的发展水到渠成。

一、市区合作技术转移平台：高校技术市场落户杨浦

上海高校技术市场在教育部科技发展中心、科技部火炬高技

术产业开发中心支持下，由上海市教委、科委、杨浦区人民政府共同主办，于 2010 年 1 月 16 日正式开幕。市教委科技发展中心受三方主办单位委托，承担上海高校技术市场建设和运行的具体实施工作。上海高校技术市场位于国家创新型城区杨浦区，是高校与城市结合、科技与市场结合的创新，有利于积极探索技术成果交易规律，完善技术转移的体制和机制，在技术市场的建设和运行中争取重大的突破。

（一）高校技术市场的功能定位及运作模式

上海高校技术市场是政府搭建、常年设立、开放的产学研公共服务平台。上海高校技术市场由展示平台、信息平台、洽谈平台和服务平台构成。三大活动主体是技术需方、成果供方和交易服务方，已发展成员单位 103 个，其中供方 45 个（国内外大学），需方 50 个（以长三角为主的地区科技经济管理部门或行业协会等），中介服务方 8 个，是一个各参与方积极联络，互相支撑，互相作用的产学研合作组织网络。

（二）高校技术市场成立以来的运作成效

高校技术市场成立以来，以杨浦为立足点，以高校知识服务团队为服务主体，以高校技术经纪人为中介，产学研紧密结合的技术转移工作，从上海市区辐射到长三角，取得良好成效。

1. 拓展社会需求网络，扩大高校产学研合作服务面

利用上海市教委科技发展中心的跨系统、跨行业、跨地区的合作关系资源，以上海高校技术市场为平台，拓展了与本市区县及长三角地区政府科技与产业管理部门的合作面。平台陆续与上海市经信委中小企业办、上海市科技促进会、广东省东莞市、山东省烟台市、福建福州市等地（市）科技局建立了产学研合作联盟，目前已在 70 余个地区建立产学研联盟（工作站），促进了高校与企业的交

流与合作。

2011 年，上海高校技术市场平台，组织各类产学研合作活动 40 次。2012—2013 两年组织高校服务上海地方中小企业成功对接项目 2844 个，实现横向科技经费 7.34 亿元。特别是在服务广东东莞经济中，仅先进制造模具一个项目就拉动当地 GDP 产值 20 多亿，产生了很大影响，2013 年同济大学"超材料"项目与东莞市合作成功，总标的达 1.2 亿元，并获无偿提供 1 万平方米孵化研究用房。

2. 组织产学研合作与项目对接活动，助推科技成果转化

上海高校技术市场围绕需求，组织采集高校科技成果可转化项目，不断生成高校技术供方资源。2012 年从全国高校和上海高校遴选各类科技成果项目 700 余个，通过产学研合作平台源源不断面向区域经济推介辐射，吸引了上海高校和有关政府部门、行业协会、企业人员的共同参与，在高校和地区（包括企业）中产生了一定影响，签约了一大批合作项目。2012 年上海高校技术市场共组织校企合作 30 余场，达成高校与企业意向合作 400 余项，2013 年又组织各类产学研活动供需对接专场 34 个，达成意向合作 400 余项，开创了高校开展知识服务社会的新局面。

3. 组建高校技术经纪团队，促进技术项目转化

上海高校技术经纪有限公司已注册在"市场"内，公司已有 277 名注册的技术经纪人，为上海高校提供全方位的技术开发、技术咨询、技术服务和技术成果转让中介服务。设在"市场"内的技术合同登记办公室也为区域内高校的合同登记和管理提供就近、便捷、周到的服务。

2010 年 9 月，通过上海市教委立项，选定 5 所高校（华东理工大学、东华大学、上海大学、上海理工大学、上海第二工业大学）作为试点，在电子信息技术、先进制造技术、生物医药和医疗器械技术、新材料及其应用、新能源与高效节能技术、环境保护与资源综

合利用技术等六大技术领域遴选了 19 个首批高校知识服务试点团队。知识服务团队由大牌教授和学科带头人领衔,为上海高校技术市场增添了一支很具活力的供方知识服务队伍,增加了 166 项成熟度高、可实施转化产业化的项目,是市场培育和集聚又一批新供方资源。19 个团队按照组建要求,注重加强对项目的推介和转化,精心组织市场推广。

据统计,2010 年 9 月至 2013 年 8 月三年间,共签约项目 1403 项,项目经费达 9.97 亿元。团队签约项目的平均金额为 71.04 万元,是同期上海高校认定登记合同平均金额(32.68 万元)的 2.2 倍。团队集聚人才和技术优势,扎扎实实将承接项目付诸实施,三年内共实施和完成项目 1166 项,完成项目金额为 4.24 亿元。通过团队建设对推动高校增强服务社会起了积极的导向作用。

(三) 高校技术市场转型之路: 激活市场化

2014 年,上海宣布打造要全球影响力的科技创新中心,高校是必须深挖的"资源"。为了让更多促进高校科技成果转化的政策释放更多"红利",上海高校技术市场的转型已提上议事日程,最大的改变将是该市场的运行方式——将实现公司化运作,打造技术转移的完整服务链。让高校做自己擅长的研发工作,其余的交给市场和资本。在这个市场上,高校和研发机构、企业以及技术经纪、风投等中介结构可以各取所需。转型后,上海高校技术市场将从"虚拟市场"走向实体市场,作为独立法人单位自负盈亏。最重要的是,技术市场的评估咨询体系将发生重大变革。一项科技成果价值几何,今后真正由市场定价,而非专家评估定价。[①] 目前,上海高校技术市场已成为中国技术转移东部中心的有机组成部分。

---

① "上海高校技术市场谋求转型——告别事业单位管理拥抱市场转化成果",文汇报 2015 年 1 月 11 日,记者:樊丽萍

二、上理工技术转移机构案例

杨浦驻区高校主要有复旦大学、同济大学、上海理工大学、上海电力学院、上海海洋大学5个技术转移中心。其中，上理工大学技术转移中心被命名为"国家级技术转移示范机构"。

上海理工技术转移中心成立于2007，以上理工技术转移有限公司为运营实体，以上理工国家大学科技园为产业基础，整合学校高新技术资源，紧密依托技术中介服务，面向企业实施产业化运作的机构；是集投融资、项目开发、产权管理、技术转移、技术服务、技术咨询、国际技术合作为一体的经营实体。上理工技术转移中心已开展了800多项技术开发、转移等项目，合作伙伴近500家企业，合作地区遍及全国20个省市，合同金额近3亿元。

1. 中心是以先进制造业为产业特色的产学研转化平台

上理工技术转移中心是以推动高校的科技、人才、信息等资源与产业结合将先进实用技术向企业转移，加快以企业为主体的技术创新、体系建设，提高企业竞争能力；促进利用先进技术，改造和提升传统产业技术水平，加快发展先进制造技术企业、优化和调整产业结构，推动产学研联合向纵深发展，探索并打造一个在市场经济条件下的"先进制造业的行业技术转移平台"。

2. 中心建设各类共性技术专业服务平台

上理工技术转移中心开展综合性技术转移服务的同时，聚焦重点产业，侧重对光机电方面的共性技术提供专业服务，完成建设"上海光机电集成技术研究院"，"数控机床优化技术专业服务平台"、"面向光电子行业公共技术服务平台"、"第三方技术产权交易信息服务平台"。

3. 中心构建工作站网络辐射长三角服务中小企业

上海理工大学技术转移中心围绕新能源、绿色经济、低碳经济等国内外高度关注的若干关键领域，积极挖掘学校六大学科群优势资源,参与服务区域经济和产业经济的战略合作,还在上海市、长三角等地,建立了近20个技术转移工作站、院士工作站、国家大学科技园分基地,并涉足装备制造、仪器仪表、医疗器械产业、数字出版等产业,使以需求为导向的技术转移服务工作站网络形成规模。

4. 中心公司的绩效与荣誉

上海理工技术转移有限公司成立以来,无论技术合同交易数据、成功案例、取得的荣誉等,都能反映出该公司的运作取得较大成效。

公司成立7年来技术合同的统计数据

年份	上海理工技术转移有限公司合同数据统计表　单位:万元									
	技术开发		技术转让		技术咨询		技术服务		合计	
	项数	金额	项数	金额	项数	金额	项数	金额	项数	金额
2007	26	629.24	4	612.5	1	8	19	369.16	50	1618.9
2008	53	1012	6	544.5	6	30.4	53	1012	86	1801.58
2009	66	1928.2	17	996.7	27	453.2	54	319.12	164	3697.22
2010	51	1359.37	20	1167.2	21	275.25	80	517.26	172	3319.08
2011	61	2334.7	22	849.58	21	254.35	74	377.76	178	3816.39
2012	51	1235.88	41	1678.14	24	319.62	79	998.49	195	4232.13
2013	24	514.98	24	1091.47	22	382.65	140	1588.11	210	3577.21

从数据看,四项指标金额逐年增长,尤其反映技术研发成果的技术转移,体现技术产业化过程的技术服务,都有较大比例的增长。

理工技术转移公司获得较多荣誉:2009年被国家科技部认定为"国家级技术转移示范机构",2011年和2012年由中国技术市场协会授于国家技术市场金桥奖之"优秀集体"、"优秀个人",2012

年被市科委评为"上海市高新技术企业"。2013 年被市经信委评为"上海市中小企业服务与质量服务机构"。

第二节　中国技术转移东部中心落户杨浦

发达国家十分重视助推科技成果转移的技术交易平台的建设。目前，国际知名的技术交易平台包括：美国国家技术转移中心（NTTC）、欧洲创新转移中心（IRC）、德国创新市场（IM）、日本Technomart、韩国技术交易所（KTTC）、Yet2. com 等。从国际经验来看，目前成功的技术交易平台都具备广泛稳定的技术资源和技术服务网络，都是面向技术开发转移全过程提供专业服务、都是通过资本推动技术的开发和转移，且技术来源和技术转移范围日益国际化。中国要成为科创大国，技术转移平台必须后来居上。

一、建设技术转移东部中心的背景和条件

为扭转全国技术转移工作滞后于经济发展局面，全面、均衡布局技术转移网络平台，科技部火炬中心继北京中关村建立中国技术转移北部中心、深圳建立中国技术转移南部中心之后，已决策在上海建设中国技术转移东部中心。

（一）"以科技创新带动产业转型"是国家发展战略

创新驱动发展，经济转型升级是国家战略。坚持把科技进步和创新作为加快转变经济发展方式的重要支撑，改造升级传统产业、培育和发展战略性新兴产业、加快发展现代服务业，为技术市场加快发展带来了良好机遇。而落实国家战略举措，需要建设系列科技平台，如国家技术交易平台；国际高新技术推广应用平台；

高水平的技术实验、检测平台等等,是建设国家创新体系的重要载体。

(二) 上海是中国科技与金融体系最发达地区

与其他城市相比,上海具有国内优异的投资环境与地理条件,其国际经济、金融、航运、贸易"四个中心"建设吸引了国内外大量资源。同时,上海将建设亚洲太平洋地区知识产权中心城市,以推动知识产权资源集聚。在国内技术转移的供需上,江浙一带拥有大量的闲置资金和投资需求,也拥有大批优异的高校和科研资源供给,但长期以来缺乏统一的转化枢纽,大量的技术成果得不到有效衔接和转化,构成了供需无法匹配的矛盾。矛盾也意味着巨大机会,一旦枢纽打通,必定会为长三角经济圈产生巨大的经济效益。这些都构成了上海建设国家技术转移东部中心的环境和资源优势。

科技部"顶层设计"选择上海,是想通过上海科技、金融发达体系、自贸区的贸易优势,可以集聚全国、世界最先进技术;通过中国技术转移东部中心平台功能,将高技术项目转移、辐射制造业经济发达的长三角,辐射到中国传统产业最密集地区,重塑中国新型制造业高科技产业链;乃至最终以中国核心技术辐射至国外,向全球转移。

(三) 杨浦是上海最大的科教与创新创业中心

杨浦是上海唯一的国家级创新型试点城区,也是上海建设科创中心的重要承载区,科技部、市科委选择杨浦建立中国技术转移东部中心,是杨浦具有其它城区不具有的独特优势。

杨浦是上海面积最大的中心城区,集聚了复旦大学等 10 所高校及技术转移中心,150 余家科研机构、66 个国家重点学科和 22 家国家重点实验室,丰富的科教资源,给予技术转移丰富的项目来源和厚实的发展基础。杨浦已建成一批由孵化器为主的创新载体和一批技术创新服务平台。区域内有复旦，同济等 7 个国家级大学科技园，及几十家创业孵化器、文化创意园区，拥有完整的"创业苗圃＋孵化器＋加速器"项目孵化服务链。此外杨浦还有数个国家级高新技术服务中心和技术创新要素服务平台，包括研发服务、创业投融资服务、风险投资、知识产权服务、信息服务和人才服务平台，已成为上海市功能最完善、规模最大的创新载体，为技术转移项目的落地孵化与交易构建了重要的底层建筑。

二、中国技术转移东部中心的定位

中国技术转移东部中心定位分物理定位与业务定位两种。

（一）物理定位：新江湾城湾谷科技园

中国技术转移东部中心物理定位上海湾谷科技园。湾谷科技园是上海城投和市科委着力打造的，校区、园区、社区"三区融合"的创新示范区域，是复旦创新走廊的重要组成部分；也是世界高端科技人才聚集、企业研发总部云集、国际科技交流活跃、高技术服务业发达的现代科学新城。

园区地处新江湾城著名的"自然湿地"，丰富多样的生态系统，被称之为"天然氧吧"。园区自身精心布置的绿化植被、水景装置也为地区生态锦上添花。园区与复旦大学新校区紧邻，与财经大学、同济大学等高校相近，周边人才济济，为上海中心城区这片美丽的生态绿地抹上智慧的亮光。湾谷科技园配套全面：区域内道路全部贯通，交通涵盖内外环线，翔殷路、大连路隧道以及逸仙路高架，四通八达；多条公交线路快速直达五角场商务区、虹口足球馆、外滩等城市中心；轨道交通 3 号线和 10 号线穿越城区。园区内银行、邮政、咖啡馆、餐馆等生活设施完备，是创新创业者向往的圣地。

（二）业务定位：国际化、市场化、实验化、金融化

1. 国际化、市场化是上海国际大都市发展的主要特色

整合并有效利用国际先进技术资源是建设东部中心的使命。合作、学习国际技术，主导、并整合世界前列的技术转移机构是东部中心国际化发展的重要路径。东部中心可以引入国际知名的知识产权经纪商如 ICAP Patent Brokerage 等，带动技术转移市场化进程。

建立有效地市场规则，需要引导供需方企业进入规范的技术转移流程。鼓励并扶持有条件的高新技术服务业企业进入自贸区发展，例如提供适当的技术转移补贴，帮助企业先期获得国际领先的技术评估服务知识，使企业技术转移中介服务符合国际惯例，并以市场规则对接需要技术转移服务的公司。

2. 平台的实验化与金融化助推技术转移成功

鉴于技术与产业化之间有鸿沟，市场自发为弥补鸿沟来实现创新驱动，于是，有高校院所的横向课题现象，有市场上独立专业的 CRO 机构，有大学衍生公司等，它们通过不同路径来弥补鸿沟。

东部中心与产业界联合搭建实验平台（小试），尝试技术转移路径的重新组合。把科研院所的横向课题外部化，并创造更灵活的机制，也具备了 CRO 的能力，可以更直接地产生衍生公司，更好地设计衍生公司的架构，从而更好地获得资本支持。实验平台从产业视角来组织场地、设备资源和运营，甚至直接由产业界的工程科研人员和投资界的资本市场专家共同设计运营。东部中心以若干实验平台为载体，为弥补转移鸿沟而营造协同创新的小环境：技术源头的人和专利＋平台自身的系统架构人才＋产业界工程技术人员＋创新型小团队＋风险投资＋在产业界摸爬多年的商业人士＋渴望实践的学生们＋寻找人才和创新能力的大公司，这将有效弥合技术市场化的转移鸿沟。

技术转移平台金融化发展。对于服务高科技企业的第三方技

术转移机构来说,最大愿望便是每一项技术成果能够将其产业化,收益最大化。东部中心将会依托科技部、市科委赋予的权威性、统一性、共享性的平台服务功能,整合多方资源,为更多技术转移平台提供统一的在线服务、以及完善的信息发布、交流体系。要真正做活技术转移,使其过程中增值,还须对接资本。技术流动的本质是资本,资本融合技术流动的过程是创新,而创新带来的是机会。以技术转移服务为基础,东部中心将以技术为标的设计一系列创新的金融产品,成立若干技术转移投资基金,开创技术银行的运营模式,建立多层次资本市场。基于技术的金融创新将让技术转移工作真正走向市场,服务企业并推动产业发展。

三、东部中心引来国内外高科技研发平台集聚

湾谷科技园地处新江湾城西北部,总规划面积 66 万平方米,已有 22 栋办公楼拔地而起,杨浦着力打造的"中央创新区"(CID)初具规模。国家技术转移东部中心是湾谷 CID 的核心机构之一,加上湾谷科技园优越的地理环境,引来诸多海内外高科技公司入驻。

国家技术转移东部中心有四大平台：东部中心技术交易基础平台、国际创新收购平台、上海全国高校技术市场平台、及服务技术转移的金融平台。作为东部中心的重要平台之一,上海全国高校技术市场有限公司(简称 NUTT)配套建立。全国高校技术市场围绕上海建设全球科技创新中心的目标,依托上海市内各高校可服务社会的技术与资源,整合技术转移服务链,更好的为企业进行服务。

东部中心将主导上海技术交易所的改制任务,将一个事业单位改造成一个股份制企业。使它能在"十三五"期间,更好承担起技术交易平台的职责。上海技术交易所在 25 个国家和地区已拥

有 50 多个国际技术转移合作伙伴,而未来,将在全球科创中心布局 3 至 5 个分所,实现技术全球流动;在国内建立 10 至 20 个区域分点,实现技术与需求对接。同时,它还将尝试"互联网＋技术券商"模式,通过证券化,将技术变成标准化金融产品,方便资本周转。

东部中心在新疆和甘肃兰白科技改革创新试验区分别设立分中心,与云南共建中国-南亚技术转移中心,融入"一带一路"国家战略;布局长三角经济带,与长三角各省市技术转移机构合作,整合长三角科技产业资源,共创长三角技术转移一体化。

东部中心与美国麦道国际、新加坡南洋理工技术转移中心平台合作,连接国际高端技术和产业资源;东部中心还积极引进国际技术转移机构,并在中心成立揭牌现场为壳牌创新工场、德国史太白、美国 Yet2 授予入驻"钥匙"。为了技术转移可持续,必须连接世界技术创新最发达、最活跃地区,东部中心同时在海外设立分支机构,如美国波士顿建立了中美企业创新中心,致力于中美企业软着陆和并购交易;负责与哈佛、普林斯顿等名校的沟通协作,收集创新项目;在荷兰设立了欧洲国际并购平台,致力于欧洲的技术转移和企业并购;与德国史太白共同推进建设史太白大学;与全球最大的网络技术交易市场平台 Yet2 合作成立实体公司,共同开发大陆市场,把服务于世界 500 强的技术搜寻服务带到中国;在新加坡建立了湾谷创新空间站,致力于中新技术和科技资源互动,以及中国企业国际化。越来越多的国际创新要素将在湾谷汇聚。

目前,东部中心与将通过筹建要素市场及海外实体园区,将上海打造成与美国波士顿、英国伦敦并重的全球技术转移网络三大节点之一。通过搭建技术贸易全球性平台,让技术进行公开交易,对知识产权形成有效保护,才能真正打通成果转化的血脉——当国外技术想要进入中国,中国技术想要走出去,都会立刻想到上

海,那么上海科创中心的全球影响力也就不言而喻。^①

国家技术转移东部中心创办一年来,重点布局技术交易平台、全国高校技术市场、国际创新收购平台三块业务,加盟合作机构总数达到 154 个,其中国外合作机构 8 个,开设分中心 3 个,开展技术转移转化合作 5 个;国内合作机构 14 个,其中设立分中心 5 个,开展技术转移转化合作 9 个,其中长三角区域设立分中心 2 个,开展技术转移合作 8 个,对接一带一路战略设立分中心 3 个,开展技术转移合作 1 个;上海地区签约 6 所高校及 3 所科研院所,科技中介服务机构 112 家,与行业龙头企业共建试验验证平台 5 个等;平台及合作伙伴入驻技术转移转化专家 6569 人,在培育技术经纪人 110 人,收集技术供需条目数 33568 条,主动或参与组织的与科技成果转移转化相关的活动数量为 9 场,平台机构举办的活动数为 13 场,活动参与人数为 620 人。^②

第三节　市区合作：上海联交所系列交易平台集聚杨浦

上海联合产权交易所是经上海市人民政府批准设立的具有事业法人资格的综合性产权交易服务机构,是集物权、债权、股权、知识产权等交易服务为一体的专业化市场平台。2008 年 9 月,上海联合产权交易所与杨浦区政府签订合作协议,将联合国南南合作特设局属下的联合国南南全球技术产权交易所落户杨浦。此后,杨浦与上海联交所深化合作,上海联合矿权交易所、上海联合钢铁

①　"上海打造全球技术转移网络大节点",记者:许琦敏,文汇报 2016 年 10 月 2 日

②　"国家技术转移东部中心:技术转移海外腾飞之路 精准定位系全球纽带",作者:宋杰,经济网 2016 年 12 月 20 日

交易所同时落户杨浦。在国家体育总局的支持下,杨浦与上海联交所、上海体育学院暨体育科技园合作的上海联合体育技术交易所也于2014年底成立。

一、联合国南南全球技术交易所:国际化交易平台

南南全球技术产权交易所(南南所),是由联合国开发计划署(UNDP)与国家商务部国际经济技术交流中心、上海联合产权交易所共同发起并合作建立,具体承担联合国推进全球发展中国家间技术产权交易系统运行的一个专业化、规范化、国际化和权益性、基础性的市场服务平台。

南南所是联合国南南合作特设局(南南局)的项目。该项目的起因,是南南局每年资助发展中国家,但效果不大。2004年,上海人周一平担任南南局局长后,设想以"技术+资金"的"授人以渔"援助新模式来推动发展中国家的经济发展。于是经联合国秘书长同意,由南南局来组建南南所,发挥其"着眼于国际,服务于第三世界"的目标功能。

作为联合国唯一的国际经济组织,南南全球技术产权交易所平台,当前主要业务有四项:

(一) 技术项目转移的全球工作站建设

南南所是全球性工作总平台。目前,南南所在全球40个国家共建了50个工作站。南南所在36个发展中国家建设了45个工作站,主要密切加强跟当地政府等权威机构合作,获得政府背景、能产生高价值的项目和工作站。项目包含基础设施建设项目、招投标项目、政府采购等。南南所在日本、美国、奥地利、瑞士4个发达国家建设了5个工作站,充分利用发达国家想进入中国及金砖国家的市场的机会。把发达国家中小企业的资源、技术、资金和服

务通过当地被授权的工作站等机构引入南南交易平台。如奥地利 Helizo 公司通过本国工作站上传,南南所交易平台使"便携式太阳能净水器技术"成功转移至肯尼亚和赞比亚。

(二)南南所产品和服务

产品与服务包括策划、举办各类推荐会展;建立各国技术项目转移、产业化等投融资服务平台;培训各国技术项目转移、产业化的专业性人才。

与联合国各机构与各国政府、工作站合作的国际展会类产品。其目的,就是将各国项目进行资源整合、推广、尤其是帮助非中国项目的对接与签约,满足联合国建立南南所经济组织的需要。

南南所积极推进"上海国际基础设施融资交易中心"平台建设。上海国际基础设施融资交易中心(SICIF)是上海市政府和亚洲开发银行(ADB)合作设立的基础设施融资交易平台。交易中心以推动市场化进程为宗旨,致力于通过创新和协作,为国内外基础设施的建设、运营和发展提供多样化融资服务。

截止 2014 年末:南南所项目挂牌总数:7087 项,配对成功:2304 项,成交宗数:1023 项,成交金额:203.1 亿美元(其中 150 亿美元非洲铁路项目)。

(三)南南所帮助中国小企业"走出去"

南南所具备的"输出"中国实用产业与资本;"引进"发达国先进技术;提供相关政经、金融等信息服务功能,正成为服务中国企业"走出去"的国际化平台。南南所 SS—GATE 平台,针对中国掌握适用技术与产品,具备国际竞争力的中小企业,搭建其与发展中国家"衣食住行"民生项目对接的平台。利用 SS—GATE 各国工作站的政府资源,为各类企业投资境外尤其非洲市场、为涵盖所有种类实用技术与产品出口,提供经济政治等全方位的服务功能。

其优势：消除"中国威胁论"，规避技术贸易壁垒，帮助中小企业转型。其成功案例有四川星河建材公司秸秆变建材、江苏紫荆花纺织科技公司的黄麻纺织产业链、杨浦五角场镇玉华生命科技公司的儿童功能营养等。

（四）南南所建设全球性的知识产权交易平台

目前，南南所已成为重要的具有国际影响力的南南合作平台，也引起了中国政府的高度重视。南南所作为国际技术产权交易专业服务平台，已被纳入上海市建设"全球科技创新中心"的战略，成为上海全球科创中心建设的重要组成部分。在上海市政府和上海联合产权交易所的支持下，南南所与上海联合知识产权交易中心进行资源整合，把上海联合产权交易所现有的从事知识产权交易的国内外投资机构、基金、企业和专业服务机构等资源，与南南所的全球工作网络体系进行有效整合，打通国内外通道，建设全球性的知识产权交易平台，力争成为国际技术转移和科技创新的驱动力。

二、联交所下属其它交易所

驻区下属交易所有：上海联合矿权交易所、上海联合钢铁交易所、上海中国体育技术交易中心。

（一）上海联合矿权交易所

是上海联交所与杨浦区政府、文通集团三方合作；由上海环境能源交易所、上海民泰投资有限公司、杨浦科技投资发展有限公司、上海尊域实业投资有限公司共同出资；上海市政府批准设立的服务全国、面向世界的国际化的市场交易平台。上海联合矿交所于 2011 年 6 月 20 日揭牌，其目标是构建集矿权市场交易、电子商务、信息传递、金融服务、综合咨询为一体的全球市场服务平台，搭建国内外资本流动与矿产资源市场连接的桥梁。该交易所面向全球矿产资源市场，直接为我国矿企寻找海外矿权、争取国际矿业资源提供交易平台，同时也为国内矿企提供亟需的法规政策服务、专业矿权评估服务、投融资等一系列服务。该平台将组织包括国内和国际间的采矿权、探矿权交易，矿企产权交易，矿产品交易，探矿、采矿技术交易以及矿业领域其他权益交易。

（二）上海联合钢铁交易所

上海联合钢铁交易所（钢交所）由上海环境能源交易所控股、杨浦科技投资发展有限公司与民营钢贸企业共同投资组建而成，与上海联合矿权交易所同时挂牌成立。钢交所集钢铁电子商务、市场交易、信息传递、金融服务、物流配送等于一体的市场服务平台。是国有控股的全国首家专业钢铁交易所，是集钢铁电子商务、市场交易、信息传递、物流配送等于一体的市场服务平台。交易品种主要包括废钢、铁矿石、铁合金、生铁、钢坯等。

（三）上海中国体育技术产权交易中心

中国体育技术产权交易中心（体交中心）落户上海体育国家大学科技园。园区 2013 年 7 月成立，是目前全国唯一的体育类国家级大学科技园，园区在体育创业企业孵化、创新创业人才培养，科技成果转化、技术咨询服务等方面提供发展空间和优质服务；也为承办体交中心打下物质与管理的基础。

上海体育产权交易中心，是由国家体育总局（出政策、资源）、杨浦区政府（提供优惠政策）、上海联合产权交易所（提供交易平台）、上海体育国家大学科技园（设计交易品种与交易流程）、杨浦区投资控股集团（提供人财物后台支撑）合作联合出资创建。2014年底揭牌上线启动，隶属上海文交所。

第四节　科技型企业交易平台：碳计量及碳置换平台

　　世博会伦敦零碳馆在 2010 上海世博会的惊艳亮相,具体演绎了零碳建筑"让生活更美好"主题,一举确立上海零碳中心在中国低碳业的领军地位。作为英国剑桥学成的能耗标准测评专家,零碳馆馆长(设计者)、零碳中心总裁、上海千人计划特聘专家陈硕主持了世博会永久建筑"一轴四馆"的节能减排绩效计量。该项目成果通过了联合国环境规划署审查和上海市科委组织的科研课题验收。零碳中心也因出色的碳计量技术与上海环境科学院、同济大学一起共同获得世博科技先进集体荣誉。看中杨浦高校云集、人才济济、建筑设计产业的发达,继黄浦(零碳中心总部)、南汇(零碳建筑公司)之后,2011 年 6 月,零碳中心选择杨浦成立了上海零碳建筑设计有限公司。

一、零碳信用置换平台诞生的意义

　　随着中国节能环保技术与碳减排的普及推广,上海零碳中心在杨浦零碳建筑设计公司名下,推出的"零碳信用置换平台"2011年底上线,意味着碳交易市场将面向所有企业与个人开放,这不仅丰富了杨浦科技金融市场结构,其所独具的"(碳切分＋碳集合)＋自愿"小额碳交易模式,突破现行 CDM 机制交易范式,为扩大中国碳交易规模开拓了一条新路。

　　挟世博光环,上海零碳中心顺势转型,成立覆盖零碳规划、建筑设计咨询、碳计量、合同能源管理等上下游企业的集团公司。零碳建筑设计公司落户杨浦，旨在与上海环境能源交易所[①]强强联手，共同打造中国唯一、向企业与个人开放、以碳信用为交易媒介的"零碳信用置换平台"（简称碳置换平台）。

国家发改委要求包括北京、上海等七省市开展碳排放权交易试点工作要求。[②]"碳置换平台"建立，是对现有碳减排市场的拓展和模式创新。

一是小额碳计量技术是碳计量方法学的突破。零碳中心与莱茵 TUV 国际认证机构以及中国建筑标准设计研究院携手合作，开发了适应中国国情的城市与建筑运营、建材全生命周期温室气体排放的计量方法学。此外，零碳中心通过与中国标准化研究院的合作，在开发城市/建筑碳计量方法学的基础上，运用 IPCC2006，结合建材企业和产品全生命周期的碳计量，在该领域创下了中国或世界诸多"第一"，实践上已与国际产品碳计量标准保持了同步发展态势。[③] 相对 CDM 项目所使用的方法学，以上碳计量方法学可统称为小额碳计量技术。小额碳计量技术是碳计量方法学的突破，是"碳置换平台"的核心竞争力。

二是"千克"碳交易单位是"吨位"碳交易标准的突破。零碳中心与上海环境能源交易所联手，将"碳置换平台"交易标准单位从吨降至千克。小至千克的碳权数据，突破原有"大吨位"交易单位门槛，向所有企业与个人开放便捷、低成本的碳置换市场。

三是"小额零售"碳市场是"大批大额"碳市场的突破。"碳切

---

① 上海环交所碳交易量国内排名第一，与落户杨浦的南南全球技术产权交易所同属上海联交所系统。

② 国家发改委办公厅《关于开展碳排放权交易试点工作的通知》（发改办气候〔2011〕2601 号）

③ 如：第一个完成对城市规划设计项目进行碳计量、第一个完成对大型暨永久建筑进行碳计量、大陆第一个完成对产品的全生命周期进行碳计量、第一个完成对组织和产品的全生命周期同步进行碳计量、全球第一个完成依据 ISO/CD 进行的产品全生命周期碳计量。以上所有专业性材料由上海零碳中心提供。

分＋碳集合"是建立在小额碳计量技术基础上。所谓"碳切分",即"碳置换平台"将自愿减排企业较大额的碳排放权交割单,切分为以1千克单位计算的标准交易起点,满足众多企业与个人小额购买碳减排与碳中和需求。所谓"碳集合",即"碳置换平台"集聚许多减排企业产生的无法直接交易的小额碳减排量,打包成大额碳减排数据进入国家指定的碳排放权交易市场,从而让企事业碳减排努力得到及时足额的回报。"碳切分＋碳集合"的"零售"市场,实现了所有企业与个人均可参与碳减排事业的目标。

四是"自愿"减排平台是对"强制"减排市场的突破。"碳置换平台"的创立,满足民众参与碳减排事业,体现公民"社会责任"需求。"碳置换平台"是突破"强制"减排市场垄断、鼓励更多企业与民众参与低碳生产和消费的半市场、半公益碳交易平台。

四个突破是"碳置换平台"核心价值所在,为"碳置换平台"最终发展成小额碳交易市场打下基础。

二 、平台面向"谜·零碳度假村"球形零碳馆碳减排计量业务

作为低碳领域标杆性科企,上海零碳中心一直受到各级政府的重视与扶持。零碳中心2013年初通过与上海市发改委的合作、承担设计市发改委等17部门共同发布的《上海市2013年市民低碳行动方案》。同时,在"零碳信用置换平台"探索的基础上,开始以"构建完善的碳减排及计量专业服务平台"为课题申请市发改委引导基金的项目,并运用在"谜·零碳度假村"球型零碳馆上。

零碳中心自主研发的新一代球型建筑——零碳馆3.0版,已成为各地名胜风景区"谜·零碳度假村"主建筑。它凝聚了太阳能发电技术、水源热泵技术、水净化处理技术等先进技术,借助于互联网技术实现球型零碳馆的远程智能监控。"谜·零碳度假村"项

目在淘宝众筹大受欢迎,8小时就完成募资计划。

新一代球型零碳馆是一座自身实现发电、聚水、暖通,结合互联网技术由IPAD控制电子房屋,房屋周边布下激光雷达阵,炒菜扫地全由机器人代劳的节能智能零碳建筑。球形零碳馆通过最严格的结构科技标准,使得建筑能够抵御十级台风八级地震和三米高的洪水。[1]

球形零碳馆将碳置换平台与碳减排计量平台有机融合,碳置换平台旨在获取球型零碳馆的温室气体减排量数据,将碳量在碳交易市场进行置换。首先,碳计量平台将球形零碳馆运行的所有测量数据,通过互联网传递碳置换平台,通过零碳信用[2]的转换、核证、兑现,实现碳量在商业领域中的流通。"零碳信用"的转换,将碳交易从标准单位吨过渡到标准单位千克,开放了一个便捷、低成本的碳置换市场。

碳置换平台通过CCER的预支付,在碳的交易方面展示了两大独特的功能:"碳切分"功能,可以将前述碳交易完成前即先行垫资购买CCER获得的零碳信用,分割为以1千克单位计算的标准交易起点,随产品进入零碳馆产权人手中,满足消费者用零碳信用换购商品或实现碳中和的需求。"碳聚合"功能,即可以通过PCDM,将许多零碳馆的小额碳减排量,汇聚打包成大额碳减排量,履行审定、监测、核证程序后,进入国家指定的碳排放权交易市场——上海环境能源交易所进行挂牌交易。而平台在交易完成前即先行垫资购买CCER,以零碳信用形式,让零碳馆的产权人能得到及时和足额的回报。

碳计量与碳置换平台针对小额碳减排量,破解了CER(核证减

---

[1] "迷·零碳度假营地——度假村的跨界颠覆者",环球网财经2015年7月16日

[2] 1kg的零碳信用是1/1000吨CCER预支付的凭证。经国家主管部门备案的减排量称为"核证自愿减排量CCER,单位以"吨二氧化碳当量(tco2e)"计

排量）和 CCER（核证自愿减排量）收取费用高、办理手续繁的难题，让零碳馆产权人能通过 PCDM 和零碳信用的联动获得收益。如此一来，社会的减排积极性都能得到持续激励，减排就能趋于常态化、生活化，从而有利于从民间开始大力推动社会力量进入碳减排的行列。

统上所述，技术转移、交易服务平台内容，已经初步形成杨浦技术转移、交易网络。在以下技术交易网络图中，很明显的是：高教系统下的技术转移机构、科技系统下的技术转移机构、国资委系统下非企业部分技术转移机构，均已落户杨浦，独缺工业、商业系统下的企业技术转移、交易系统，也即意味技术转移网络体系中，作为创新主体的企业技术大量缺席。如果完善技术转移、交易网络体系，需要补上行业性龙头企业与中小企业的技术交易机构和网络平台。

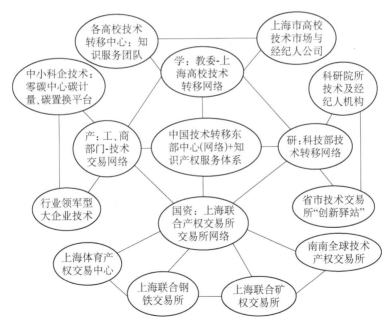

杨浦区技术交易（部分）网络结构示意图

杨浦在建成国家创新型试点城区基础上科技金融功能区初具雏形

　　杨浦,在这片百年集聚沉淀了大量高校科技与人才、工厂与市政资源的土地上,因政府的正确"选题"而焕发了勃勃生机。近10多年,杨浦的综合经济实力得到快速提升,地区生产总值从2000年的43.13亿元,提高到2015年的1580亿元,提高了36.6倍,近五年年均增长7.5%;区级财政收入从2000年的11.52亿元,提高到2015年的95.2亿元,提高了8.26倍,近五年年均增长13.6%。[①] 2011至2016年,五年里第三产业增加值占全区生产总额比重提高5.7%,知识型现代服务业五年平均增速达17.6%,占第三产业增加值比重提高5.2%,高新技术产业和战略性新兴产业五年平均增速19.8%。[②]

　　作为地方产业发展的代表,杨浦区委区政府经过数年摸索"选题",终于与高校、科研院所开展精诚合作,形成了区与高校院所"三区联动"产学研合作的决策"平台",三方以各方优势资源"集聚"、共同搭建孵化科技企业、孕育多元产业链发展的大学(院所)科技园综合管理"平台",科技园"整合"了政府的各项优惠政策、资

---

　　①　2015年数据引自"杨浦全面建成国家创新型试点城区",解放日报2016年01月19日。

　　② 杨浦区十六届人大一次会议政府工作报告,杨浦时报2017年1月12日2版

金;高校院所的技术与人才;银行与非银行金融机构与资本;市场中介机构等专业服务资源,为各类产学研一体化工程操作平台——大中小科技企业提供细微贴身的综合服务,帮助杨浦发展成为上海科技创新中心中最具代表性的创新创业、科技产业与科技金融并驾齐驱的"功能"区域。

杨浦已经实现了"三城融合"。学城融合:充分发挥高校溢出效应;产城融合:着力提升产业竞争能力;创城融合:让老工业区变成创新创业热土。截至2015年底,杨浦创新型试点城区建设整整走过五年,圆满完成全部预定目标。[①] 杨浦在全面建成国家创新型试点城区基础上,亦已初步建成杨浦科技金融功能区。

一、杨浦已具科技与金融功能区雏形

"不积跬步无以至千里;不积小流,无以至大海,"杨浦从官到民,各级领导与群众通情达理,愿意付出,栉风沐雨、埋头苦干,默默耕耘了十余年,杨浦面貌已经取得脱胎换骨的改变,不仅成为国家级创新型示点城区,上海科创中心的创新创业重要承载地,在几十家科技园区、创意园区、创客空间集群,6000 余家科技中小微企业集聚的基础上,几十家各类银行与非银行金融机构、天使、VC、PE 等创投基金如"穿花蛱蝶"般向杨浦集拢,杨浦科技与金融功能区亦获得名副其实的发展。

(一) 杨浦初具科技产业功能区雏形

"十二五"以来,杨浦区经济增速在全市中心城区居于前列。近三年,杨浦在宏观经济普遍不景气的大环境下,仍然取得较好成绩,第三产业方面表现出色,GDP 占比连年提升;知识型现代服务

---

① "杨浦全面建成国家创新型试点城区",解放日报 2016 年 01 月 19 日

业（包括现代设计、科技金融、教育服务、专业服务）、高新技术产业更是保持两位数的增长率，发展势头迅猛。数据有力证明杨浦科技创新、产业转型取得成功。见附表：①

图表：杨浦区 2013—2015 年完成地区生产总值基本情况

2013 年		2014 年		2015 年	
生产总值（亿元）	增长率%	生产总值（亿元）	增长率%	生产总值（亿元）	增长率%
1381.74	9.6	1467.86	6.0	1581.47	6.1
第三产业增加值占比（不含烟草）		第三产业增加值占比（不含烟草）		第三产业增加值占比（不含烟草）	
79.3%		80.2%		81.6%	
知识性型现代服务业		知识性型现代服务业		知识性型现代服务业	
增加值（亿元）	增长率%	增加值（亿元）	增长率%	增加值（亿元）	增长率%
181.10	18.0	205.10	23.0	233.10	23.3
高新技术产业增加值		高新技术产业增加值		高新技术产业增加值	
增加值（亿元）	增长率%	增加值（亿元）	增长率%	增加值（亿元）	增长率%
41.47	18.5	48.93	18.0	59.0	20.6

数十家大学"院所"科技园区平台林立，6000 余家创新型科技企业集聚集群。杨浦新涌现出像沪江网、经尔纬、Ucloud、有孚计算机等一批"四新"企业，互联网教育企业呈集聚发展态势，杨浦成为上海首个出台互联网教育产业政策的区县。探索"龙头企业＋

① 引自 2013 年至 2015 年"杨浦区国民经济与社会发展统计报告"，杨浦区统计局官网

产业基地＋配套政策"模式,培育发展"四新"经济产业集群,大数据、平台经济、电子商务、信息消费等新产业、新业态加快集聚。从产业体系来看,杨浦已初步形成以科教创新为特色、服务经济为核心的新型产业体系。

杨浦知识创新基地扩区成为张江高新区杨浦园,扩区后总面积达 23 平方公里。杨浦区被命名为全国首批"创业先进城市(区)"称号,受到国务院表彰;2003 年全国开展科技进步考核工作以来,杨浦连续被评为"全国科技进步先进县(市)",实现了全国先进"五连冠"。杨浦被中国科协命名为"2011—2015 年度全国科普示范区";被国家工信部列为全国首批 68 个国家信息消费试点市(县、区)。

(二)杨浦初具科技金融功能区雏形

杨浦正在探索各类投融资功能性平台如何形成"造血"的产业链,科技金融产业链以科技园为中心,上接各级政府的引导基金,下连四面八方的中小微科技企业、横向联通银行与非银行各类投融资机构、技术转移机构、中介服务机构等服务业群,可以吸引高成长性企业集聚杨浦;诸多高科技、战略性产业龙头企业集聚杨浦;各种"技术项目对接资本"平台的集聚杨浦;通过各种融资平台的功能集聚,形成多层次、网络状科技金融功能场。杨浦科技金融发展由小到大、由简到繁、由低到高,逐步形成完整、合理的投融资体系,服务网络已辐射至国内外企业,使杨浦真正成为国际化的科技金融功能区。

(三)杨浦初具技术转移、交易功能区雏形

科技部与上海市、杨浦区合作,已将中国技术转移东部中心落户上海杨浦,其战略目标:"立足上海、服务长三角、辐射全国、面向世界"。东部中心与美国、德国、新加坡、yet2 等高校、跨国公司的

技术转移平台合作成果已经显现；上海市教委的高校技术市场、高校经纪人公司根据高校科研体制改革正在向市场机制运作转型；上海联交所所辖的南南全球技术产权交易所、上海联合矿权交易所、上海联合钢铁交易所，上海体育产权交易所运作有方；中国零碳建筑设计标杆企业上海零碳中心的"零碳信用置换平台"、"碳减排及计量专业服务平台"，随着"迷·零碳度假村"的扩建、淘宝众筹青年粉丝效应迎来新生。这些技术转移、交易机构在杨浦集群，说明杨浦已初具技术转移、交易功能区雏形。

二、杨浦科技与金融功能区最终建成的充分必要条件

杨浦国家创新型试点城区建成，意味着杨浦科技与金融功能区也只是处于初级阶段，它的健康成长乃至形成大树，仍有漫长道路要走。针对杨浦"三区联动"产学研联盟是市场性的合作，因此需要顶层设计的科技规划、计划的变革；科研管理体制、科技组织方式的变革；更需要人们思维方式与行为习惯的变革。目的，即在建设上海科技创新中心体系中，把杨浦打造成为最有代表性的创新创业重要承载区、科技制造业功能区、及与之密切相关的科技金融功能区。要达到这个目的，就要从科技创新创业与科技金融发展的逻辑中找路径，从制造业"选题"与搭建产学研执行、操作"平台"中找出路。下面的思考由杨浦案例出发，其共性规律适用于任何区域经济产学研的发展。

（一）产学研主管部门"三区联动"决策平台需要从"市场性"升级为"指导性"

杨浦"三区联动"产学研主管部门结合市场性决策平台，十余年的实践说明有成效但潜力未充分发挥。而科技发展的规律，凡是涉及大的项目决策，纯粹的市场平等合作方往往因决策权力、利

益不同而被牵制。

"三区联动"产学研主管部门结合的决策平台,需要从"市场性"升级为"指导性",可以真正实现平台助力科技创新、产业转型。具体优势:一是目标统一化。将国家、上海科技发展战略目标作为平台唯一目标,有利于产学研各方资源集聚,重大科技项目共同决策,产学研部门劲往一处使。二是任务指标化。目标任务分解并指标化实施,责权利明确,各项目总负责人权限明确、考核量化,使产学研主体部门都清楚自己任务是什么,执行效果如何,有一个清晰的预判。任务指标化可以打破部门利益的格局,形成产学研合力,充分释放各部门人才与资源能量。三是项目运行市场化。通过授权或聘用有资质机构或龙头企业来具体运作科技产业项目。以上三点充分体现指导性内涵。

(二) 科技项目"选题"要从"战略性"产业方向到"战术性"高科技重大型工程项目

我国的行政科层制,纵向管理机制发达,却疏于纵横向矩阵型管理机制。从以往科技研发、产业化规律来看,产学研各部门各扫门前雪:科技研发项目的"选题"决策者是科技部,管理研发课题的是教育部,至于负责科技产业化则是工业与信息化部。地方政府发展科技产业,局限于提供优惠政策与土地,无能力提供对产业发展有巨大拉动作用的重大型科技项目。

建立纵横向矩阵型管理机制,应是中国当前适应新科技革命到来行政体制机制改革的重要方向。当每个层级地方政府建立起产学研主管部门结合的"三区联动"指导性决策平台情况下,原有的体制机制与管理模式将会发生巨变。地方政府统领的矩阵型"三区联动"决策平台,有产学研各领域的专业、专门人才;有产学研各部门掌握的物质、技术、资金资源,可以针对本区域资源禀赋及产业体系、高校院所的优势学科进行分析、筛选、匹配,然后与国家战略、国计民生、高科技产业最相关领域对接，与国外前沿性高科技领域对接，以"选题"本地区需要重点发展的行业、乃至"选题"区域重大性科技工程项目。聚焦这些"选题"确定的重大性科技工程项目，应该像政府实事工程一样，纳入地方经济社会发展规划与计划之中，集中力量做好它。

重大性科技工程项目是一个协同性、集成性大科学系统工程项目，资金投入量大、时间周期较长，往往不能一蹴而就。"三区联动"决策平台需要搭建重大型工程管理平台，培养重大型工程项目管理总体负责人和管理团队，以更好地集聚、整合政产学研金资源；还需要集聚、整合国内外顶尖的技术与管理人才、资金、高端设备及关键技术资源，与区域内各类大中小科技企业配套合作。一俟重大科技工程项目启动并成功，将大大提升该地区科技产业功能与产出。

（三）以现有龙头企业带动科技制造业向智能化、服务业两头发展

杨浦现存国资、民资制造业企业（除了垄断性的烟草行业）中，代表重型制造业的通用设备行业，囿于体制的分割，与高校相关学科互动不足，其发展规模小、产值低。下面是杨浦 40 家设备制造业纳税情况。

2012 年杨浦专用设备制造业前 19 个企业税收排名

名次	企业名称	纳税额（万元）
1	上海柴油机股份有限公司	10,925
2	上海复旦申花净化技术股份有限公司	596
3	奥托托容克冶金设备（上海）有限公司	512
4	上海远东钢丝针布有限责任公司	505
5	上海儒竞电子科技有限公司	501

续　表

名次	企业名称	纳税额（万元）
6	上海医疗器械厂有限公司	389
7	上海橡胶机械一厂有限公司	259
8	上海橡胶机械一厂有限公司	244
9	上海源众机械零部件制造有限公司	224
10	上海三垒塑料机械制造有限公司	221
11	中国人民解放军海军上海工程机械厂	188
12	上海纽荷兰农业机械有限公司	162
13	上海公共安全器材厂	151
14	上海镭弘机械制造有限公司	150
15	中冶建筑研究总院有限公司华东分院	125
16	上海丽宝数码技术有限公司	124
17	德欧机械设备（上海）有限公司	116
18	威特博赛熨烫设备（上海）有限公司	114
19	上海天通防腐工程技术有限公司	113

2012 年杨浦通用设备制造业前 21 税收排名

名次	企业名称	纳税额（万元）
1	上海工具厂有限公司	5,058
2	上海机床厂有限公司	3,454
3	上海克莱德贝尔格曼机械有限公司	2,432
4	上海起重运输机械厂有限公司	1,141
5	上海电站辅机厂有限公司	1,053

名次	企业名称	纳税额(万元)
6	上海希希埃动力控制设备有限公司	920
7	上海耐莱斯·詹姆斯伯雷阀门有限公司	781
8	上海高强度螺栓厂有限公司	700
9	上海海立特种制冷设备有限公司	696
10	上海上柴发动机配件制造有限公司	672
11	上海盈众机械设备制造有限公司	479
12	上海京悦机械有限公司	196
13	上海高晶检测科技股份有限公司	190
14	上海航天有线电厂	166
15	上海仪东机械设备有限公司	164
16	上海标四紧固件有限公司	161
17	上海电控研究所	161
18	上海捷信特种材料精铸有限公司	157
19	上海意川机床附件有限公司	131
20	上海大力神起重运输机械备件有限公司	124
21	上海弹簧垫圈厂	107

　　从以上纳税排名[①]看出,除了上海柴油机股份有限公司(原央企)一枝独秀外,其它设备企业纳税差强人意,意味着企业产品的附加值较低。

　　据资料,中国能够生产高科技数控机床的企业全国前55家,上海只2家企业上榜且都在杨浦区,一是资历深厚市属国企上海

---

　　① 《2012杨浦区纳税百强排行榜》,编者：上海市杨浦区国家税务局上海市地方税务局,杨浦区分局2013年2月

机床厂"H236A 数控曲轴连杆颈磨床";二是杨浦创业中心园区企业,上海交大教授、工学博士何耀雄先生创立的上海黑格数控科技有限公司"HELIX—CNC—5D 自动上下料五轴联动数控工具磨床"。① 该企业主营除了五轴联动数控工具磨床,还开发制造数控专机、数控系统软件,是国家科技重大专题项目承担单位。是我国五轴联动数控工具磨床唯一拥有自主知识产权的制造商。

　　如何将杨浦(或上海)打造成老工业企业"互联网＋"转型、升级试点区域? 这需要产学研主管部门指导性"三区联动"决策平台,以问题导向进行"选题"。如选择上述两家有发展前途的装备制造业,作为龙头企业,与高校院所的相关优势学科研发结合起来,积极联合杨浦原有设备制造业企业、整合产学研各方优势,对接《中国制造 2025》,紧跟发达国家前沿技术,帮助杨浦传统产业改造项目的"选题"立项,智能化、信息化技术研发分包与科技园区成百上千的 IT 中小企业合作起来,集中力量进行协同性、集成性技术攻关,提升这些工业产品(或重装设备)的智能核心技术及信息化等级,实现智能制造、绿色制造标准化;将企业的产业链纵横延伸,创造企业的科技品牌产品、科技衍生产品、及售后服务产品,努力将杨浦区域的老工业制造信息化、智能化、高端化、服务化、品牌化,争夺国内外市场份额,这将大大缩短科技制造长产业链的形成周期。

(四) 科技与金融服务"平台"从纵向梯度发展到横向系统组合联网

　　杨浦已经搭建了诸多科技服务平台、科技金融平台,要使这些平台功能最大化,就必须使这些科技、金融平台互动、互通、互联、

---

　　① "中国数控机床和特种钢材及发动机技术实情!",天涯国际观察楼主:ziyoshil2013—11—25

互利连接成网络，为大中小微企业提供一站式、集成化的科技服务，让各平台的特色服务功能充分发挥，让中小科技企业需求在平台网络任何一个平台结点上就能及时获得量身定制解决方案。如邦明资本，它不限于自己做投资业务，而是积极与区金融办合作，参与投贷联盟业务；与科技园合作，参与园区企业招商与投资；与浦发硅谷银行合作，参与其动力贷业务；与信隆行"一融网"合作，做评委单位参与企业路演"选秀"并投资其中一家小科企。这就是信息、资源以横向交流为特征的系统化大网络平台，符合科技创新要求的协同性、集成性、扁平化特征。这需要政府引导与市场力量协同，共同打造的科技创新服务的网络体系。

倘若所有科技服务平台（包括高校院所的相关实验室、检验测试等技术服务平台）、科技金融平台、技术交易平台通过互联网技术组合勾连成科技与金融全面对接的巨型服务网络与长产业链，并且有一支高素质、专业化的技术经纪人队伍或中介服务团队，不仅有效服务本地区大中小科技企业，而且能够将网络服务链延伸、辐射长三角、甚至全国、全球的科技企业，那么，随着杨浦高端制造业产业链、高新技术产业链、科技服务产业链的发展壮大，杨浦生态型的科技金融功能区才能真正形成，也名正言顺成为具有全球影响力上海科技创新中心其中的一个科技与金融功能区。

后记

经过多年的学习、调研、实践，从研究路径的试错，到最后方向的确立，本校申报的市党校战略聚焦课题《建设杨浦科技金融功能区》项目下的课题书《选题与平台：功能区建设的逻辑前提》最终出版了。

这个课题项目，伴随着杨浦科技与金融的发展而发展，也遵循这样路径：首先，校领导根据区中心任务"选题""科技金融功能区"而对作者"命题"（作者几项课题都是"命题"作文，也取得一定实效，感叹做实证性课题项目真苦也真能出效果！）。其次，作者根据"命题"申报市党校聚焦课题成功，作者开始通过各种渠道"集聚"素材：如线下线上学习与收集资料；跟踪调研访谈政产学研金各类机构负责人；制作发放企业问卷；建立实践基地对科企面对面考察等。第三，课题书就是一个"整合""平台"，通过作者殚精竭虑思考、架构的核心逻辑框架，将作者所掌握大量的、严格筛选并与时俱进的素材，研究观点有机组合到课题书的逻辑框架中，让书丰满起来。最终，课题书在它所阐述的领域对相关部门和人士起到一定的借鉴参考作用、杨浦科技与金融功能区的信息宣传作用、甚或政府的决策咨询作用，达到一定的社会"功能"。

可喜的是，因为课题素材是来自科技与金融发展基层一线的实证报告，正切合当前建设上海科创中心与建设杨浦科创中心重要承载区时势主题，可以为政府决策层起到一定参考咨询作用，发挥课题研究应有的社会价值。在这里，作者首先要感谢杨浦区委、区政府历任领导，没有历届领导班子的接力努力，就没有杨浦今天科技与金融产业发展的大好形势，也就没有课题研究的可能。杨浦是科技产业、科技金融发展的热土，也造就了是经济与社会、科技与金融领域课题实证研究的热土。

在此，作者要对所有帮助课题的单位表示感谢：作者要对所有国家大学科技园高管致谢，感谢您们百忙中一次次接待作者并真心交流；作者要对浦发硅谷银行、信隆行、邦明资本等一些金融机构高管表示感谢，感谢您们接待作者调研提供素材并不厌其烦为作者解疑释惑；作者要对区政府职能部门如发改委、科委、统计局、科技园区办、金融办、工商局、招商中心、史志办、档案局等机关领导，感谢您们为课题提供了诸多文件数据与案例；作者要对杨浦所有各类产权交易所高管致谢，感谢您们毫无保留向作者提供数据与素材。希望以上科技园区、投融资机构、技术转移交易机构在杨浦得到更好的发展。

作者还要感谢杨浦党校原常务副校长徐松亮，他既是申报聚焦课题的单位牵头人，也是作者开展调研、实践过程中的坚定支持者；感谢现任常务副校长张莉、副校长郭尚鑫，以及校领导班子，在张、郭校长及领导班子接力、合力支持下，课题成果才得以出版。

本书以杨浦科技园区、科技产业、科技金融许多生动鲜活的实例，强有力显示课题书所阐明的逻辑力度。本书尝试对杨浦科技产业、科技金融实践进行理论总结，以期通过深化杨浦"国家级科技创新试点城区"建设，为建设上海具有国际影响力的科技创新中心、及建设杨浦科创中心重要承载区；为各地科技创新、产业转型，促进经济社会发展的实践提供参考依据。囿于作者学术功力浅薄，驾驭课题能力有限；加上作者虽时时在更新修改，乃杨浦科技与金融发展日新月异，新数据、新案例层出不穷，书中定有挂一漏万、描述不准、数据滞后之疏忽或缺陷处，敬请各位专家学者、领导干部、广大读者不吝指正！

作者　杨浦区委党校副教授　易幸麟

2016 年 11 月 8 日

图书在版编目(CIP)数据

选题与平台：功能区建设的逻辑前提：建设杨浦科技金融功能区研究/易幸麟著.—上海：上海三联书店,2017.9
ISBN 978-7-5426-5940-8

Ⅰ.①选… Ⅱ.①易… Ⅲ.①区域经济发展-研究-杨浦区 Ⅳ.①F127.513

中国版本图书馆 CIP 数据核字(2017)第 130218 号

选题与平台：功能区建设的逻辑前提
——建设杨浦科技金融功能区研究

著　　者 / 易幸麟

责任编辑 / 姚望星
装帧设计 / 徐　徐
监　　制 / 姚　军
责任校对 / 张大伟

出版发行 / 上海三联书店
　　　　　(201199)中国上海市都市路 4855 号 2 座 10 楼
邮购电话 / 021-22895557
印　　刷 / 上海信老印刷厂

版　　次 / 2017 年 9 月第 1 版
印　　次 / 2017 年 9 月第 1 次印刷
开　　本 / 890×1240　1/32
字　　数 / 360 千字
印　　张 / 15
书　　号 / ISBN 978-7-5426-5940-8/F·764
定　　价 / 58.00 元

敬启读者,如发现本书有印装质量问题,请与印刷厂联系 021-39907745